채만식 문학의 인식론적 지형도와 구성 원리

저자

이도연(李道淵, Lee, Do-yeon)은 1971년 서울 출생으로 고려대 국문과 및 동대학원을 졸업했다. 2005년 「채만식 소설의 세계 인식과 미적 구조」로 문학박사학위를 취득하고 2007년 『문학동네』 신인상 평론부문을 수상했다. 현재 고려대 · 수원대 강사로 있다. 저서로 『경험과 초월』(2007), 편저로 『정자나무 있는 삽화』(2008)가 있다. Email : balinais@hanmail.net

채만식 문학의 인식론적 지형도와 구성 원리

초판인쇄 2011년 5월 25일 **초판발행** 2011년 5월 30일
지은이 이도연 **펴낸이** 박성모 **펴낸곳** 소명출판 **출판등록** 제13-522호
주소 서울시 서초구 서초동 1621-18 란빌딩 1층
전화 02-585-7840 **팩스** 02-585-7848 **전자우편** somyong@korea.com **홈페이지** www.somyong.co.kr

값 21,000원

ISBN 978-89-5626-593-3 93810

채만식 문학의 인식론적 지형도와 구성 원리

The epistemological topography and principle of construction in Chae, Man-sik's literature

이도연

소명출판

• 머리말 •

이 책은 필자가 학위논문으로 제출했던 「채만식 소설의 세계 인식과 미적 구조」와 학위논문에서 다루어지 못했던 채만식과 사회주의의 관계, 그리고 채만식의 친일문제에 관한 두 편의 논문을 한 자리에 모은 것이다. 필자가 채만식 문학을 연구하면서 느꼈던 가장 큰 것 중의 하나는 채만식의 문학 작품에서 소위 풍자문학이라는 범주로 묶이지 않는 작품들이 훨씬 더 많이 존재한다는 사실이었다. 전체의 작품량으로 볼 때 통상 풍자문학이라는 범주로 엮일 수 있는 작품은 전체에서 삼분의 일도 채 되지 않는다. 이와 함께 풍자소설에서 보이는 강한 현실비판의식과 대비되는 허무주의적인 경향의 작품들도 다수 존재한다. 이러한 풍자와 허무 사이의 거리와 낙차를 해명하는 것이 채만식 문학의 본질에 다가갈 수 있는 한 방법이라고 필자는 생각했다. 이러한 가설하에 필자는 채만식 소설의 세계 인식을 본격적으로 문제삼아보고자 하였다. 그리고 이와 동시에 그에 조응하는 채만식 소설의 미학적 구조와 내적 원리를 밝혀보려고 하였다. 필자는 채만식 문학의 근원적 동력이 되고 있는 것이 '낭만적 세계 인식'이라고 생각한다. 그것은 다른 말로 확실성에 대한 욕망이라고 말할 수도 있을 것이다. 낭만적 세계 인식은 주어진 현실에 대한 완강한 부정과 이상형에 대한 강렬한 열망을 그 특징으로 한다. 이러한 생각을 기초적 관점으로 하여 이 책의 제1부에서는 채만식 소설의 세계 인식과 미적 구조를 '낭만적 세계 인식과 이원적 대립의 구성', '현실주의적 세계 인식과 이항적 대비의 구성', '허무주의적 세계 인식과 병렬적 나열의 구성'으로 나누어 살펴보았다. 이 책의 제2부에서는 먼저 채만식 문학과 사회주의와의 상관성, 혹은 카프와의 관계를 규명하고자 하였다. 주지하듯 채만식은 이른 바 동반자 작가로 불리면서 사회주의 이념에 대해 적지 않은 호감을 표명했던 것이 사실이다. 그러면서도 그 이념에 전적으로 동의하지 않았으며 카프라는 조직 내에 속하지도 않고 줄곧 문학적 긴장을 유지했다. 낭만적 세계 인식과 관련하여 필자는 채만식에게 있어 사회주의는 추상적 이념형으로서 기능했다는 점을 논증하려고 하였다. 그리고 채만식의 친일문제와 관련하여서는 1990년대 이후 최근까지의 논의를 종합적으로 검토하고자 했다. 채만식의 친일문자행위는 문학 내·외적 정황으로 볼 때 명백한 것이다. 문제는 그가 친일을 했느냐 안했느냐 하는 점을 민족사의 관점에서 판단하기보다는 채만식의 친일 행위에 내포된 내적 논리를 규명하는 일이 보다 중요하다고 생각한다. 그렇다면 낭만적 세계 인식에 바탕하고 있는 채만식의 문학이 어째서 사회주의에는 동의하지 않았으며 친일의 논리에는 포섭되어 갔는지를 밝히는 일이 관건이 될 것이다. 확실성에 대한 욕망으로 표현될 수 있는 채만식의 낭만적 세계 인식을 고려할 때, 친일이나 사회주의는 하나의 이데올로기라는 점에서 동일한 것이라 볼 수 있으며 사회주의 이념만큼이나 선명한 가치체계는 없기 때문이다. 그러나 채만식은 무엇보다 예술적 형상화의 문제를 진지하게 고민했던 작가였고, 작품의 미학적 형식을 고려하지 않는 사회주의 혹은 카프의 이념에 그가 동조하기에는 어려웠으리라 본다. 그와 반면 친일이라는 이데올로기는 문학적 형식의 문제와는 직접적으로 관련되지 않는 것이기에 채만식에게 상대적으로 운신의 폭이 자유로웠으리라 짐작해볼 수 있는 것이다. 출간을 허락해주신 김영민 선생님께 늘 감사드리며, 이 책이 채만식 문학의 연구자들에게 조금이나마 보탬이 될 수 있기를 바란다.

2011년 4월 이도연

● 차례 ●

제1부
채만식 소설의 세계 인식과 미적 구조

제1장_ 서론
제2장_ 낭만적 세계 인식과 이원적 대립의 구성
제3장_ 현실주의적 세계 인식과 이항적 대비의 구성
제4장_ 허무주의적 세계 인식과 병렬적 나열의 구성
제5장_ 결론

제1장 서론

1. 문제 제기와 연구사 검토

채만식은 염상섭・이기영과 함께 한국 근대소설사의 형성에 특별한 기여를 한 작가 중의 한 명이다. 채만식에 대한 연구는 지금까지 풍자소설을 중심으로 한 리얼리즘적 시각에서의 논의에 집중되어 왔다. 채만식의 작품이 대체로 뚜렷한 역사의식을 바탕으로 하고 있으며, 선명한 작가의식을 드러내고 있다는 점에서 이와 같은 관점은 설득력을 지닌다. 하지만 정작 문제가 되는 것은 그의 전(全) 작품을 통해서, 풍자적인 성격을 지니고 있는 것은 불과 몇 편에 불과하다는 점이다. 그리고 풍자소설에서 보여지는 강한 현실 비판의식과 대비되는 패배적이고 허무주의적인 성격을 지닌 작품들도 다수 존재한다는 사실이다. 이 글의 문제의식은 이와 같은 사실에서 출발한다. 채만식 소설에서 보이는 '풍자와 허무 사이의 거리 혹은 낙차'를 어떻게 이해해야 하는 것인가, 그러한 사실을 설명할 수 있는 일관된 원리는 없는 것인가 하는 점이 바로 그것이다. 따라서 본 논문의 문제 설정은 원리의 추상에 이르는 연역적 방법이 아니라 사실의 논증에 접근하려는 귀납적 구성이 기본적인 관점이다.

채만식에 대한 평가는 시대적 담론이 어떻게 구성되느냐에 따라서 적지 않은 편차를 보여주고 있다. 대체적으로는 풍자소설을 중심으로 하여 작가의 의식지향성을 밝히는 리얼리즘의 시각에서의 논의가 그 대세를 이루고 있다. 특히 그와 같은 논의는 1970~80년대에 집중되어 있다. 1990년대에 들어서 작품의 미학적 형식을 해명하려는 시도가 추가되고 있지만, 여전히 논의의 중심에는 리얼리즘적 관점을 채택한 문학사회학적인 접근이 자리하고 있다. 그리고 논의의 범위는 한정된 개별 텍스트에 국한되기보다는 소설, 희곡, 시나리오, 산문 등 채만식의 전 작품을 포괄하는 방향으로 진행되고 있다. 시대적 담론의 구성 양상에 주의하는 통시적 관점을 유보하고 공시적 관점에서 연구사를 검토한다면, 채만식에 대한 연구는 방법론의 차원에서, 작품이 산출하는 의미에 논의를 집중시키는 주제론적 연구와, 작품의 의미가 산출되는 방식에 주의를 기울이는 형식미학적 연구로 대별될 수 있다.

먼저 주제론적 연구를 살펴보기로 한다. 임화, 김남천, 최재서 등 동시대의 비평가들의 단평을 제외한다면, 채만식에 대한 연구가 본격화된 것은 1970년대, 대학의 학위논문들을 통해서였다. 그리고 풍자소설을 중심으로 하여 작가의 현실의식을 문제 삼는, 지금까지의 채만식에 관한 논의의 큰 맥락을 형성한 것도 바로 이 시기를 통해서였다. 송하춘은 채만식의 작품을 크게 소재와 주제에 따라 분류하고, 동시에 작품의 문체적 특질을 규명하여 채만식에 대한 논의의 윤곽을 포괄적으로 제시하였다.[1] 1980년대 연구의 주류적 경향은 70년대의 연구 성과를

1 송하춘, 「채만식 연구」, 고려대 석사논문, 1974.

계승하고 리얼리즘 시각에서의 문학사회학적인 접근을 보다 부각시키는 방향으로 진행되었다. 1980년대는 특히 사회적 담론의 구성방식에 따라 문학연구의 논의가 어떤 식으로 배치되는지를 잘 보여주는 예라 할 수 있을 것이다. 이와 같은 경향과는 다른 시각에서, 김인환은 채만식의 「레디메이드 인생」을 희극적 소설의 하위 범주인 풍자에 속하는 작품으로 분류하고, '사실성(事實性)'과 '가능성(可能性)'이라는 공존하고 있는 두 적대적 사실들 사이의 대립을 풍자적 작품의 성립요건으로 보았다.[2] 1970~80년대의 논의는 주로 주제론적 연구에 집중되었다고 요약할 수 있는데, 연구방법론은 문학사회학이 주종을 이루었다고 볼 수 있을 것이다. 이 시기의 논의가 채만식 연구에 대한 논의의 개요를 작성하고, 채만식 작품의 주제에 대한 설득력 있는 해명을 제공해 주었다는 점에서 그 의미가 깊다. 그러나 문학텍스트를 자율적인 의미 형성체로 보지 않고 일괄적으로 사회사의 하위 범주로 편입시켜버림으로써, 그 편향성과 한계는 분명히 문제점으로 지적될 수 있을 것이다. 문학텍스트는 다양한 사회적 힘들의 배치와 긴장관계를 형성하지만 동시에 사회구조와의 '상동성(相同性)'으로만 환원될 수 없는 '상대적 자율성'의 영역에 존재한다. 그런 의미에서, 문학텍스트는 현실을 모방하지 않음으로써만 현실을 모방할 수 있다. 채만식의 텍스트도 같은 논리로 설명될 수 있다. 예를 들어 장편 「태평천하」를 리얼리즘의 관점에서 풍자적 리얼리즘으로 규정하기도 하는데, 서술자의 의식지향성을 논외로 한다면 「태평천하」의 구성 원리는 묘사를 중심으로 하는 엄밀한 의미로서의 리얼리즘과는 분명히 다른 형식 미학에 기초해 있다. 그와 같은 작품의 미시적 현상들을 괄호로 묶고 표면적인 의미생산에만 집중하는 연구는 그 편향성을 피하기가 어렵게 된다. 주제론적 연구의 방향

---

2 김인환, 「희극적 소설의 구조 원리」, 고려대 박사논문, 1981.

에서 여성주의 혹은 여성성에 주목하려는 최근의 시도들은 채만식 문학연구에 새로운 시각을 제공해 줄 가능성이 있다. 채만식의 작품들에는 여성인물 혹은 여성화자가 등장하는 것들이 적지 않은데, 식민지배기 여성성에 대한 고찰은 소단위 관념유형[3]에 대한 연구의 사례가 될 수 있을 것이다. 이 외에 채만식 소설에 나타난 근대성의 문제,[4] 정신분석학적 관점에서 인물의 욕망의 문제에 주목한 최근의 연구 성과들이 있다. 이는 넓은 의미에서 주제론적 연구에 속하는 것이라 할 수 있다.

다음으로 주로 1990년대에 접어들면서 이루어지고 있는 형식미학적 연구를 검토하기로 한다. 1990년대의 연구자들은 1970~80년대의 연구 성과를 계승하면서도 그동안 소홀히 다루어졌던 채만식 작품의 미학적 형식에 주목함으로써 연구의 질을 한 단계 높이는 데 기여했다. 이는 연구의 층위가 거시적 차원에서 미시적 차원으로 옮아갔음을 의미하는 것이며, 이에 따라 채만식 연구는 보다 풍성해지고 다채로워지게 되었다. 1990년대의 연구방향은 1970~80년대의 연구가 결락했던 부분들을 보충하는 보완적 성격을 지닌다. 그것은 주로 소설의 문체론적 측면에 대한 연구라 할 수 있는데 작품의 서술구조에 대한 연구가 대표적이다. 이와 같은 미시적 연구는 '꼼꼼히 읽기'에 기초한 작품의 내재분석이라는 점에서 문학텍스트의 연구에 있어서 기본적인 시각을 제공해준다. 그러나 여기에도 한계는 분명히 존재한다. 문학텍스트에 대한 형식미학적 연구는 필연적으로 텍스트의 형식에 대한 구조적 유형화

---

3 김인환은 사회의 의식형태에 문학의 지각형상을 대응시킨다는 것은 지극히 평범한 진술에 지나지 않는다고 지적하면서, "문학사회사를 연구하는 문학사가는 의식형태와 지각형상의 대응 위에서 특정한 의식형태를 지각하게 하고 의심하게 하고 긍정하게 하고 부정하게 하는 지각형상들의 거리효과를 포착하여 기술해야 한다"고 주장한다. 그는 하나의 이데올로기인 의식형태가 아니라 소단위 관념유형에 주목할 때 비로소 문학의 문학성을 존중하는 문학의 사회사가 기술될 수 있으리라고 전망한다. (김인환, 「한국문학의 사회사 문제」, 『기억의 계단』, 민음사, 2001, 9~33쪽)

4 김연숙, 「채만식 문학의 근대 체험과 주체구성 양상 연구」, 경희대 박사논문, 2002.

와 도식화가 따르게 마련이고, 텍스트가 생산해내는 의미내용과의 상관성을 간과할 가능성이 높다는 점에서 약점을 지닌다. 이는 서술이론이 가지는 일반적인 한계와도 상통한다. 비유적인 표현이 허용된다면, 서술이론은 'X-ray'로 촬영된 작품의 뼈대만을 보여줌으로써, 정작 그 뼈대를 구성하는 작품의 피와 살을 보여주는 데는 실패하고 만다. 뼈대는 어떤 텍스트의 표면에 드러난 구조라고 할 수 있다. 하지만 구조에는 틈새가 있게 마련이며 그 틈새로는 우리가 상상할 수 있는 것보다 더 많은 것들이 들고 나간다. 이는 대부분의 서술이론이 기대고 있는 구조주의가 갖게 되는 문제점이라고도 할 수 있다. 구조가 통과한 작품에는 형해화(形骸化)한 앙상한 뼈대만이 남게 된다. 또한 문학연구에 있어 작품이 산출해낸 의미내용과의 관련양상을 밝혀주지 못하는 형식미학적 연구는 부분적 '진리 타당성'만을 주장할 수 있다. 따라서 소설의 문체와 서술구조라는 미시적인 차원의 연구 역시 많은 미덕에도 불구하고 그 의미가 제한될 수밖에 없다. 채만식 소설에 대한 형식미학적인 연구로 대표적인 것으로는, 우한용의 「채만식 소설의 담론 특성에 관한 연구」(서울대 박사논문, 1991)와 한혜경의 「채만식 소설의 언술구조 연구—서술자의 존재양상을 중심으로」(이화여대 박사논문, 1993)가 있다. 특히 우한용의 연구는 채만식 연구에 있어 하나의 전환점을 이루는 것으로, 채만식 소설의 담론구성방식에 주목하였다. 그는 바흐찐의 담론이론에 착안하여 채만식 소설을 단편, 중편, 장편으로 분류해 분석하면서 텍스트 내부의 담화상황에 주의하였다. 그에 따르면 채만식 소설은 단일 서술자의 일방적 담론구성이 우세하여, 바흐찐이 언급하고 있는 대화적 담론구성에 미달하고 있는 것으로 평가된다. 담론이론에 대한 지식을 바탕으로 텍스트의 서술층위에 대한 미시적 분석을 보여주고 있는 우한용의 논문은 채만식에 대한 연구를 질적으로 변화시켰다는 점에서 의미가 있다. 그러나 논자가 언급하고 있는 이상적 담화상황을 연역적으로 미리 전제한 뒤에 작품을 이 기준에 따라 재단하고 있어 '텍스트의 저항'을 면치 못하고 있다. 그리고 논자가 밝히고 있듯이, 이 논문에서 구상하고 있는 것은 작품의 내용과 형식을 아우르는 담론의 '사회시학'인데, 이론의 화려함에 비해 실제 텍스트 분석은 연역적 논증의 소박한 수준에 머물고 있다. 또한 담론분석이 사회사를 포함하는 정치적 성격을 지님을 누차 강조하고 있지만, 분석의 실제에는 작품의 의미영역을 식민지 현실이라는 텍스트 외부 환경과의 일대일 대응관계로 환원하는 오류를 범하고 있다.

이상의 연구와는 방향을 달리하는 일군의 성과들이 있다. 이는 주로 서사전통과의 연계양상을 조명한 논문들인데, 채만식의 작품에서 연암의 한문단편, 판소리, 탈춤 등 전대의 문학양식의 수용과 변이 양상에 주목한다. 그 중에서도 판소리와의 관련상이 집중적으로 부각되었다. 많은 연구들에서 채만식 소설의 서술자가 판소리의 창자와 비슷한 역할을 한다는 점이 논증되었다. 이와 같은 연구의 방향성은 1970년대 이후의 사회적 담론의 구성방식과도 깊은 연관을 지닌다. 1970년대 한국학 분야에서는 내재적 발전론이 지배적 담론으로 부상하게 된다.[5] 이는 주로 역사학계의 성과에 기대고 있는데, 자본주의 맹아론과 같은 주장들은 한국사회의 근대화과정을 자생적인 관점에서 재구성하려는 시도들이라 할 수 있다. 국문학 분야에서는 이와 같은 관점이 전통단절론, 이식문학론을 이론적으로 극복하려는 시도들로 나타났는데, 이는

---

5 내재적 발전론은 식민지 근대화론을 부정하고, 근대계몽기 한국사회의 자생적 근대화의 가능성을 논리화하고자 한다. 표면적으로 이는 서양적 근대의 안티테제로서 자생적 근대의 창출을 이론적 모토로 삼는다. 그러나 담론의 표면적 효과와는 달리 심층적으로 내재적 발전론과 식민지 근대화론은 동전의 양면과 같은 성격을 지닌다. 이는 내재적 발전론이 결국 서양의 근대화과정을 유일하고 보편적인 하나의 모델로 삼는다는 점에서 그렇다. 20세기 전반기 한국이라는 공간의 '특이성'을 설명하지 못하고 보편적인 근대화 코스와의 시간적 격차의 설명에만 매달린다면, 내재적 발전론은 특수성을 특화시키는 또 하나의 이데올로기가 될 것이다.

전통계승의 차원에서 전대의 문학양식들을 재검토하는 것으로 구체화되었다. 채만식 문학의 서사전통과의 연계양상에 대한 고찰은 1970년대 한국학 분야의 지배적 담론의 교체현상과 관련이 있다. 이런 관점의 연구에서는 주로 채만식의 풍자소설과 판소리의 관련양상, 채만식의 고전소설 패러디 문제 등이 논의의 중심에 선다. 최근에는 보다 확장된 상호텍스트성의 관점에서 「당랑의 전설」, 「인형의 집을 나와서」 등의 작품들을 중심으로 하여 서양 고전작품의 패러디 양상에 주목하기도 한다.[6] 이와 같이 서사전통과의 연계양상을 고찰하려는 시도는 크게 보아 텍스트의 형식미학적인 접근방식이라고 할 수 있으나, 일반적인 문학연구방법론의 차원에서 보면 비교문학의 관점이라고 할 수 있다. 비교문학의 관점에서는 먼저 텍스트 사이의 구조적 동형성에 주목하여 영향관계의 대조표를 작성하고자 한다. 그러나 비교문학의 관점은 대개 텍스트 사이의 유사성과 차이에 기반한 수학적 통계에만 몰두함으로써 텍스트간의 내면적 동질성을 밝혀내는 데는 실패하는 경우가 많다. 다시 말해 텍스트간의 내면적 동질성을 밝혀내고 영향관계가 텍스트의 구조에 미친 의미와 효과를 규명하는 데에까지 이르지 못한다면 비교문학의 관점은 소박한 통계자료에 머물 가능성이 높다.

---

6 이와 같은 시각 외에, 방민호는 학위논문에서 채만식 소설에 나타난 자전적 성격의 소장(消長) 양상에 주목하여 채만식 문학의 시기를 구분하고 있다. 이는 매우 흥미로운 지적이라고 할 수 있으나, 소설 내적 원리에 의한 설명이 아니라 텍스트 외적 조건에 의한 해명이라는 점, 채만식의 친일문학의 논리가 해명되지 않는다는 점 등이 문제점으로 지적될 수 있다.(방민호, 「채만식 문학에 나타난 식민지적 현실 대응 양상」, 서울대 박사논문, 2000)

2. 분석의 시각과 방법

본 연구의 기본적인 두 가지 시각은 텍스트사회학과 화용론의 관점이다. 문학사회학이 한 사회의 의식형태와 문학작품의 지각형상을 소박하게 일대일 대응관계로 파악하려는 경향이 있는데 반해 텍스트사회학은 우선적으로 문학 텍스트를 자율적인 의미형성체로 본다. 또한 작품 속의 화자 혹은 서술자를 작가와 동일시하는 태도에 반대하고 문학작품을 작가와는 별개의 독립된 텍스트로 간주하고자 한다. 동시에 텍스트사회학은 문학사회학의 거시론적 차원을 배제하지 않고 언어의 집합적 성격에 주의를 기울인다. 비판적인 시각에서 보면, 문학 텍스트의 사회학은 분석의 차원에서 내용과 형식의 층위에 대한 일종의 절충주의라고 비난받을 수도 있다. 그러나 텍스트의 주제론적 차원과 미학적 형식을 함께 고려하는 것은 평균적 조합이나 이원론적 절충주의라기보다는 일원론적 절대주의에 가깝다. 문학 텍스트의 영역을 상대적 자율성의 영역으로 고려하면서 동시에 문학 텍스트가 생산된 사회·역사적 지평을 무시하지 않을 때만이 문학의 문학성을 존중하는 문학 텍스트의 사회학이 비로소 가능하다고 본다.

화용론은 인간의 추상적인 언어능력을 문제 삼는 일반언어학과 달리 '발화행위의 집합적 배치(collective assemblage of enunciation)' 속에서의 인간의 구체적인 발화형태에 초점을 맞춘다. 화용론은 일반언어학이 목표로 하는 보편적 언어능력의 구조적 유형화와 도식화로 포괄되지 않는 인간의 구체적인 발화행위를 문제삼기 때문에 '언어학의 쓰레기 창고'로 비유되기도 한다. 일반언어학의 음운론, 통사론, 의미론이 지니게 되는 추상적 보편화의 시각에서 비켜서서 화용론은 구체적 발화행위의 조건과 맥락을 섬세하게 고려한다.[7] 다시 말해 화용론은 문법화된 즉 언어구조로 바뀐 언어와 '화맥(話脈)' 사이의 관련성의 연구라고 정의할 수 있으며, 의미론에서 포착되지 않는 모든 의미양상에 관한 연구라 할 수 있다.[8] J. Searle에 의하면, 어떤 '언표내적 행위(illocutionary act)'에 필요한 조건들이 모두 충족되면 그 발화는 언표내적 행위로서 '적정하다'고 말하고, 어긋나는 조건이 있으면 그 발화는 언표내적 행위로서 '적정하지 못하다'고 판정하게 되므로 이들 조건들은 '적정조건(facility condition)'이라고 불린다. 이 적정조건은 언어사용의 맥락과 관련된 화용론적 개념이기 때문에, 참 / 거짓을 따지는 좁은 의미의 형식 의미론적 개념인 '진리조건(truth condition)'과는 다르다고 할 수 있다.[9] 이와 같은 맥락에서, 「화용론=의미−진리조건」이라고 수학적으로 표현할 수 있다.[10] 따라서 화용론은 텍스트에 나타난 미시적 욕망들의 흐름들에 주목하며 인물들의 의식의 수준에 따른 발화형태와 무의식적 욕망들이 그리고 있는 궤적 사이의 의식의 분열상에 민감하게 반응한다. 그리고 텍스트에 발현된 개인적 욕망의 사회적이고 정치적인 성격에 유의한다. 화용론의 관심은 개인적 욕망의 사회적 성격을 어떻게 미시적인 텍스트 분석을 통해 규명해내느냐 하는 것이다. 따라서 화용론적 관점에서 관건이 되는 것은 거대이론의 화려함이 아니라 실제 텍스트의 분석을 통한 귀납적 담론의 구성이다. 본 연구에서 문학 텍스트의 사회학과 화용론이라는 기본적인 관점은 선험적인 이론적 전제들이라기보다는 구체적인 텍스트의 분석과 논증에 바쳐지는 유연하고 느슨한 분석의 틀에 가깝다. 화용론적 관점의 수용을 위해 본고는 옐름슬레우, 오스틴, 썰 등의

---

7 화용론의 개념인 '함축(implicature)'은 이와 같이 발화되는 문장의 일부분도 아니고 함의도 아닌데도 그 문장의 발화에 의해 암시되는 명제를 가리킨다.(심재기 외, 『意味論序說』, 집문당, 1984, 177쪽)

8 Stephen C. Levinson, 이익환 · 권경원 역, 『화용론』, 한신문화사, 1992, 9~11쪽.

9 심재기 외, 앞의 책, 157쪽.

10 Stephen C. Levinson, 앞의 책, 11쪽.

언어이론, 비트겐슈타인의 후기철학, 바흐찐의 대화이론, 들뢰즈·가따리의 분열분석에 입각한 화용론 등의 이론들을 참조할 것이다.[11]

본 연구의 목적은 채만식 소설 전체를 관통하는 일관된 원리를 규명해내는 데 있다. 그러나 연구의 진행과 서술은 텍스트외적인 담론의 구성보다는 채만식 소설의 내적인 구성 원리를 밝히는 데 주력할 것이다. 채만식 소설은 풍자와 허무주의 사이에서 진동하는데, 그것의 기저를 이루고 있는 것은 '낭만적 세계 인식'이다. 낭만적 세계인식은 주어진 현실에 대한 부정과 함께 이상향에 대한 강한 열망과 동경(憧憬)에 의해 추동된다.[12] 그것은 현실과 이상과의 간극과 격차를 메우기 위해서 부단히 노력한다. 채만식 소설은 이와 같은 낭만적 세계 인식에 기반해 있으며, 이상적 질서에 대한 강한 열망에 의해 추동된다.[13] 이상향에

---

11 Louis Hjelmslev, 김용숙·김혜련 역, 『랑가쥬 이론 서설』, 동문선, 2000; J. L. Austin, 김영진 역, 『말과 행위』, 서광사, 1992; J. R. Searle, 이건원 역, 『言話行爲』, 한신문화사, 1987; L. Wittgenstein, 이영철 역, 『철학적 탐구』, 서광사, 1994; M. Bakhtin, 이덕형·최건영 역, 『프랑수아 라블레의 작품과 중세 및 르네상스의 민중문화』, 아카넷, 2001; M. Bakhtin, 송기한 역, 『마르크스주의와 언어철학』, 한겨레, 1988; G. Deleuze · & Felix Guattari, 김재인 역, 『천개의 고원』, 새물결, 2001.

12 본고에서 사용된 '낭만적 세계 인식'이라는 개념은 문예 사조로서 하나의 역사적 형태라 할 수 있는, 엄밀한 의미에서의 '낭만주의'의 개념에서 사용된 것이 아니다. 그것은 사조로서의 낭만주의가 지니는 다음과 같은 근본적인 성격과 특성에 주목한 것이라는 점을 밝혀두고자 한다. "낭만주의의 정신적 기조는 「동경(憧憬)」이며, 낭만주의 문학을 「동경의 문학」이라고 표현할 수 있다. 동경에서 출발하여 동경 속에서 진행되었고, 동경 속에서 벗어나지 못한 채 완성에 달하지 못하고 영원한 생성 과정 속에서 다음 문예사조로 이행한 문학이다. 이 영원한 생성이라는 것이 낭만주의의 본질적인 특성이다. 동경이란 그 대상이 무엇이든 충족되어 정체할 줄 모른다. 동경은 다시 동경을 불러일으키는 까닭에 대상이 바뀌면 새로운 동경이 생기고, 문학적 생성은 다양한 발전을 거듭하며 완성에 도달하지 못한다. …… 무한한 것에 대한 동경은 바로 이로니 Ironie에 의해서 생기는 것이다. 이로니는 예술가가 도달할 수 있는 이상이라고 상념한 것과 작품에서 실제로 도달한 이상과의 대립을 의식하는 데서, 또는 내적 감정과 현실간의 대립의식, 유한적인 것과 무한적인 것의 대립의식에서 기인한다."(지명렬, 「낭만주의와 동경의 문제」, 『문예사조』, 문학과지성사, 1977, 48~63쪽 참조)

13 최현식은 본고와 유사한 관점에서 채만식 문학을 파악하고 있는데, 필자가 채만식 소설의 기본적인 특성을 낭만적 세계인식이라 파악하는 것과 같은 맥락에서 최현식은

대한 동경이라는 문제를 욕망의 차원에서 살펴보면, 욕망의 성취 가능성이 비교적 선명해질 때, 채만식 소설은 풍자적 시각으로 현실을 파악한다. 그러나 반대로 욕망의 성취 가능성이 희박해지고 역사적 전망이 불투명해질 때, 채만식 소설의 기조적인 어조와 톤은 패배주의적이고 허무주의적인 세계 인식을 바탕으로 하게 된다. 본 논문은 욕망의 개념을 정신분석학의 엄밀한 의미로 사용하는 것이 아니라 '욕망의 성취와 좌절'이라는 기초적인 관점에서 채만식 소설의 세계 인식의 태도와 방법을 살펴보고자 한다. 그리고 그러한 '인식소(認識素)'들의 진폭에 따라 작품의 미적 구조는 어떠한 차이를 드러내는지를 밝혀내고자 한다. 본 연구는 세계인식의 태도나 방법, 즉 채만식이라는 작가의 정신구조와 인식론적 지형도를 그려내는 데 목적이 있기 때문에, 어느 정도의 도식적 유형화와 추상화가 불가피해 보인다. 한편으로 세계 인식의 태도에 따른 인식의 내용까지 다루기 위해서는 논의의 대폭적인 확장이

채만식 문학의 동력을 이루는 것을 '확실성에 대한 욕망'이라 규정한다. 이에 대한 논의의 핵심은 다음과 같다. "주체에게 마다 내면화되어 있는 삶의 특정한 방향성과 그것의 실현 가능성, 이른바 '확실성'은 주체가 자신의 행위를 정당화하는 일종의 준거틀로 작용하게 마련이다. 만약 그 '방향성'이 확신 또는 확인될 수 없다면, 주체는 자신의 어떤 행위도 정당화할 수 없게 된다. 이같이 이상과 현실의 지나친 간극에 따른 자기 패배 또는 준거의 상실이 니힐리즘의 전제를 이룬다면, 결국 니힐리즘의 문제는 모든 '확실성에 대한 종언'에서 비롯되는 것이라 할 수 있다. 그런데 이제껏 우리는 채만식 문학의 동력을 이룬 것이 바로 이 '확실성'에 대한 욕망이었음을 보아왔다. 아마도 채만식 소설에서 그 욕망이 그래도 긍정적인 표현을 얻은 것이 『탁류』와 「태평천하」일 터이다. 이 소설들이 이룬 성취는 여기서 상론할 필요가 없겠으나, 필자는 그와 관련하여 다음과 같은 사실 하나는 꼭 강조해두고 싶다. 그것은 바로 '아웃사이더'적 태도에 관한 문제이다. 콜린 윌슨에 의하면, '아웃사이더'는 자신이 속한 세계가 무가치한 세계임을 알면서도 거기서 어떤 목적과 방향을 찾는, 그리하여 '어떤 희생을 치르고서라도 진리(혹은 삶의 진실)는 이야기되어야 한다'는 것을 끝내 옹호하는 자이다. 여기서의 '진리'는 '확실성'과 그리 다른 것이 아니다. 사실 채만식은 늘 자신이 목적하는 '진리'가 현실에서 좀처럼 실현되기 어렵다는 것을 자각하고 있었다. 그러나 그것을 알면서도 그는 그 냉혹한 현실과 지신의 삶에 메스를 들이댐으로써 누구보다 강렬하게 새로운 인생을 건축하기를 꿈꾸었다."(최현식, 「문학가의 이상과 생활인의 비애」, 『채만식 문학의 재인식』, 소명출판, 1999, 195쪽)

필요하기 때문에, 식민지배기 정치적 힘들의 사회적 배치와 채만식 텍스트와의 상관성 문제는 선행 연구와 이후 연구자들의 몫으로 남겨두고자 한다. 이와 같은 맥락에서, 텍스트에 구현된 사회적 힘의 배치와 정치적 역학관계를 필연적으로 고려하게 되는 텍스트사회학과 화용론의 관점은 본 논문에서 엄밀하게 적용되는 하나의 방법론이라기보다는 분석의 실제에 바쳐지는 기본적인 입장과 태도를 의미한다는 점을 다시금 밝혀둔다.

본고가 분석하고자 하는 텍스트의 판본은 창작과비평사의 『채만식 전집』(1989)을 우선적으로 따르고자 한다. 텍스트의 부분 구성요소인 표현과 서술의 층위를 본격적으로 다루는 연구에서는 판본의 확정이 일차적으로 중요하겠지만, 추상화된 인식의 차원을 문제 삼는 본 논문에서는 전집의 활용도 큰 무리가 따르는 것은 아니라고 본다. 그러나 필요에 따라 판본의 제시와 분석을 추가하기도 하겠다.

본 연구의 대상과 범위는 채만식의 소설로 한정하고자 한다. 채만식이 적지 않은 분량의 희곡, 시나리오, 동화, 산문들을 남기고 있어 텍스트 전체의 분석이 요구되지만, 그렇게 되면 일관된 목차의 구성이 어려워진다. 여기에는 장르의 문제도 포함된다. 본질적으로 작가의 주석이라 볼 수 있는 소설과 달리 희곡이나 시나리오는 인물간의 대화가 표면적인 구성의 원리라 할 수 있다. 또한 소설은 독자들의 독서를 통해 작가의 창작행위가 완성되지만 희곡, 시나리오 등은 공연성을 전제로 한다. 따라서 일관된 목차의 구성을 위해, 채만식의 소설을 주된 논의의 대상으로 삼고 희곡, 시나리오, 기타 산문들은 텍스트 분석의 보충자료로만 선택하고자 한다.

본 논문은 소설 텍스트의 분석에서 장편, 중편, 단편의 장르의 구분을 특별히 고려하지 않기로 한다. 장편이 부분과 전체의 유기적 구성을 통해 한 사회체의 전체성을 파악하려고 한다면, 단편은 서사단위 간의 압축과 긴장을 통해 삶의 비의(秘義)를 드러내고 미시적 진실을 순간적으로 포착하려고 한다. 따라서 소설 텍스트의 분석에 있어 장르이론에 대한 인식과 장르 구분이 명확해야 하겠지만, 세계 인식의 문제가 장르 구분의 문제와 반드시 내적 필연성을 갖는다고는 볼 수 없기 때문에, 텍스트의 분석에 있어 소설의 장르 구분을 고려하지 않기로 한다.

채만식 소설은 기본적으로 리얼리즘적 시각을 견지하면서도, 세부에 대한 묘사와 미래에 대한 역사적 전망을 축으로 하는 통상적인 의미의 리얼리즘과는 다른 다양한 형태의 소설문법을 구축했다. 그와 같은 다양한 문법의 실험이 채만식 소설의 세계 인식과 일정한 상관성을 지니고 있다는 것이 이 논문의 기본적인 가설이다. 위에서 낭만적 세계 인식을 채만식 소설의 기저를 이루고 있는 세계 인식의 태도로 규정한 바 있다. 낭만적 세계 인식을 근간으로 하여 채만식 소설은 풍자적인 시각과 허무주의적인 태도 사이에서 진동한다. 그리고 그 진동의 편차에 따라, 현실주의적 시각을 보여주기도 하고 즉물적 인식의 태도를 보여주기도 한다. 본 연구의 이와 같은 가설과 문제 제기는 엄밀히 말하면 새로운 것은 아니어서, 채만식과 동시대의 비평가, 김남천의 다음과 같은 언급에서도 확인된다. 좀 길게 인용해본다.

> 채만식 씨에게 있어서는 세태소설로부터 자기를 구출하려는 작업이 금년에 있어서도 꾸준히 계속되었다. 작년도에 제작된 「치숙痴叔」이나 「소망少妄」 「이런 처지」 등은 세태소설로부터의 탈출 작업을 풍자정신에 의하여 행하였다는 기억을 남겨주는 작품들이다. 세태에 침잠하면서 풍자정신을 살리려고 한 노력은 금년에 들어서는 다소의 변화를 보여서 하나는 정신적으로 좀더 아름다워지려고 하는 비교적 순결한 방향과 하나는 아주 그것이 구리고 악취미적인 것으로만 깔아져버린 방향으로 이렇게 두 개로 갈라지지 않았는가 하는 느낌을 주었다. // 이 두 개의 세계 분열은 벌써 씨

의 최초 성공한 장편 「탁류濁流」에서도 배태되어 있던 것이었으나, 금년에는 그것이 확실히 갈라져버린 것 같다. 악취미에다 몸을 맡겨버린 것으로 「남식南植」이가 대표적이고 「이런 남매」가 역시 다분히 그것을 가지고 있다. 한편 강한 정신적 주제(이것이 채씨에게 있어서는 '모랄'이 되어 있다)를 강조해보는 경향이 될수록 진지한 탐색을 꾀하려고 애쓴 것은 씨에게 있어서는 확실한 일보전진이었으나, 그것은 또한 최상의 건강한 부분에서도 니힐리즘을 숨기고 있는 것이 특색이었다. 「방랑자의 무덤」과 「모색」에서는 새로운 생명의 희망에 의하여 허무를 배제하려는 노력과(전자), 속물을 배격해버리려는 건강한 처녀의 양식의 강조(후자)가 있어서 그것이 그다지 눈에 띠지는 않으나 작품의 뒤에서 작자를 유혹하고 있는 것은 역시 아무것도 인정하지 않으려는 니힐리즘의 사상이 아닌가. 오직 믿을 것이 없으면 핏덩어리같은 아이에게 긍정을 발견하려고 애쓸 것인가! 한편 「모색」의 주인공도 결국 모색해본 결과 아무것도 남지는 않았다. 읍회의원을 경멸할 수 있는 것만이 플러스였다. 「정자나무 있는 삽화」에서는 이것이 더욱 심해지지 않았을까? 적고 희귀하게 맑은 「반점斑點」이나, 소박한 선량한 인간성을 창조하려는 「구포씨仇甫氏」에게 있어서도 이것은 피할 길이 없었다. 『금의 정열』은 미처 읽어보지 못했으나 어쩐지 거기에도 금의 정열이 개인 뒤엔 역시 같은 세계가 오는 것이 아닌가 막연히 상상된다. 이렇게 해서 채씨는 세태세계로부터 자신을 구해내는 정신적 작업이 니힐리즘과 부딪쳐서, 금년 1년간은 그것을 극복하려는 고투로써 보낸 감이 없지 않다. 이런 과정을 거치면서 씨의 설화체는 더욱 용장해지는 느낌을 꾸고 잇는데 한 번 기술적인 모험을 각오하고 요설을 벌려보면 어떨까? 오히려 정신적 구출 작업은 손쉽게 새 세계를 발견하게 될는지도 알 수 없다. 씨가 만약 본격적인 리얼리즘에서 자신의 문학을 추진시키려면 반드시 한 번은 이 난관을 통과하여야 될 것으로 믿는다.[14](강조 필자)

채만식에 대한 김남천의 일종의 작가론적 성격을 띠고 있는 이 글은, 아주 짧은 인상비평에 불과한 것이지만, 채만식의 문학세계를 조망할 수 있는 중요한 관점들을 제공하고 있어서 주목된다. 사실 김남천은 이 짧은 글 속에서도 많은 이야기를 하고 있는 셈인데, 특히 채만식 문학에 나타난 '강한 정신적 주제'와 '니힐리즘'과의 아이러니컬한 조우 혹은 공존 현상을 예민하게 감지하고 있다. 이 논문의 문제의식도 김남천이 지적하고 있는 같은 지점에서 출발한다. 채만식 소설에 대한 논의를 풍자소설로 한정하거나, 리얼리즘의 현실반영론적 입장에서 해석하는 것은 극히 소박한 진술에 머무를 가능성이 많다. 본고는 채만식 텍스트에 대한 부분적 사실화를 지양하고 사실의 귀납적 논증을 통해 세계 인식과 태도라는 채만식 소설의 인식론적 구도를 해명함으로써, 텍스트에 대한 종합적인 이해에 도달하고자 한다. 하지만 채만식 소설의 구성원리를 하나로 규정하기보다는, 인식소들 간의 거리와 편차를 측정함으로써 관계적 의미영역의 설정에 주력할 것이다.

목차를 구성하는 기준들을 매우 다양한 차원에서 설정될 수 있다. 그것은 주제론이나 사회, 역사적 지평과 같은 거시적 수준에서 제시될 수도 있고, 서술이나 표현의 층위와 같은 매우 미시적인 수준에서 제시될 수도 있다. 목차 구성의 기준이 거시적인 수준에서 설정될 경우, 텍스트의 다양한 층위들을 유연하게 포괄할 수 있다는 장점이 있는 반면, 텍스트의 내직인 원리의 규명보다는 텍스트 외적인 조건들의 설명에 치중하게 된다는 단점이 있다. 반대로 그 기준을 매우 촘촘하게 미시적 수준에서 설정할 경우, 텍스트의 미세한 결들을 섬세하게 살펴보는 데는 유리하지만 그만큼 세부 목차의 구성과 기술에는 그 시각이 제한될

14 김남천, 「산문문학의 일년간－소화 14년도 문단의 동태와 성과」, 『인문평론』, 1939. 12.(여기에서는 신상성 편, 『김남천연구』, 경운출판사, 1991, 139쪽에서 인용)

수밖에 없다. 따라서 두 가지 모두 나름의 장 · 단점을 지니고 있으며, 그 절대적 우열을 판가름하기란 어려운 일이다. 그것은 논문의 구체적인 성격과 방향에 따라 상대적으로 선택되어질 뿐이다. 이 논문은 채만식 소설 전체를 일관되게 설명할 수 있는 내적인 구성 원리를 발견하는 것을 목표로 한다. 그리고 그 일차적인 기준으로 채만식 소설에 나타난 세계 인식의 문제를 본 논문의 준거로 설정하였다. 세계 인식의 차이를 규정하는 것은 앞서 말한 바와 같이 소설의 서술자와 인물들의 욕망의 성취 가능성이라는 기초적인 관점에서 제공된 것이다. 이상의 것들을 고려할 때 목차 구성의 우선적인 기준은 거시적인 수준에서 설정하는 것이 유리해 보인다. 그 다음으로 세계 인식의 태도라는 거시적 수준의 기준을 텍스트 내적 요소의 하나인 소설의 구성의 차원과 연계시키면 다음과 같은 관계적 의미영역을 설정할 수 있다. 여기에서 구성의 차원은 일차적으로 서술자와 인물, 인물과 인물간의 가치체계 혹은 담론의 구성방식을 의미한다.

I. 낭만적 세계 인식과 이원적 대립의 구성

II. 현실주의적 세계 인식과 이항적 대비의 구성

III. 허무주의적 세계 인식과 병렬적 나열의 구성

다음으로 세부 목차의 구성 문제를 살펴보기로 하자. 채만식 소설을 관통하는 일관된 원리를 규명하려는 본고는 논증의 타당성을 확보하기 위해 불가피하게 작품의 양을 확대할 수밖에 없다. 이를 위해서는 거시적인 수준에서 목차구성의 기준을 마련하는 것이 불가피하였다. 여기에 세부목차를 구성하는 방법은 두 가지가 있을 수 있다. 먼저 다양한 작품을 주제별로 분류하고, 그 분류에 따라 작품을 순차적으로 단일회에 걸쳐서 분석하는 것이다. 이와 같은 구성은 분석의 중복을 피할 수 있다는 장점이 있으나, 실제 분석에서 동어반복이 일어날 가능성이 있으며 작품론을 기계적으로 조합하고 있다는 인상을 줄 우려가 있다. 그리고 분석의 다양한 층위를 포괄하지 못할 수도 있다는 문제가 있으며, 더욱 문제가 되는 것은 동일한 카테고리 안에 설정된 작품들의 주제가 의미 있는 차이를 내포하지 못할 가능성이 있다는 점이다. 다음으로 세부목차의 구성을 분석의 층위를 달리하는 것으로 짤 경우이다. 이 경우 분석의 다양한 층위를 제시할 수 있다는 장점이 있으며, 단순한 작품론의 연장이 아니라는 인상을 주게 된다. 그러나 동일한 작품들을 서로 다른 층위에서 반복적으로 언급하게 됨으로써 분석의 중복을 피할 길이 없다. 본고는 전자가 채만식 소설 전체를 설명하는 데 유리하다고 판단되어, 전자의 방법을 세부목차 구성의 우선적인 기준으로 삼기로 하겠다. 이와 함께 각 장의 논증의 핵심에 해당하는 세 편의 장편소설의 분석에 앞서 예비적 고찰의 성격을 지니는 세부목차를 마련하여 각 세계 인식과 관련된 작품들의 전체적인 주제와 그 세부적인 편차에 대한 개괄적인 설명을 보충하기로 한다. 따라서 본 논문의 세부목차는 위에서 열거한 두 가지 방법을 혼용하고 절충하는 방식이라 할 수 있다. 따라서 본 논문에서 각 장의 큰 얼개는 세계 인식과 관련한 작품들의 전체적인 서술을 담당하는 1, 2장과 분석의 중심이 되는 세 편의 장편을 다루게 되는 3장으로 구성된다. 그러면 이제 소설의 분석에 필요한 도구들이 어떤 것들인지, 이에 대한 상식적인 수준의 점검을 하기로 한다.

소설의 분석의 차원은 크게 주제, 구성, 문체의 층위로 나누어볼 수 있다. 그리고 구성의 3요소에는 인물, 사건, 배경이 있다. 좋은 소설 분석이란 텍스트의 미시 단위 분석이 거시적 수준의 해석과 유기적으로 결합되는 것이다. 그것은 텍스트의 표현의 층위와 서술 단위의 분석을 통해 주제의 종합에 이르는 드문 경우를 말하는 것일 것이다. 좋은 소설 분석에서 미시분석의 결과는 텍스트의 의미내용을 지시한다. 추상적 사고의 수준에서, 분석의 차례는 미시분석을 먼저 하고 거시적 주제로의 종합이 나중이지만, 실제 논증의 배열과 순서는 이와는 반대로 하는 것이 효과적이다. 즉 소설의 구성의 차원과 주제론적 층위에 대한 서술을 통해 작품의 대강의 윤곽을 논문의 독자에게 먼저 제시한 후에, 이와 같은 의미단위의 구성물들을 마지막 순서로 미시분석을 통해 논증하는 것이 편리하다는 것이다. 이상의 것을 고려하여 본 논문의 핵심적인 분석에 해당하는 3장에서는, 순서대로 소설의 구성, 주제, 문체의 차원을 다룬다. 먼저 구성의 차원에서는 인물과 사건을 언급한다. E. M. 포스터는 인물의 유형을, 사건의 진행에 따라 성격 변화가 없는 '평면적 인물'과 성격 변화가 있는 '입체적 인물'로 나누었지만 본고에서는 이를 참조하기로만 한다. 따라서 본고의 세부목차에서 인물의 유형은 반드시 포스터적 의미에서의 분류가 아니라는 점을 밝혀둔다. 소설은 사건의 인과적 배열을 통해 의미의 집적과 집중을 형성하는 장르이다. 채만식의 풍자소설에서는 사건의 인과적 진행이 인물의 성격 변화에는 별 영향을 미치지 못하고, 이미 주어져 있는 가치체계로의 의미의 집중을 보여준다. 통상적인 의미의 세태소설에 속하는 작품들은 이와는 달리 의미의 집적을 통해 성격의 유동적 변화를 보여준다. 사소설(私小說)의 범주에 드는 작품들에서 인물들은 자신의 내면으로 응고되며, 의미가 아무런 방향성을 지니지 못한 채 산종(散種)되고 해체된다. 이와 같은 인물과 사건의 배열관계를 3장의 첫 번째 항이 담당하게 된다. 채만식 소설의 가장 큰 주제를 이루는 것은 '존재(Sein)'와 '당위(Sollen)'간의 분열이다. 3장의 두 번째 항은 텍스트의 주제론적 층위를 욕망의 문제와 결부시켜 다루게 되는데, 근본적으로 채만식 소설의 세계 인식의 문제와 관련되는 것이다. 세부목차의 세 번째 항은 텍스트의 표현의 층위를 서술하게 된다. 사건의 진행인 소설에서 서사(敍事)는 크게 '서술'과 '묘사'를 통해 이루어진다.

서술 외에 '논평'을 따로 설정하는 시각도 있지만[15] 소설이 본질적으로 작가의 주석에 다름 아닌 것이라면, 크게 보아 '논평'을 '서술'에 포함시켜도 큰 무리가 따르지는 않는다고 본다. 서술자의 서술방식과 태도는 서술의 주체와 '초점화(focalization)'의 문제를 함께 고려한다면 크게 주석적 서술, 객관중립 서술, 인물시각 서술로 나누어 볼 수 있을 것이다. 이와 같은 서술시각의 분류는 어디까지나 잠정적이고 유연한 틀로 사용되어야 한다. 소설 텍스트를 일관되게 지배하는 단일한 하나의 시점이란 결코 존재하지 않기 때문이다. 세 번째 항은 주로 이와 같은 서술의 층위를 다루지만 경우에 따라서 표현의 층위에 대한 다른 분석들도 추가할 것이다. 이상과 같이 목차 구성의 기준들을 확정하고 이에 따른 앞으로의 서술방향에 대해 개관해보면 다음과 같다.

'1. 낭만적 세계 인식과 이원적 대립의 구성'에서는 우선 채만식 소설의 기저를 이루는 것이 낭만적 세계 인식이라는 점을 논증할 것이다. 이를 위해 주로 농촌사회를 배경으로 한 설화적 공간에서 비극적 파토스의 현현(顯現)을 보여주는 「얼어죽은 모나리자」, 「두 순정」, 「쑥국새」 등의 소설을 1장을 통해 먼저 분석할 것이다. 여기에는 한 가지 문제가 따른다. 즉 작품의 대표성이라는 문제이다. 이와 같은 작품들은 이제까지 비교적 중요하게 다루어졌던 작품들이 아니다. 그러나 세계 인식의 차원에 대한 논증의 타당성은 작품의 대표성 문제와는 별개의 것이라는 점을 우리는 인정할 수 있을 것이다. 이상의 작품에서, 인물들의 개인적 욕망의 성취는 현실에서 좌절되지만 인물들은 죽음이나 자살이라는 비극적 비전을 통해 자신의 욕망을 비가시적 지평 속에서 관철시킨다. 이와 같은 개인적 욕망의 해결방식은 대단히 강렬한 낭만적 인식에 기반하지 않으면 불가능한 것이다. 여기에서 인물간의 신념체계는

15 박유희, 「논평이란 무엇인가」, 『내러티브』 제6호, 한국서사학회, 2002, 97~119쪽 참고.

극렬하게 대립되고 그들이 그리는 욕망의 궤적은 어긋남을 전제로 한다. 욕망의 이와 같은 해결방식이 개인적 차원에서 사회적 차원으로 승화되거나 용해될 때, 채만식 소설은 「태평천하」나 「치숙」과 같은 풍자적 구성을 취하게 된다. 서술의 체계나 담론의 구성방식은 앞서 언급한 소설들과는 매우 상이하지만, 풍자소설의 기본적인 태도는 낭만적 세계 인식이다. 사회적 풍자란 한 사회의 진보와 개혁의 가능성이 비교적 선명할 때 등장하는 소설적 양식이다. 그 가능성들이 축소되거나 불가능해질 때, 풍자의 칼날은 개인의 내면으로 돌려진다. 한국근대소설사에서 이상의 시니시즘과 위트는 이와 같은 자기풍자와 관련이 있다. 채만식의 풍자소설에서는 사회적 욕망의 성취 가능성과 역사의 진보에 대한 열망이 비교적 선명하게 부각된다. 이와 같은 맥락에서, 「맹순사」, 「논이야기」, 「미스터 방」과 같은 풍자적 구성을 취하고 있는 작품들이 민족국가의 건설이라는 해방공간의 가능성을 배경으로 재등장했다는 사실은 결코 우연이 아니다. 위에서 언급한 것처럼, 풍자소설에서도 서술자와 인물, 인물과 인물간의 의식지향성과 담론체계는 대립적 방향으로 구성된다. 2장에서는 「치숙」과 「논 이야기」를 중심으로 이와 같은 풍자의 전략과 구조 그리고 그 사적 전개의 의미를 살핀다. 그리고 대표적인 작품 분석에 해당하는 3장에서는 「태평천하」를 미시적 층위에서 분석할 것이다.

'2. 현실주의적 세계 인식과 이항적 대비의 구성'에서는 장편 『탁류』를 중점적으로 분석하기로 한다. 여기에는 통상적으로 세태소설이라는 범주에 속하는 작품들이 분석의 대상이 될 것이다. 그리고 여기에 해당하는 작품들은 통상적인 의미에서 리얼리즘소설이라 불리어지는 것들이다. 리얼리즘이라는 용어를 피하고 굳이 현실주의라는 단어를 고집하는 것은 하나의 전략적 선택이다. 리얼리즘이라는 용어는 채만식 텍스트를 하나의 틀로 설명하는 데는 강점이 있지만, 그것은 어디까지나 편의적인 것일 뿐이다. 오히려 리얼리즘이라는 용어는 채만식 텍스트에 대한 이해를 제한하고, 그 텍스트의 의미와 효과를 반감시키는 결과를 초래한다. 또한 목차의 일관된 구성을 위해서 낭만주의, 허무주의라는 단어들과 대비될 수 있는 용어로 현실주의가 적절하다는 판단에서이다. 현실주의라는 말은 리얼리즘이라는 단어가 지니는 경직된 개념규정성을 피하고 좀 더 다양한 의미를 내포할 수 있는 유연하고 신축적인 개념이다. 현실주의적 세계 인식을 바탕으로 하는 소설들에서는 낭만적 세계 인식에서보다는 가치체계 간의 갈등양상이 상대적으로 완화되고 약화되어 나타난다. 또한 서술자의 어조나 톤 등 서술태도도 이념형 간의 우열을 따지기보다는 상대적으로 중립적인 시각을 유지한다. 이를 통해 인물들 간의 담론체계는 이원적 차원에서 강렬하게 대립되기보다는, 이항적 체계 속에서 선명하게 대비되는 구성을 취하게 된다. 여기의 첫 장에서는, 먼저 『탁류』의 속편 격으로 보이는, 『금의 정열』을 현실주의에서 허무주의로의 이행이라는 관점에서 다루게 될 것이다. 그리고 「해후」, 「용동댁」, 「정자나무 있는 삽화」 등의 작품을 두 번째 장에서 다룬다. 채만식 소설 중에는 서술태도의 유보성을 보여주는 작품들이 일군을 형성하고 있는데, 이런 작품들에서는 주로 평균적 인간의 보편적인 욕망의 문제를 다루고 있다.[16] 이러한 일련의

16 이 작품들은 질투심이나 이기심, 성욕의 차원들을 묘사하고 있는데, 여기에 서술자는 아무런 개입이나 가치판단을 행하지 않고 욕망의 사태들에 대해 즉물적으로 인식한다. 서술자는 건조한 시선으로 그냥 있는 그대로의 인간의 욕망을 인정하고 수용하는 태도를 보인다. 인물들은 자신의 욕망의 흐름을 따라 즉자적으로 반응하고 행동하는데, 서술의 대상이 한 인물과 욕망에 집중된다는 점에서 일종의 '인물소설'이라고 볼 수도 있을 것이다. 이와 같은 범주의 소설에서는 특히 여성인물들과 그들의 욕망 문제가 집중적으로 부각된다. 이는 채만식 소설이 지니는 하나의 경향성이라고도 할 수 있는데, 채만식 소설은 식민지 시대 여성의 삶의 조건들에 대해 집요하게 질문하며, 사회적 성역할의 배분과 그것의 부당성에 변함없는 배려와 연민의 시선을 유지한다. 채만식 소설에서 여성화자의 등장의 문제는 하나의 예각점을 이루고 있다. 이와 같이 인간의 보편적 욕망에 대한 즉물적인 반응과 인식을 보여주는 소설들

작품들은 사실로서 존재하는 현실 속의 구체적인 인간들이 지니고 있는 보편적이고 평균적인 욕망을 다룬다는 점에서 현실주의적 세계인식과 관련하여 함께 논의될 수 있다.

'3. 허무주의적 세계 인식과 병렬적 나열의 구성'에서는 채만식 스스로가 명명한, '사소설(私小說)'이라는 범주에 속하는 소설들과 장편『옥랑사』를 중심으로 기술하게 될 것이다. 1장에서는 먼저 허무주의적 세계 인식과 관련된 일반적인 경향의 작품들을 다루고, 2장에서는 사소설을 중점적으로 언급하게 될 것이다. 그리고 3장에서『옥랑사』를 이에 해당하는 대표적인 작품으로 분석할 것이다. 허무주의적 세계 인식과 관련된 작품들에서는 욕망의 성취 가능성이 좌절되며, 개인적 욕망은 사회적 차원으로 승화되지 못하고 개인의 내면 속으로 응고되고 탈승화된다. 좌절되고 패배당한 인물들의 모습은「냉동어」,「회」,「패배자의 무덤」,「모색」,「근일」,「집」,「상경반절기」 등의 작품 속에서 구체화되고 전경화된다. 김인환은「냉동어」를 '의식의 냉동상태'로 규정하고, 이를 '무력한 객관주의의 한 특징'으로 보았다.[17] 세계와의 소통의 가능성이 단절된 채, 개체적 실존에 칩거하고 피난살이하는 무기력한 개인의 모습은「근일」,「집」 등의 자전적 성격이 짙은 소설들에서 신랄하게 묘파되고 있다. 인물이 처한 부정적 현실과 지향하고자 하는 이상형은 아무런 상호작용을 하지 않거나 못하고 있어서, 대립되는 담론이나 가치체계는 의미 없이 기계적으로 나열되고 있을 뿐이다. 이론적으로 만날 수 없는 평행선처럼, 소설의 구성은 대립적 이념형들을 무의미하게 병렬적으로 배열하고 있다. 이와 같은 구성의 파탄이 극점에

은 인물들이 보여주는 욕망의 동선을 따라 있는 그대로를 소묘한다. 따라서 소설의 구성은 그 욕망의 변주만큼이나 입체적이고 다면적인 구성을 취한다. 이는 하나의 전형적인 패턴을 보이기보다는 매우 역동적인 개방성을 내포하고 있다.

17 김인환,「정념과 거리」,『다른 미래를 위하여』, 문학과지성사, 2003, 85~90쪽.

이르고 있는 것은 장편『옥랑사』이다.『옥랑사』의 구성은 실로 기괴하다 할 수 있는데, 소설의 일부는 주인공 장선용과 옥랑의 연애담이 실존적인 차원으로 가두어져 있고, 다른 일부는 장선용이 한국근대사의 중요한 사건들을 모조리 경험하는 강사(講史)적 서술로 채워진 사회적 차원의 이야기로 분할되어 있다. 여기에서 중요한 것은 역사소설로서의『옥랑사』의 소재적 풍요로움이 아니라, 기괴하달 수밖에 없는 구성상의 파탄이다.『옥랑사』에서 장선용의 개인적인 연애담은 역사적인 사건담으로 단 한번도 침투하지 않는다. 두 개의 이야기는 완전히 별개의 것으로 취급되고 있어서, 독자에게 전혀 다른 두 개의 소설을 읽고 있는 착각마저 들게 한다. 이 두 가지 이야기의 구조는 전혀 유기적으로 관련되어 있지 않으며, 단 한 순간에서조차 조우하지 않는다. 또한 실존적 개인으로서의 장선용은 옥랑이 죽어버림으로써, 옥랑과의 사랑에도 실패하고, 역사적 존재로서의 장선용도 한국사의 중요한 사건들을 모조리 경험하지만 민중에 대한 불신과 제국주의에 대한 의구심을 떨쳐내지 못하고 한낱 테러집단의 우두머리가 됨으로써, 사회적 욕망의 성취에도 실패하게 된다. 이와 같은 플롯의 파탄은 무엇을 의미하는 것인가. 이에 답하는 것은 채만식 소설에서 매우 중요한 의미를 지닌다. 그것은 개인적 욕망의 사회적 차원으로의 승화 가능성의 봉쇄이다. 건강한 사회란 개인의 실존과 사회적 환경과의 소통 가능성이 열려 있으며 끊임없이 그 대화적 구조가 상호침투를 통해 갱신되는 사회일 것이다. 그러나『옥랑사』에서 보이는 소통가능성의 봉쇄는 일본제국주의의 지배가 한 작가의 정신구조를 어느 정도까지 결딴나게 했는지를 보여주는 간접적인 증거라 할 것이다.

제2장
낭만적 세계 인식과 이원적 대립의 구성

1. 자기 욕망의 동일성과 초월의 구도

「쑥국새」, 「얼어죽은 모나리자」, 「두 순정」 이 세 작품의 줄거리를 거칠게 요약한다면 '사랑하다가 죽어버리는' 이야기라 할 수 있다. 그리고 각 작품의 세부적인 주제의식으로서, 「쑥국새」는 현실에 대한 부정의 원리와 낭만적 초월을, 「얼어죽은 모나리자」는 자기 욕망의 동일성 문제를, 「두 순정」은 '이상적 자아(ideal ego)'에 대한 '상상적 동일시(imaginary identification)'를 각각 표현하고 있다고 할 수 있다.

이상의 세 작품은 채만식 소설에서 중요한 의미를 지닌다. 그것은 작품의 주제적 완결성이나 미적 규준의 의미에서가 아니라 이 작품들이 채만식 소설이 작동하고 있는 기본적인 원리를 시사해주기 때문이다.[18] 또한 이 작품들은 개인적이고 실존적인 공간에서의 자기 욕망의

---

18 채만식 소설의 세계인식과 관련하여 이러한 계열의 소설이 지니는 중요성은, 한형구

문제를 다루고 있는 소설들이 사회적이고 정치적인 장을 배경으로 하는 작품들과 어떻게 달라지는 지를 살피는 데도 도움을 준다.[19] 한편으로 개인적 욕망의 문제를 다루고 있는 이 작품들은 허무주의적인 성격의 작품들과의 전체적인 연속성 속에서 채만식 소설을 파악하도록 해준다. 이상의 문제의식을 가지고 작품의 세부를 살펴보도록 하자.

「쑥국새」(1938)는 한 인물의 욕망의 실현을 극단적인 형태로 보여주는 작품이다. 네 단락으로 이루어진 작품의 첫 번째와 마지막 단락은 현재의 시간을 서술하며, 두 번째와 세 번째 단락은 과거의 시간을 서술한다. 납순이의 묘에서 원망을 늘어놓는 미럭쇠의 모습을 묘사하는 것으로 시작하는 소설은 과거의 시간으로 돌아가서 사건의 전말을 보여준다.

주인물인 납순이를 중심으로 종수와 미럭쇠는 애정의 삼각관계에 놓여 있다. 그러나 납순이의 입장에서 볼 때, 종수와의 관계가 긍정되어야 할 가치인 반면, 미럭쇠와의 관계는 부정되어야 할 가치이다. 미

에 의해서 지적된 바 있다. 한형구는 이 작품들의 계열을 비극적 세계인식이라는 관점에서 분석하고 있어, 본고의 시각과는 미세한 차이를 지니고 있으나 그 문제의식은 동일한 것으로 보인다. 한형구는 이 계열에 속하는 작품으로 「젖」, 「생명」, 「두 순정」, 「쑥국새」, 「용동댁」, 「패배자의 무덤」을 예로 들었다. 그 구체적인 논의는 다음과 같다. "여성의 운명을 소재로 해서 비극적 현실을 환기시키는 채만식 문학의 특유한 방법이 이 시기에 완숙의 경지에 이른다는 사실도 이렇게 보면 그의 세계관 정립과 관련하여 우연이 아니었다. 이를 대표하는 작품이 「탁류」이거니와 37년 발표된 「얼어죽은 모나리자」도 이러한 맥락에서 본질적인 작품 중 하나로 주목될 수 있다."(한형구, 「채만식의 세계관과 창작방법 연구」, 서울대 석사논문, 1987, 88쪽)

19 「쑥국새」의 첫 부분과 마지막 부분의 문장을 보면 다음과 같다. "풀포기 군데군데 간드러진 제비꽃이 고개를 들고 섰다. 제비꽃은 자주빛, 눈곱만씩한 괭이밥꽃은 노랗다. 하얀 무릇꽃도 한참이다. 대황도꽃만은 곱다. 할미꽃은 다 늙게야 허리를 펴고 흰 머리털을 날린다. 구름이 지나가느라고 그늘이 한 때 덮였다가 도로 밝아진다. 솔푸덕에서 놀란 꿩이 잘겁하게 울고 날아간다."(7 : 295) // "마지막 소리가 아스라이 들리더니 그 다음은 잠잠하다. 미럭쇠는 밥 먹기도 잊고 도로 넋이 나가서 우두커니 앉아 있다."(7 : 305) 이 작품의 문체와 어조는 「태평천하」, 「치숙」 등의 작품에서 보이는 주관적이고 개입적인 서술과는 사뭇 다르다. 인용에서 드러나듯이 문장들은 주로 현재형의 묘사형 서술들로 이루어져 있다.

력쇠와 종수는 모두 납순이를 좋아하지만 납순이는 종수만을 좋아한다. 그리고 이들의 주변에는 미력쇠를 좋아하는 점례가 있다.[20] 점례는 미력쇠를 좋아하지만, 미력쇠는 납순이만을 바라본다. 그래서 점례는 미력쇠를 자극해서, 납순이를 두고 종수와 미력쇠가 싸우게 만들기도 한다. 미력쇠는 자기가 좋아하는 납순이와 결국 혼인하게 되지만, 납순이는 종수를 잊지 못하고 함께 도망을 치려다 발각이 되고 만다. 이에 납순이는 "평생을 맘없이 매달려 살아야 할 테니, 차라리 진작 죽는 것만 못하다"고 되뇌이며 스스로 목을 맨다. 여기까지가 소설의 간단한 줄거리라 할 수 있다.

이 작품의 분석에서 중심이 되는 것은 납순이와 미력쇠라는 인물의 성격과 그것이 지니는 의미이다. 우선 두 인물 모두 정념이 매우 강한 성격으로, 자기 욕망의 실현에 과도하게 집착한다. 특히 납순이의 경우가 그렇다고 할 수 있다. 다음은 납순이의 '리비도 고착(libido cathexis)'[21]이

---

20 인물 간의 애정의 구도를 도식화한다면 다음과 같이 설명할 수 있을 것이다.
* 종수=납순이<미력쇠<점례 : 여기에서 등호는 애정의 상호성과 밀도의 균형을 부등호는 애정의 일방성과 밀도의 불균형을 나타낸다.

21 'Libido'; Energy postulated by Freud as underlying the transformations of the sexual instinct with respect to its object(displacement of cathexes), with respect to its aim(e.g. sublimation), and with respect to the source of sexual excitation(diversity of erotogenic zones) (Laplanche, J. & Pontalis, J-B. *The Language of Psycho-analysis*, translated by Donald Nicholson-Smith. London : The Hogarth Press, 1983, pp.239~240)
'Cathexis'; Economic concept : the fact that a certain amount of psychical energy is attachded to an idea or to a group of ideas, to a part of the body, to an object, etc(Laplanche, J. & Pontalis, J-B. op.cit. p.62) 라깡은 프로이트처럼 리비도가 오로지 성적이라고 주장했다. 라깡은 리비도가 또한 전적으로 남성적이라고 주장하면서 프로이트를 뒤따른다. 1950년대에 라깡은 리비도를 상상계에 위치시켰다. "자아와 리비도는 같은 쪽에 있다. 자기애는 리비도적이다."(*Seminar2*, p.326) 그러나 1964년부터 리비도를 좀 더 실재계와 관련시켜 말하는 변화가 일어난다.(*Ecrits*, pp.848~849) 그러나 라깡은 일반적으로 '리비도'를 프로이트만큼 빈번히 사용하지 않으며, 성적 에너지를 향락의 관점에서 재개념화하고 있다.(딜런 에반스, 김종주 외 역, 『라깡 정신분석 사전』, 인간사랑, 1998, 115쪽 참고)

얼마나 완강한 것인가를 보여준다.

> "그러자 마침 그때다. 등 뒤에서 작대기가 따악하더니 미럭쇠의 정수리를 보기 좋게 후려갈긴다."(7 : 300) // 납순이는 마치 눈이 오려는 겨울날처럼 새촘해서 눈을 아래로 내리깔고 눈썹 한 개도 까땍 않는다.(7 : 301) // 미럭쇠는 납순이의 두 손을 덤쑥 쥔다. 그 손은 얼음같이 찼다.(7 : 302) // 서방 미럭쇠가 돌아오는 날이면 맞아 죽고 말 것, 가령 죽지 않는다고 하더라도 병신이 될 만큼 얻어맞을 것(아까 내리치던 그 무서운 절굿공이!) 그러고서도 평생을 맘없이 매달려 살아야 할 테니, 차라리 진작 죽는 것만 못하다고, 그래 자결을 하고 만 것이다.(7 : 304)[22]

납순이의 종수에 대한 집착은 대단히 강렬해서, 이와 대비하여 미럭쇠에 대한 미움은 극에 달하게 된다. 납순이는 결국 죽음이라는 극단적인 선택을 통해 자기욕망을 실현한다. 그녀는 현실에서의 가능성을 찾지 못하고 죽음이라는 '비가시성(非可視性)'의 차원으로 초월한다. 납순이에게 미럭쇠가 주어진 '현재태'를 의미한다면, 종수는 아직 오지 않은 '잠재태'의 의미를 지닌다. 그러나 납순이는 주어진 현실 속에 영향력을 행사하고 있는 '잠재태'의 현실적 가능성을 보지 못하고 죽음을 선택한다.[23] 이는 강한 현실부정의 원리이며 순전한 '낭만적 초월'이다. 채만

---

22 이 논문에서 채만식 작품의 인용은 『채만식전집』(창작과비평사, 1987)의 것을 따르기로 하며, 출처의 표시는 인용문의 끝에서 이 전집의 권수와 쪽수를 표기하는 것으로 한다.

23 들뢰즈는 가능한(possible) 것과 현실적인(real) 것의 대립에 대해 잠재적(virtual)인 것과 현재적인(actual) 것을 대비한다. 현실성에 대비되는 의미에서 가능성은 어쩌면 비현실적인 것을 지시한다. 잠재적인 것은 현재 드러난 것은 아니지만 현실적인 것이고 현실에 속하는 것이다. 다만 그것은 아직 현재화되지 않은 것을 지칭할 뿐이다. 잠재적인 것과 현재적인 것이 현실을 이루는 것이다. '현재적이지 않으면서 현실적이라는 표현'은 들뢰즈가 프루스트에게서 빌려온 것이다. 들뢰즈는 베르그송과 잠재

식 소설이 지니는 기본적인 세계 인식은 이와 같은 낭만성을 기초로 한다. 낭만적 세계 인식의 가장 큰 특징은 현실에 대한 부정의 원리와 이데아에 대한 강렬한 동경이다. 문학 작품은 기본적으로 초월적 성격을 지니게 마련이지만, 문제는 그 초월이 현실과 맺는 관계 혹은 그 초월이 지니는 내적 성격이다. 이 작품에서 드러나고 있듯이 채만식 소설에서의 초월은 낭만적 초월 혹은 현실에 대한 절대적 부정의 방식으로 이루어지는데, 이와 같은 방식이 극단화되면 작품의 비현실성, 논리적 추상성을 드러내게 된다. 또한 이 작품의 공간적 배경이 되고 있는 농촌 마을은 작품 말미의 '쑥국새 이야기'[24]와 함께 작품의 설화적 분위기를 창출하는 데 기여하고 있는데, 이는 그와 같은 비현실성, 낭만적 초월의 방식과도 무관하지 않다. 납순이의 무덤에 "눈 날리듯 허옇게 덮여 날리는" 할미꽃 터럭 같은 소재도 이와 같은 낭만적 분위기를 환기시키는 소도구의 하나이다. 이상의 설화적 공간과 낭만적 분위기의 창출은 결국 납순이의 죽음과 함께 현실에 대한 부정의 원리를 표상하는 것이다. 이 작품에서 자기 욕망에 집착하는 것은 납순이만이 아니다. 미럭쇠 또

성에 관해 『프루스트와 기호들』, 『베르그송주의』 등에서 분석하고 있다. 이와 관련하여 들뢰즈가 『천개의 고원』에서 언급하고 있는 부분은 다음과 같다. "언표는 그것이 실행되는 수만큼 있다. 또 하나의 언표가 실행되면 그 안에는 언표들 전체가 현존한다. 그래서 변주의 선은 잠재적이다. 다시 말해 현재적이지 않으면서 현실적이다(réelle sans être actuelle)."(183쪽) 하나의 랑그는 필연적으로 개척되지 않은 가능성 또는 잠재성(potentialités)을 포괄해야만 한다고 옐름슬레우는 지적했다. 정확하게 말하자면 '잠재태(potential 또는 virtuel)'는 현실태(réel)에 대립되지 않는다. 반대로 잠재태는 창조적인 것의 실재성이며 변수들의 연속적 변주화로서, 오직 변수들의 상수적 관계의 현재적 결정에만 대립된다."(191~192쪽) (질 들뢰즈 · 펠릭스 가타리, 김재인 역, 『천개의 고원』, 새물결, 2001)

24 그 내용은 다음과 같다. "미럭쇠는 옛이야기가 생각이 났다. 며느리가 해산을 했는데 야속한 시에미가 미역국을 안 끓여주고 쑥국만 끓여주었다. 며느리는 피가 걷히지 않고 속이 쓰리다 못해 삼칠일 만에 그만 죽었다. 그 며느리가 죽어 혼이 새가 되었는데 쑥국에 원한이 잦아져 그래서 밤낮 쑥꾸욱 쑥꾸욱 운다고 한다. 우리 납순이는 죽어서 무엇이 되었으꼬? …… 쑥국새가 되었으머는 우는 소리나 듣지."(7 : 305)

한 자기 욕망에 충실한 인물이다. 어떤 의미에서는 납순이보다 더 집착이 강하다고 할 수도 있다. 미럭쇠는 자기를 배반한 납순이임에도 불구하고 차마 미워하지 못하고, 여전히 그녀의 무덤 앞에서 눈물을 훔치는 순진한 사내이다. 미럭쇠의 납순이에 대한 변함없는 심정은 다음과 같은 예에서 잘 볼 수 있다.

> 방아 찧듯 절굿공이를 번쩍 쳐들어, 단번에 골통을 칵 내리 바수려는 순간, 납순이와 딱 눈이 마주친다. 그것은 미럭쇠 제가 이뻐하는 납순이의 얼굴! 마주 말끄러미 올려다보는 눈이 어떻게도 액색한지 그만 눈물이 날 것 같았다. "퍽" 내리치는 절굿공이에 애매하게시리 굳은 마당 바닥이 움푹 팬다.(7 : 303) // "그년을 꼭 내 손으루 쳐죽일랬더니, 에잉 분히여!" 미럭쇠는 동리 사람들이 모여 섰는 데서 이렇게 장담을 하고 못내 분해하는 체했다. 눈물까지 쏟아졌다. 모두들 분해서 그러는 줄만 알았지, 미럭쇠의 정말 슬픈 심정은 알아채지 못했다.(7 : 304)

이와 같이 사건의 전개 속에서 변하지 않는 인물들의 성격을 고려할 때, 납순이와 미럭쇠는 포스터적 의미에서의 '평면적 인물'이라고 할 수 있을 것이다. 그러나 여기에서 보다 중요한 것은 앞서 지적한 바와 같이, 이와 같은 성격의 유동성의 문제가 아니라 그와 같은 성격이 지니는 의미일 것이다.

「얼어죽은 모나리자」(1937) 역시, 고착된 자기 욕망을 고집스럽게 보존하려는 여성 인물을 비극적으로 형상화하고 있다.[25] 주인공 오목이

25 한형구는 이 작품의 의미를 다음과 같이 파악한다. "이 작품의 주인공인 '오목이'가 '맹인'이라는 것, 이것은 비극적 성격의 요건으로 흔히 지적되는 비극적 '약점'(과오 : hamartia) 중에서도 특별히 의미심장한 요소에 해당한다. 진실은 숨어 있고 허위만이 만연된 세계에서 완전한 눈을 가진 자들은 진실을 볼 수 없으며 오히려 불구자인 맹인

를 눈이 먼 인물로 설정한 것은 작품의 비극성을 극대화함과 동시에 인물의 욕망의 맹목성을 드러내는 데에도 기여하고 있다. 주인공 오목이는 "작년 여름까지도 멀쩡하던 눈이 아프다는 것을 늦잡도리해서 필경 멀고 만" 불쌍한 시골 처녀이다. 오목이네는 "원근간에 일가도 없이 무우대가리같이 외로운 집안"이라, 오목이의 부모는 눈먼 딸을 남에게 속여서라도 시집을 보내고 싶어 한다. 딸을 시집보낼 밑천을 장만하기 위해 오목이 부모는 시장에서 떡장사를 한다. 부모를 도와 오목이도 짚신을 삼아 장에 내다 판다. 그 짚신은 "열여덟 살 먹은 꽃 같은 처녀가 눈먼 눈을 감고 앉아 손끝에 정성을 들여 한숨 섞어 삼은, 알뜰하고 다정다감한" 짚신이다. 오목이가 짝사랑하는 금출이는 부산과 오사까 등에서 방직공장을 다닌 적이 있는 동네 건달이다. 금출이는 동네의 과년한 계집아이들에게 "양복까지 입고, 대처[都市]바람을 쏘였다는 부러운 이력이며 평생 들어보지도 못하는 창가 이런 것을 간드러진 목소리로 부르고 지나가면 금시로 가슴이 두근두근해지고, 우르르 달려가서 울타리 구멍으로 내다보고 이래서 옛날 같으면 귀공자다운 추앙을 소리 없이" 받고 있는 인물이다. 오목이도 금출이를 작년 가을 목화밭에서 한 번 만난 이후 잊지 못한다. 다음은 오목이의 마음에 자리잡은 금출이의 모습을 묘사하고 있다.

눈이 멀어 들어앉으면서부터 금출이의 영상은 오목이 가슴속에 뚜렷이 들어박혔다. 오목이의 가슴속에 들어앉은 금출이의 영상은 매일 그렇게

들이야말로 진실에 보다 가까이 이를 수 있다는 것, 비극적 세계 속에 내재된 전도성에 대한 이러한 의미심장한 진리관이 이 작품에서 近似하게 실현되고 있는 것이다." (한형구, 앞의 글, 88~89쪽) 골드만의 이론을 원용하고 있는 한형구의 논문에서 숨어 있는 '진실'이란 골드만의 '숨은 신'을 의미하고 있음을 쉽게 알 수 있다. 그리고 그 '진실'이 표상하는 것은 결국 본 논문에서 언급하는 '낭만적 이데아'라 할 수 있을 것이다.

품고 지나는 사이에 요모로 조모로 변해가지고, 지금은 예수교인 같으면 예수나, 불도(佛道)하는 사람 같으면 부처님같이 숭엄하되, 그러나 숭엄만 하지 아니하고 정다운 우상이 되어버렸다. 오목이는 그새 일 년을 두고 그 우상의 실체인 금출이가 오기를 기다렸다.(7 : 200)

예문에서 금출이에 대한 오목이의 '심상(心象)'은 일종의 절대적인 우상 비슷한 것이 되고 있음을 확인할 수 있다. 그것은 오목이가 점점 눈이 멀어감에 따라 외부 자극과 단절되고 자기 안에 자폐적 세계를 구축한 결과로 볼 수 있다. 엄밀히 말해 그것은 타자의 '타자성'을 승인하고 사랑하는 '대상애'가 아니라, 미리 자기가 만들어놓은 타자의 이미지에 사로잡히는 일종의 '자기애'이다. 그와 같은 병적인 집착은 엄연히 존재하는 타자와 나의 거리를 고려하지 않는 '상상적 동일시(imaginary identification)'의 상태이다.[26] 그러나 상황은 오목이의 자폐적 상상과는 달리 금출이는 벌써 동네 "계집애를 두엇이나 탈을 내준" 터였고, 오목

26 '자기애(narcissism)'라는 개념이 정신분석 이론에서 중요한 역할을 맡게 된 것은 프로이트의 「자기애에 관하여」(1914)라는 논문에서이다. 이때부터 프로이트는 자기애를 자아에서의 '리비도의 투자(investment of libido in the ego)'로 정의하고서 '대상애'(object-love)와 대립시키는데, 대상애란 리비도를 대상에게 투자하는 것이다. 라깡은 프로이트의 개념을 자기애 명칭의 원조가 되는 나르시시스 신화와 더욱 명백히 연결시킴으로써 발전시킨다. 라깡은 자기애를 거울상에 대한 성애적 매력으로 정의한다. 이런 성애적 관계는 자아가 거울단계에서 형성되게 만드는 최초의 동일시의 기반을 이룬다. 자기애는 성애적 특성과 공격적 특성 양쪽을 모두 가지고 있다. 자기애는 나르시시스의 신화가 보여주듯이 성애적인데, 그 까닭은 주체가 자신의 이미지인 게슈탈트에 강력하게 이끌리기 때문이다. 또한 자기애는 공격적인데, 그 까닭은 거울상의 전체성이 주체의 실제적인 협동운동의 실조에 의한 불일치성과 대조되기 때문이고, 그런 연유로 인해서 주체를 붕괴시킬 것 같은 위협을 받는다. 「심적 인과론에 관한 언급」(1946)에서 라깡은(나르시시스 신화가 예증해 주듯이) 거울상과의 자기애적 탐닉에 있는 성애적-공격적인 속성이 주체를 자기 파괴적으로 이끌 수 있다는 사실을 표현하기 위해서 '자기애적인 자살공격'이라는 용어를 만들어낸다.(*Ecrits*, p.187) 자기애적 관계는 인간관계의 상상적 차원을 구성한다.(*Seminar*, p.9)(딜런 에반스, 앞의 책, 320~321쪽 참고)

이도 "작년 가을에 그 손에 걸렸을 것을 눈이 멀고 그 때문에 꾸욱 들어앉아 있느라고 겨우 면한 셈"이었다. 금출이의 입장에서는, 눈이 멀기 전의 오목이는 "장가를 들어 평생 같이 살기라도 하고 싶게까지 흠씬 마음에 들었던" 것이나, 지금에 와서는 "눈먼 계집애를 무엇에 쓰랴고 그렇게 기역자를 놓고 영 잊어버리다시피 했던 것"이었다. 그러던 어느 날 오목이 아버지, 두성이한테 품을 사러 들른 금출이는 오목이가 "도리어 작년 가을 눈이 멀지 아니하고 목화밭에서 해죽해죽 웃을 때보다 월등 더 나아 보이는" 것을 깨닫는다. 오목이 부모가 장에 떡을 팔러 집을 비운 사이 금출이는 오목이를 겁탈한다. 그러나 금출이를 맞는 오목이의 심정은 다음과 같은 것이다.

> 마당에서 발자국 소리가 들려왔다. 오목이는 놀라지도 아니하고 의심도 아니하고 당연한 일로 여겨 기다리고 있었다. 금출이로 보면 오목이 부모가 장에 가고 없는 것을 엿보아 어제 오늘 비로소 꾸민 일이지만, 오목이는 그것이 하늘이 시키는 정한 소리대로 되는 것같이 태연하게 일을 맞이했다. (…중략…) 금출이가 오는 것은 으레 당연한 일로 여겼으니까 발자국 소리가 들리고 할 때에는 태연할 수가 있었다. 그러나 그는 왔다. 왔으니 이제는 긴장이 새로운 것이다. 그것은 마치 첫날밤 신랑을 맞이하는 신부와 같은 긴장이다.(7 : 200~201)

금출이의 검은 마음을 알지 못하는 오목이는 스스로 구축한 상상적 동일시의 상태 속에서, 마치 초야를 치루는 신부처럼 금출이를 받아들인다. 게다가 단지 제 욕심을 채웠을 뿐인 금출이를 제 눈으로 보지 못하는 안타까움에 오목이는 그만 실수를 한다. 금출이 앞에서 흉하게 멀어버린 눈을 떠버린 것이다. 이 장면은 소설을 파국으로 몰고 가게 되는 결정적인 계기로 작용한다.

바로 한뼘 앞에 금출이의 얼굴이 있음을 생각할 때에 그는 불현듯이 그 얼굴을 보고 싶었다. 순간에 문득 일어난 이 생각은 오목이로 하여금 자기가 눈이 멀었다는 것을 잊게 했다. 그는 그 찰나의 아쉬움만 여겨 감은 두 눈을 번쩍 떴다. 금출이는 갑자기 뜨는 오목이의 눈동자를 언뜻 보자 어깨를 오싹 움츠렸다. 곱게 감은 눈두덩이 획 벌어지면서 굵다랗게 불거진 두 눈동자는 부옇게 백태가 덮인데다가 붉은 발까지 섞여 흉헙다 못해 무섭기까지 했다. 비록 일순간에 보고 말았을망정 그는 징그러운 두 눈동자를 잊을 수가 없었다. 그는 지금까지 이뻐보이던 눈감은 얼굴도 다시 보기가 싫었다.(7 : 203~204)

'추(醜)'의 경험은 인간에게 미적 불쾌감을 유발시킨다. 그것은 일종의 '기호의 폭력'[27]과도 같아서 순간의 엿봄이라 할지라도 인간을 전율하고 경악케 한다. 금출이는 재회를 약속하지만 "보지 못하는 대신 귀와 손끝이 예민해진 장님" 오목이는 금출이의 말하는 운과 몸가짐에서 "서먹함과 떨림"을 감지한다. 이후 장날마다 오목이는 금출이를 기다리지만 금출이는 끝내 오지 않는다. 이유는 알지 못한 채 자꾸 야위어만 가는 딸을 위해 오목이 부모는 혼례를 서두른다. 마침내 오목이는 "내일로 혼인날을 앞둔 전날 밤"을 맞이한다. 금출이 생각에 시집을 가지 않겠다고 어머니에게 고집을 피워보지만 이미 소용이 없다. 결국 오목이는 첫닭이 우는 소리를 듣고 집을 나선다.

밖에서는 바람이 눈을 몰아치는 소리가 요란하다. 오목이는 방문을 살그

---

27 들뢰즈에 의하면, "진실은 친화성 affinité이나 '진리를 인식하고자하는 인식 주체의 자발적인' 선의지를 통해서 찾게 되는 것이 아니다. 진실은 비자발적인 기호들로부터 '누설되는 것이다.'"(질 들뢰즈, 서동욱 · 이충민 역, 『프루스트와 기호들』, 민음사, 1997, 39쪽)

머니 열고 토방으로 내려섰다. 바람은 눈을 몰아다가 사정없이 흩뿌린다. 대번 몸이 떨리게 추위는 모질다. 오목이는 눈에 반이나 덮인 신발을 손 더듬어 겨우 찾아 신고 살금살금 기다시피 마당으로 내려섰다. 지팡막대도 없다. 그는 금출이를 찾아가자는 것이다. (…중략…) 다만 그리운 금출이를 한번만이라도 좋으니 만나자는 그것뿐이다.(7 : 212~213)

이 작품에서도 문 밖에는 눈이 날린다. 휘날리는 눈은 오목이의 비극적인 죽음을 낭만적인 것으로 윤색한다. 그 도저한 낭만성 앞에 옳고 그름의 구별이나 윤리적인 판단 같은 것은 별 의미를 지니지 못한다. 오목이의 눈먼 욕망은 실제 '눈의 멈[失明]'만큼이나 치명적인 것이다. 여기에서 자신이 앞을 보지 못하는 장애인이라는 사실이나, 자신을 단지 욕정의 대상으로 삼은 금출이의 부도덕성 따위는 오목이에게 중요한 것이 못된다. 그러나 눈보라 치는 새벽에 집을 나선, 앞을 못 보는 오목이가 무사할 리는 만무하다. 오목이는 결국 낭떠러지에 굴러 떨어진다. 그렇게 차츰 정신을 놓아가는 순간, 오목이는 그 보고 싶던 금출이의 환영을 제 두 눈으로 똑똑히 본다. 그리고는 "방시레 웃은 채"로 얼어 죽어 간다. 소설의 제목처럼 오목이가 "얼어 죽은 모나리자"로 화(化)하는 순간이다.

필경 아득한 가운데 만사를 다 잊어갔다. 마지막 머리올만하게 가느다랗게 남은 정신에 젖어 있는 것은 금출이 생각뿐이다. 그때다. 바로 그때에 어디서 나타났는지 금출이가 소리도 없이 기척도 없이 나타나가자고 빙긋이 웃으면서 그의 앞에 서서 있다. 오목이는 확실히 눈으로, 보는 눈으로 금출이를 보았다. 그는 두 팔을 벌려 덥석 금출이의 목을 끌어안으면서 방시레 웃었다. 그러고 나서 아주 정신을 놓았으되 오목이는 몰랐다. (…중략…) 오목이는 들 가운데 논 귀퉁이의 물에 패인 웅덩이에 몸이 반이나 눈에 싸여가지고 앉은 채 방시레 웃은 채로 죽었다.(7 : 214)

오목이는 죽음의 순간 드디어 꿈에도 그리던 금출이를 만난다. 물론 그것은 오목이 자신의 환영일 뿐이다. 「쑥국새」와 마찬가지로 여기에서도 반복되는 소설의 주제는 자기 욕망의 동일성 문제이다. 겉으로 보기에 오목이는 현실적인 조건들을 뛰어넘어 자기 욕망의 진정성에 도달하는 듯하다. 그리고 그 욕망의 염결성과 순수함 때문에, 그것이 파국으로 끝맺음에도 비장미마저 느끼게 한다. 그러나 그것은 창조적이고 능동적인 현실로부터의 벗어남이 아니라, 스스로의 그릇된 열망에 수동적으로 사로잡히는 것이다. 그 열망이란 사물을 정지된 상태로 붙잡아두려는 열망에 다름 아니다. 그리고 앞서 지적했듯이, 그것은 타자와 나와의 상상적 동일시일 뿐이다. 결국 오목이의 비극적인 죽음은 적정 수준의 '현실원칙(reality principle)'을 오목이 스스로 발견하지 못한 결과라고 할 수 있다.[28] 하지만 오목이는 죽음을 통해 자기 욕망의 동일

---

28 프로이트의 후기이론에 속하는 「쾌락원칙을 넘어서」(1920)에서 그는 인간에게 상반되는 두 가지 형태의 본능이 존재한다고 보았다. 하나는 '생의 본능(Life Instincts)'이라 일컬어지는 '에로스(Eros)'이고 다른 하나는 '죽음의 본능(Death Instincts)'인 '타나토스(Thanatos)'이다. 에로스는 성욕을 포함해서 삶의 긍정적이고 창조적인 에너지를 뜻하고 타나토스는 파괴적이고 공격적인 인간의 본능적인 성향을 가리킨다. 그리고 에로스를 지배하는 원칙을 '쾌락원칙(pleasure principle)', 타나토스를 지배하는 원칙을 '열반원칙(nirvana principle)', 이 둘 사이의 조화와 균형을 추구하는 지배원리를 '현실원칙(reality principle)'이라 명명하였다. 그러나 이 모든 원칙의 토대가 되는 것은 어디까지나 '쾌락원칙'이다. 이와 관련된 프로이트의 주요 논의를 직접 인용해 보면 다음과 같다. "개체의 생명과정은 내적인 이유로 해서 화학적 긴장의 소멸, 다시 말해서, 죽음으로 향하고, 반면에 다른 개체의 살아있는 물질과의 결합은 그러한 긴장을 고조시켜 이른바 신선한 「생명 고취적 차이」를 도출해 낸다는 것이다. 이러한 차이와 관련하여 하나 혹은 그 이상의 최적 조건이 존재할 것임에 틀림없다. 정신생활 및 신경생활 전반의 지배적인 경향은 자극 때문에 생긴 내적 긴장을 줄이거나 일정한 상태로 유지하는 것, 혹은 그것을 제거하는 것이다.(이것이 바바라 로우의 용어를 빌리자면 「열반원칙」이다) 이러한 경향은 쾌락 원칙 속에서 발견된다. 우리가 이 사실을 인정하는 것, 그것이 죽음 본능의 존재를 믿는 가장 강력한 이유 중의 하나이다.(78쪽) 쾌락 원칙은 정신 기관을 자극에서 완전 해방시키고 그 속에 있는 자극의 양을 일정 수준이나 가능하면 낮은 수준으로 유지하는 것을 주요 업무로 하는 기능에 봉사해서 작동하는 어떤 경향이다. 한 가지 분명한 것은 이와 같이 기술된 기능

성을 확인할 수 있었기 때문에 미소를 띠운 채 죽어갔던 것이다. 채만식 소설의 기본 구도인 현실에 대한 부정성이 낭만적 초월의 방식이라는 점은 여기에서도 확인된다. 채만식 소설의 낭만적 세계 인식은 이처럼 구체적 현실의 희생을 그 대가로 치루고 있다고 볼 수 있다. 이와 같은 맥락에서 오목이의 눈멈은 단순히 물리적인 보지 못함만을 의미하지 않고, 현실에 대한 인식의 결여 또한 상징하고 있다. 그리고 오목이의 진짜 불행은 금출이 앞에서 눈을 떴던 일, 다시 말해 실제 현실에 대한 눈뜸이 바로 파국으로 연결되어 버렸다는 데에 있을 것이다.

「두 순정」(1938)은 겹 이야기 구조로 되어 있다. 이 작품의 연애담은 앞의 두 작품과는 달리 애정의 상호성에 기초해 있다. 그리고 표면적으로는 1인칭 관찰자가 등장해 이야기를 서술해 나간다. 그러나 한 인물이 죽음을 맞이한다든지, 그 죽음의 순간에는 여지없이 눈발이 날린다든지 하는 것들은 공통된 요소이다. 또한 이야기의 설화적 요소나 비현실적 특성, 낭만적 동경 등은 반복되는 모티프들이다. 하지만 남성 인물이 이야기의 중심이 된다는 점은 앞의 두 작품과는 다른 점이다. 이와 같은 유사성과 차이에 기초해 두 작품과의 거리를 측정해봄으로써 이 작품의 의미구조를 밝혀보자.

어느 고요한 산사에 한 노승이 있다. 관찰자인 '나'는 그 노승을 "얼굴

이 모든 살아 있는 물질의 가장 보편적인 노력, 즉 무생물계의 정지 상태로 돌아가고자 하는 노력과 관련될 것이라는 점이다. 우리가 얻을 수 있는 가장 큰 즐거움인 성행위가 고도로 강화된 흥분의 순간적 소멸과 연관되어 있다는 것을 우리 모두는 경험한 바 있다."(87쪽)(프로이트, 박찬부 역, 『쾌락원칙을 넘어서』, 열린책들, 1997) "모든 불쾌는 자극으로 인한 정신적 긴장의 고조와 일치한다고 알려져 있다. 모든 쾌락은 그 긴장의 감소와 일치한다고 알려져 있다. 열반원칙(그리고 그것과 동일하다고 가정되는 쾌락원칙)은 전적으로 죽음 본능—이 본능의 목표는 삶의 불안전성을 무생물 상태의 안전성으로 유도하는 것이다—에 봉사할 것이다.(168쪽) 「열반」원칙은 죽음 본능의 추세를 표현하고 「쾌락」 원칙은 리비도의 요구를 표현한다. 그리고 쾌락 원칙의 변형인 「현실」 원칙은 외부세계의 영향을 표현한다."(169쪽)(프로이트, 박찬부 역, 「마조히즘의 경제적 문제(1924)」, 『쾌락원칙을 넘어서』, 열린책들, 1997)

은 가는 주름살이 골고루 덮이고 티끌 하나 없이 몹시도 청아하며, 그 청아한 품이 지나치게 잘 그린 그림같이 방금 숨을 쉬는 산 사람의 얼굴인가 싶질 않다"고 묘사한다. 여기에 이어지는 문장은 다음과 같다.

> 그렇거니 하고 보노라면 어쩌면 숨도 하마 쉬지 않느니라 싶어진다. 숙인 이마, 감은 눈, 합장한 손, 모두 저 오랜 옛적부터 이렇게, 그리고 앞으로 영겁까지 이렇게 이마를 숙이고 눈을 감고 손을 합장하고 앉았을 한 폭의 슬픈 그림이 아니던가 하는 환각(幻覺)을 일으킬 듯 정적의 한동안이 계속되고 있다. 나는 혼자 어떤 내력 모를 비극의 전설을 눈으로 보는 것 같은 이 노승의 그렇듯 비애가 흐르는 정적의 풍모에만 온갖 정신이 쏠려, 그가 꺼내다가 만 이야기 끝을 기다리기도 잊어버렸다.(7 : 279~280)

인용문은 이 소설의 출발과 귀착점이 어디인지를 예시해 주는 바가 있다. 그것은 현실의 구체성보다는 비현실적인 관념이다. 먼저 노승의 풍모를 '나'는 "숨을 쉬는 산 사람"이 아니라 "지나치게 잘 그린 그림"같다고 표현한다. 여기에 묘사된 노승의 이미지는 하나의 이데아를 표상하고 있지만, 그것은 사실에 대한 지각작용의 결과라기보다는 '나'의 표현처럼 어디까지나 '환각(幻覺)'에 가까운 것이다. 다른 한편으로 노승의 순간적 이미지는 '정적'이나 '영겁'과 같은 무시간성 속에서 표현되고 있다. 그러나 소설에서 시간성을 제거하면 그것은 비극의 '전설'이 되고 만다. 근대의 장르인 소설은 시간의 압력과 부식작용으로부터 자유로울 수 없기 때문이다. 이와 같은 맥락에서, 속세로부터 떨어진 산사라는 공간의 설정 역시 설화적 분위기를 조성하는 데 기여하고 있다. 그러면 겉 이야기 안의 속 이야기를 살펴보기로 하자.

열두 살짜리 꼬마신랑 봉수와 스물한 살 색시는 "부부간의 정이 들기 전에 그것을 건너뛰어 의좋은 동무, 정다운 오뉘"가 되어 정겹게 살아가고 있다. 그러던 어느 날 새색시의 첫 근친이 허락된다. 색시는 한 달쯤 있다 올 요량으로 봉수와 작별을 한다. 그러나 새서방 봉수는 사랑하는 색시가 없이는 단 하루도 견딜 수가 없다. 봉수의 부모는 할 수 없이, 봉수를 색시가 있는 처가로 보내기로 한다. 색시를 만난 봉수는 막무가내로 집에 가자고 색시를 조른다. 처가 식구들이 봉수를 타이르고 달래보지만 소용이 없다. "도무지 장인이고 장모고 색시고 천하없어도 그의 고집을 당해낼 수가 없었다." 해가 어느덧 기운 오후, 색시는 하는 수 없이 봉수를 따라나선다. 흐린 하늘에서는 "금시로 눈이 쏟아질 것"만 같다. 사정없이 휘몰아치는 눈보라에 둘은 그만 길을 잃는다. 눈보라 속에서 쉬어가자고 색시는 주저앉아버린다. 색시는 새서방의 울음소리가 차차로 멀어 감을 느끼며 깜박 정신을 놓는다. 그날 밤 동네 사람들이 이들을 발견하지만, 꽁꽁 얼어서 오그라든 색시는 영영 소생하지 못하고 새서방 봉수만 무사히 살아난다. 여기까지가 작품 속의 속이야기이다.

이 작품에서도 문제적인 것은 봉수라는 인물의 성격이다. 봉수는 「쑥국새」의 납순이, 「얼어죽은 모나리자」의 오목이와의 유사한 성격구조를 가지고 있다. 봉수의 고집스러움은 납순이의 완강한 자기 욕망에 비견될 만하고, 그 병적인 집착은 오목이의 상상적 동일시와 유사하다. 색시의 죽음은 우연한 사고였지만 정작 그녀를 죽음으로 몰고 간 것은 봉수의 집착이다. 봉수의 성격이야말로 우연적 사고의 필연적 계기를 형성한다. 「쑥국새」의 납순이나 「얼어죽은 모나리자」의 오목이의 죽음은 욕망의 어긋남이라는 외적 조건이 강제한 것이지만, 애정의 상호성에 기초한 「두 순정」에서의 색시의 죽음은 순수하게 욕망이라는 내적 동기만이 작용하고 있다. 욕망의 내적 동기가 파멸을 가져왔다는 사실이야말로, 이 작품의 의미심장한 대목이다. 다음은 색시가 죽은 뒤의 봉수의 후일담이다.

> 봉수는 죽은 색시를 잊지 못했다. 언제고, 분홍 저고리에 갈매옥색 치마를

입고 해죽 웃는 얼굴에 이쁜 보조개가 옴폭하니 패는 색시가 눈에 밟혔다. 봉수는 이렇게 색시의 얼굴을 생각해보는 것이 슬프면서 그게 기쁨이었다. 그러는 동안에 그의 나이 열셋, 열넷, 열일곱, 스물 더해가고 사람도 자라 철이 들어갔다. 그러나 분홍 저고리에 갈매옥색 치마를 입고 보조개가 옴폭 패게 웃는 색시의 환영은 그대로 가슴속에서 사라지지 않았다. 도리어 점점 더 뚜렷해갔다. 스무 살 때에 그의 부모가 다시 장가를 들이려고 했으나 봉수는 막무가내로 듣지를 않았다. 스물다섯 살까지에 양친이 다 돌아가자, 봉수는 집과 살림과 밭뙈기와 논 몇 마지기를 모조리 팔아가지고 동리를 떠났다. 누구의 말에는 어느 산중에 들어가서 중이 되었다고도 한다.(7 : 293)

인용문은 색시에 대한 봉수의 집착이 이미 병적인 환상으로 변해버렸음을 말해준다. 죽어버린 색시를 상상하는 일이 "슬픔이면서 그게 기쁨"이 되는 것이라면, 그것은 더 이상 건강한 기쁨이 아닐 것이다. 철이 들어가도 점점 더 뚜렷해지는 색시의 환영은 봉수의 상상적 동일시[29]에 해당한

29 프로이트의 저서에서 동일시란 용어는 다른 주체의 한 가지 또는 그 이상의 속성을 자신의 것으로 채택하는 과정을 지칭한다. 동일시란 개념은 궁극적으로 "인간 주체가 구성되는 작용 자체"를 지칭하게 된다. 따라서 그것은 정신분석 이론에서 핵심개념이다. 라깡은 이미지의 역할에 특별한 강조점을 두어, 동일시를 "어떤 이미지를 상정할 때 주체 내에서 일어나는 변형"으로 정의한다.(*Ecrits*, p.2) 이미지를 '상정'한다 함은 이미지 안에서 자신을 확인하는 것이자 자신을 이미지로 전유하는 것이다. 초기 저서에서부터 라깡은 '상상적 동일시'와 '상징적 동일시'를 구분해왔다. 상상적 동일시는 거울단계에서 자아를 '자신의 경쟁자로서의 주체의 구소화'(*Ecrits*, p.22)라 하고, 따라서 공격성 및 소외와 관여된다. 거울단계는 '일차적 동일시'를 구성하며 이상적 자아를 낳는다. 상징적 동일시는 자아 이상의 형성을 야기시키는 외디푸스 콤플렉스 말기 단계에서의 아버지와의 동일시이다. 주체가 일차적 동일시에 내재된 공격성을 초월하는 것이 이러한 이차적 동일시를 통해서이며, 따라서 어떤 '리비도적 정상화(libidinal normalisation)'를 나타낸다고 말할 수 있다. 비록 이 동일시가 '상징적'이라고 불리긴 하지만, 그것은 여전히 일차적 동일시에 기초한 '이차적 동일시'이고, 따라서 모든 동일시가 그렇듯이 상상계와 함께 한다. 그것을 '상징적'이라고 부르는 이유는 다만 주체의 상징계로의 진입의 완결을 나타내기 때문이다.(딜런 에반스, 앞의 책, 112~113쪽 참고) 이와 관련하여 라깡의 다음 글을 참고할 수 있다. Jacques Lacan, "The signification of the phallus", *Ecrits* :

다. 어른이 된 봉수의 심리구조에 여전히 자라지 않은 '마음 속 아이(child-within)'가 자리 잡고 있는 것이다. 그리고 봉수가 현실과 절연하고 중이 되어버리는 것은, 봉수가 마음 속 아이에게로 완전히 '퇴행(regression)'[30]하는 길을 선택했음을 의미한다. 그 노승이 바로 이야기 속 주인공 봉수였던 것이고, 올해 여든 둘인 그는 "일세기 가까운 순정"을 가슴에 품고 살아온 셈이다. 마치 영속될 것만 같은 노승의 이미지처럼 봉수의 색시에 대한 순정은 오래도록 변치 않았던 것이다. 하지만 그것은 봉수의 심리구조가 상상적 동일시 상태에 머물러 있음을 의미하기도 한다. 무의식에는 '시간 개념이 없다(timelessness)'는 정신분석의 명제는 바로 여기에 해당하는 것일 것이다. 여기에서도 우리는 이 소설이 시간적으로 무시간성에 기초하고 있음을 다시 한번 확인할 수 있다.

봉수의 '이상적 자아(ideal ego)'에 대한 절대적인 동경은 채만식 소설이 표현하고 있는 낭만적 세계 인식과 깊은 관련을 지닌다. '자아 이상(ego-ideal)'이 상징계 속으로 편입된 사회적 자아의 의식지향을 표현하는 것이라면, '이상적 자아(ideal ego)'는 상상적 동일시 단계의 리비도 고

A Selection, translated by A. Sheridan. New York : Norton, 1977, pp.281~291.

30 프로이트는 『꿈의 해석』에서 꿈의 시각적 특징을 설명하기 위하여 퇴행의 개념을 도입했다. 프로이트는 후에 이 구분을 다시 일종의 지형학적 퇴행과 시간적 퇴행(주체가 발달의 앞선 단계로 되돌아갈 때)과 형태적 퇴행(다른 것보다 덜 콤플렉스한 상태로 사용하는 개념)으로 구분한다. 라깡은 퇴행을 실제적인 현상으로 보는, 즉 어른은 현재 퇴행 중에 있고, 어린아이의 상태로 가고, 더 나아가 갓난아이로 되돌아간다고 하는 그런 '마술적 관점'을 비판한다. 라깡은 퇴행은 무엇보다도 먼저 지형학적인 의미로 이해되어야 한다고 주장한다. 다시 말해서 "현실적인 면에서가 아니라 의미작용의 면에서 퇴행이 있다."(*Seminar2,* p.103) 그러므로 퇴행은 본능적 의미로 이해되는 것도 아니고 앞서 있었던 것의 부활을 의미하는 것도 아닌 '상상적인 것으로 환원'된다는 의미이다. 퇴행이 시간적 의미를 갖는다고 말할 수 있을 때의 퇴행은 '시간을 거슬러가는' 주체라기보다는 차라리 어떤 요구들(demands)의 재연결을 뜻한다. "퇴행은 처방에의 요구들로 사용된, 능기의 현존재로의 회귀 외에 다른 아무것도 보여주지 않는다."(*Ecrits,* p.255) 가령 구강기로의 회귀는 구강요구들의 연결이라는 관점으로 이해되는 것이다.(딜런 에반스, 위의 책, 404~405쪽 참고)

착을 의미한다.[31] 상상계 속의 이상적 자아[32]는 엄마와의 '이자관계(dual relation)'[33]로 표현되는데, 봉수의 색시에 대한 지나친 의존심은 이와 같은 이자관계를 표현하고 있는 것으로 볼 수 있다. 특히 이 작품에서 봉수와의 관계에서 색시의 위치는, 그들의 나이차로 인해 성숙한 부부관계 속에서 아내의 역할이라기보다는 봉수를 보살펴주고 돌봐주는 실제로는 엄마의 역할에 가깝다는 점에 주목할 필요가 있다. 따라서 꼬마신랑 봉수와 색시의 관계는 정신분석학적 의미에서의 엄마와 아이 간의 이자관계를 정확하게 표현하고 있는 것으로 볼 수 있다.[34] 이와

---

31 자아 이상은 상징적 내사(introjection)이고 이상적 자아는 상상적 투사(projection)의 원천이다. 자아 이상은 내재화된 법률계획으로서, 이상으로서, 상징적 질서에서 주체의 위치를 좌우하는 길잡이로서 작동하는 능기이다. 따라서 자아 이상은 이차적(외디푸스기) 동일시를 예기하거나, 이 동일시 과정으로 인해 생기는 산물이 바로 자아 이상이다. 반면에 이상적 자아는 거울단계의 거울상에서 기원한 것이다. 그것은 자아가 바라는 미래통합에 대한 약속이며, 자아가 구축되는 통일성의 착각이다. 이상적 자아는 항상 자아와 동반하며, 외디푸스기 이전의 이자관계의 전능함을 다시 획득하기 위해 끊임없이 시도한다. 이상적 자아는 비록 일차적 동일시에서 형성되지만 모든 이차적 동일시의 원천으로서 역할을 계속한다. 라깡의 대수학에서 이상적 자아는 *i(a)*로 표기되고 자아 이상은 I(A)로 표기된다.(딜런 에반스, 위의 책, 326~327쪽 참고)

32 물론 이는 엄밀하게는 '거울단계(the mirror stage)' 자아의 거울상과 직접적으로 관련되는 것이다.(Jacques Lacan, "The mirror stage as formative of the function of the I as revealed in psychoanalytic experience", *Ecrits : A Selection,* translated by A. Sheridan. New York : Norton, 1977, pp.1~7)

33 이원성과 이자관계는 상상계의 중요한 특징이다. 전형적인 이자관계는 라깡이 거울단계의 개념 안에서 분석했던 자아와 거울상(a와 a') 사이의 관계이다. 이자관계는 항상 유사성과 대칭성 및 상호성의 착각(illusion)에 의해 특징지워진다.(딜런 에반스, 위의 책, 317~319쪽 참고)

34 "어린아이와 그와 유사한 존재－다른 아이, 거울 속에 반영된 자신의 이미지, 어머니, 혹은 어머니를 대신하는 존재－사이의 최초의 이중관계는 어린아이에게 「개별성」이라는 의미의 「주체성」을 부여하지 못한다. 라캉에 의하면 어린아이는 이 관계에 의해서 이전에는 단편적으로 경험했던 신체를 총체적으로 인식할 수 있을 뿐이다. 어린아이는 타자, 거울 이미지, 어머니와 자신을 병합하고, 동일시한다.(131쪽) 생후 6개월부터 2년 사이에 다른 아이와 대면하는 어린아이의 행동은 존재의 함정에 의해서 지배된다. 이 함정은 인간의 형태를 나타내는 이미지에 의해서 만들어진다. 어린아이의 행동이 보여주는 것은 동일시이다. 때린 아이는 자신이 맞았다고 말하고 다른 아이가 넘어지는 것을 본 아이가 운다."(133쪽)(아니카 르메르, 이미선 역, 『자크 라캉』, 문예출판사, 1994)

같은 상상적 동일시 속에서 색시는 봉수에게 결여로서 욕망[35]의 대상이 아니라 자기욕망의 완벽한 실현을 의미한다. 그러나 이는 봉수의 인지착오 혹은 '오인(méconnaissance)'[36]에 해당한다.

낭만적 세계 인식은 이상과 현실의 간극과 거리를 넘어서려는 태도이다. 그리고 이념형으로서의 이데아가 인식 주체에게 이미 주어져 있는 것이다. 따라서 그 초월의 주체에게 그 간극과 거리가 얼마인가 하는 것은 중요한 것이 아니다. 채만식 소설은 낭만적 세계 인식을 바탕으로 주어진 세계에 대한 초월의 의지를 강하게 내포하고 있다. 그러나

---

35 라깡에 의하면 욕망은 본질적으로 결여이다. "욕망은 단순히 부정의 부정이 아닌 반전(reversal)에 의해서 욕구의 특수성을 없애버리려는 요구가 미처 환원시키지 못한 잔여물로 자신의 모습을 드러낸다. 욕망은 순수한 결핍이 갖는 힘인 것이다. 욕망은 요구가 갖는 무제한적인 특성을 절대성으로 대체한다. 사랑의 요구는 특정한 욕구의 만족을 거부하는 것이지만 절대성으로 나타나는 욕망은 요구가 함축하고 있는 기의로서의 체계까지도 와해시킨다. 그러므로 욕망은 만족을 위한 욕구도 사랑에의 요구도 아닌, 요구에서 욕구를 뺀 차이로부터 발생하는 것이며 동시에 양자분열의 현상 그 자체이다." (자끄 라깡, 민승기 역, 「남근의 의미작용」, 『욕망이론』, 문예출판사, 1994, 266~267쪽)

36 프랑스 용어 '오인(méconnaissance)'은 지식(佛 connaissance : knowledge)이라는 용어와 밀접한 관계가 있다는 것을 보여주기 위해 라깡을 영어로 번역할 때 번역하지 않은 채로 남겨둔다. 따라서 상상계에서의 자기 인식(self-knowledge)은 오인과 동의어이다. 왜냐하면 자아가 거울단계에서 형성되는 그 과정이 동시에 존재의 상징적 결정으로부터 소외시키는 체제이기 때문이다. 오인은 보통의 신경증적 자기 인식의 구조이기도 하지만 현실의 체계적 오인이라는 용어로 묘사된 편집증적 망상의 구조이기도 하다.(딜런 에반스, 앞의 책, 261~262쪽) 라깡이 이 용어를 사용하고 있는 맥락을 인용해보면 다음과 같다. "현대의 존재와 무의 철학이 강력하게 주장하고 있는 것이 바로 이 존재론적인 부정성(existential negativity)이다. 그러나 불행하게도 존재와 무의 철학은 부정성을 의식의 자기충족성의 한계 내에서만 이해하려 한다. 존재와 무의 철학은 의식의 자기충족성을 자신의 가설로서 굳게 믿고 있기 때문이다. 그러나 의식의 자기충족성은 자아형성시 필연적으로 개입되는 오인(méconnaissance)으로부터 생겨난 환상일 뿐이다.(46쪽) 우리는 자아가 오인의 구조를 가지고 있다는 사실로부터 출발해야 한다. 오인의 기능은 이미 안나 프로이트에 의해 명확하게 지적된 바 있다. 자아기능을 명확하게 특징짓는 것이 부정(Verneinung)이라면 그것이 초래하는 결과들은 직접적으로 눈에 띄지 않은 상태로 남아 있을 뿐이다. 왜냐하면 이러한 결과들은 이드가 그 모습을 드러내는 죽음의 차원, 즉 무의식 속에서만 밝혀질 수 있기 때문이다."(47쪽)(자끄 라깡, 민승기 역, 「주체기능 형성모형으로서의 거울단계」, 『욕망이론』, 문예출판사, 1994)

그와 같은 초월의 의지가 현실에 대한 절대적 부정의 방식으로 드러나게 될 때, 채만식 소설은 「두 순정」의 봉수처럼 삶의 구체성을 몰각한 채 완고한 자기세계로 함몰되는 경향을 보이게 된다. 그리고 그러한 경향성은 「쑥국새」, 「얼어죽은 모나리자」, 「두 순정」과 같이 설화적 공간을 배경으로 한 개인적이고 실존적인 연애담에서 두드러지게 나타나고 있다. 위에서 분석한 세 편의 소설들이 모두 완고한 자기 욕망의 동일성이나 정신분석학적 의미에서 상상적 동일시의 구조에 기반하고 있으며, 인물들의 생물학적인 죽음이나 사회적 자아의 죽음으로 귀결되는 결말의 구조를 지니고 있는 것은 이와 같은 낭만적 세계 인식의 특성들을 드러내는 것이라고 하겠다. 채만식은 이상의 작품과 거의 같은 시기에 「태평천하」 등의 사회적이고 역사적인 차원을 다루고 있는 작품들을 함께 발표하는데, 이와 같은 맥락에서 채만식 소설의 낭만적 세계 인식이 이들 작품들에서 어떻게 지속되고 변주되는지를 살펴보는 일은 매우 중요한 문제라 할 수 있다.

2. 풍자의 전략과 구조, 그 사적(史的) 전개의 의미

1938년 발표된 「치숙」은 이미 많은 논자들에 의해 밝혀졌듯이, 「태평천하」와는 반대의 미적 구조를 지니고 있다.[37] 즉 「태평천하」의 서술 구조가 당위론적 가치를 선점하고 있는 서술자가 부정적 인물인 윤

37 「痴叔」은 1938년 3월 7일부터 14일까지 『동아일보』에 연재되었고, 「天下太平春」은 같은 해, 1월부터 9월까지 잡지 『조광』에 연재되었다.

직원에 대해서 풍자적 시각에서 비판하는 것으로 이루어져 있다면, 「치숙」은 반대로 부정적인 인물이자 이 작품의 화자인 '나'가 긍정적인 인물인 사회주의자 오촌 고모부를 비판하는 서술 구조를 지니고 있다. 여기에서 문제는 「치숙」의 의미 구조가 그 표면적인 서술 구조와는 다르게 구성된다는 점이다. 「태평천하」는 작품의 표면적인 서술 구조와 심층적인 의미 구조가 그대로 일치한다. 그러나 「치숙」의 의미 구조는 그 표면적인 서술 구조에 대한 전복과 전도를 통해서 획득된다. 그와 같은 불일치는 기본적으로 이 작품의 화자인 '나'가 '신빙성 없는 (unreliable)' 서술자로 설정되어 있는 것에 기인한다. 「치숙」의 분석에서 핵심이 되는 것은 이와 같이 표면적인 진술과 배치되는 심층의 의미를 밝히는 일이다. 한편 작중인물의 측면에서도, 「태평천하」에서는 윤직원이라는 인물의 부정성이 전면에 부각되고 긍정적 인물이자 사회주의자인 종학의 존재는 뒤로 감추어져 있지만, 「치숙」에서는 나라는 인물의 부정적인 속성과 함께 사회주의자인 고모부 아저씨의 존재와 가치가 뚜렷하게 부각되고 있다. 이는 작가가 비교적 자신이 지향하고자 하는 이념과 가치체계를 분명하게 밝혀놓고 있는 것이라 할 수 있겠다. 이와 같이 채만식 소설과 사회주의, 혹은 카프라는 문학 집단과의 관계는 채만식 소설을 해명하는 하나의 예각점을 이룬다 볼 수 있다. 이에 대한 서술은 별도의 장을 필요로 한다. 이와 같은 것을 염두에 두고 「치숙」의 분석에 들어가기로 하자.

「치숙」의 내용은 소설 전반부의 나의 서술과 후반부의 아저씨와 나의 대화로 크게 나누어 볼 수 있다. 이 작품에서 뚜렷하게 전개되고 있는 사건은 없기 때문에, 분석의 관건이 되는 것은 강렬하게 대립되고 있는 나와 아저씨의 가치체계와 그 내용을 살피는 일이라 할 수 있다. 먼저 이 소설의 화자인 '나'[38]는 어떤 인물인가. 나는 한마디로 식민지 현실에 잘 길들여진 체제 순응적인 인간이라 할 수 있다. 「레디메이드

인생」에서 이미 그 적절한 비판을 보았던 바, 식민지 교육의 문제점과 폐해를 여실히 보여주고 있는 인물이라 하겠다. 나라는 인물의 부정적 속성은 다음과 같은 예문에서 분명히 볼 수 있다. 그리고 그러한 부정적 속성이 바로 자신의 입을 통해 폭로된다는 점에 이 작품의 역설적인 의미가 있다.

> 내 이상과 계획은 이렇거든요. 우리 집 다이쇼가 나를 자별히 귀애하고 신용을 하니까 이제 한 십 년만 더 있으면 한밑천 들여서 따로 장사를 시켜 줄 그런 눈치거든요. 그러거들랑 그것을 언덕삼아 가지고 나는 삼십 년 동안 예순 살 환갑까지만 장사를 해서 꼭 십만 원을 모을 작정이지요. 십만 원이면 죄선 부자로 쳐도 천석꾼이니, 머 떵떵거리고 살 게 아니라구요? 그리고 우리 다이쇼도 한 말이 있고 하니까 나는 내지인 규수한테로 장가를 들래요. 다이쇼가 다 알아서 얌전한 자리를 골라 중매까지 서준다고 그랬어요. 내지 여자가 참 좋지요. 나는 죄선 여자는 거저 주어도 싫어요. 구식 여자는 얌전은 해도 무식해서 내지인하고 교제하는 데 안됐고, 신식 여자는 식자나 들었다는 게 건방져서 못쓰고, 도무지 그래서 죄선 여자는 신식이고 구식이고 다 제바리여요. 내지 여자가 참 좋지 뭐. 인물이 개개 일자로 이쁘겠다 얌전하겠다 상냥하겠다, 지식이 있어도 건방지지 않겠다, 좀이나 좋아! 그리고 내지 여자한테 장가만 드는 게 아니라 성명도 내지인 성명으로 갈고 집도 내지인 집에서 살고 내지 옷을 입고 밥도 내지식으로 먹고 아이들도 내지인 이름을 지어서 내지인 학교에 보내고 …… 내지인 학교라야지 죄선학교는 너절해서 아이들 버려놓기나 꼭 알맞지요. 그리고 나도 죄선말은 싹 거둬치우고 국어만 쓰고요. 이렇게 다 생활법식부터도 내지인처럼 해야만 돈도 내지인처럼 잘 모으게 되거든요. (7 : 267 ~268)

---

38 이 작품은 화자인 '나'의 진술에 의해 주도되고 있지만, '나'를 이 작품의 실제적 서술자라 볼 수는 없다. 즉 나는 어디까지나 이야기 속 등장인물로, 텍스트의 전체적인 서술의 수준을 조정하고 결정하는 내포작가로서의 서술자의 역할을 하지는 않는다.

인용문에서 알 수 있듯이 나는 현실에 부여된 세속적인 가치를 부단히 좇아가는 인물이다. '우리 집 다이쇼(主人)'라는 표현이 암시하고 있듯이, 나의 잠재의식 속에서 일본은 곧 주인으로 인식되고 있다. 내가 바라는 것은 세속적인 출세와 성공이다. 아내도 조선 여자가 아니라 '내지 여자'를 얻어 출세를 도모하겠다는 나의 야심은, 민족의 삶이야 어찌되었든 일신의 영달만을 추구하겠다는 인물의 속물근성과 이기적 속성을 드러내고 있다. 이는 일제가 내세웠던 '내선일체(內鮮一體)'나 '황국신민화(皇國臣民化)'의 논리와 크게 다르지 않은 것이다. 그와 같은 나의 전도된 의식은 "성명도 내지인 성명으로 갈고 집도 내지인 집에서 살고 내지 옷을 입고 밥도 내지식으로 먹고 아이들도 내지인 이름을 지어서 내지인 학교에 보내고……"라는 표현에서 극명하게 드러난다. 인용문 끝부분의 "죄선말은 싹 거둬치우고 국어만 쓰고요"라는 나의 다짐은 그러한 노예근성의 한 극단을 보여주는 것이라 하겠다. 이미 언급한 바와 같이 이 작품의 역설적 의미는 이러한 인물의 부정적 속성이 다름 아닌 자신의 진술을 통해 폭로되고 있다는 점이다. 나의 속물근성은 후반부의 아저씨와의 대화를 통해서도 폭로된다.

> "사람이란 것은 누구를 물론허구 말이다. 아첨하는 것같이 더러운 게 없느리라." "아첨이요?" "저 위로는 제왕, 밑으로는 걸인, 그 모든 사람이 위선 시방 이 제도의 이 세상에서 말이다, 제가끔 제 분수대로 살어가는 데 있어서 말이다, 제 개성을 속여가면서꺼정 생활에다가 아첨하는 것같이 더러운 것이 없고, 그런 사람같이 가련한 사람은 없느니라. 사람이란 건 밥 두 그릇이 하필 밥 한 그릇보다 더 배가 부른 건 아니니까." "그건 무슨 뜻인데요?" "네가 일본인 여자와 결혼을 해서 성명까지 갈고 모든 생활법도를 일본화하겠다는 것이 말이다." "네, 그게 좋잖어요?" "그것이 말이다. 진실로 깊은 교양이나 어진 지혜의 판단에서 우러나온 것이라면 그도 모를 노릇이

겠지. 그렇지만 나는 보매 네가 그런다는 것은 다른 뜻으로 그러는 것 같다." "다른 뜻이라니요?" "네 주인의 비위를 맞추고 이웃의 비위를 맞추고 하자고 ……" "그야 물론이지요! 다이쇼의 신용을 받어야 하고, 이웃 내지인들하구도 좋게 지내야지요. 그래야 할 게 아니겠어요?"(7 : 274)

나에 대한 아저씨의 비판의 요지는 "제 개성을 속여가면서꺼정 생활에다가 아첨하는 것같이 더러운 것이 없다"는 말로 집약된다. 아저씨가 보기에 "모든 생활법도를 일본화하겠다"는 나의 생각은 "진실로 깊은 교양이나 어진 지혜의 판단에서 우러나온 것"이 아니라, "네 주인의 비위를 맞추고 이웃의 비위를 맞추고 하자"는 지극히 세속적인 동기로부터 나온 것이다. 그것은 한마디로 더러운 '아첨'에 불과한 것이다. 이와 같이 '나'라는 인물의 속물근성은 「치숙」의 부정적인 가치를 대변한다. 그러면 나와 대립되는 아저씨는 과연 어떤 인물인가.

① 우리 아저씨 말이지요? 아따 저 거시기, 한참 당년에 무엇이냐 그놈의 것, 사회주의라더냐 막덕이라더냐, 그걸 하다 징역 살고 나와서 폐병으로 시방 앓고 누웠는 우리 오촌 고모부(姑母夫) 그 양반 …… 머, 말두 마시오. 대체 사람이 어쩌면 글쎄 …… 내 원! 신세 간데없지요. 자, 십년 적공, 대학교까지 공부한 것 풀어먹지도 못했지요. 좋은 청춘 어영부영 다 보냈지요. 신분(身分)에는 전과자(前科者)라는 붉은 도장 찍혔지요. 몸에는 몹쓸 병까지 들었지요. 이 신세를 해가지굴랑은 굴속 같은 오두막집 단간 셋방 구석에서 사시장철 밤이나 낮이나 눈 따악 감고 드러누웠군요.(7 : 261)

②"아저씨 올에 몇이지요?" "서른 셋" "그러니 인제는 그만큼 해두고 맘 잡어서 집안일 할 나이두 아니요?" "집안일은 해서 무얼 하나?" "그렇기루 들면 그 짓은 해서 또 무얼 하나요?" "무얼 하려구 하는 게 아니란다." "그럼, 아무 희망이

나 목적이 없으면서 그래요?" "목적? 희망?" "네." "개인의 목적이나 희망은 문제가 다르니까…… 문제가 안 되니까……" "원, 그런 법도 있나요?"(7 : 277)

③ 사람 속 차릴 여망 없어요. 그저 어디로 대나 손톱만큼도 쓸모는 없고 남한테 사폐만 끼치고, 세상에 해독만 끼칠 사람이니, 머 하루바삐 죽어야 해요. 죽어야 하고, 또 죽어서 마땅해요. 그런데 글쎄 죽지를 않고 꼼지락꼼지락 도로 살아나니 성화라구는, 내…….(7 : 278)

나의 오촌 고모부, 아저씨는 사회주의 운동으로 징역을 살고 나와서 지금은 폐병으로 와병 중인 인물이다. 내가 보기에 아저씨는 "십년 적공 대학교까지 공부한 것 풀어먹지도 못하고, 신분에는 전과자라는 붉은 도장이 찍힌" 생활 무능력자에 불과하다. 내가 아저씨를 비판하는 주된 근거는 ③에서 보듯이 현실에서의 '유용성(utility)'의 결여이다. 즉 '쓸모없음'이라 할 수 있다. 그래서 내가 보기에는 아저씨는 "세상에 해독만 끼칠 사람이니, 하루바삐 죽어야 마땅한데, 그런데 글쎄 죽지를 않고 꼼지락꼼지락 도로 살아나서" 나의 성화를 먹인다는 것이다. 이처럼 나는 현실의 유용성에 결박되어 있어서 '쓸모없음의 쓸모'라는 역설에 담긴 의미를 깨닫지 못한다. 이와 같은 아저씨와 나의 대립은 ②에서 보듯이 개인적 가치와 사회적 가치와의 대립이기도 하다. 채만식 소설의 본령이 사회적이고 역사적인 가치의 구현에 있으며 개인적 욕망의 사회적 욕망으로의 승화를 지향한다는 점에서, 이 두 인물의 대립 구도에서 헤게모니를 쥐고 있는 사람은 말할 것도 없이 아저씨 쪽이라 할 수 있다. 따라서 둘의 관계를 대화적 긴장관계로 보고 "'나'와 '나'의 아저씨의 사고방식과 언행이 일면적 진실과 그 이면의 허위의식을 동시에 수반함으로써 한편으로는 자기 내적으로 또 한편으로는 양자의 상호 관계 속에서 이중의 대화적 관계를 형성한다"고 평가한 최근의 연구 성과[39]는 재고할 여지가 있다고 본다.

낭만적 세계 인식의 특징은 주어진 현실에 대한 부정과 이상형에 대한 강렬한 열망과 동경으로 요약된다. 그리고 채만식 소설에서 그것은 존재하고 있는 현실의 부정적 가치와 있어야 할 당위론적 가치 간의 강렬한 대립을 기초로 구성된다. 채만식 소설의 낭만적 세계 인식은 개인적이고 실존적인 영역에서는 자기 동일성의 확인과 실현으로 나타나고 있으며, 사회적이고 역사적인 영역에서는 당위론적 가치 체계로의 의식적인 지향으로 나타난다. 그리고 그러한 의식지향성은 풍자라는 '문학적 양식'을 통해 구체화된다. 「치숙」은 바로 이러한 풍자소설의 범주에 속하는 대표적인 작품이다. 풍자의 형식은 독자적인 미학적 원리에 의해 구축되지만 그것이 기반하고 있는 인식론적 토대는 바로 이와 같은 낭만적 세계 인식에 있음은 의심할 여지가 없다. 「치숙」에서 지향해야 할 긍정적인 가치를 대표하는 사회주의자 '아저씨'와 타락한 현실의 부정적 가치를 대표하는 '나'와의 이원적 대립구도는 이와 같은 채만식 소설의 낭만적 세계 인식을 드러내는 것이라 하겠다. 그리고 작가의 의식지향성의 향방은 당위론적 가치를 표상하는 '아저씨'를 통해서 드러나고 있는 것으로 평가할 수 있다.

채만식은 해방공간에서 「맹순사(孟巡査)」(1946), 「미스터 方」(1946), 「논 이야기」(1946) 등으로 대표되는 일련의 풍자소설을 다시 발표한다. 이는 일제 말기의 작가적 상황과 작품의 경향을 고려할 때 하나의 단절점을 형성하는데, 긍정적인 의미에서 이를 우선 풍자정신의 회복으로 평가할 수 있다. 이러한 변화의 의미를 채만식 소설의 전체적인 구도

---

39 정홍섭, 「채만식 문학의 풍자 양식 연구」, 서울대 박사논문, 2003, 108쪽. 정홍섭은 이와 같은 관점에서, "'아저씨'가 헌신적인 아내－'나'의 숙모－를 대하는 무책임하고 비도덕적인 태도에 대한 '나'의 폭로에 의해 아저씨의 '숨겨진' 본질이 폭로되기도 한다"(106쪽)고 보았다.

속에서 일반화시켜본다면 다음과 같다. 채만식 소설의 본령은 사회적 이고 역사적인 가치의 구현에 있으며, 그러한 사회적 욕망의 실현 가능성이 높아질 때 풍자소설은 전면에 대두된다. 왜냐하면 풍자란 한 사회의 개혁의 가능성에 대한 믿음이 아직 남아있을 때 가능한 것이기 때문이다.[40] 따라서 채만식에게 있어 자주적 민족국가의 수립이라는 정치적 열망으로 들끓었던 해방공간에서 풍자소설이 다시 전면으로 부상하고 있는 것은 결코 우연이라 할 수 없다. 사회적 관심이 소설의 '정도(正道)'라는 믿음을 단 한 번도 버린 적이 없었던 채만식이 해방공간이 가지고 있는 역사적 가능성에 주목하지 않았을 리는 만무하다. 이와 같은 맥락에서 우리는 채만식 소설에서 풍자성의 부침, 그리고 사소설과 관련한 자전적 성격의 변화 등을 참고하여 채만식 소설의 사적 전개에 관한 하나의 예시적 도표를 작성할 수도 있을 것이다.[41]

위에 열거한 세 작품 중에서 결정적인 중요성을 갖는 것은 단연 「논 이야기」라 할 수 있다. 「맹순사」는 인물의 성격과 형상화가 미비하고 불완전하기 때문에 풍자소설로서의 성격이 상대적으로 약하다 할 수 있고, 「미스터 방」의 경우에는 상대적으로 「맹순사」보다 인물의 형상

40 이와 관련하여 최재서의 다음과 같은 언급을 참고할 수 있다. "과거에 있어 풍자가는 어떤 개인에 대하여 혹은 사회에 대하여 혹은 어떤 정치 권력에 대하여 혹은 인류 전체에 대하여 이지적으로 복수하였다. 그러나 그것은 인류나 사회가 아직도 비평의 대상이 될 만한 가치가 있다고 생각하거나 혹은 개선의 여지가 있다고 보았기 때문에 가능하였던 것이다. 인생이나 사회에 대하여 완전히 허무와 무가치를 느끼던가 혹은 개선에 관하여 아주 절망한 사람이 있다면 그는 벌써 풍자의 대상으로써 인류나 사회를 들지 않을 것이다. 그 대신 풍자의 메스를 자기 자신으로 돌린다."(최재서, 『최재서평론집』, 청운출판사, 1961, 196쪽)

41 채만식 소설의 통시적 고찰을 통해, 우리는 풍자소설의 부침과 자전적 소설의 소장(消長)이 거의 정확하게 역대응되고 있음을 확인할 수 있다. 이와 관련하여 주로 사소설이 지니는 자전적 성격의 소장과 관련하여 채만식 소설의 사적 전개에 관한 구체적인 도표를 작성한 사람은 방민호이다.(방민호, 『채만식과 조선적 근대문학의 구상』, 소명출판, 2001, 54쪽 참고) 이와 같은 고찰은 선행 연구자들에 의해서 이미 그 단초들이 마련되었다고 볼 수 있으며, 그 논지의 타당성 역시 충분히 인정될 수 있다.

화가 비교적 성공한 편이지만 인물에 대한 지적 비판보다는 희화화가 두드러지고 있기 때문이다. 이와 같은 외면적 이유 외에 「논 이야기」가 상대적으로 중요하다는 것은 풍자라는 양식이 근본적으로 가지고 있는 사회적 성격 때문이다. 물론 위 두 작품도 사회적 양식으로서의 풍자소설의 성격을 지니고는 있다. 그러나 「논 이야기」에서 문제 삼고 있는 것이 사회라는 공동체 안에서 그 구체적인 정치적 실현태인 '국가(國家)'의 존립과 그 경제적 토대인 '토지(土地)'의 의미를 묻고 있기 때문이다. 그리고 그러한 물음은 결국 해방이라는 정치적 사건의 역사적 의미를 묻는 일과 직결되고 있다. 풍자는 기본적으로 사회적 양식이면서 그 내용에 있어서는 정치소설의 형태를 띨 수밖에 없다. 따라서 민중의 시각에 본 해방의 의미를 묻고 있는 이 작품은 나머지 두 작품보다 본질적인 것이라 하지 않을 수 없다. 평범한 민중의 한 사람이라 할 수 있는 '한생원'이 해방을 바라보는 시선은 다음과 같은 것이다.

> 조선이 독립이 되었다는 팔월 십오일, 그때는 한생원은 섬뻑 만세를 부르고 싶은 생각이 나지 않았어도, 이번에는 저절로 만세 소리가 나와지려고 하였다. 팔월 십오일 적에 마을에서는 젊은 사람들이 설도를 하여 태극기를 만들고, 닭을 추렴하고, 술을 사고 하여 놓고 조촐히 만세를 불렀다. 한생원은 그 자리에 참례를 하지 아니하였다. 남들이 가서 같이 만세를 부르자고 하였으나 한생원은 조선이 독립이 되었다는 것이 별양 반가운 줄을 모르겠었다. 그저 덤덤할 뿐이었었다.(8 : 304)

예문에서 드러나듯이 이 작품은 기본적으로 개인적 욕망과 가치가 사회적 가치나 이념과 불일치하고 어긋나고 있었던 해방직후의 정치상황을 주제로 삼고 있다. 한생원은 그토록 염원하던 민족의 해방을 맞이해서도 그저 덤덤할 뿐이다. 그래서 그는 독립을 자축하는 마을사람들의 만세모임에도 참석하지를 않았다. 해방이 되었어도 만세를 부르지 않았던 한생원이 이번에는 일본인들이 소유했던 재산과 토지를 그대로 내어놓고 쫓겨가는 신세가 되었다는 소식에 "저절로 만세소리가 나와지려고" 한다. 자신이 팔아버렸던 토지를 되돌려 받을 수 있으리라는 희망 때문이다. 그렇다면 어떤 면에서는 지극히 냉소적이고 이기적인 것이라 할 수 있는 한생원의 이와 같은 태도의 이면과 배후에 있는 것은 과연 무엇인가. 이를 살피는 일이 「논 이야기」를 분석하는 관건이 된다 할 수 있다. 이 작품이 던지는 근본적인 문제제기와 그것의 핵심적인 의미는 다음의 예문에서 찾아질 수 있다.

① 일본이 항복을 하던 바로 전의 삼사 년에, 공출이야 징용이야 하면서 별안간 군색함과 불안이 생겼던 것이지, 그 밖에는 나라가 망하여 없어지고서 일본의 속국 백성으로 사는 것이 경술년 이전 나라가 있어가지고 조선 백성으로 살 적보다 별양 못할 것이 한생원에게는 없었다. 여전히 남의 세토를 지어, 절반 이상이나 도지를 물고, 그 나머지를 천신하는 가난한 소작인이요, 순사나 일인이나 면서기들의 교만과 압박보다 못할 것도 없거니와 더할 것도 없었다. 독립이 된 이 앞으로도, 그것이 천지개벽이 아닌 이상, 가난한 농투성이가 느닷없이 부자장자 될 이치는 없는 것이요, 원 · 아전 · 토반이나 일본놈 대신에, 만만하고 가난한 농투성이를 핍박하는 '권세 있는 양반들'이 생겨날 것이요 할 것이매, 빼앗겼던 나라를 도로 찾아 다시금 조선 백성이 되었다는 것이 조금도 신통하거나 반가울 것이 없었다. // ② 원과 토반과 아전이 있어, 토색질이나 하고 붙잡아다 때리기도 하고 교만이나 피우고, 하되 세미(稅米 : 納稅)는 국가의 이름으로 꼬박꼬박 받아가면서 백성은 죽어야 모른 체를 하고 하는 나라의 백성으로도 살아보았다. // 천하 오랑캐, 애비와 자식이 맞담배질을 하고, 남매간에 혼인을 하고, 뱀을 먹고 하는 왜인들이, 저희가 주인이랍시고서 교만을 부리고, 순사와 헌병은 칼바람에 조선 사람

을 개 도야지 대접을 하고, 공출을 내어라 징용을 나가거라 야미를 하지 마라 하면서 볶아대고, 또 일본이 우리나라다, 나는 일본 백성이다 이런 도무지 그럴 마음이 우러나지를 않는 억지춘향이 노릇을 시키고 하는 나라의 백성으로도 살아보았다. // ③ 결국 그러고 보니 나라라고 하는 것은 내 나라였건 남의 나라였건 있었댔자 백성에게 고통이나 주자는 것이지, 유익하고 고마울 것은 조금도 없는 물건이었다. 따라서 앞으로도 새나라는 말고 더한 것이라도, 있어서 요긴할 것도 없어서 아쉬울 일도 없을 것이었다.(7 : 309~310, 단락 구분의 표지는 필자의 것)

①에서 한생원은 경술년 이전 조선의 백성으로 사는 것이나 일제 치하의 나라 잃은 백성으로 사는 것이나 '가난한 소작인'으로 사는 차신의 처지에는 변화가 없다는 입장을 보여주고 있다. 그리고 식민지 지배계층인 순사나 일인의 민중에 대한 핍박이 "면서기들의 교만과 압박보다 못할 것도 없거니와 더할 것도 없었다"는 푸념을 늘어놓고 있다. 따라서 해방이 되었어도 지배계층의 횡포는 여전할 것이고 자신의 신분에는 다름이 없을 거라는 비관적인 생각을 한생원은 가지고 있다. ②에서 한일합병 이전과 이후의 삶과 구체적인 민중들의 상황을 설명하고 있는데, 이미 언급한 바와 같이 한생원에게는 주권의 소유여부가 지닌 중대한 차이가 인식되지 않는다. 이러한 한생원의 절망적인 인식은 ③에시 보듯이 그에게 해방의 의미가 단순한 정치권력의 교체만을 의미한다는 것으로 집약될 수 있을 것이다. 20세기 전반기 한국의 왜곡된 역사를 고려한다면, 이와 같은 한생원의 허탈감과 비관적 인식은 충분히 이해될 수 있는 것이고 일면 타당한 부분이 없지도 않다. 그러나 한편으로 이러한 민중들의 협소한 시야와 이기적인 욕망, 그리고 그와 같은 논리의 기저에 있는 것은 다음과 같은 것이다. 즉 한생원으로 대표되는 민중들이 이처럼 해방이 지니는 민족사의 관점을 고려하지 않는 것에는, 정

치나 역사가 자신들과는 무관한 별개의 것이라는 인식이 배면에 깔려 있다는 점이다. 즉 역사의 주체가 민중이 아니라는 민중 허무주의의 태도가 잠재되어 있는 것이다. 한생원의 인식에서 자신과 같은 민중들은 단지 피지배와 착취의 대상일 뿐 역사의 진행과 정치권력의 구성에 능동적이고 주체적으로 참여할 수 있는 존재가 아니다. 즉 일방적인 통치의 대상으로만 파악되고 있는 것이다. 이와 같은 민중에 대한 불신과 정치적 허무주의를 작가의 의식의 차원에서 보자면, 이 작품에서도 언급되고 있지만 동학의 실패의 경험에서 비롯되고 있는 바가 적지 않다.

여기에서 우리가 언급해야 할 것은 「논 이야기」에서 한생원을 처리하는 서술자의 이중적인 태도이다. 즉 서술자는 한생원의 이기적인 욕망과 무지함에 대해서도 비판하고 있지만 한편으로 절망과 환멸만을 안겨주었던 20세기 이후 한국의 정치와 지배계층의 타락으로 대표되는 국가의 무능함에 대해서도 통렬한 비판을 가하고 있다는 점이다. 그러나 여기에서 서술자의 비판의 수준과 강도를 고려할 때 그 비난의 화살은 한생원보다 국가의 무능함에 맞추어지고 있다는 점을 확인할 수 있다. 즉 서술자의 풍자와 비판은 한생원이라는 개인의 이기적인 욕망보다는 타락한 사회와 현실에로 가해지고 있다는 점이다. 따라서 한생원의 국가비판은 작가의 의식을 상당 부분 반영하고 있는 것으로 볼 수 있다. 이와 같은 관점에서 한생원에게 해방이 단순히 '지배세력의 교체' 만을 의미하게 된 것은, 근본적으로는 정치현상을 민족사라는 구체적이고 개별적인 시각에서 보는 것이 아니라 '지배와 피지배'라는 보편적이고 추상적인 관점에서 접근하고 있는 작가의 정치의식에서 기인하는 것이라 할 수 있다. 따라서 구체적인 민족사의 관점에서 해방이 지니고 있는 정치적 의미는 결코 간과할 수 있는 것이 아님에도 불구하고, 작가의 정치의식을 대변하고 있다고 할 수 있는 한생원의 입장에서는, 그러한 역사의 진보가 가지고 있는 작고 미세한 차이들은 무시되고 있는 것이다. 이와 같은 추상적이고 이상적인 관점에 서게 될 때, 구체적인 현실로부터 조금씩 전진하는 점진적 개혁과 진보의 의미는 설 자리를 잃게 된다. 이와 같은 극단적인 무정부주의 혹은 정치적 허무주의는 그 과격한 선명성만큼이나 위험을 내포하고 있다고 보아야 할 것이다. 즉 그것은 추상적이고 완벽한 이념형의 실현태로서의 정치체제만을 염두에 두고 있는 것이다. 이러한 과격한 국가비판은 국가가 본질적으로 지배계급의 이념과 이익을 대변한다는 점에서 잘못된 것은 아니다. 국가에 대한 한생원의 통렬한 비판은 다음과 같은 대목에서 그 절정에 이른다.

> "일 없네. 난 오늘버틈 도루 나라 없는 백성이네. 제길 삼십육 년두 나라 없이 살아왔을려드냐. 아니 글쎄, 나라가 있으면 백성한테 무얼 좀 고마운 노릇을 해주어야, 백성두 나라를 믿구, 나라에다 마음을 붙이구 살지. 독립이 됐다면서 고작 그래, 백성이 차지할 땅 뺏어서 팔아먹는 게 나라 명색야?" 그리고는 털고 일어서면서 혼잣말로, "독립됐다구 했을 제, 내, 만세 안 부르기, 잘 했지."(8 : 325)

해방공간에서 한생원의 이와 같은 국가 비판은 분명히 유의미하고 정당한 측면을 지니고 있지만, 절대적 이념형으로서의 이와 같은 극단적인 무정부주의에는 구체적인 현실의 논리를 배제할 위험성이 항존하고 있다고 보아야 할 것이다. 정작 우리에게 중요한 것은 국가에 대한 그러한 일반적이고 보편적인 차원의 추상적 비판이 아니라, 구체적 현실 속에서 변화의 가능성을 포기하지 않고 한걸음씩만 전진하겠다는 소박한 믿음과 각오이다. 여기에는 물론 많은 인내심과 용기가 필요할 것이다. 정치 현상과 체제에 대한 이와 같은 추상적이고 보편적인 접근과 이 작품에서 표현되고 있는 절대적 이념형으로서의 극단적인 무정부주의는 채만식 소설의 낭만적 세계 인식과 무관하지 않다. 즉 부정적 현실에 대한 절대적인 부정과 추상적 이념형의 지향은 결국 낭만적 세계 인식과 동궤의 것이기 때문이다. 그것은 채만식 소설의 낭만적 세계 인식이 갖고 있는 초월의 구도와도 상통한다. 즉 그것은 현실의 균열과 갈등을 포섭하면서 지향해가는 '내재적 초월'의 구도가 아니라 미리 주어진 선험적 지평으로서의 이상형으로 비약하려는 '외재적 초월'의 구도이기 때문이다.[42] 그리고 결국 그러한 절대적인 추상적 이념

---

42 칸트는『판단력비판』에서 '자연의 형식적 합목적성의 원리는 판단력의 선험적 원리이다'라는「서론」의 제5명제를 설명하면서 '선험적'의 의미를 다음과 같이 규정한다. "선험적 원리란 사물들로 하여금 우리들의 인식일반의 객체가 될 수 있도록 하는 선천적 보편적 조건을 표시하는 원리이다. 그에 반해서, 하나의 원리가 그 개념이 경험적으로 주어져 있지 않으면 안 되는 객체로 하여금 선천적으로 더욱 규정될 수 있도록 하는 선천적 조건을 표시하는 경우에는, 그 원리는 형이상학적이라고 한다."(I. 칸트, 이석윤 역, 『판단력비판』, 박영사, 1998, 34쪽) 이와 같은 맥락에서 들뢰즈가 사용하고 있는 '초재적 실행 exercise transcendant'이라는 용어는 본 논문에서 필자가 사용하는 '내재적 초월'의 의미와 상통하는 것이다. 또한 '외재적'이라는 단어의 의미는 칸트적 의미의 '선험적'이라는 뜻과 같다. 초재적 실행의 의미와 관련하여서는 다음과 같은 논의를 참고할 수 있을 것이다. "들뢰즈는 칸트의 세 비판서 가운데『판단력비판』에 독특한 지위를 부여한다. 처음 두 비판서인『순수이성비판』과『실천이성비판』이 심성의 능력들, 즉 감성, 지성, 상상력, 이성 등의 합법적 사용의 범위와 한계를 명시하는 것을 과제로 여겼던 반면『판단력비판』은 이러한 능력들이 자신의 한계 안에 머물지 않고 자신의 한계를 넘어서려 하고, 한계를 넘어서서 다른 능력들과 서로 싸우고 불일치하면서 활동하는 모습을 그리고 있다는 것이다. 들뢰즈의 용어대로 하자면 처음 두 비판서는 경험과 독립하여「미리 생각된 결정」을 통해서 능력들의 합법적 사용의 범위와 한계를 명시했다. 다시 말해 사유자는 참을 추구하려는 의지를 가지고 있고, 또 사유자의 다양한 능력들은 이런 사유자의 의지에 복종해 각각 자신의 합법적 사용의 범위 안에 머무르면서 서로 조화를 이루는 가운데 활동한다는 공리 위에 칸트의 작업은 근거 지워져 있다는 것이다. 그러나 들뢰즈에 의하면 이러한 공리들은 임의적인 것이며 그러므로 이에 근거해 명시된 능력들의 한계와 능력들의 내재적(immanent) 사용 또한 임의적인 것이다. 반면『판단력비판』의 숭고에 대한 분석은 자연 속의 무형 혹은 기형의 대상으로부터 자극받은「뒤에」비로소 실행되는 상상력과 이성의 활동을 보여준다. 여기서 상상력은 자신의 한계를 넘어서 이성과 싸우면서 활동한다. 이런 식으로 능력들이 임의적으로「미리」마련된, 초월적(transcendantal) 규정에 종속된 채 활동하는 것이 아니라 경험으로부터 자극을 받은「뒤에」자신의 한계를 넘어서 사용되는 것을 일컬어 들뢰즈는 능력들의 초재적 실행이라 일컫는다. 이 경우 이미 초월적과 경험적의 구분은 무의미하므로 들

형은 현실에서는 발견되지 않는 것이기 때문에, 욕망의 성취가 불가능한 것으로 판명될 경우 채만식 소설의 낭만적 열정은 허무주의로 급경사할 위험이 언제나 내재하고 있는 것이라 할 수 있다. 결국 「논 이야기」는 민중을 역사의 장에서 배제하는 것에서 기인하는 작가의 정치적 허무주의가 국가에 대한 극단적이고 절대적인 비판으로 집중되어 표출되고 있다고 볼 수 있을 것이다.

3. 단일성의 가치체계와 선험적 이념형의 지평

1) 평면적 인물과 의미의 집중

1938년 발표된 「태평천하」는 채만식 소설의 세계 인식의 방법과 구조를 밝히는 데 중요한 의미를 지니고 있다. 채만식 소설의 근원적인 세계 인식의 태도라 할 수 있는 낭만적 세계인식은, 개인적이고 실존적인 층위를 다루고 있는 작품들에서 자기 욕망의 극단적 실현이라는 형태로 나타났다. 그와 같은 태도가 사회적이고 정치적인 차원을 다루고 있는 작품들에서 어떻게 지속되고 변주되는지를 살피고, 낭만적 세계 인식

뢰즈는 이렇게 능력들의 초재적 사용을 보여주는 사유 모델들에 「초월적 경험론」(내재적 초월론)이라는 자기가 만든 새로운 이름을 부여한다. 들뢰즈는 능력들의 초재적 실행, 혹은 초월적 경험론의 모델을 『판단력비판』으로부터 읽어냄으로써, 들뢰즈는 '칸트는 (숭고에 관한 분석에서) 능력(상상력)의 진정으로 합법적인 「초재적」 실행을 발견한다'(G, Deleuze, *Différence et répétition,* p.187)라고 『판단력비판』을 높이 평가한다."(질 들뢰즈, 서동욱 · 이충민 역, 『프루스트와 기호들』, 민음사, 1997, 148~149쪽, 역주 참고)

이 작품의 미학적 형식의 구현과는 어떤 상관성을 맺고 있는지를 검토하는 것이 「태평천하」를 분석하는 궁극적인 목표가 된다. 선행 연구자들은 풍자의 문학적 양식이 지니는 사회적 성격과 전통적인 판소리 양식과 관련된 문체적 특질을 논의의 중심으로 삼았다. 그것이 논리적 타당성을 확보하고 있는 것은 사실이지만, 한편으로 각 시기마다 사회적으로 형성된 주류적 담론에 영향 받았던 것 또한 부인할 수 없다. 이는 앞서 서론에서 지적한 바이다. 풍자가 지니는 사회에 대한 비판적 성격은 일제의 식민 지배를 고려할 수밖에 없는 민족사의 관점에서 볼 때 대단히 소중한 것이다. 그리고 그 문학적 성과 또한 부인할 수 없다. 하지만 세계 인식과 미학적 형식이라는 좀 더 보편적이고 일반적인 관점에서 풍자라는 문학적 양식은 면밀하게 재검토해 볼 필요가 있다고 본다.

「태평천하」는 소제목을 가진 모두 15개의 장으로 이루어져 있다.[43] 여기에서도 소설의 핵심을 이루고 있는 것은 윤직원을 중심으로 한 작중인물들이다. 그리고 그와 같은 인물들의 담론과는 거리를 두고 있는 서술자의 담론 체계를 살펴보는 일이 분석의 다른 축을 이룬다. 윤직원 일가의 비정상적인 축재과정과 부도덕성을 고발하고 있는 「태평천하」는 「치숙」과 함께 채만식 소설에서 풍자적인 성격이 가장 선명하게 드러나는 작품이다. 「태평천하」에서 풍자의 직접적인 대상이 되는 것은 주인물인 윤직원 영감이다. 윤직원의 부친 윤용규나 아들인 윤주사 창식, 손자 종수 등의 인물들도 풍자의 대상이 되기는 하지만 어디까지나 부차적인 역할만을 맡고 있다.

---

43 소제목을 보이면 다음과 같다.
1. 尹直員 영감 歸宅之圖 2. 無賃乘車 奇術 3. 西洋國 名唱大會 4. 우리만 빼놓고 어서 亡해라 5. 마음의 貧民窟 6. 觀戰記 7. 쇠가 쇠를 낳고 8. 常平通寶 서푼과 9. 節約의 道樂精神 10. 失題錄 11. 人間滯貨와 品不足 問題, 기타 12. 世界事業 半折記 13. 도끼자루는 썩어도 …… 14. 해 저무는 萬里長城 15. 亡秦者는 胡也니라

「태평천하」의 제1, 2, 3장은 윤직원이라는 인물의 소개와 성격의 형상화에 집중되어 있다. 제4장과 제5장은 일종의 윤두섭의 가계도로, 제4장은 주로 윤직원의 부친, 말대가리 윤용규와 그의 축재과정에 대한 서술로 이루어져 있고, 제5장은 윤직원의 현재 가족들에 대한 소개를 하고 있다. 제6장은 며느리 고씨를 중심으로 시아버지 윤직원 영감과의 싸움을 보여줌으로써 인물과 상황을 희화화하고 있다. 권위 없는 어른들의 명분 없는 싸움은 위계질서가 무너진 윤직원 영감 집안의 분위기를 고스란히 반영하는 것이다. 제7장은 브로커 석서방과 윤직원의 수형할인 방법을 소개하고, 이를 통해 돈이 돈을 낳는 세태를 고발하고 있다. 제8장은 올챙이에게 새로운 후처를 부탁하는 뻔뻔한 윤직원의 모습과 함께, 그의 시국관을 소개하고 있으며, 제9장은 윤직원의 심복 대복이의 인색에 가까운 절약정신과 서울아씨의 성욕을 묘사하고 있다. 제10장은 반지 하나로 나이 어린 춘심이의 몸을 사려는 윤직원의 변태적인 욕망을 그리며, 제11장은 윤직원 영감의 집 구석구석을 카메라로 촬영하듯 이동하면서 인물간의 어긋나는 심리와 기만적인 관계를 보여준다. 제12장은 병호와 옥화가 잠깐 등장하지만 오입쟁이 종수에 대한 비아냥거림이 주를 이루고, 제13장은 종수의 부친 윤주사 창식의 마작판을 보여준다. 제14장은 일신의 안락과 가문의 영광을 추구하는 윤직원 영감의 행복한 상상이 종수의 등장으로 깨어지는 모습을 보여준다. 제15장은 결말의 장으로, 사상관계로 일본 경시청에 수감된 종학의 소식이 전해지면서 극적 반전과 함께 지금까지의 의미가 모두 전복되는 결과를 가져오게 된다.

과거의 사건에 대한 서술자의 요약적 진술을 제외한다면, 「태평천하」는 시간적으로 단 이틀 동안의 사건의 추이를 다루고 있다. 그리고 그 이틀 동안 뚜렷한 사건의 전개는 없다고 해도 과언이 아니다. 일반적으로 소설이란 사건의 전개를 통해 의미의 집적을 보여주는 장르이다. 그러나 「태평천하」는 굴곡 있는 사건의 전개보다는 인물의 성격을 부각시킴으로써 의미의 집중을 보여주는 데 주력한다. 이는 매우 중요한 사실로 서술자의 가치판단이 분명하게 드러나는 풍자의 양식과 관련이 있다. 즉 「태평천하」는 사건의 전개와 개방을 통해 현실의 복합성을 드러내는 열린 구조가 아니라, 존재하고 있는 현실에 대한 부정을 통해, 있어야 할 당위론적 가치체계를 지향하는 닫힌 구조에 기반하고 있기 때문이다. 채만식 소설의 낭만적 세계 인식은 주어진 현실에 대한 소극적 수용보다는 있어야 할 현실에 대한 의식적인 지향으로 나타난다. 풍자의 비판정신이란 이와 같은 당위론적 가치에 대한 적극적인 지향성을 토대로 하는 것이다. 따라서 풍자소설의 구성은 존재론적 세계와 당위론적 세계의 강렬한 대립을 기초로 한다. 그리고 그와 같은 대립적 구성은 당위론적 가치가 존재론적 가치를 지배하는 양상을 보이게 된다. 「태평천하」에서 서술자의 담론이 인물의 담론에 대해 우위를 점하는 것은 이와 같은 상황과 관련이 있다.

「태평천하」에서 풍자의 골격은 윤직원이라는 인물의 성격의 부정적 측면에 대한 부각과 비판으로 형성된다. 윤직원이라는 인물은 식민 지배기 반민족적인 지주의 전형이라 할 수 있다. 그는 소작농에 대한 착취와 수형할인 등의 방법으로 부친으로부터 물려받은 재산을 늘려가는 탐욕스러운 인물이다. 일제의 식민 지배를 '태평천하'로 인식하는 그에게 축재의 윤리나 정당성 등은 고려의 대상이 아니다. 그의 이기적인 가족주의는 '우리만 빼놓고 어서 망해라'라는 모토 속에 극단적으로 표현되고 있다. 축적한 부를 바탕으로 윤직원은 집안의 문벌까지 세우려고 족보 꾸미기, '직원' 행세하기, 양반혼인, 군수 · 경찰서장 양성 등의 방법을 동원한다. 그는 또한 어린 여자아이까지 유린하는 도착적인 성욕의 소유자이기도 하다. 그에게 돈과 성은 무제한적인 욕망의 대상이다. 풍자의 비판을 위해서는 그와 같은 인물의 부정적인 성격이 일관되게 유지될 필요가 있다. 인물이 사건의 전개를 통해 반성적 각성의 계기를 갖게 되면 풍자의 기조는 유지되기 어렵다. 따라서 윤직원의 부정적인 성격은 그의 탐욕스러움 때문이기도 하지만 풍자의 구성 원리에 기인한 것이라고도 할 수 있다. 이와 같은 맥락에서 윤직원은 포스터적 의미의 '평면적 인물'이라 볼 수 있을 것이다. 그러나 정작 문제가 되는 것은 윤직원이라는 부정적 인물의 담론체계가 아니라 이를 조정하고 평가하는 서술자의 담론체계라 할 수 있다. 「태평천하」에는 전지적 서술자의 직접적인 개입이 현저하게 두드러진다. 다음 예문을 보자.

> ① 이 이야기를 쓰고 있는 **당자 역시** 전라도 태생이기는 하지만, 그 전라도 말이라는 게 좀 경망스럽습니다.(3 : 11)

> ② 번번이 마주 앉으면 노래부르듯 육장 두고서 하는 꼬같은 푸념이요, 팔자 탄식인걸. 그러니 인제는 듣기도 헤먹거니와 이편의 위로엣 말도 밤낮 되풀이하던 그 소리라, **말하는 나부터가** 헤먹습니다.(3 : 131, 강조 필자)

예문에서 드러나듯이 「태평천하」의 서술자는 인물과 사건에 대한 객관적인 관찰자라기보다는 직접적인 개입과 논평을 꺼리지 않는 전지적인 서술자이다. 여기에서 서술자는 작품의 배면에 숨어있기보다는 스스로가 화자임을 명시적으로 밝히고 있다. 또한 유보적 태도보다는 적극적인 가치판단과 평가를 수행하는 서술자임을 알 수 있다. 앞서 언급한 바와 같이, 「태평천하」의 구성은 기본적으로 인물과 서술자의 담론과 가치체계가 대립적 방향으로 구성된다. 그리고 서술자가 가치를 선점함으로써 서술자의 담론이 인물들의 담론을 압도하고 지배하는 양상을 보이게 된다. 따라서 작품의 의미구조는 인물들을 비판하는 서술자에게로 집중되고 있다. 그러면 「태평천하」의 대립적 구성이 풍자라는 구체적인 미학적 원리를 통해 구현되고 있는 방식에 대해 살펴보기로 하자.

「태평천하」에서 인물에 대한 풍자는 주로 세 가지 방식으로 이루어진다. 첫 번째는 비아냥거림이나 조롱의 어조, 비꼬는 말투, 반어적 표현 등 문체를 통한 풍자이다. 이는 「태평천하」의 가장 기본적이고 포괄적으로 적용되는 풍자의 방법이라 할 수 있다.[44] 둘째는 설정된 상황에 따른 장면을 구성하고 여기에 서술자가 주석을 다는 방법이다. 이는 첫 번째의 것보다 더욱 직접적이고 전면적인 풍자의 방식이라 할 수 있을 것이다. 마지막으로 일반적이고 보편적인 진술과 비판의 대상이 되는 인물에 대한 진술을 병치시키는 방법이다. 이는 주로 역사상의 인물이나 고사를 인용하여 등장인물들을 희화화하고 그들의 부정적인 속성을 부각시키기 위한 전략으로 볼 수 있다. 여기에서는 두 번째와 세 번째의 것을 살펴보기로 한다. 다음은 7장에서 윤직원 영감이 올챙이 석서방과 수형할인 흥정을 하는 장면이다.

> "이 사람아, 그런 소리 말소. 욕심 읎이 세상 살라다가넌 제 창사구(창자) 뽑아서 남 주어야 허네!" "것두 옳은 말씀은 옳은 말씀입니다…… 그런데 자아, 어떡허실렵니까? 제 말씀대로 1할 5부만 해서 주시지요? 네?" "아이, 모르겄네! 자네 쇠견대로 허소!" "허허허허. 진즉 그리실 걸 가지구…… 그럼 내일 당자 강씰 데리구 올텐데, 어느만 때가 좋을는지? …… 내일 은행 시간까진 돈을 써야 할 테니깐요." "글씨…… 대복이가 와야 헐 틴디. 오늘 저녁으 온댔으닝개 오기넌 올 것이구, 오머넌 내일 아무 때라두 돈이사 주겄지만…… 자리넌 실수 읎을 자리겄다?" "그야 지가 범연하겠습니까? 아따, 만창상점이라구, 바루 저 철물교다리 옆입니다. 머 그 사람이 부랑자루 주색잡

44 예를 들어 「태평천하」의 소제목들은 이에 해당하는 예일 것이다.

기하느라구 쓰는 돈이 아니구, 내일 해전으루다가 은행에 입금을 시켜야만 부도가 아니 나게 됐다는군요! …… 글쎄 은행에서들 돈을 딱 가두어놓군, 돌려주질 않기 때문에, 너나 할것없이 모두 죽는 소립니다! …… 그러나저러나 간에 이 사람 강씬 아무 염려 없구요. 다 조사해 보시면 아시겠지만……" "내가 무얼 알겄넝가마는……" // 윤직원 영감은 담뱃대를 놓고 일어서더니, 벽장 속에서 조선 백지로 맨 술 두꺼운 장부(?) 한 권을 찾아냅니다. 이것이 대복이의 주변으로, 종로 일대와 창안 배오개 등지와, 그 밖에 서울 장안의 들뭇들뭇한 상고들을 뽑아 신용 정도를 조사해둔 블랙리스트입니다. 신용이라도 우리네가 보통 말하는 신용이 아니라, 가산은 통 얼마나 되는데, 갚을 빚은 얼마나 되느냐는 그 신용입니다. (…중략…) 윤직원 영감은 이 편리하고도 만능한 수형장사를 해서 매삭 2, 3만원씩 융통을 시키고, 그 이문이 적어도 3천 원으로부터 4천 원은 됩니다. 1할 이상 2할까지나 새끼를 치는 셈이지요. 송도말년(松都末年)에는 쇠가 쇠를 먹었다고 합니다. 그러던 게 지금은 다 세태가 바뀌고, 을축갑자(乙丑甲子)로 되는 세상이라서 그런 것도 아니겠지만, 쇠가 쇠를 낳기로 마련이니, 그건 무슨 징조일는지요. 아무튼 그놈 돈이란 물건이 저희끼리 목족은 무섭게 잘 하는 놈인 모양입니다. 그렇길래 자꾸만 있는 데로만 모이지요? (3 : 75~77)

인용문의 앞부분에서 장면 구성은 인물 간의 대화를 통해서 이루어지고 있다. 이어지고 있는 뒷부분은 이와 같은 장면과 상황에 대한 서술자의 논평과 주석이다. 대화를 통한 인물의 성격묘사는 '보여주기'의 전형적인 서술 방법이다. 여기에서 서술자는 인물들로부터 한 발짝 물러서서 그들의 담론을 수용하고 있는 그대로 묘사하는 것처럼 보인다. 그러나 이어지는 부분은 이러한 인물들의 담론을 지배하는 것은 서술자의 담론체계라는 점을 분명히 한다. 서술자는 윤직원의 수형할인 장사가 비정상적인 자본이동이라는 점을 지적하고 이와 같은 세태를 비판한다. 이처럼 서술자의 담론과 가치체계는 인물의 담론과 대립적인 방향에서 구성된다. 서술자의 이와 같은 선명한 가치 지향성은 채만식 소설의 낭만적 세계 인식과 관련된다. 그것은 현실의 영역을 담당하고 있는 인물의 담론을 부정하는 방식으로 획득된 것이다. 현실에 대한 부정과 이상적 가치에의 지향은 낭만적 세계 인식의 주요한 특징이다. 여기에서 그러한 인식의 주체를 서술자로 볼 것인지, 아니면 작가 자신으로 보아도 될 것인지의 문제가 제기될 수 있다. 일차적으로 인식의 주체는 텍스트 상의 서술자로 보아야 할 것이다. 그리고 텍스트의 표면적으로 드러난 서술자를 곧바로 실제 작가라고 단정하기도 어렵다. 그러나 「태평천하」에서는 서술자의 직접적인 개입이 현저한 만큼, 서술자의 담론과 가치체계는 실제 작가의 의식을 상당 부분 반영하고 있다고 볼 수 있다. 다음은 풍자의 세 번째 방법을 보여준다.

> ① 종수는 새삼스럽게 소개할 것도 없이, 만석꾼 윤직원 영감의 맏손자요, 창식이 윤주사의 맏아들이요, 경손이의 아범이요, 윤씨네 가문(家門) 빛내는 큰 사업의 제일선 용사중 한 사람으로서 군수 운동을 하느라고 고향에 내려가 군 고원을 다니는 사람이요, 그리거 장차 경찰서장이 될 동경 어느 대학 법학과 학생 종학의 형이요, 이러한 그 종숩니다. 주욱 꿰어놓구 보니 기구가 대단하군요. 뭐, 옛날 지나땅의 주공(周公)이라든지 하는 사람은, 문왕의 아들이요, 무왕의 동생이요, 시방 임금의 삼촌이요, 이렇대서 근본 좋고 팔자 좋고 권세 좋고 하기로 세상 우두머리를 쳤다지만, 종수의 기구도 그 양반 주공을 능멸하기에 족할지언정 못하지는 않겠습니다. 이렇듯 몸 지중한 종수가 어디를 가서 오입을 하면 못해, 하필 구접스레한 동관의 뚜쟁이 집을 찾아 왔을까마는 거기에는 사소한 내력과 고절이 있던 것입니다.(3 : 146)

② 절대로 영생불사…… 진시황과 같이 간절하게 영생불사를 하고 싶습니다. 윤직원 영감이 재산을 고이고이 지키면서 더욱더욱 늘리고, 일변 양반을 만들어내고자 군수와 경찰서장을 양성하고 하는 것은, 진시황으로 치면 오랑캐를 막아 진나라를 보전하기 위해 만리장성(萬里長城)을 쌓던 역사적이요 세계적인 그 토목사업과 다름없는 역사적인 정신적 토목사업입니다. 만리의 장성을 높이높이 쌓아, 나라를 천지로 더불어 길이길이 지키고, 나는 불사약을 먹어 이 나라의 주재자로 이 영광을 무궁토록 누리고……하자던 진시황과, 만석꾼의 가산을 더욱 늘려가면서 천지로 더불어 길이길이 지키고, 양반을 만들어 가문을 빛내되, 나는 오줌을 먹고 보건체조를 하고 보약을 먹고 하여, 이 집안의 가장(家長)으로 이 영광을 무궁토록 누리고 하자는 윤직원 영감과, 그 둘은 조금도 서로 다를 바가 없는 것입니다.(3 : 174)

③ 이와 같이 시골서 이래로 근 20년 각종 양복장이에게 위협과 폐해와 졸경을 치르던 윤직원 영감인지, 인류의 조상이 수백만 년 동안 파충류와 싸우고 사느라 그들을 대적하고 경계하고 하는 본능이 , 그 피가 시방 우리의 몸에까지 흐르고 있듯이, 윤직원 영감도 양복장이라면 덮어놓고 적의(敵意)가 솟고, 덮어놓고 싫어하는 제이의 본능이 생겨졌습니다.(3 : 184)

인용 ①은 윤직원의 손자 종학의 인물됨을 묘사하고 있는 부분이다. 서술자의 어조와 톤이 다분히 비판적임은 쉽게 알 수 있다. 문체적 특질 외에 여기서는 인물에 대한 풍자와 희화화를 위해 비교의 방법을 동원하고 있다. 즉 종수의 인물됨을 역사상의 인물인 주공과 비교하고 있다. 이는 고상한 것과 비천한 것과의 비교이고, 유사성보다는 차이를 부각시킴으로써 이에 따른 격차와 낙차를 강조하는 것이라고 할 수 있다. 다시 말해 인물간의 동질성을 강조하는 듯이 보이는 표면적 진술과는 달리, 그 효과는 이질성과 차이의 부각으로 나타나게 되는 것이다.

독자는 비교 대상 간의 표면적인 유사성보다는 심층적인 차이에 주목하게 됨으로써 풍자의 대상의 되고 있는 인물의 결함을 보다 분명하게 지각하게 된다. 이와 같은 부분에서 텍스트의 담론은 서술자에 의해서 완전히 장악되어 있다. 장차 경찰서장이 되리라는 윤직원의 바람은 서술자에 의해 그 허구성이 여지없이 폭로되고 만다. 같은 방법으로 ②의 인용 역시, 윤직원 영감의 영생불사의 꿈을 진시황의 그것에 빗대고 있다. 윤직원의 문벌 조성 사업은 진시황의 만리장성 축조에 비견되는 "정신적 토목사업"이고, 진시황이 불사약을 구하였듯이 윤직원 영감은 오줌을 마시고 보건체조를 하여 집안의 가장으로서의 영광을 무궁토록 누리고 싶은 것이다. 이상의 맥락에서, "그 둘은 조금도 서로 다를 바가 없다"는 서술자의 진술이 반어적 표현임은 말할 것도 없다. 인용 ③은 일반적이고 보편적인 진술을 인물에 대한 진술과 병치시키고 있는 예이다. 보편적 설득력을 지니고 있는 인간의 파충류에 대한 혐오감에 대한 진술과는 달리, 윤직원의 양복장이에 대한 본능적인 적대감은 특수하고 개별적인 사례에만 적용되는 것으로 판단된다. 한 사회의 부의 편재 혹은 불공정한 부의 분배를 상징하는 윤직원 영감의 태도는 따라서 설득력을 잃고 인물은 희화화된다. 지금까지 살펴보았듯이, 「태평천하」의 풍자는 서술자가 인물의 담론을 비판적으로 장악함으로써 인물과 서술자의 담론체계 간의 이원적 대립을 기초로 구성된다.

2) 당위론적 포괄과 욕망의 우열화

존재와 당위 사이의 심각한 분열을 주제로 하고 있는 「태평천하」는 당위론적 명제로 타락한 현실의 원리들을 포괄한다. 이는 텍스트 상에서 현실의 원리를 상징하는 인물의 담론을 당위론적 명제를 앞세운 서술자의 담론이 장악하고 지배하는 것으로 나타났다. 텍스트 표현의 층위에서 서술자의 담론에 대한 장악력은 주제적 차원에서 이상적 가치에의 지향이라는 당위론적 포괄을 지시한다. 「태평천하」는 당위론적 명제를 통한 부정적 인물에 대한 비판이 중심이 되고 있지만, 인물의 욕망의 문제는 근본적으로는 당위적 가치평가의 대상이라 할 수 없다. 채만식 소설에서 대체적으로 식욕이나 성욕, 또는 정상 범위의 유희본능 같은 인간의 자연스러운 욕망의 실현은 존재론적 수용의 대상으로 묘사되고 따라서 가치판단은 유보된다. 특히 정상적인 성욕의 발산과 충족에 대해서는 상당히 유연한 태도를 보여준다. 이는 일정한 주제를 형성할 만큼 채만식 소설에서 반복되는 모티프의 하나이다. 다음과 같은 예문은 이를 잘 보여준다.

> ① 인간이 색의 기능을 타고나는 것은 생물로서 운명적 필연이요, 그러니까 결단코 그걸 나무랄 일은 못됩니다. 또 누가 나무라고 시비를 한다고 그게 없어지는 것도 아니고요. 해서 비판이나 간섭의 피안에 있는 것입니다.(3 : 116)

> ② 인간은 번뇌가 있으면 노래를 하고 싶어진다고요. 번뇌까지 안 가고라도 마음이 싱숭생숭하게 되면 콧노래가 절로 나옵니다. 물론 슬퍼도 노래를 부르고 기뻐도 노래를 부르고, 또 춤을 추기도 하고 하기는 하지만, 그중의 한 가지 마음 싱숭거릴 때에 부르는 노래는 새짐승이 자웅을 찾느라고 묘한 소리로 우는 것과 가장 공통된, 동물의 한 본능이라고 합니다. 그런데 인간은 그 동물적인 본능을 보다 맹목적(盲目的)으로 이용을 하는 제이의 본능이 있답니다. 철 들어가기 시작한 총각이 봄날 산나무를 하러 가면서 지겟목발을 장단삼아 "저 건너 갈미봉에 비가 묻어 들어를 온다……" 하고 멋등그러지게 넘깁니다. 또 궂은비 축축히 내리는 가을날, 노랫장이나 부

를 줄 아는 기생이, 제방 아랫목에 오도카니 꼬부리고 누워 손가락장단을 토옥톡 "약사 몽혼으로 향유적이면……" 하면서, 다빡 시름 겨워 콧노래를 흥얼흥얼 흥얼거립니다. 무릇 그 총각이면 총각, 기생이면 기생이 깊숙한 산중이나 또는 아무도 없는 제 집의 제 방구석에서, 대체 누구더러 들으라고 노래를 부르겠습니까. 그게 가로되, 흥이라구요. 새짐승이 자웅을 후리려고 우는 것과 마찬가지로, 총각은 거기 어디 촌처녀색시더러 들으란 노래고, 기생은 또 저대로 제 정랑(情朗)더러 들으란 노래고. 이렇듯 본능에서 우러나서 노래를 부르기는 짐승이나 인간이나 매일반이지만, 그 다음이 다르답니다. 인간은 제가 부르는 제 노래에, 남은 상관을 않고 우선 제가 먼저 좋아하기 때문입니다. 어느 촌계집애가 들어를 주는지 않는지, 어느 놈팽이가 들어를 주는지 않는지, 그런 것은 생각도 않는답니다.(3 : 124~125)

인용에서 보듯이 서술자는 인간의 자연스런 욕망에 대해 가치평가를 내리기보다는 판단을 유보한 채 있는 그대로를 인정하고 수용하려는 태도를 보인다. 그러나 한편으로 채만식 소설은 인물들의 욕망에 대해 가치평가를 내리고 이를 '우열화(優劣化)'하기도 한다. 즉 정도를 넘어서는 잉여욕망의 추구에 대해서는 적극적으로 비판을 가한다. 유일하게 인간은 자연 상태의 욕망의 충족을 넘어서는 '잉여욕망'을 지닌 존재이다. 다시 말해 인간은 충동의 불만족이 충동의 만족을 초과하여 끊임없이 충동 과잉상태가 되는 존재자이다. 따라서 인간의 욕망의 실현은 기본적으로 자연 상태와의 어긋남을 전제로 하고 있다.[45] 잉여의 식

45 이와 관련하여 다음과 같은 논의를 참조할 수 있다. "퓌지스(Physis : 살아 있는 자연의 질서)는 라이프니츠가 말한 예정조화의 세계처럼 정교하게 만들어져 있다. 거기서는 어떤 생물 종이든 평등하게 살아갈 권리가 있다. 역으로 말해 자연의 구조는, 타자를 배제하고 자신만 살아남으려고 하는 것이 허락되지 않도록 만들어져 있다. 퓌지스는 선도 악도 없이 생명체의 삶이 모두 긍정되는 세계이다. (…중략…) 살아 있는 자연으로부터의 어긋남, 퓌지스로부터의 추방. 이것이 바로 인간과 사회에 관한 학

욕은 불평등한 부의 분배를 가져오고, 잉여의 성욕은 정상의 범위를 넘어서는 성적 쾌락에의 탐닉을 불러온다. 그런 의미에서 윤직원 영감은 잉여욕망에 사로잡혀 있는 인물이라 할 수 있다. 그는 소작농의 착취와 고리대금업을 통해서 자신의 필요 이상의 재화를 획득했고, 성기능을 아직 제대로 갖추지 못한 어린 아이까지 성적 노리개로 삼아 자신의 변태적인 욕망을 채운다. 윤직원의 딸, 서울아씨는 서른이 갓 넘은 과부로 자신의 성욕을 마땅히 처리할 방법을 찾지 못하고 있다. 그래서 집안의 유일한 남자인 대복이에게 자연스레 관심이 간다. 즉 대복이가 딱히 맘에 들어서가 아니라 단지 대복이가 남자라는 이유만으로 말이다. 서울아씨의 이런 심리를 눈치 챈 대복이는 그야말로 대망(大望)을 품는다. 윤직원 영감의 사위가 되어서 자기도 한몫 단단히 챙기겠다는 심산이다. 서울아씨의 불안한 심리를 묘사하고 있는 예문 ①과, 윤직원의 도착적인 성욕의 형성과정을 서술하고 있는 예문 ②는 인물들의 욕망에 대한 서술자의 이중적인 태도를 분명하게 보여준다.

> ① 과부라고, 중성이 아닌 바에야 생리적으로 꼼짝 못할 명령자가 있는 것을, 그러니 이성이 그립지 않을 이치가 없습니다. 서울아씨도 이성이 그립습니다. 지금 스물아홉인데 12년 전에 1년 동안 겨우 남편과 지내고서 이내 홀몸입니다. 삼십이 되어오니 그 이성 그리움이 차차로 더합니다. 그가 성자다운 수련을 쌓지 않은 이상, 단지 과부라는 형식만이 있어 가지고는 호르몬 분비의 명령인, 한 개의 커다란 필연을 도저히 막아낼 수는 없던 것입니다. 그러므로 그는 극히 자연스러운, 그러나 일종 근육적인 반사작용

문의 출발점이다. 인간은 에코시스템 가운데서 일정하게 자리잡고 앉아 있을 수 없는 불안정한, 결여된 생물이며, 확정된 상스를 지닐 수 없는, 말하자면 과잉된 상스를 잉태해버린 반(反)자연적 존재다."(아사다 아키라, 이정우 역, 『구조주의와 포스트구조주의』, 새길, 1995, 15~23쪽 참고)

으로써 이성을 그리워하고, 무의식한 가운데 이성을 반겨하지 않을 수가 없는 여자 서울아씨던 것이요, 그런데 일변 그의 세계란 것은 겨우 일백 마흔 평이라는 이 집 울안으로 제한이 되어 있고, 그 제한된 세계에는 오직 대복이가 남자로 존재해 있을 따름이던 것입니다. 그러니까 서울아씨는, 대복이라면 그와 같이 의식보다도 제풀 근육이 반사적으로 날뛰어, 몸이 먼저 반가와하고, 그것이 날이 갈수록 남의 눈에 뜨이게 차차로 현저해 가던 것입니다.(3 : 100~101)

② 그러나 한번 걸음을 내친 게 불찰이지, 일 당하던 당장에 창피하던 기억은 차차로 잊혀지고, 일변 심심찮이 놀던 일만 아쉬워집니다. 뿐 아니라, 맛을 보려다가 회만 동해 논, 그놈 식욕이 가시지를 않습니다. 윤직원 영감의 이 기집애에 대한 흥미는 일찍이 고향에 있을 때부터 촌기집애들을 주무른 솜씨라, 오늘날에 비로소 시작된 것이 아니라면 아니기도 하겠지만, 그래도 그때의 기집애들은 열칠팔세가 아니면 기껏 어려야 열육칠세이었었지, 열네살박이의 정말 젖비린내 나는 기집애에까지는 이르질 않았습니다. 그러니까 만약 그 식욕을 엄밀히 구별한다면 시골 있을 무렵에 기집애(어리기는 해도 기집으로서의 기능을 갖춘) 그놈을 잡아먹던 식성과 시방 열네살 고 또래의 기집 이전의 기집애에 대해서 우러나는 구미와는 계통이 다르다 할 것입니다. 더욱이 방물장수아씨더러, 첩 더디 얻어들인다고 성화를 대는 그런 순수한 생리와도 파계가 다릅니다. 윤직원 영감의 이 새로운 식욕은 그런데 매우 강렬하기까지 해서 도저히 그대로 참지를 못할 지경이었습니다.(3 : 108)

인용①과 ②에서 보이는 서술자의 인물의 욕망에 대한 태도는 극명하게 대비된다. 서울아씨의 무의식적이고 자연스런 성욕에 대해서 서술자는 관대하게 수용하는 입장이다. 그러나 윤직원 영감의 비정상적인 성욕에 대해서는 "순수한 생리와도 다른" 변태적이고 도착적인 것으로 비난한다. 이와 같이 「태평천하」는 인간의 욕망의 문제에 대해 이중적인 잣대를 적용한다. 인간 욕망의 추악성에 대한 도덕적인 비난은 가능한 것이고, 어떤 면에서는 필요하기도 하다. 하지만 인간의 욕망에 대해서 존재론적 수용과 당위론적 가치판단이라는 상이한 태도를 드러낸다는 것은 채만식 소설의 특징이자 하나의 '분열상'이라 할 수 있다. 윤직원에 대한 비판이 풍자의 구도에서 나온 것이라는 점을 우리는 감안해야 하지만, 인간의 욕망을 '좋은 욕망'과 '나쁜 욕망'으로 가르기란 쉬운 일이 아니다. 또한 본질적인 의미에서 순수한 형태의 욕망이 존재한다고 보기도 어렵다. 욕망이란 선 / 악의 구도나 가치체계로 포착되지 않는 '끈적거리는 리비도'이자 '무정형(無定形)의 흐름'이다. 따라서 그것은 당위론적 명제로 수렴되지 않는다.

윤직원 영감의 아들 윤주사나, 맏손자 종수도 부도덕한 인물들로 그려지기는 마찬가지다. 윤직원 영감과 함께 그들의 타락한 욕망 역시 풍자와 비난의 대상이 된다. 윤씨 일가에서 긍정적인 인물로 묘사되는 것은, 일본 유학생 종학이와 윤직원의 증손 경손이 정도이다. 집안의 권위 없는 어른들을, 경손이는 경멸하지만 작은 아버지 종학만은 존경한다. 하지만 경손이가 차지하는 비중은 그다지 크지 않기 때문에, 「태평천하」의 긍정적인 인물은 종학이가 유일하다고 보아도 무방하다. 종학은 윤직원 영감의 손자이자 유주사의 아들로, 형 종수와는 달리 학업에 매진한다. 윤직원 영감은 그런 손자를 경찰서장을 만들 심산으로 일본 유학을 시킨다. 그러나 집안의 기대와는 달리, 종학은 일본에서 사회주의 운동을 하다가 검거되고 만다. 결말에서 종학의 검거 소식은 윤직원 영감의 욕망과 믿음을 철저하게 배반한다. 여기에서 윤직원 영감의 신념과 가치체계는 여지없이 붕괴되어 버리고 만다. 다음은 윤직원 영감의 반응을 보여준다.

"화적패가 있너냐아? 부랑당 같은 수령(守令)들이 있너냐? …… 재산이 있대야 도적놈의 것이요, 목숨은 파리 목숨 같던 말세(末世)넌 다 지내가고오 …… 자 부아라, 거리거리 순사요, 골골마다 공명헌 정사(政事), 오죽이나 좋은 세상이여 …… 남은 수십만 명 동병(動兵)을 히여서, 우리 조선놈 보호히여 주니, 오죽이나 고마운 세상이여 ? 으응 ? …… 제것 지니고 앉아서 편안허게 살 태평세상, 이걸 태평천하라구 허는 것이여 태평천하! …… 그런디 이런 태평천하에 태어난 부자놈의 자식이, 더군다나 왜지 가 떵떵거리구 편안허게 살 것이지, 어찌서 지가 세상 망쳐놀 부랑당패에 참섭을 헌담 말이여, 으응?"(3 : 191)

윤직원 영감은 일본 제국주의의 조선 지배를 '태평천하'로 인식한다. 이와 같은 반어적 표현을 통해 민족과 민중을 고려하지 않는 윤직원 영감의 이기적 태도와 편협한 시각이 폭로된다. 전술한 바와 같이, 「태평천하」의 의미구조는 주로 인물에 대한 서술자의 비판이라는 부정의 방식으로 획득된다. 따라서 그러한 비판의 중심에 있던 윤직원 영감 자신이 비난하고 부정하는 종학의 존재와 사회주의는 결국, 지금껏 부정의 방식으로만 제시되었던 서술자의 가치 지향성을 우회적으로 드러낸 것이라 할 수 있다. 그러나 결말에서 종학을 통해 제시되는 사회주의의 이념은 일종의 '선언적 의미'밖에 지니지 못한다. 여기에서 우리는 풍자의 성격과 그 의미를 되짚어 볼 필요가 있다. 일반적으로 사회적 풍자란 직접적 비판의 가능성이 봉쇄되었을 때, 우회를 통한 간접적 비판의 한 방식이라고 생각되어 왔다. 그리고 그와 같은 논리의 타당성은 인정될 수 있다. 그러나 풍자의 사회적 의미를 논외로 하고 작가의 의식과의 상관성을 살펴본다면, 풍자라는 문학적 양식은 작가에게 능동적 의미로서의 비전이 존재하지 않거나 혹은 그것의 구체적인 내용이 불투명할 때 등장하는 것이라고 유추해 볼 수 있다. 즉 식민지배기 폭력적인 정치상황 속에서 간접적 비판의 방식으로 풍자가 선택되었을 수 있지만, 「태평천하」에서 분명하게 드러나는 당위론적 가치 지향성에 상응하는 그 당위의 내용이 어떤 것인지가 작가에게 불분명했기 때문에, 긍정의 방식이 아닌 풍자라는 '부정의 방식'이 선택되었을 수 있다는 것이다.[46] 채만식은 카프계열의 작가들처럼 사회주의적 전망을 전적으로 수용하지도 그렇다고 염상섭처럼 보수주의로 기울지도 않았다. 그러나 그와 같은 균형감이 구체적인 현실을 충분히 고려하지 않고 낭만성과 결합될 때 그것은 '추상적 이상주의'로 비약할 가능성이 충분한 것이다. 그리고 그러한 이상주의가 철저하게 현실에 의해 봉쇄되었을 때, 그 환멸의 강도가 보통의 수준을 넘어서리라는 것은 쉽게 짐작할 수 있는 것이다.

작가가 바라고 희망하는 사회는 진정한 의미에서의 '태평천하'였을

46 이와 같은 문제 제기는 다음과 같은 논의와도 크게 다르지 않다. "그럼에도 우리는 이 지점에서 그가 타락한 현실에서조차 잠재되어 있을 인간집단의 자정능력을 긍정적인 관점에서 제시하는 일에는 왜 서툴렀으며 인색하기조차 했는가 하는 점을 묻지 않을 수 없다. 이런 되물음은 그가 역사의 올바른 진행 방향에 대한 긍정적 전망을 내보이지 않았다는 것을 비판하기 위한 것이 결코 아니다. 사실 세계에 대한 부정적 파악으로 시종일관했던 그의 냉소적 세계인식은 부정적 현실(일상)을 절단하고 전복하는 현실 내의 긍정적 힘을 제대로 보지 못한 면이 크다. 이는 그의 소설 표현의 방법적 거점이 '아이러니'라는 데서도 잘 드러난다. '아이러니'의 시학은 주체의 대상에 대한 친밀감과 애정을 근거로 하는 유추(동일성)의 시학과는 달리 대상에 내재한 어떤 '차이'와 '모순' 혹은 '결함'을 보려는 차가운 지성의 산물이다. 아이러니 미학에서 가장 중요한 것은 폭로된 대상의 실체라기보다는 그것이 독자에게 불러일으키는 어떤 정서적 · 인식적 효과의 문제이다. 그 효과는 주체가 대상세계에 대해 얼마나 공평하고도 분별력 있는 태도를 보이는가에 의해 결정된다 해도 과언은 아니다. 그런데 채만식의 아이러니는 대개 매우 독특한 개성의 소유자로 그려지는 부정적 인물을 전면에 내세우고, 그 실체가 모호하기 짝이 없는 긍정적 인물을 후면에 내세우거나 희화화하는 데서 얻어진다. 이런 사실은 거꾸로 그의 아이러니가 상당히 유형화되어 있으며, 그에 따라 세계에 대한 포괄적 이해 역시 상당히 제한받게 된다는 것을 의미한다. 어쩌면 우리가 그의 소설에서 통쾌감 못지않게 「지금 · 여기」에 대한 비판적 애정의 결여와 미래의 무방향성에 따른 어떤 당혹감을 갖게 되는 까닭도 이 때문인지 모른다."(최현식, 「문학가의 이상과 생활인의 비애」, 『채만식 문학의 재인식』, 소명출판, 1999, 187~188쪽)

것이다. 그러나 기실 「태평천하」에서 제시되는 당위론의 내용은 논리적 추상성을 면치 못하고 있다. 서술자가 적극적으로 의미 부여를 하고 있는 종학의 존재가 충분하게 묘사되고 있지 못한 것도 이러한 추상성과 관련된다. 따라서 선언적 의미로서의 사회주의의 이념은 그다지 중요한 것이 되지 못한다. 「태평천하」에서 서술자의 강도 높은 비판이나 선언적 이념은 대단히 명쾌하고 분명한 것이다. 그러나 그와 같은 입장이나 태도는 현실의 다양하고 복잡한 양상들을 생략해버릴 위험이 있다. 어떤 의미에서 극단적인 보수주의나 진보주의를 선택하는 일이란 쉬운 것일 수 있다. 극단의 가능성 속에서 균형과 긴장을 유지하며 견디는 일이 보다 어려운 일이 될 수도 있다는 것이다. 따라서 「태평천하」에서 보이는 선명한 비판의식이나 가치지향성은 당대의 사회적 환경 속에서 분명하고도 소중한 의미를 지니는 것이지만, 그 논리의 선명함만큼이나 도식적이고 단순한 구도라는 비판을 받을 수 있다. 이는 채만식 소설이 지니고 있는 낭만적 세계 인식과 관련된다. 낭만적 세계 인식은 이상적 질서에 대한 뚜렷한 지향성과 동경을 포함하지만 그만큼 구체적 현실의 복잡성과 복합성을 포섭하지 못할 가능성이 존재하는 것이다. 또한 지향하는 그 이념형의 내용이 불분명할 때는 논리적 추상성을 드러낼 위험이 있는 것이라 할 수 있다. 이와 같은 의미에서 「태평천하」에서 보이는 당위론적 가치체계는 논리의 차원이라기보다는 신념의 차원에 가까운 것이라고 평가할 수 있을 것이다.[47]

---

47 이와 관련하여 다음과 같은 지적을 참고할 수 있다. "우리는 채만식의 리얼리즘관이나 역사의식이 반성이나 수정의 여지가 별반 없는 '유일성'의 체계로 전환된 것은 아닌가 하는 생각을 갖게 된다. '유일성'의 관점은 대개 그것을 기준삼아 자기 삶을 향상시키고 정당화하려는 목적에서 취해진다고 볼 수 있다. 하지만 그것은 때때로 현실을 보는 시각의 다양성을 거절하게 만들며, 그것의 대상이 된 가치들을 이데올로기화시킨다는 점에서 상당히 맹목적인 것이다. 게다가 더 큰 문제는 그 가치들의 실현이 자꾸 유예되거나 그것들 자체가 부정되는 상황이 닥칠 경우, 주체가 정신적 공황의 상태로 빠져들 가능성이 훨씬 커지게 된다는 점이다. (…중략…) 채만식이 말하

3) 서술 우위의 서사와 주관적 서술

소설에서 서사의 진행은 '서술'과 '묘사'를 통해 이루어진다. 서술은 주로 '말하기'와 대상의 표현에 관계되고 묘사는 주로 '보여주기'와 대상의 재현에 관계된다. 그러나 본질적으로 소설은 '말하기'이며, 우리가 이야기할 수 있는 것은 말하기의 '정도의 차이'일 뿐이다. 따라서 서술과 묘사의 우세 여부가 소설을 평가하는 기준이 되기는 어렵다. 이와 같은 관점에서, 「태평천하」에서 서사의 진행은 '묘사'보다는 주로 '서술'을 통해 이루어진다. 서술자는 인물들의 부정적 성격에 대해서 개입과 논평을 가하며 그들의 과거를 전지적 시각에서 요약적으로 제시한다. 앞서 언급한 바와 같이 「태평천하」에서 현재의 서술시간은 단 이틀에 불과해서, 작품 전체의 분량에 비해 극단적으로 축소되어 있는 형태를 취하고 있다. 그리고 현재의 서술시간에서도 뚜렷한 서사의 진행은 이루어지고 있지 않다. 반면에 과거의 사건에 대한 서술자의 요약적 진술이 보다 확대되어 있다. 서술자는 윤직원 일가의 내력과 비판의 대상이 되고 있는 인물들을 소개할 때, 그들의 과거의 이력과 사건들을 요약적으로 진술한다. 이와 같은 서술자의 적극적인 개입을 통해 「태평천하」는 서사의 전개보다는 설정된 상황과 인물에 대한 설명에 치중한다. 인물의 담론이 표면화될지라도 서술자는 이에 대한 개입과 논평을 추가함으로써 소설의 전체적인 담론을 지배한다. 「태평천하」가 서술 우위의 서사로 진행되는 것은 이와 같이 서술자의 담론이 인물의 담론

는 '문학의 방향'은 자본주의의 안티테제로서 '사회주의'를 향해 있다고 해도 과언은 아니다. 그러나 그 '역사적 방향성'은 그의 주관적인 정치적 신념을 번역한 것이지 '전체성'의 탐구를 통해 포착된 것은 아니다. 그는 이 같은 지극히 추상적이고 낭만적인 전망에 매몰됨으로써 오히려 현실의 본질로부터 점점 멀어지게 되는 것이다."(최현식, 위의 책, 214쪽)

을 비판적으로 지배하는 작품의 서술구조와 관계된다. '묘사'보다는 '서술'이 강화됨으로써, 서술자의 당위론적 가치지향성이 전면화되는 것이다. 인식론적 의미에서 서술 우위의 서사는 주체의 대상에 대한 지배를 의미한다고 할 수 있다. 이는 주체가 자신을 둘러싸고 있는 대상들과 환경의 지배력을 넘어서 '주체의 가능성을 확장'하려는 시도이다. 한편 서술자의 인물에 대한 풍자와 비판은 객관적이고 중립적이라기보다는 가치체계를 선점한 화자의 주관적 논평에 가깝다고 볼 수 있다. 아래 예문을 보자.

① 추석을 지나 이윽고 짙어가는 가을해가 저물기 쉬운 어느날 석양. 저 계동의 이름난 장자 윤직원 영감이 마침 어디 출입을 했다가 방금 인력거를 처억 잡숫고 돌아와 마악 댁의 대문 앞에서 내리는 참입니다. 간밤에 꿈을 잘못 꾸었던지, 오늘 아침에 마누라하고 다툼질을 하고 나왔던지, 아무튼 엔간히 일수 좋지 못한 인력거꾼입니다. 여느 평탄한 길로 끌고 오기도 무던히 힘이 들었는데 골목쟁이로 들어서서는 빗밋이 경사가 진 20여 칸을 끌어올리기야, 엄살이 아니라 정말 혀가 나올 뻔 했습니다. 28관, 하고도 6백 몸메! …… 윤직원 영감의 이 체중은, 그저께 춘심이년을 데리고 진고개로 산보를 갔다가 경성우편국 바로 뒷문 맞은편, 아따 무어라더냐 그 양약국 앞에 놓아둔 앉은뱅이저울에 올라서본 결과, 춘심이년이 발견을 했던 것입니다. 이 28관 6백 몸메를, 그런데, 좁쌀계급인 인력거꾼은 그래도 직업적 단련이란 위대한 것이어서, 젖먹던 힘까지 아끼잖고 겨우겨우 끌어올려 마침내 남대문보다 조금만 작은 솟을대문 앞에 채장을 내려놓곤, 무릎에 들였던 담요를 걷기까지에 성공을 했습니다. 윤직원 영감은 옹색한 좌판에서 가까스로 뒤를 쳐들고, 자칫하면 넘어박힐 듯싶게 휘뚝휘뚝하는 인력거에서 내려오자니 여간만 옹색하고 조심이 되는 게 아닙니다.(3 : 9~10)

② 속담에, 부자라는 건 한정이 있다고 합니다. 가령 천석꾼이 부자면 천석까지 멱이 찬 뒤엔, 또 만석꾼이 부자면 만석까지 멱이 찬 뒤엔 그런 뒤에는 항상 그 근처에서 오르고 내리고 하지, 껑충 뛰어넘어서 한정없이 불어나가지는 못한다는 그 뜻입니다. 미상불 그렇습니다. 가령 윤직원 영감만 놓고 보더라도, 1년에 벼로다가 꼭 만 석을 받은 지가 벌써 10년이 넘습니다. 그러니 그게 매년 10만원씩 아닙니까? 또 현금을 가지고 수형장수[手形割引業]를 해서, 1년이면 2, 3만 원씩 새끼를 칩니다. 그래서 매년 수입이 십수만 원이니 그게 어딥니까? 가령, 세납이야 무엇이야 해서 일반 공과금과 가용을 다 쳐도 그 절반 5, 6만 원이 다 못될 겝니다. 그렇다면 그 나머지 5, 6만은 해마다 처져서, 10년 전에 만 석을 받은 백만원짜리 부자랄 것 같으면, 10년 후 시방은 150만 원의 1만 5천 석짜리 부자가 되었어야 할 게 아니겠습니까? 그런데 글쎄, 그다지도 가산 늘리기에 이골이 난 윤직원 영감이건만 10년 전에도 만석 10년 후 시방도 만석…… 그렇습니다그려. 그렇다고 윤직원 영감이 무슨 취리에 범연해서 그랬겠습니까? 결국 아들 창식이 그런 낭비를 하고, 또 맏손자 종수가 난봉을 부리고, 군수를 목표한 관등의 승차에 관한 운동비를 쓰고 그러는 통에 재산이 그 만석에서 더 붇지를 못하고 답보로 — 읏을 한 거랍니다.(3 : 59)

앞 절의 내용들을 서술하는 과정에서 자연스럽게 언급되었지만, 「태평천하」의 서술방식의 특징은 객관적인 '묘사'보다는 가치체계를 선점한 서술자의 주관적인 '서술'이 부각되어 있다는 것이었다. 이는 서술자의 주관적인 개입이 두드러지는 풍자라는 문학적 양식의 미학적 특성에서 기인하는 것이기도 하다. 인용 ①은 이와 같은 「태평천하」의 기본적인 서술방식과 관점을 보여준다. 서술자는 텍스트 외부의 전지적인 시각에서 인물에 대해 진술한다. 그리고 그러한 주관적 서술의 의도가 인물에 대한 풍자와 비판에 있다는 것을 굳이 숨기려 들지도 않는다. 서술자는 과장되고 빈정대는 말투로 인물을 희화화함으로써, 풍자의 의도를 분명히 드러내고 있다. 이와 같이 인물의 성격을 구축함에 있어 객관적인 묘사보다는 주관적 서술을 앞세우는 것은 풍자적 서술의 특징임과 동시에 서술자 혹은 작가의 낭만적 세계인식과 관련이 깊다. 이는 주어져 있는 부정적 현실보다는 있어야 할 당위론적 이념형의 세계가 서술자의 의식 형태에 이미 존재하고 있음을 전제로 한다. 그러한 분명한 가치 지향성을 근거로 하기 때문에 현실의 부정적 속성에 대한 비판과 주관적 서술이 가능한 것이다. 인용 ② 역시 「태평천하」의 기본적인 서술 형태가 서술자의 직접적인 개입과 주관적인 서술에 의존하고 있음을 보여준다. 이처럼 소설의 화자가 직접 작품의 전면에 등장하는 설화체(說話體)의 문장, 혹은 경어와 구어체 같은 문체적 특질은 「태평천하」가 구체적인 청자를 전제로 하는 판소리의 문학적 양식과 유사한 소통의 구조에 기반하고 있을 암시한다. 그것은 결국 풍자라는 문학적 양식이 공통된 가치체계와 인식소(認識素)를 공유하고 있다는 화자와 청자 간의 암묵적인 동의를 필요로 하는 것이라고 볼 수 있다. 즉 소설 속에서 속담이나 경구, 고사 등의 인용은 동일 문화권에 대한 공통된 감각과 이해를 바탕으로 하는 것이다.[48] 따라서 인물에 대한 풍자가 편파적이고 주관적이라 할지라도 그것은 청자의 암묵적인 승인과 동의를 전제로 한 것이기에 비판의 정당성을 얻는다. 물론 여기에서 비판의 정당성은 기본적으로 인물들의 부도덕성에서 기인하는 것이라 할 수 있다. 「태평천하」의 기본적인 서술형태가 전지적 화자에 의한 주

48 다음과 같은 예가 이에 해당된다.
혓바닥은 짧아도 침은 멀리 뱉는다고 합니다.(3 : 99) // 저어 공자님 말씀에 "소인이 한가히 지낼 것 같으면 아름답지 못한 꿍꿍이를 꾸미나니라."하신 대문이 있겠다요.(3 :116) // 연애를 하면 밥이 쉬 삭는다구요.(3 : 121) // 옛날의 주공도 사람이 종수처럼, 어질었다구요?(3 :157)

관적 서술에 토대하고 있다는 것은 「태평천하」의 독특한 장면전환 기법에서도 볼 수 있다. 「태평천하」에서는 마치 서술자가 영화의 카메라를 이동해 가면서 촬영한 것처럼, 장소를 순간적으로 이동해가며 서술하고 있는 대목이 등장한다. 아래 예문을 보기로 하자.

> ① **시방 사랑에서는** 일흔두 살 먹은 (가칭 예순다섯 살 먹은) 증조할아버지가, 열다섯 살 먹은 애인과 더불어 그러처럼 구수우하니 연애 홍정이 얼려가고 있겠다요. **그리고 안에서는**…… 경손이는 아까 안방에서 열다섯 살 동갑짜리 대부 태식이와 같이 싸우며 놀리며 저녁을 먹고 나서는 아랫목에가 버얼떡 드러누워 딩굴고 있었습니다.(3 : 123)

> ② "돈은? 아니 받구?" "왜 안 받아!" "얼마?" "한 시간에 1원 50전……" "꽤다! …… 몇 시간이나?" "대중없어 ……" "갈 땐 이렇게 입구 가니?" "야단나게 ? …… 쪽찌구 긴치마에 보선 신구 그리구……" "하하하." "해해해." 이때 마침 대문간에서 윤직원 영감의 기침소리가 들려, **이 장면은 그대로 커트가 됩니다**. 그러나 경손이가 총총히 "저기, 뒤채 내 방으루 놀러오너라, 응 ? 꼭……" 하고, 부탁하기를 잊지 않았습니다.(3 : 143, 강조 필자)

①에서처럼 서술자는 한 장소에서 다른 장소로 별다른 설명 없이 순식간에 이동해가며 장면을 전환시킨다. 특히 「태평천하」의 제11장은 '카메라의 눈(camera-eye)'처럼 장소를 이동해가면서 윤직원의 집안 구석 구석을 조명하고 있다. 이는 서술자의 시각이 텍스트의 한 지점에 고정되어 제한되어 있는 것이 아니라 텍스트 외부의 시점을 통해 자유롭게 이동할 수 있는 전지적인 성격을 지니고 있음을 말해주는 것이다. 인용 ②의 강조된 부분은 이와 같은 서술자의 성격을 보여주고 있으며 직접적으로는 영화촬영의 '카메라의 눈'과 유사한 기법이 부분적으로 차용

되고 있음을 입증해준다. 이상의 서술에서 「태평천하」의 서사의 진행은 주로 서술자의 직접적인 진술을 중심으로 이루어지며 그 서술의 내용은 낭만적 세계 인식과 관련하여 매우 주관적인 성격을 갖고 있다고 평가할 수 있다.[49]

49 이와 관련하여 「태평천하」의 문체와 언어상의 특징은 다음과 같이 정리된다. "첫째, 이 작품의 지문에서는 일상적으로 가능한 방언이 많이 삽입되어 있다. 이러한 방언은 구어체의 형식의 해설에 그 구어성이 보강되어 작자의 의도를 충족시키고 있음을 볼 수 있다. 작자는 작자이면서 해설자인 나레이터와 독자와의 일치감을 획득하고 독자를 쉽게 끌어들이기 위하여 대화체와는 다르지만 상당히 많은 방언을 일부러 구사하고 있음을 알 수 있다. 둘째, 이 작품의 대화에서는 작중인물에 따라 방언 사용이 달라진다. 가장 완벽한 방언 사용은 '윤장의 영감'과 '며느리 고씨'의 대화이다. 특히 윤장의 영감의 대화는 아주 많은 양을 차지하고 있는데, 거의 완벽한 전라북도 방언으로 작가의 방언 사용의 완벽성에 경탄해 마지 않는다. 작자는 상당한 방언에 대한 인식과 연구를 통하여 인물설정에 방언을 이용한 흔적을 찾아볼 수 있다. 셋째, 윤장의 영감의 말에는 방언의 특징들—비속어의 사용, 설의법(반문)의 과도한 사용, 수사의문문의 사용, 방언의 특징적인 문장의 사용, 상용구와 속담의 사용, 부정의 의미를 나타내는 감탄사 등의 형태소 사용 등등이 많이 나타난다. 이러한 특징들은 작자가 그리려는 윤장의 영감의 인물성격과 아주 절묘하게 어울리고 있다. 넷째, 비속어의 사용은 흔히 이 지역에서 '상말'로 많이 쓰는 말이어서 인물의 설정에 구체적으로 기여하고 있다. 수사의문문과 설의법의 과도한 사용도 역시 이미 알고 있는 말을 자문자답하는 형식이어서 윤장의 영감의 성격이 매우 독선적이라는 사실을 보여주고 있다. 마찬가지로 인용되고 있는 상용구와 속담들도 대부분이 윤장의 영감의 발화에서 아주 부정적인 이미지를 가지고 쓰이고 있기 때문에 작자가 독자들이 아주 익숙한 상용구와 속담을 원용하여 인물의 괴팍한 성격을 그리고 있음은 물론, 작중인물들이 처한 상황을 조롱하려는 의도를 볼 수 있다. 다섯째, 작자가 작중인물 중 중심인물의 성격을 아주 부정적이고 불만이 가득하고 괴팍한 성격의 소유자로 그리는 이유는 무엇일까? 이미 언급된 바와 같이 암울한 시대에, 표현의 의지마저 상실한 시대에 가장 어리석은 인물을 설정하여 작중인물이 속한 상황을 쉽고 빠르게 전달하면서 내면적으로는 새로운 메시지를 전달하려고 한 것이다. 여섯째, 「태평천하」의 내용을 검토해보면 어학적으로 중의적으로 볼 수 있는 대목이 많이 나온다. 이러한 대목은 글자 그대로의 뜻으로만 해석할 수 없는 내용으로 보이며, 작가가 중의적인 표현을 의도하고 쓴 것으로 이르르 통해 작품의 풍자적 측면이 드러난다."(이태영, 국어문학회편, 「언어특징」, 『채만식 문학연구』, 한국문화사, 1997, 232~234쪽)

제3장
현실주의적 세계 인식과 이항적 대비의 구성

1. 현실주의에서 허무주의로의 여로(旅路)

「金의 情熱」(1939)은 황금광 시대 식민지 조선의 초상이다. 그것은 물신주의에 들린 인간의 비이성적인 정념을 그리고 있다. 『탁류』가 비정상적인 자본의 이동을 보여주는 것이라면 이 작품은 투기산업을 통한 비정상적인 자본의 축적과정을 보여준다. 한편으로 『탁류』가 성욕을 중심으로 한 인간의 욕망을 그리고 있다면, 『금의 정열』은 돈을 둘러싼 황금열을 다루고 있다고 할 수 있다. 둘 다 정상의 범위를 넘어서는 인간의 잉여욕망을 그리고 있다는 점은 동일하다. 이 작품의 근본적으로 중요한 의미는 『탁류』에서 보여주었던 현실주의적 세계인식을 여전히 견지하면서도 동시에 이미 『탁류』가 이미 내포하고 있었던 허무주의로의 이행을 위한 단초들을 모두 포함하고 있기 때문이다. 이 작품이 『탁류』의 속편 격에 해당한다는 것은 작품의 다음과 같은 표지를 통해 직접 드러나고 있다.

상문은 담배를 천천히 붙여물고 연기를 푸우 내뿜면서 다시 ……

"옛날엔 미두(米豆)가 촌사람네 선영 백골을 모두 물어가더니, 시방은 또 ……."(3 : 413)

장편 『금의 정열』은 금광개발사업으로 성공한 주상문이라는 투기업자를 중심으로 진행된다. 그러면 먼저 이 작품의 줄거리를 요약해보기로 하자. 이 작품은 모두 11개의 장으로 이루어져 있다. 1. '一種의 精神病者'에서는 주인물인 금광업자 주상문에 대한 소개와 그의 친구이자 심부름꾼 서순범, 그리고 상문이 연모하고 있는 은봉아의 소개로 이루어져 있다. 즉 제1장은 등장인물에 대한 개략적인 소개라 할 수 있겠다. 2. '서투른 戀愛 職工'에서는 주상문이 삼청동에 살고 있는 자신의 애인 은봉아를 찾아가는 과정과 그 심경을 그린다. 소위 '지배자의 철학'을 갖고 있는 상문에게 연애라는 분야는 자신의 의지대로 휘두를 수 없는 미지의 영역이다. 그러한 상문의 자신 없는 심정을 '서투른 연애 직공'이라 비유하고 있는 것이다. 이 장에서는 주상문과 함께 은봉아의 성격도 본격적으로 묘사되고 있다. 3. '새로운 風俗圖 (1)'은 상문과 얽혀 있는 이 소설의 주요 인물들과는 상관이 없는 별개의 독립된 이야기를 다루고 있다. 그것은 금 밀수출의 세태를 고발하는 것인데, 그 내용은 사기행각에 가까운 방물장수들의 금 매입과정, 그리고 방물장수들의 금을 사들여 되파는 장물애비격인 접주 박윤식의 돈과 성욕에 관한 타락상 등을 그리고 있다. 끝으로 신문기사에 실린 금 밀수출 단속을 강화한다는 당국의 방침을 소개하고 있다. 제3장은 당시 금광개발과 관련한 황금열이 일부 계층에만 해당되었던 것이 아니라 전 민중에 걸쳐 광범위하고 폭넓게 확산되고 있었다는 사실을 웅변해준다. 그리고 그러한 비정상적인 흥분상태는 군국주의 체제로 전환해가는 식민지 당국의 산금정책에 그 근본적인 원인이 있었음을 말해주고 있다. 이와 같이 박윤식과 관련한 이야기는 주상문의 이야기와는 별도로 설정되어 있어서 이 작품의 구성의 실패에 대한 논거가 되기도 한다. 4. '도둑의 限界'의 핵심적인 내용은 봉아와 순범과의 만남을 계기로 상문의 봉아에 대한 연정이 드러나는 데 있다. 그러나 상문과 봉아의 관계는 상문의 생각처럼 그렇게 단순하지만은 않다. 이 장의 후반부는 광주의 김봉식과의 '황룡금광'에 대한 흥정이 그려지고 있다. 이를 통해 금광사업이 생산성에 근거한 산업자본이 아니라 사행심에 의존한 투기자본으로서의 성격을 지니고 있다는 점이이라는 점이 분명하게 드러나고 있다. 또한 그것만으로도 자료로서의 가치가 충분해 보이는 식민지배기 금광개발과정에 대한 자세한 묘사가 포함되어 있다. 5. '새로운 風俗圖 (2)'는 일종의 '금광좌담회'이다. 풍속도 (1)이 전 민중에 걸쳐 확산된 '금의 정열'을 금밀수출 실태를 통해 고발하는 것이었다면, (2)는 주상문 주위 인물들의 금광사업 경험담이다. 인물들은 그야말로 너나 할 것 없이, 마치 불을 보고 달려드는 불나비처럼 금광개발에 몰려들고 있다. 이러한 세태는 '기생도 금광을 하는 세상', '커다란 풍속! 커다란 풍속!'이라고 야유하면서도 놀라움을 금치 못하는 서순범의 독백을 통해 드러나고 있다. 또한 이들과 대비되는 긍정적이며 이상주의자로서의 순범의 면모도 부각된다. 이 장에서 중요한 것은 금광개발을 통한 부당이윤의 획득과정에 대한 세부묘사라 할 것이다. 『탁류』에서 묘사된 바, 식민지 사회의 왜곡된 경제과정과 구조는 이 작품에서 오히려 그 타락한 현실에 대한 핍진한 묘사를 얻고 있다. 그러나 그러한 묘사의 핍진성에도 불구하고 『금의 정열』이 『탁류』의 현실주의로부터의 후퇴를 의미하는 것임을 설명하는 것이 이 작품을 분석하는 핵심적인 사안이 될 것이다. 6. '令孃 特種 氣質'에서는 순범과 상문과 봉아들의 청주행을 따라가면서 그들의 삼각관계를 흥미롭게 서술하고 있다. 그리고 적극적인 사회참여를 바라는 봉아의 능동적인 성격과 심리가 주도적으로 묘사되어 있다. 7. '鐵 있는 風景'은 상문이 새로이 공을 들여 개발하고 있는 청주광에 대한 묘사이다. 그리고 식민지 근대화의 불구성을 불모지 같은 도시의 풍경을 통해 비판하고 있다.[50] 여기에서 묘사되고 있는 도시의 풍경은 황폐하고 을씨년스럽기 짝이 없다. 이 장에서 주목해야 할 인물은 26세의 하도급업자 '전택선'이다. 그는 매우 성실하고 선량한 인물인데 가족들의 어려운 생계를 돕기 위해 주상문으로부터 땅을 불하받아 직접 금광개발에 나선다. 그러한 선량한 인물조차 자신의 본성을 잃고 어두운 열정에 휩쓸려 간다는 데에 이 시대의 비극이 있을 것이다. 또한 그 어두운 열정을 추동하는 것이 가족애라는 점은 이 인물의 비극성을 한층 배가시키고 있다. 제7장은 이 같은 전서방에 대한 묘사와 함께, 채굴작업에 대한 직접적인 묘사, 타락한 금광의 풍속도 등을 다루고 있다. 이 장에서 행해지는 채굴과정에 대한 세부묘사와 하도급 공사 과정의 비리에 대한 핍진한 묘사는 그것만으로도 당대를 증

---

50 "탄탄한 자동차도로요 이십 킬로 남짓한 길이라, 일행은 잠깐 사이에 청주읍엘 당도했다. 돌이켜서는 감영(監營)이요 시방은 도청 소재지에, 부(府)까지는 못되어도 읍(邑)은 읍이겠다, 여는 신개척의 소도시와는 그래도 달라, 제법 이끼가 앉아 유서 있고 고풍스러워 보이는 일방, 시(市)의 변두리까지라도, 그리고 비록 상가(商街)일망정 건물은 물론 한 토막의 포도 장치나 몇 포기의 가로수(街路樹)까지라도, 그 의취(意趣)에 있어서 장래 보기로서의 문화적인 건설의 지향과 정성…… 적어도 청주쯤이면 이러한 풍모가 드러나 보이려니 한 것이, 청주를 처음 대하게 되는 순범과 봉아에게는 막연하나마 일종의 즐거운 기대이었었다. 이 기대는 그리고 새삼스러운 것이라기보다도 요새날 어디를 가서 보든지 명색이 도시라고 일컫는 곳이면, 작으나 크나 간에 문화적인 건설과는 천리 상거요, 게다가 번쩍거리는 함석과 판자를 못[釘]과 페인트로써 눈어리기로 얽어놓은 그 속에서 고작 시뻘건 벽돌 이층집이 크게 양반행세를 하고 있는, 그런 저급하고 무질서하고 살풍경스럽고, 거기다가 또 불안정한 품새가, 그저 내일이면 지진이나 물난리나 혹은 전쟁 같은 것에 쫓겨 모두들 보따리만 꾸려 짊어지고, 뒤도 돌아보지 않고 도망들을 갈 셈으로 집 차림새를 차리고 앉았는 듯싶은, 이러한 속악(俗惡)한 도시만을 보아오던 나머지, 무의식한 가운데 생겨진 한 개의 동경, 아름다운 도시를 그리워하는 동경이었을 것이다. 했던 것이 막상 이쪽 변두리로부터 소위 도심지대를 거쳐 저쪽 변두리까지 나가면서 언뜻언뜻 시가지의 모양새를 보고 난 인상은 도저히 유쾌한 것이 못되었다."(3 : 376~377)

언하는 자료로서의 가치가 인정될 수 있을 것이다. 8. '白骨 動員'은 제7장에서 등장했던 전서방의 금광개발 실패와 몰락의 과정이 묘사된다. 그것은 선산을 저당 잡혀 자금을 댈 만큼 가족들의 절박한 기대 속에 진행된 것이기에, 그 실패의 결과는 치명적인 것이 되고 있다. 9. '投資엔 밑지고 駄馬 지치다'는 주상문과 독립되어 있던 박윤식의 이야기와의 연결고리를 만들어주고 있는 장이라 할 수 있다. 그러나 그러한 매듭지음이 매우 어색한 것이어서 제9장의 설정은 인위적이고 작위적이라는 인상을 피할 수 없다. 그 연결을 담당하는 것은 오로지 윤식의 부친, 박정현이다. 그는 소학교 교직원 이십년 생활로 몸과 마음이 모두 녹초가 되어버린 인물인데, 그러한 심경이 '投資엔 밑지고 駄馬 지치다'라는 비유 속에 함축되고 있다. 투자에 밑졌다는 것은 자식농사가 변변치 않았다는 회한을 표현하고 있는데, 결국 낌새가 이상하던 박윤식은 금 밀수 혐의로 검거되고 박정현은 옛 제자, 상문을 찾아 금광사업의 조언을 구한다는 내용으로 이어진다. 이 장은 황금열의 폐해로 인한 '박정현 가문의 몰락'을 그린다 할 수 있겠다. 10. '노다지의 品行'은 '백산광'을 배경으로 노다지라는 물신숭배에 사로잡힌 인간의 모습과 막장 붕괴로 결국 목숨을 잃고 마는 그들의 파멸의 과정을 그리고 있다. 이 장에서 황금열이 물신숭배로 변질되고 있는 것은, 황금이 교환가치 이전에 이들에게 하나의 '탐미의 대상'으로 그려지고 있다는 점에서이다. 11. '구름의 意志'는 막대한 자본을 투입한 청주광이 상문에게 예상치 못한 실패를 안겨다주는 모습과 주로 봉아의 모색의 과정을 다룬다. 봉아의 '모색'은 「모색」에서의 옥초의 고민과 동궤의 것이다. 그리고 그 의미 구조도 '순결한 자아'와 '타락한 현실'의 대비라는 동일한 모티프에 기반하고 있다. 그러나 봉아는 옥초와는 달리 허무의 심연에서 탈출하지 못하고 죽음을 맞이한다. 봉아의 니힐니즘은 실로 의미심장한 데가 있는데, 봉아의 허망한 죽음이란 바로 채만식에게 있어서 현실에 대한 무력한 객관주의를 넘어서 허무주의로의 급경사를 의미하는 것이기 때문이다. 따라서 봉아의 고민은 채만식 자신의 것이기도 한 것이다. 봉아의 의식에 대한 서술자의 진술에는 엘리트주의와 우생학적 종족론, 민족개조론과 관련한 단초들을 또한 모두 포함하고 있어서 문제적이라 할 수 있다. 이상의 맥락에서 『금의 정열』이 세부의 디테일에 몰두한 결과 구성의 파탄과 무의미한 사건들의 나열이라는 말 그대로의 '세태묘사'에 그치고 말았다는 평가는 틀리지 않은 것이지만, 채만식 소설의 전체적인 구도 속에서 이 작품이 내포하고 있는 문제 제기나 그 의미의 중요성은 결코 『탁류』에 뒤진다 할 수 없다.

『금의 정열』은 금광업자 주상문과 은봉아의 연애담이 한 축을 이루고 있고, 금광개발을 중심으로 한 황금광 시대의 식민지 조선에 대한 세태 묘사가 또 하나의 큰 축을 이루고 있다. 그러나 주상문과 은봉아의 연애담에 대한 분석에서 드러나겠지만, 이 두 사람의 사랑은 일방적인 것이며 또한 그 당사자의 한 명인 은봉아가 죽어버림으로써 그 본격적인 전개와 뚜렷한 결실을 맺고 있지 못하다. 따라서 그것은 주상문의 일방적인 짝사랑에 머무는 것이지 본격적인 의미의 연애담의 서사구조를 지닌다고는 볼 수 없다. 그런 맥락에서 이 소설의 중심이 되는 것은 '금의 정열'에 사로잡힌 세태에 대한 묘사이다. 그 세태묘사에는 주상문을 중심으로 한 주이야기가 있고 박윤식을 중심으로 한 부이야기가 딸려있다. 이 두 이야기를 연결하는 고리의 역할을 하는 것은 박윤식의 부친, 박정현인데 앞서 언급한 바와 같이 그 연결이 매끄럽지 못해서 이 작품의 구성상의 약점으로 지적되기도 한다. 그러면 상문과 봉아의 연애담의 분석에 앞서 등장인물들의 인물됨을 살펴보기로 하자. 먼저 주상문은 어떤 인물인가. 그는 "한창 삼십 고패"인 건강하고 정력적인 젊은 금광업자이다. 그는 금광으로 성공한 속된 말로 잘나가는 인물이다. 친구 순범은 그를 "미칠 광(狂)자 광(鑛)장이"라고 비아냥대지만 그는 이런 말에 아랑곳하지 않는다. 제 일장의 제목, "일종의 정신병자"는 여기에서 붙여진 것으로 보인다. 아래 인용은 현재 자신의 모습에 대한 상문 스스로의 평가이다.

> 상문은 소위 젊은 금광왕으로서의 제 생활이 한낱 가면이요, 마음에 없는 억지의 놀음이고, 역시 옛날의 서생 시절처럼 인간적이요 선량하다는 순범의 칭찬이 결단코 '억울한 것'이었다. 사실은 그와 전연 반대라고 할 수가 있었다. 상문은 바랑을 걸머지고 산에를 들어가면, 교활한 분광업자들과 억센 광부들을 상대로, 어느 때는 후덕한 선심을 써가면서, 또 어느 때는 거친 야성을 내떨어가면서, 도까다 두목 여대치게 그들을 손아귀에 휘어넣고 맘대로 조종을 한다. 그러다가는 하루 아침 서울에 발을 들여놓으면 당장 의젓하게 점잔을 빼뜨리고 일컬어 고등 교제라는 것의 앞뒤를 민첩하게 횡행하면서, 가끔 가다가 악랄할 만큼 혹은 엉뚱한 삼중 사중의 수단과 배짱을 통통 부리곤 한다. 하는 이 생활이야말로 상문은 체질에도 맞고 흥도 있는 극히 자연스러운 생활이지, 그것ㄹ 갖다가 가면이요 마음에 없는 억지놀음이라니 얼토당토 않은 소리이었었다. 그리고 소위 인간적이요 선량하다고, 순범이 제야말로 '선량하게' 착각을 하는 그 옛날의 서생적인 우정 본위의 생활 같은 것은, 시방의 상문에게 있어서는 묵은 세기의 전설과 같이 아득한 것이었었다.(3 : 210~211)

인용문에서 보이듯이 상문은 세상에 닳을 만큼 닳아서 이미 속물이 되어 버린 지 오래이다. 그러나 순범은 옛날 그대로의 "인간적이요, 선량한" 모습을 상문에게서 기대한다. 그러나 그것은 분명한 착각이다. 상문은 친구 순범의 그러한 기대를 두고 "묵은 세기의 전설"로 치부해 버린다. 따라서 자신에 대한 순범의 평가는 상문의 입장에서는 결단코 "억울한 것"이 아닐 수 없다. 상문은 지금의 "이 생활이야말로 체질에도 맞고 흥도 있는 극히 자연스러운 생활"이라고 생각한다. 상문에 대한 순범의 이런 식의 평가와 기대는 사실 순범 자신의 열등감과 자존심이 투사된 것이다. 상문과 순범은 어릴 적부터 알았던 동네 친구이다. 그리고 평범하기 그지없었던 상문이 금광으로 성공을 해서 갑자기 순범 앞에 나타난 것이다. 반면 총명했던 순범은 어려운 가정 형편을 딛고 학업에 매진하여 일본 유학까지 마치고 온 엘리트이다. 그리고 학교를 졸업하고 교원 노릇을 하고 있을 때는 "세대가 세대요 또 지방이 지방인만큼 그 어떤 무엇에 물이 들지 않을 수 없었던", 즉 정확한 내력은 소개되지 않고 있지만 사회주의와 관련된 운동에 투신했던 걸로 나와 있다. 그래서 순범이 보기에 상문의 때 이른 성공과 그의 거들먹거리는 태도가 아니꼽기만 한 것이다. 순범이 보기에 상문은 한낱 타락한 (미칠 광자) 금광업자요, 운이 억세게 좋은 부르조아일 뿐이다. 그래서 순범은 자신의 기억 속에 상문을 어린 시절의 순진하고 착하기만 했던 옛 모습에 묶어두려는 것이다. 하지만 현실 속의 상문은 어엿하게 출세한 사업가요, 옛 친구들을 위해 술추렴을 하는 데 돈을 아끼지 않는 호탕한 인품의 소유자이다.

이상의 맥락에서 상문의 성격을 두고 "봉건적 잔영이 드리워진 윤직원과 달리, 속물적이나 좀더 자본에 투철한 근대적 부르좌"로 규정하고, 이 작품에 대해 "탐욕성에 바탕을 둔 주상문의 부르좌 특유의 금전을 향한 강한 모험적 활동성 등이 우리 소설사에서 보기 드물게 잘 그려지고 있다"고 평가[51]하는 있는 것은 적절한 것으로 보인다. 이와 같은 "부르좌 특유의 금전을 향한 강한 모험적 활동성"은 일종의 영웅주의적 과대망상이라 할 수 있는 다음과 같은 지배자의 논리로까지 연결되고 있다.

51 양문규, 「1930년대 후반 채만식 소설의 리얼리즘 문제」, 『채만식 문학의 재인식』, 소명출판, 1999, 107~108쪽.

그러나 그것이 무슨 상관이랴. 오늘날에 와서 한 사람의 '시대의 선수'가 된 상문에게는 "사람만 잘나면 무엇은 옆에서 해다가 바치는 사람이 없더냐? 세상이 통으로 내 세상인걸, 나는 그러므로 장부의 할 일로써 다만 한 가지(직접 혹은 간접) 그 내 세상을 지배를 하면 그만인 것이다. 그밖엣 것은 일체 내가 손수 하지 않더라도, 또 나는 할 줄을 모르더라도, 세상이 들어서, 제각기 따로따로 금을 파주는 덕대와 광주가 있고, 노끈을 꼬아주는 글방의 훈장이 있고, 여객여행기를 비롯하여 수시로 여행을 시켜주는 여러 교통기관의 운전자들이 있고, 양복을 지어주는 양복직공이 있고, 구두를 만들어 주는 구두 직공이 있고, 그리고 시를 지어주는 시인이 있고 하여, 나는 아무것도 아쉬울 것이 없이 필요한 때에 그것을 받아서 쓰고 즐기고 하면 고만인 것이다. 상문에게 있어서는, 그러므로 한 사람의 시인은 진실로 (음악가도 화가도 다같이) 한 사람의 자동차 운전수나 구두 직공과 다를 것이 없는 한낱 시 직공에 지나지 못하는 것이었었다. 따라서, 그는 한 구두 직공으로 더불어 시 직공도 존재는 필요할지언정, 제 자신이 몸소 구두나 시를 만들 필요는 없음과 한가지로, 그의 지극히 사랑하는 아우가 일찍이 두꺼비 선생이 그 궁상을 피우고 앉아서 청올치 노끈을 꼬듯이, 천하 졸장부 시를 짓고 앉았는 시 직공이 되려고 하는 것을 한편으로 이해는 할 수가 있어도 슬픈 일이고, 찬성은 하기 어려운 노릇이었었다.(3 : 220~221)

인용에서 드러나듯이 상문이 소유하고 있는 전투적 부르조아로서의 모험적 활동성과 지배자의 철학은 인간의 노동을 통해 사물에 깃들게 된 본유의 '사용가치'를 전혀 고려하지 않고 모든 인간 노동의 결과물을 '교환가치'로 등가화 시키는 데서 비롯되고 있음을 알 수 있다. 상문의 시각에서 보면 구두를 만드는 기술자와 시를 창작하는 시인 사이에 존재하는 사회적 노동의 '질적 차이'는 무화되고 '직공'이라는 특정 분야의 전문가만을 지시하는 것으로 그 의미가 격하된다. 상문의 시각이 편협하다는 것은 그가 봉아와의 연애에서는 움츠려들기만 하는 서투른 "연애 직공"에 불과하다는 점에서 드러나고 만다. 이와 같은 관점에 서 있는 상문에게 사랑하는 아우의 문학하는 행위는 "천하 졸장부의 짓"이고, 이해할 수는 있어도 찬성할 수는 없는 "슬픈 일"이 된다. 그런 상문의 불편한 심정은 "문학인지 궁학인지 그놈의 것에 미쳐가지굴랑"이라는 표현을 통해서 드러나고 있다. 이와 같이 이 작품에서 주상문이라는 인물은 타락한 현실의 부정적 가치를 대표적으로 표상하고 있다. 주상문과 반대의 지점에서 이 작품의 긍정적인 가치를 표상하고 인물은 서순범과 은봉아이다. 그 중에서도 봉아가 대표적이라 할 수 있다. 그러면 먼저 상문의 친구, 서순범의 성격을 살펴보기로 하자.

① 순범은 일찌기 그들 민변이나 신의를 또는 상문을, 향토적인 우정으로 혹은 인간성의 선량함을 사랑은 하고 있었으나, 그러면서도 그는 그들의 시정적(市井的)임을 단순히 노예(奴隸)질이라서 경멸하고 존경치 않았었다. 하던 것을 지금에 이르러서는 일변하여 경의(敬意)와 경이(驚異)의 눈으로 눈을 씻고 다시금 그들을 바라다보지 않을 수가 없었다. 그들은 (낡은 '전설'의 고향을 가진 순범 저와는 달라) 맹목적이요 무비판한 것이 오히려 유리하여, 세기의 '사실'을 솔직하게 호흡하는 생리(生理)의 소유자들이었었다. 그들은 그와 같이 아무런 주저도 회의도 불안도 없이 안심하고 그 세기의 '사실'을 호흡함으로써 그 속에 머금어 잇는 새로운 생명의 원소(元素)를 섭취해가는 동안, 생리는 장차 오려는 세대(世代)에로 지양(止揚)이 될 것이었었다.(3 : 339)

② 하기야 그는 최근 며칠 동안, 상문이랄지— 민변이나 신의랄지의 생활—넓은 의미의 생활을 다시금 음미함으로써, 여태까지는 단지 시정적(市井的)이요 장사아치 본새로 속악(俗惡)만 한다 하여 극히 경멸을 해 왔

던 것이, 실상은 그와 정반대로 이 새로운 세대의 생동(生動)하는 면(面) 가운데 뚜렷하고도 무게 있는 개성(個性)의 그 하나임을 사실로써 인정을 하기는 했었다. 그러나 그것은 물론 엉뚱하게도 순범 제류[自流]의 대단히 까다로운(장차 새로운 긍정의 전제로서만 용납을 할 수가 있는 비정의 우성 긍정……이라는) 인식 방법에 의한 것이었었다. 그리고 이러한 태도를 가짐으로써 그는 제 자신이, 가령 금광장이가 된다고 하더라도, 상문이랄지 민변이나 신의랄지와 달라, 비판적이요 맹목적이 아니어서, 지도적이요 속물답지 않아서, 그들에게 비하여 스스로 우월함을 만족할 수가 있는 것이었었다. 따라서 그는 몸소 벗어붙이고 나서서 즉시 그 행동에 추수를 한다고 하더라도 이론상으로는 아무 어긋짐이 없을 것이었었다. 보다도 이론에 그렇듯 어긋짐이 없으니(핑계가 마침 좋으니) 얼른 그리로 뛰어들고 싶은 심정이었었다.(3 : 347~348)

순범은 상문의 오랜 친구이자 그의 심부름꾼이다. 순범은 동경유학까지 마친 시대의 엘리트이자 함경북도 교원 시절에는 사회주의 운동에도 관여한 적이 있는 이상주의자이다. 그래서 인용에서도 드러나듯이 자존심 강한 그가 상문의 선부른 성공을 우습게 여기고, 경멸의 시선을 보내는 것도 당연한 일일지도 모른다. 그런 이상주의자로서의 순범의 모습이 부각되지 않는 것은 아니지만, ②에서 드러나듯이 순범 역시 세기의 '사실'을 호흡하러 황금광 시대의 일원으로 동참하기를 마다하지 않는다. 따라서 이 작품의 온전한 이상주의자는 은봉아 한 사람으로 한정된다고 할 수 있다. 그러면 황금광시대를 바라보는 봉아의 표정은 어떠한 것인가.

① 봉아는 실상 취직이 하고 싶어서 하던 소리가 아니었었다. 그는 지나간 2월 졸업하기 얼마 전에도 상문에게서 들은 말이요, 시방도 그러한 뜻으로

권고를 하는 것이지만, 그러나 그 말을 그대로 좇아 가령 공부를 조금 더 한다든지, 또는 그럭저럭 놀면서 한동안 지낸다는지 하다가, 웬만큼 마음에 드는 사람이라도 나서거든, 얼른 결혼이나 해서 진작 몸감장이나 할 도리를 차리고, 이렇게 쉽사리 갖다가 젊은 제 자신을 처치해 버리고 싶은 생각은 없었다. 물론 상문으로서는 어디까지고 이편을 위해 주자는 알뜰한 뜻임에 틀림없고, 겸하여 그것이 안전한 길인 줄도 모르는 바는 아니다. 그러나 봉아에게는 그와 같이 안이(安易)하게 인생을(청춘을) 도피하고 말기에는 너무도 진지하고 심각한 '생활'에의 의욕(意慾)이 불타고 있었다.(3 : 238)

② 도무지 쌍스럽기 하인청이요 속되기란 술청의 탁발승(托鉢僧)이요 '문화 브로커'를 빼놓고 나면 무인지경이 될 지경인 것 같았다. 의식주란 한갓 생리의 방편이지, 지혜를 가진 자의 생활은 마땅히 진리와 방향을 같이 해야 하리라는 것이 그의 신념이랄까 한데, 그러나 세상은 역사가 중단이 되었다던 중세기와도 같이 어둡고 무지했다. 그러므로 어둡고 무지한 그 속엘 뛰어들어가자 매는 하릴없이 하인청에 참례를 하여 함께 쌍소리를 지껄이고 속된 탁발승으로 더불어 술과 고기를 탐하고 '진리의 사기한'들과 어울려 문화를 '부로커' 하고 해야 할 판이었다. 그러나 그것은 깨끗한 내 몸의 긍지를 위하여 차마 못할 노릇…… 교문을 나서면서, 마치 이마를 부딪뜨리듯 부딪친 게 이내 그와 같은 현실의 추태요, 동시에 그에의 반감이었다. 부질없는 것은 그런데 불타오르는 생활에의 의욕이었다. 그는 생활이 없는 곳에서 생명의 의의를 찾을 수가 없는 것으로 믿고 있어, 그러므로 어떻게 해서든지 생활을 발견하고 싶은 의욕은 일변 직렬함이 있었다. 그러나 현실이란 전방 머리에 나열된 샘플이란 것들은 개개이 다 추잡하기 아니면 유독한 가스를 풍겨내는 것으로, 그 하나도 마음 내키거나 취하여 가히 보람이 있음직한 자가 있지를 않았다. 그리하여, 줄곧 두고 삭막히 생각을 하다가는 버리고 모색을 하다가는 단념을 하고 해오는 동안에, 절망

은 어느덧 제 자신의 그와 같은 의욕, 그것조차가 두루 공연한 노릇이라는 것, 그래서 필경은 접하고 감각하고 인식하고 하는 온갖 존재와 행위가 모조리 다 추잡하기 아니면 무의미하게만 생각히도록, 그의 니힐리즘의 굴절각(屈折角)은 차차로 각도(角度)가 더 벌어져 왔었다.(3 : 496~497)

①에서 드러나고 있듯이, 봉아의 문제의식은 「모색」의 옥초가 보여주었던 고민의 내용과 동궤의 것이다. 여기에는 식민지 조선에서 여성이라는 성적 소수자로 살아야 하는 당대 여성들의 난처함이 그대로 녹아들어 있는 것이다. 결혼을 하거나 그냥 룸펜으로 빈둥대는 것은 봉아에게는 무책임하게 "젊은 제 자신을 처치해 버리는" 일이다. 그녀에게는 "안이하게 인생을 도피"하기에는 너무나 "진지하고 심각한 '생활'의 의욕"이 넘치고 있는 것이다. 타락한 현실을 대하는 봉아의 이와 같은 심경은 ②에서 보다 확연하게 드러나고 있다. 봉아의 현실인식은 "세상은 역사가 중단이 되었다던 중세기와도 같이 어둡고 무지했다"라는 표현 속에 집약되어 있다. 이는 작가의 인식과도 다르지 않은 것으로 보이는데, 예를 들어 「근일」에서의 "길이 막힌 것만은 사실이었다"라는 판단과 동궤를 이루는 것이라 할 수 있겠다. 그와 같은 현실은 "역사의 중단"과도 같은 것이다. 그녀의 신념으로는 "지혜를 가진 자의 생활은 마땅히 진리와 방향을 같이 해야" 한다. 그러나 "현실이란 전방 머리에 나열된 샘플이란 것들은 개개이 다 추잡하기 아니면 유독한 가스를 풍겨내는 것으로"밖에 보이지 않는다. 그래서 그녀는 「모색」의 옥초처럼 "모색을 하다가는 단념을 하고" 하는 과정을 되풀이한다. 이러한 이상과 현실의 균열을 더 이상 견뎌내지 못할 때, "니힐리즘의 굴절각(屈折角)은 차차로 각도(角度)가 더 벌어"지는 결과를 낳게 되는 것은 당연한 이치라 할 것이다. 봉아는 결말에서 결국 타락한 현실을 견디지 못하고 쓸쓸한 죽음을 맞이하게 된다.

여기에서 결정적으로 문제가 되는 것은, 그녀가 그처럼 타락한 현실 속에 머물며 그 안에서의 가능성을, 비유컨대 '예토(穢土)'에서 어떤 '정토(淨土)'의 가능성을 발견하려 들지는 않는다는 점이다. 그리고 그 이유가 다음과 같은 것이라는 점에 문제의 심각성이 있다. 즉 그것은 "깨끗한 내 몸의 긍지를 위하여 차마 못할 노릇"이라는 것이다. 채만식 소설의 허무주의의 핵심에는 바로 이와 같은 논리가 숨어있다. 그리고 이 작품이 결국 현실주의로부터 허무주의로의 급경사를 보이게 되는 것도 바로 이러한 지점에서이다. 이와 같은 논리의 구조는 채만식 소설의 원형이랄 수도 있는데, 왜냐하면 그러한 논리는 바로 낭만적 세계인식의 논리와 다르지 않기 때문이다. 또한 그것은 채만식 소설의 핵심적인 논리이자 치명적인 맹점이 되지 않을 수가 없다. 왜냐하면 '타락한 현실'과 '순결한 자아'라는 이분법적 논리로 귀결되기 때문이다. 중요한 것은 타락한 현실의 균열과 모순 속에서 제 안의 비루함을 발견할 수 있는 용기이며 이를 자신갱신의 계기로 삼을 수 있는 지혜이다. 그러나 채만식 소설들의 순결한 인물들은 제 안의 '심연(深淵)'을 들여다볼 줄 모른다.

이와 같은 논리는 채만식 소설의 구도가 하나의 외재적 초월의 양상을 띠고 있는 것과도 맞닿아있다. 문학이란 언제나 초월의 형식이다. 문학은 지금 있는 것의 바깥을 사유하는 것이다. 그러나 문제가 되는 것은 그것이 현실의 모순과 균열을 포용하고 견뎌내는 내재적 초월의 형식이냐, 아니면 선험적 명제로서 미리 주어진 관념의 이데아를 지향하는 외재적 초월의 형식이냐는 것이다.[52] 여기에서 채만식 소설은 결정적인 한계를 드러내게 된다. 왜냐하면 채만식 소설의 일반적인 논리는 타락한 현실 속에서의 난처한 처지를 견디는 '소극적 수용력(negative capability)'[53]을 보여주는 것이 아니라 제 안의 신념을 지키기 위해 현실

52 주 25 참고.

의 균열과 모순을 제거하는 배제의 형식을 취하고 있기 때문이다.[54] 이는 「태평천하」나 『탁류』, 그리고 『옥랑사』를 일관되게 관통하고 있는 윤리의 핵심이라 할 수 있다. 채만식 소설이 시작되고 끝나는 지점은 바로 여기에 있는 것이다. 우리가 지금 분석하고자 하는 텍스트, 『금의 정열』로 돌아가 보기로 하자.

봉아가 『금의 정열』의 긍정적인 가치를 대표하지만 결국 허무주의를 극복하지 못하고 죽음을 맞이하는 것은, 이 작품이 "자신의 일정한 의지를 드러내지 않은 채 현상의 수포만을 추종하는 관찰자의 시각으로 부정되어야 할 세태를 묘사"[55]하는데 그치고 있는 것과도 무관하지 않다 하겠다. 왜냐하면 긍정적 가치를 표상하는 봉아의 죽음은 결국 현실에서 어떠한 보람된 것도 찾을 수 없다는 인식을 표현하고 있는 것이기 때문이다. 이것으로 인물에 대한 분석을 마치고 이제 봉아와 상문의 연애담을 살펴보기로 하자.

전술한 바와 같이 부정적인 가치를 대표하는 주상문과 긍정적인 가치를 대표하는 은봉아의 연애담은 애정의 상호성에 기초하고 있지 않아서 의미 있는 사건의 전개가 이루어지지 않는다. 따라서 그들의 이야기는 본격적인 연애담의 서사구조에 해당한다 말할 수 없다. 봉아는 상문의 죽은 아내의 먼 친척 벌 되는 아가씨이다. 그래서 말하자면 처제인데 상문의 입장에서 그것은 "문제를 삼자면 그럴 수도 있고 아니면

---

53 "이는 키이츠(J. Keats)가 말한 바, '사실과 이치를 성급히 포착하려 하지 않고 그냥 반쯤 인식한 정도로 만족해서 물러나 앉아 불확실과 신비와 의심 가운데 머무는 자질'이다."(김준오, 『시론』 제4판, 삼지원, 2003, 200쪽)

54 이와 관련하여 다음과 같은 견해를 참고할 수 있다. "정치적 신념 때문에 분명히 존재하는 어떤 것을 외면하는 결벽증도 사이비 시인의 특징이다. 신념으로 인해 현실의 어떤 부분을 훼손하기보다는 차라리 현실에 침투하기 위해 신념을 버리는 편이 나을 것이다."(김인환, 「구조와 실천」, 『상상력과 원근법』, 문학과지성사, 1993, 168쪽)

55 이주형, 전광용 외, 「채만식 문학과 부정의 논리」, 『한국현대소설사연구』, 민음사, 1984, 256쪽.

말 수도 있는" 그런 문제인 것이다. 상문은 그런 봉아를 정성을 다해 도와주고 지원한다. 봉아에 대한 상문의 혼란스런 감정은 순범의 등장으로 봉아에게 들키고 만다. 이러한 상황을 맞이하게 된 두 사람의 입장은 정반대라고 할 수 있다. 다음 인용을 보자.

① 그러나 정녕코 그러는 하면서도 한편으로는 썩 자신 있이 '봉아가(봉아도가 아니고서 봉아'가') 나를 연애하느니라.' 하는 단정을 그는 저도 모르게 단정해 두고 있었던 것이다. 이것은 순범의 경우와 마찬가지로, 제가 봉아를 연애하니까(그리고 그것을 봉아가 알았으니까) 벌써 완전한 연애가 성립이 되었고, 따라서 봉아는 나를 연애할 것이니라고 여겨둔 편리스러운 독단이었었다.(3 : 361)

② 자연 그리하여, 순범이나 상문이나는 봉아도 상문을 연애하는 것으로 여겨버리고서(의심도 하려고 않고) 그와 같이 제멋대로, 봉아의 아무래도 동요되지 않는 내색을(좀더 모골하게는 상문의 다른 연애를 번연히 보고서도, 조금도 시새워하지 않는 것을 갖다가) 둘이는 제가끔 이러쿵 저러쿵 상상도 해보고 호기스러워하기도 하고, 궁금해하기도 하고, 불안해하기도 하고 하는 것이었으나, 그러나 실상 봉아 그 당자에게 있어서는 도무지 얼토당토 않은 소리요, 애먼 피해자(被害者)였었다. 봉아는 진실로 상문을 연애하지는 않았었다. 물론 그는 시방도 전과 다름 없이, 형부인 아저씨 상문을 친아저씨와 같이 사랑을 하고 존경을 하고 하기는 했었다. 그러나 그것이 바로 연애가 아닌 것은 말할 것도 없는 것이다.(3 : 362)

①, ②에서 보듯 상문의 연애감정은 일방적인 것이고 봉아도 자기를 연모하고 있으리라는 믿음은 상문 자신의 감정을 투사시킨 일종의 바람에 불과한 것이다. 그러나 그러한 상문의 믿음은 확고한 것이어서 하

나의 "편리스러운 독단"으로 굳어진다. 그와 같은 사정은 인용문의 "봉아가(봉아'도'가 아니고서 봉아'가') 나를 연애하느니라"라는 표현 속에 함축되어 있다. 그러나 봉아의 입장에서 그것은 "도무지 얼토당토 않은" 소리이다. 봉아는 "진실로 상문을 연애하지는 않았었"기 때문에 "애먼 피해자"라 할 수 있다. 봉아에게 상문은 사랑하고 존경하는 친아저씨로 족한 것이다. 그것이 "바로 연애가 아닌 것은 말할 것도 없는 것이다." 따라서 이들의 연애는 상문의 일방적인 짝사랑에 한정되는 것으로, 연애의 구도가 애초에 성립될 수 없는 것이다. 그리고 그것이 본격적인 연애담의 서사구조를 지닐 수 없는 것은 굳이 말할 필요가 없다. 결국 그들의 연애는 순범과의 삼각관계 속에서 흐지부지 되어버리고, 마침내는 당사자의 한 명인 봉아가 죽음을 맞이함으로써 어떤 의미 있는 결실도 맺지 못한다. 봉아의 그와 같은 비극적인 운명은 그의 혈통과 기질 속에서 이미 예견되었던 것이기도 하다. 다음 예문은 그러한 봉아의 운명을 암시하고 있다.

> ① 봉아의 얼굴은, 그러나 무척 총명하면서도 한편으로 명상적인 그의 이마에 가서 특징이 들어 있었다. 그의 총명한 이마는, 항용 근육적으로 변화한 얼굴인 대신, 흔히 신경이 둔해 보이기 쉬운 흠을 갖다가 족히 가릴 수가 있도록 이상적이었었다. 그러나 그의 이마는 그렇듯 총명한 데만 그치지를 않고서, 동시에 훨씬 명상적이기 때문에, 심히 외로운 그늘을 지니고도 있었다.(3 : 225)

> ② 봉아의 혈통이면, 즉 요사(夭死)하는 혈통임을 의미함이었었다. 봉아의 부친은 삼십에 작고를 했고, 모친도 고작 사십을 넘겼을 뿐, 또 단 하나이던 오랍동생은 열 살도 채우지 못했었다. 그리고 작년에 죽은 상문의 안해도 혈연이 가깝지는 않다지만, 모계(母系)로 치면 맥락이 아주 없던 건

> 아닌데, 겨우 스물여섯이었었다. 그밖에도 봉아네 문중이 손이 매우 귀한 데다가, 소년 죽음이 많다는 말을 누차 들은 적이 있었다. 이러한 혈통을 타고난 봉아인지라, 저는 명랑하더라도 보는 이의 마음은 노상 위태한 생각이 들지 않을 수가 없는 터인데, 그러므로 가뜩이나 그의 명상적인 이마와 부질없이 고독을 찾는 성격은 아무리 하여도 무단한 것이 아니고, 그는 곧 스러지는 그림자의 낙인(烙印)이요 요서(夭逝)를 암시하는 운명의 의사(意思)인 것만 같아, 상문은 볼수록 더 불길한 생각이 가슴을 누르면서, 마음 부지할 수 없는 불안이 샘솟듯 솟아나는 것이었었다.(3 : 227)

이상의 기질과 혈통을 타고난 봉아는 결국 '급성폐렴'으로 생을 마감하고 만다. 그녀의 급작스러운 죽음은 직접적으로는 병사라 하겠지만 그 근본적인 원인에는 삶에 대한 허무주의적 태도가 있다 하겠다. 이상의 논의를 정리하면, 상문과 봉아의 연애담은 이와 같이 당사자인 봉아가 죽음을 맞이함으로써 어떠한 의미 있는 결실도 맺지 못하고 있다는 것이다. 따라서 이 작품의 의미 구조는 소설의 한 축을 형성하고 있는 상문과 봉아의 실존적인 연애담이 아니라, 또 다른 축을 형성하고 있는 황금광시대 식민지 조선의 초상이라는 풍속과 세태의 묘사에 집중되어 있다고 할 수 있다. 그러면 그 묘사의 내용과 수준은 어떠한 것인가. 다음 예문은 좀 길긴 하지만 그 핵심적인 부분에 해당한다.

> 소위 쓰보도리[坪取]라고 '평떼기'의 청부인데 …… 사금은 특별히 얕은 광이라야 오륙 척, 그리고 보통은 열대여섯 자 내지 스무자 깊이의 건등[表土 : 겉흙]이 덮인 그 밑에 가서 감[含金土 : 鑛層]이 한 자로부터 두어 자 두께로 족 까려 있는 법인데, 우선 채굴(採掘)을 하자면, 항용 백 평이나 혹은 이백 평 가량의 면적을(만약 가이당보리[階段掘]로 하는 경우면 훨씬 천여 평씩 한 꺼번에) 그 군흙인 건등을 말끔 파내야 한다. 이 건등을 파내는 작업을, 분광도

웬만큼 규모 크게 하는 축들은 더러 그런 법식으로 하곤 하지만, 더구나 직영 광구에서는 일이 부푼 만큼, 대개 청부꾼에게 한 평[一立方坪]에 암만씩의 단가를 쳐서 도급(都給)을 내준다. 보통 청부꾼 한 사람의 하루치 일감을 백 평[立方坪]을 잡아, 그것을 한 단위[一單位]로 하고, 청부 단가는 백 평[一立方坪] 7, 80전 이상, 1원 2, 30전이다.(김제의 三稜이나 月川鑛의 그때 당시의 표준은 1원 20전이었었다) 물론 이 가격은 맨 겉바닥에 대한 기준이지, 그 다음번에는 벌써 지표(地表)로부터 여섯 자 깊이나 파내려간 만큼 자연 흙을 파올리는데 훨씬 더 품이 먹고, 또 그 다음번에는 둘쨋번보다도 다시 더 품이 먹고 하여, 연방 이렇게 노력(努力)이 많이 드는 관계상, 청부 단가도 1원 20전에서 1원 30전으로, 1원 40전에서 1원 5, 60전으로 차츰 불어가고, 하다가 감을 캘 무렵이면 면평(面坪) 한 평에 1원 7, 80전까지 올라가곤 한다. 청부씨[請負者]는 1백 20원에(맨 겉바닥이라고 하고) 백 평을 도급으로 맡아가지고 돌아서서는, 그놈을 일꾼 한 사람 한 사람 앞에 한 평씩을 노나 준다. 하면(그게 겉바닥일 때엔) 그놈 한 평을 일꾼 한 사람이 대개 하루에 다 해치우는데, 청부씨가 그에게 치르는 품삯은 도급맡은 그 가격인 1원 20전이다. 1백 20원에 백 평을 도급맡아가지고 그놈을 도로 매평 1원 20전씩 쳐서 일꾼 품삯을 치르다께, 저는 한푼 못 얻어먹고 고스란히 1백 20원을 죄다 토해 내놓는 산술(刪述)인데, 그러나 실상인즉 그 속에 따로 농간이 하나가 붙어 있는 것이다. 청부씨가 처음 광주측한테서 바닥을 떼어맡을 때에는 백 평이면 백 평(가령 정방형이라고 지고) 사방 60척—열 간씩은 권척(卷尺) 같은 것을 또박또박 잰 옹근 백 평이지만, 그러나 그놈을 청부씨의 손으로 일꾼들에게 갈라주는 데는, 항요 측량에 쓰는 '볼대'를 가지고 재는데, 그 '볼대'가 원 길이는 여섯 자—한 간이라고 해도, 끝에 가서 두 치 가량의 쇠끝이 박혔기 때문 실 여섯 자하고 두 치가 된다. 그러므로 청부씨가 그놈 백 평을 일꾼들에게 갈라주고 나면, 항요 아흔여덟 평 남짓하여 두 평 가량이 준다. 이 두 평어치 공전으로는 2원 40전을 청부씨는 따먹게 마련인데, 하나 그것은 광주측에서고 인부측에서고 정당한 걸로 인정을 하는 청부씨에의 보수다. 이 덕분에 청부씨는 광주에게서 백 평을 떼어맡아, 그놈을 아흔여덟 평으로 일꾼들에게 갈라주어, 온종일 입심으로 악다구니나 좀 하다가는 일이 다 끝이 나는 대로 광주한테 백 평 값으로 1백 20원을 받아서는 아흔 여덟 평어치만 일꾼들에게 노나주고, 나머지 두 평어치는 제 낭탁에 따 담는 것이다. 그러고 보니, 달리 자본이고 무엇이고 통히 들 것이 없고, 일꾼이야 수백 명씩 들이 머리를 싸매고 대령을 하겠다, 번연한 노릇이지, 팔 짚고 헤엄치기요, 그러므로 치부 소용의 2전짜리 수첩 한 권과 1전짜리 연필 한 자루면 고만인 것이다. 그러나 그런데, 실상은 백 평을 아흔 여덟 평으로 줄여서 고지식하게 두 평어치만을 얻어먹는 성현군자는 없고, 속속들이 안팎으로 조화를 부려, 실제에는 십일조(十一條) 이상을 빨아먹는 게 보통이다.(3 : 386~387)

인용문은 소위 '평떼기' 청부, 즉 하도급 공사과정의 비리의 실상을 풍부한 자료의 제시를 통해 낱낱이 고발하고 있다. 이와 같은 금광채굴 과정에 대한 세부 묘사는 그것 자체만으로도 당대 풍속사 연구를 위한 자료로서의 가치가 충분히 인정될 수 있을 것이다. 이 외에도 금광산업이 가지는 투기적 자본으로서의 성격, 그리고 '자본 장비율(rate of capital provisions)' 혹은 '자본의 유기적 구성'을 의미하는 채굴과정에서의 '수굴(手掘)'과 '트렌처[採金船]'의 생산성의 차이[56] 등이 풍부한 자료를 통해 세밀하게 묘사되고 있다. 또한 당시 방물장수들의 사기행각에 가까운

56 "수굴은 가령 여러 바닥을 동시에 작업을 하면서, 일변 인부를 많이 대어, 가장 합리적이요 그래서 능률과 스피드가 좋다는 소위 가이당보리[階段掘]로 판다고 하더라도 비용이 약간 덜 먹히고, 얼마쯤 속도가 더할 뿐이지, 그 정도의 비용의 절약이나 속도의 증가를 가지고서는 도저히 트렌처에 견줄 바가 되질 못한다. 트렌처는 조그만 걸로 오 입방야드[五立方碼]짜리면 현장에다가 맞추어 놓기까지에(당시의 시가로) 칠십만 원 가량이 먹는데, 정부로부터 쾌속산금(快速産金)의 적극 장려 때문에, 그 반액인 삼십오만 원의 저리자금이 내리는 터인즉, 내 자본은 그 나머지의 삼십오만 원만 고정을 시키면 고만이다."(3 : 384)

금 매입과정의 묘사와 금 밀수출의 세태,[57] 황금열에 들뜬 사람들의 비정상적인 흥분 상태와 그 풍속도[58] 등도 약간의 풍자적 시각으로 조명된다. 이러한 황금광 시대의 물신주의는 제10장 '노다지의 품행'에서 다음과 같이 표현되고 있다.

> 감히 소중하여, 얼른 달려들 정신도 미처 나지 않아, 윤을 비롯해 '영쐬' 고가와 '얽어배기' 백가의 두 막장꾼이며, 트럭을 밀던 통목 두 사람이며, 다같이 그들은 그 자리에서 한동안을 말도 몸 움직이기도 잊어버리고 넋없이 노다지를 건너다보느라 얼굴들만 취한 듯 황홀했다. 불은 침침하고 화약 연기가 자욱하여 더욱 시야가 몽롱한 동굴 속에서 기적 같은 황금의 앞에 정신을 놓고 말도 몸짓도 없이, 박은 듯 서서만 있는 인간들의 형상은, 마치 전설시대의 원시인들이 어떤 우상 앞에서 공포의 신앙을 누리는 순간과 방불한 광경이었었다. 이와 같은 도취(陶醉)는, 그러므로 저 노다지의 화폐가격의 타산으로부터 온 것이라고 하기보다도 적어도 아직껏은, 그것 이전의 한낱 순수한 심미(審美)의 흥이라고도 할 것이었었다.(3 : 476~477)

노다지를 캐는 백산광의 인부들에게 황금은 현실적인 이해타산을 넘어서, 하나의 심미적(審美的) 대상이자 숭배의 대상으로까지 인식된다. 하나의 무기물에 불과한 황금이 바야흐로 물신화(物神化)되는 순간이다. 이러한 물신주의는 "마치 전설시대의 원시인들이 어떤 우상 앞에서 공포의 신앙을 누리는 순간"이라는 비유를 통해 그 절실한 표현을 얻고 있다. 결국 노다지라는 물신에 들린 인부들은 막장 사고로 소중한 목숨마저 잃게 된다. 이러한 '금의 정열'은 선량하고 순박한 인물들조

57 이는 '새로운 風俗圖 (1)'에서 자세히 묘사되고 있다.
58 이는 일종의 금광좌담회라 할 만한, '새로운 風俗圖 (2)'에서 묘사된다.

차 파멸에 이르게 한다. 앞서 언급한 바와 같이, 청주금광의 하도급 업자 전서방의 파멸과 몰락은 식민지 조선이라는 사회 전체가 일종의 광증에 사로잡힌 사회라는 점을 고발하고 있는 것이다.

여기에서 문제가 되는 것은 이러한 세태 묘사가 지니는 디테일의 풍성함이 그 묘사의 정성스러움에도 불구하고 단지 현실의 부정성을 지시하는 데에 멈추고 있다는 점이다. 그것은 이 작품의 부정적 가치를 대표하고 있는 주상문의 성격이 지니는 사회적 의미와 그 인물의 형상화가 표면적이라는 것과도 맥을 같이한다. 결정적으로 이 작품에서 긍정적 가치를 대표하는 봉아의 허망한 죽음이 지니는 전체적인 맥락을 고려할 때, 그러한 세태에 대한 세부묘사의 의미가 결국 타락한 현실에 대한 사실상의 무기력한 투항으로 귀결된다고 할 수 있다. 그리고 상문을 중심으로 한 이야기와 박윤식을 중심으로 한 이야기가 매끄럽게 연결되지 못하고 있는 구성상의 문제점도 이 작품이 성취하고 있는 리얼리즘의 의미를 반감시키고 있다. 결론적으로 『금의 정열』은 그 디테일의 풍성함이 지니고 있는 많은 장점에도 불구하고 『탁류』의 현실주의로부터 더욱 후퇴하여 허무주의로 이행하는 채만식 소설의 여로(旅路)를 보여준다 하겠다. 따라서 『금의 정열』의 현실주의는 『탁류』에서 이미 그 단초를 보았던 바, '무력한 객관주의'의 한 표현이라 할 수 있겠다.

2. 욕망의 존재론적 수용과 의미의 소거

채만식 소설의 현실주의적 세계 인식과 관련하여 우리가 주목할 수 있는 일군의 소설들의 경향이 있다. 이는 주로 보편적 존재로서의 인간의 욕망과 무의식적 에너지의 흐름들을 소설화한 작품들이 그것이다. 이와 같은 경향의 소설들은 주로 자연스러운 욕망의 발산, 특히 여성 인물들의 성적 욕망을 다루거나 인간의 욕망이 지니고 있는 지극히 이기적이고 무의식적인 속성 등을 주제로 한다. 이러한 경향의 소설들은 여성의 삶과 현실에 대해서 줄곧 특별한 관심을 보여주고 있는 채만식의 작가적 지향과도 관련된 것으로 보인다. 이러한 작품들에서 서술자는 인간 욕망에 대해서 어떠한 인간적 가치판단이나 의미부여를 하지 않고 단지 현실에서 존재하는 하나의 사실로서 수용하려고 한다. 즉 하나의 인식의 대상으로서 즉물적인 태도를 보인다는 것이다. 이에 해당하는 작품들이 「용동댁」(1938), 「해후」(1941), 「정자나무 있는 揷畵」(1938) 등의 소설들이다. 이와 같은 맥락에서 허무주의적 세계 인식을 바탕으로 하는 소설들에서 볼 수 있는 무력한 객관주의의 표현과도 일맥상통하는 데가 있다고 할 수 있겠다. 물론 이와 같은 판단은 허무주의적 경향의 작품들이 여전히 현실적 가치의 자장 속에 놓여있는데 반해, 인간의 욕망을 다루고 있는 일련의 작품들은 현실의 가치와 의미로부터 자유롭다는 근본적인 차이를 우선적으로 전제해야 하는 것이다. 이들 작품들은 소설 자체로서의 재미를 제공하는데, 그것은 이 부류의 소설들이 심각하거나 진지하기 않고 상대적으로 유연하고 부드러운 개방적인 시선을 유지하고 있기 때문일 것이다. 또한 여기에 속하는 작품들이 그다지 무겁지 않고 가벼운 느낌의 에피소드를 다루고 있거나 하나의 설정된 상황에 크게 의지하고 있는 것에서도 기인하는 것이다.

1938년 발표된 「용동댁」은 매우 흥미로운 소설이다. 그리고 매우 현대적인 작품이다. 작품의 소재나 소설의 시 · 공간적 배경만 달리 한다면 현재의 독서 감각으로도 충분히 읽히고 소통될 수 있는 세련된 작품이다. 용동댁은 태진이라는 아들이 딸린 이십 과부이다. 그녀는 스물세 살에 남편을 여의고 시댁과 친정을 전전하다 지금은 친정에 머물고 있다. 건조하고 무료하기만 하던 친정집에 어느 날 작은 파문이 인다. 아들 태진이가 버려진 병아리 다섯 마리를 구해온 것이다. 세 마리는 이런 저런 이유로 죽고, 두 마리만이 온전하게 장닭으로 커간다. 기묘하게도 남은 두 마리는 암탉과 수탉으로 짝이 맞춰졌다. 그러나 이 가정에 닭이 가져다 준 평화와 행복은 오래 가지 못하고, 수탉이 삵에 물려가는 사태가 발생하게 된다. 남겨진 암탉은 졸지에 주인공, 용동댁처럼 과부 신세가 된다. 이야기의 실마리는 여기서부터 풀려나간다.

「용동댁」의 소설적 긴장과 핵심적인 주제들은 용동댁과 암탉 사이에 존재하는 공통점과 차이로부터 발생한다. 용동댁과 암탉은 모두 제 짝을 잃은 과부 신세라는 공통점이 있다. 그러나 용동댁은 쉽게 개가를 생각하지 못하지만 자연적 존재인 암탉은 옆집 수탉을 따라 부지런히 '난질'[59]을 다닌다. 용동댁은 이러한 암탉의 본능적인 행동에 묘한 질투심과 미움을 느낀다.

> 두 번째에 부르는 목소리도 그러했지만, 얼굴에도 분명한 역정스러움이 드러난다. 닭이 이웃집의 장닭을 따라간 줄 이내 짐작했고, 그것을 자기도 모르게 괘심해하는 속상이던 것이다. 이 암탉이 이웃집의 장닭을 따라 난질을 간 것을 미워하는 자기의 마음을 용동댁이 만약 의심했다면, 그는 스스로 얼굴이 붉었을 것이지만, 그러나 아직 거기까지에 주의가 미치진 못했었다.(7 : 320)

인용문은 용동댁의 심리 서술과 이에 대한 서술자의 주석으로 이루어져 있는데, 뒷부분의 주석에서 서술자는 용동댁의 욕망의 흐름이 무의식적인 것이라는 점을 암시하고 있다. 예문에서 드러나듯이 용동댁

59 여자가 정을 통한 남자와 도망하는 짓.(임무출 편, 『채만식 어휘사전』, 토담, 1997, 120쪽)

이라는 인물의 욕망과 그녀가 느끼는 감정의 변화는 지극히 평범하고 자연스러운 것이다. 용동댁은 보편적이고 일반적인 존재로서 보통의 욕망을 가진 평균적인 인간으로 설정되고 있다. 이 작품은 용동댁이라는 보통의 평균적 인간의 정상적이고 자연스런 욕망과 욕망의 무의식적인 흐름들에 대해서 서술한다. 그것은 주로 성욕의 차원과 관련되어 있는데, 이에 대해 서술자는 어떤 의미를 부여하거나 혹은 부도덕하고 쓸모 없는 것으로 폄하하거나 하지 않는다. 서술자의 태도는 무의식적인 욕망을 인간이라는 존재가 가지고 있는 자연스러운 속성이나 본능으로 이해하고 이를 인정하여 수용하려는 태도를 보여준다. 이런 맥락에서 거기에는 의미가 소거되어 있으며 인간적 의식이나 어떠한 가치판단이 개입되지 않는다.

암탉이 이웃집 수탉을 따라 난질을 다니자, 가족들은 암탉의 짝을 맞춰주기로 한다. 그러나 용동댁은 가족들의 의견을 따르지 않는다. 수탉을 사오지 않고 "암탉을 과부인 채로 두고 사랑하려는" 그녀의 행동은 용동댁의 암탉에 대한 애정과 관심이, 암탉이 처한 고통에 대한 진정한 이해 즉 타자에 대한 존중과 배려가 아니라, 사실은 동병상련의 처지에 놓인 암탉에 자신의 감정을 투사한 자기연민과 자기애에 더 가까운 것이라는 점을 암시해준다. 그렇다 하더라도 용동댁의 행동이 이해되지 않거나 비난받을 성질의 것은 아니라 하겠다. 이 소설의 핵심은 다음의 예문에서 선명하게 드러나고 있다.

> 그러나 그는, 이제 쉬이 그렇게 하기는 할 터로되, 다만 그동안 조금만 더 닭을 과부인 채로 두어두고서 그것을 불쌍해하고 살뜰히 귀애를 하고, 이걸 하고가 싶었다.(7 : 329)

용동댁은 수탉을 사다가 짝을 맞춰줘야 하겠다는 자신의 의식과는 정반대로 행동을 한다. 언뜻 보기에 이해가 되지 않는 그녀의 행동은 자신의 깊은 곳에 있는 무의식적 욕망을 표현한다. 용동댁이 옆 집 수탉과 난질을 다니는 암탉에 불쾌한 감정을 느끼는 것은 일종의 양가감정이라 할 수 있다. 암탉의 행동은 용동댁의 감추어진 욕망과 관련되기 때문에 선망과 미움의 대상이 동시에 된다. 즉 정상적인 욕망을 지닌 건강한 여자로서 가지는 강렬한 성적 욕구와 여기에 수반되는 윤리적인 억압이 동시에 용동댁의 무의식에 작용하는 것이다. 그와 같은 무의식적 갈등 과정 속에서 용동댁은 예문에서 보듯이 암탉을 자신과 동일시하고 자기애의 편협한 구조 속에 가둬두고 싶어 한다. 이처럼 평균적인 인간이 가지는 욕망과 무의식의 문제를 「용동댁」은 암탉을 매개로 흥미롭게 풀어가고 있다. 이 소설은 용동댁이 결국 수탉을 사다가 짝을 맞춰줘야 하겠다고 생각하며 끝을 맺고 있다. 이처럼 용동댁의 무의적인 자기분열과 어쩔 수 없는 욕망의 흐름들, 질투심과 애정 사이에 갈등하는 미묘하고 섬세한 심리적 파동과 뉘앙스들, 그것이 이 흥미로운 소설의 주제로 되어 있다.

앞서 언급한 바와 같이, 서술자는 용동댁이 가지고 있는 자연스러운 욕망과 무의식적 동기들을 비난하거나 부정하지 않는다. 그것은 비난과 부정의 대상이 아니라 존재론적 차원에서 수용과 승인의 대상이다. 이는 「해후」 등의 작품에서 보다 분명하고 확연하게 드러나는데, 인간의 욕망을 바라보는 그와 같은 서술자 혹은 작가의 시선은 「태평천하」를 비롯한 채만식의 여타 작품에서도 반복되고 있음을 쉽게 발견할 수 있다. 그것은 의미를 소거하고 세계내의 존재상을 있는 그대로 바라보려는 즉물적(卽物的) 인식의 소산이다. 따라서 용동댁의 암탉에 대한 질투심이나 무의식적인 자기애와 보존본능은 한편으로 비루한 것이기도 하지만 그들과 같은 인간인 독자에게 연민과 동정의 대상으로 다가오는 것이다.

「태평천하」나 『탁류』 등의 작품에서 서술자는 욕망의 복수적인 성격을 승인하면서도 이를 좋은 욕망과 나쁜 욕망으로 구별하려는 경향을 보인다. 서술의 대상으로 삼는 욕망의 차원과 범위가 다르다는 점을 인정한다 하더라도 그것은 욕망의 근원적으로 복수적인 성격과 욕망이 동일한 하나의 기원을 가지고 있다는 점을 고려하지 않는 셈이다. 채만식 소설의 분열을 이루는 하나의 원인이 바로 여기에 있다고 할 수 있다. 즉 욕망을 수용과 승인의 대상으로 인정하면서도 그 범위를 성욕이라는 지극히 제한된 차원으로 한정하고 있다는 것이다. 이는 『탁류』가 인물들의 욕망의 복수성와 복합성을 보여주는 데 성공하고 있으면서도 그 욕망의 차원을 더 이상 확장시키지 못하고 결과적으로 욕망의 복수성을 성욕이라는 '단선적인 차원'으로 한정시키고 있는 것과도 일맥상통하는 것이라 할 수 있다.

한편 즉물적 세계 인식을 바탕으로 하고 있는 채만식의 소설들은 비교적 중립적인 서술 시각을 보여준다. 이미 언급한 바와 같이, 서술자는 어떤 의미에서 판단을 중지하거나 유보하고 있다. 여기에서 서술자의 주관적인 진술과 객관적인 묘사는 비교적 조화를 이루고 있다. 때로 서술자는 개입하기도 하지만 보통은 중립적인 관점에서 인물의 시각을 포착하여 보여주거나 그들의 시선을 그대로 따라가기도 한다. 따라서 여기에 속하는 작품들이 채만식 소설의 일반적인 경향들과는 달리 인물시각 서술을 보여주고 있는 것도 하나의 특징적인 현상이라 하겠다.

「해후」(1941)는 1인칭 화자인 '나'(박상근)와 중년 과부 김영애 여사와의 간절하면서도 우스꽝스러운 에피소드와 십년만의 해후에 얽힌 이야기이다. 독신의 소설가인 나는 하숙을 들었는데, 그 집 주인이 우연찮게도 작고한 고향선배 '송필훈'의 미망인임을 알게 된다. 김영애 여사와 나는 과거에 어떤 '사건적인 관련'이 있는 사이이다. 시간은 거슬러 올라간다. 십 년 전, 송필훈 부부와 나는 'XX온천의 어떤 여관'에서 조우를 했다. 사회주의 운동가 송필훈은 서대문 형무소에서 출감한 뒤 급작스레 결혼을 했는데, 그는 일년 동안 형옥을 치루는 동안 제일 핍절하게 느끼고 제일 그리웠던 게, "사파의 자유, 일이나 자식새끼" 혹은 "술이나 담배, 맛있는 음식이나 그런 것"보다도 "섹스 그것이드라"라고 나에게 고백한다. 그래서 출감하자마자 결혼을 했노라고 말이다. 그런데 오십이 넘은 송필훈의 늙은 몸은 젊은 아내의 욕망을 채워주지 못한다. 그래서 온천으로 휴양을 온 것이라는 것이다. 세 사람의 어색한 만남이 끝나갈 무렵, 송필훈은 갑작스레 서울에 볼 일이 있다는 핑계로 자리를 뜬다. 나는 송필훈이 "짐짓 그런 기회가 생기게 해주느라고, 늙은 남편은 잠시 피신을 한 것"이라는 것을 직감한다. 그리고 그의 얼굴에 "어떤 절대의 암투와 고민의 흔적"이 서려 있었음을 깨닫는다. 송필훈의 뜻은 나에게 젊은 아내의 욕망을 위무(慰撫)해주라는 것이었다. 그러나 나는 송필훈의 간곡한 부탁을 뒤로 하고 여관을 빠져나온다. 나는 "늙은이는 늙었다고 도망을 빼고, 젊은 놈은 젊었다고 도망을 빼고, 세상엔 싱겁게 서글픈 웃음거리도 있는 거라고" 자조한다. 그 다음해 가을, 송필훈의 부고를 받고서 나는 "눈물이 한 줄기 흐름을 어찌하지" 못한다. 다시 십년이 지나서 하숙손님으로서 나를 환대하기 위하여 "밥상머리에 앉아서 한잔의 반주를 권하는 김영애 여사는 십년 전 송필훈 씨의 젊고 수심겨운 아낙이던 그 김영애 여사와는 많이 같으면서도 일변 많이 다른 바"가 있다. 하지만 나는 지금 돈 많은 노인의 첩살이를 하고 있는 김영애 여사의 "무르익은 삼십 과부의 애욕"을 감당하기 버거워, 다시 하숙을 옮길 궁리를 하며 그 박절함에 "울고 싶게 죄스러워"지고 만다.

「해후」 역시 젊은 여성의 정상적인 욕망의 발산과 성욕의 문제를 다루고 있다. 「용동댁」에서보다 더 본격적으로 욕망의 문제를 다루고 있는 셈이다. 그리고 그와 같은 주제의식도 보다 분명하게 표출되고 있다고 볼 수 있다. 작중 화자인 나에 의해서 진술되고 있는 다음과 같은 예문에서 인간의 욕망의 문제를 바라보는 서술자의 시각을 엿볼 수 있다.

> 은근함이 가득 어린 그 눈이 아니더라면, 아무 다른 뜻이 없고 단지 외로움에 겨운 담담한 마음이요, 따라서 영혼의 깨끗한 의탁으로 받아들여도 좋을 것이었다. 미상불 또, 한 가닥 그러한 무엇이 나타나 보이지 않는 것은 아니었다. 그러나, 그보다도 주장은 간곡하기는 젊은 생리다운 애욕적인 그것이었다. 그렇다고서 그것이 십 년 전 그때 그 밤엣 눈의 재생이요, 그 발전이더냐 하면 물론 그럴 리가 없었다. 지금 이 여자에게는 하필 박상근이란 인간이 필요한 것이 아니라, 오직 젊은 남자가 필요한 것이었었다. 늙은 영감장이가 아닌, 젊은 사람, 씩씩한 청춘. 지극히 자연스런(인간이기 때문에) 요구일 것이었다. 조금도 나는 그것을 탓하거나 나무랄 이유도 권리도 없었다. 나는 다만, 내일부터 또다시 하숙을 구해야 할 일을 생각하고, 입맛이 썼다.(8 : 194)

「해후」의 실질적인 주인공, 김영애 여사 역시 용동댁과 마찬가지로 정상적인 욕망을 갖고 있는 보통의 평균적인 인간이다. 물론 그녀들의 삶이 청상과부이거나 첩살이라는 비정상적 혼인관계에 놓여 있다는 점에서 평범하지 않다면 그렇다고도 할 수 있겠다. 그러나 그와 같은 설정은 그녀들의 '욕망의 절실함'을 선명하게 부각시키기 위한 소설적 장치이지 그녀들의 '삶의 비정상성'을 강조하기 위함은 아니다. 그들은 우리 주변에서 쉽게 찾아볼 수 있는 평범한 이웃들이다. 따라서 그들의 욕망 역시 보편적 존재로서 인간이 누구나 지니고 있는 자연스러운 것이라 할 수 있다. 인용문에서 "은근하게 쳐다보는" 김영애 여사의 눈빛이 무엇을 의미하는 것인지 나는 직감적으로 알아챈다. 그 눈빛이 거북스러운 것은 사실이지만 나는 김영애 여사의 건강한 욕망이 인간이기에 지극히 당연한 요구라고 생각한다. 그래서 그것을 "비난할 이유도 권리도" 없다고 나는 적고 있는 것이다.

화자인 나의 시선으로 포착된 김영애 여사에 대한 진술이라는 점에서 이를 곧바로 서술자의 것으로 단정할 수는 없지만, 인간의 욕망에 대한 채만식 소설의 기본적인 입장과 다른 작품들과의 상관성 등을 고려한다면 이는 서술자의 의식이 상당 부분 투영되어 있는 것으로 볼 수 있을 것이다. 누차 언급한 바와 같이, 인간의 욕망에 대한 채만식 소설의 기본적인 입장과 태도는 존재론적 수용과 승인이라고 할 수 있다. 그러나 정작 채만식 소설에서 문제가 되는 것은 그러한 수용과 관용의 정신이 지니는 너그러움이 아니다. 앞서 언급한 바와 같이 인간 의식의 불명료함과 욕망의 '복수성(複數性)'을 잘 살피고 있으면서도 복수적인 욕망을 '성적 욕구'의 차원으로 제한하고 있으며, 욕망에 대한 관점을 그 층위에 따라 차별적으로 적용한다는 데 채만식 소설의 균열이 있다고 할 수 있다.

「해후」의 구성은 시간의 역전현상에 의해 이루어진다. 현재의 나와 김영애 여사와의 만남은 과거의 사건과 기억에 의해 재구성된다. 그러나 그와 같은 구성이 새로운 의미의 창출에 기여하는 것이 아니라, 현재의 의미의 기원 혹은 문제가 되고 있는 욕망의 기원을 추적하는 데 바쳐지고 있다. 이를 통해 얻어지는 효과는 인물의 욕망이 보다 선명하고 뚜렷한 인상을 얻는다는 것이다. 아래 인용문은 십년 전 김영애 여사와 나의 '사건적 관련'을 욕망의 기호들로 요약하고 있다. 짧은 단문 형태의 연속 적인 서술을 통해 선명하게 드러나는 것은 여성의 억압되어 있는 성욕, 즉 "무르익은 욕망"이다. 구체적으로는 늙은 남편으로 인해 정상적인 분출의 통로를 찾지 못한 어린 아내의 성적 욕구라 할 수 있다. 여기에서도 서술자는 욕망에 대해서 개입과 의식적인 판단보다는 욕망의 기호들만을 병치해서 인물의 욕망과 무의식적 흐름들을 표현한다.

> 깊은 겨울 밤, 온천여관의 단출한 한방. 방 하나가 각기 한 세계씩인 그 온천여관의 방. 젊은 두 남녀. 나이 늙은 남편으로 하여 오뇌와 수심에 잦아진 젊은 여인. 밉지 않게 생긴 젊은 여인. 추파에 가깝던 아까의 그 눈. 건드리기가 무섭게 꼭지가 떨어질 듯 무르익은 한 덩이의 과실. 그러고 불구자 아닌, 싱싱한 젊은 사나이.(8 : 188)

인용문의 맥락을 고려하면서 「해후」의 핵심적인 내용들은 김영애의 남편, 송필훈의 솔직한 고백과 행동을 통해서도 제시되고 있다는 점을 확인해두자. 송필훈은 사회주의 운동가였지만 나에게 1년간의 투옥생활을 술회하면서 자신의 솔직한 감정을 털어놓는다. 그때 제일 절실했던 것은 거창한 이념도, 동지애나 인간적 자유 등과 같은 숭고한 것들이 아니라 성욕의 해결 문제이었다고 토로한다. 혁명가에게 자기가 신봉하는 정치적 신념은 생명과 같은 것일진대, 누추한 욕망의 흔들림에 어쩔 수 없는 자신을 인정하는 것은 결코 쉬운 일이 아닐 것이다. 게다가 자존심의 심각한 상처를 감수하면서까지 젊은 아내의 욕망을 존중하고 배려하는 송필훈의 처신은 자못 침통함이 없지 않다고 할 수 있다. 송필훈은 나와 아내의 원만한 하룻밤을 위해 여관에서 황망히 자리를 뜬다. 송필훈이 누추한 자신의 욕망을 솔직하게 인정하지 않았더라면 젊은 아내의 욕망에도 관대하기는 어려웠을 것이다. 이상의 맥락에서 「해후」에서 드러나고 있는 인간의 욕망에 대한 작가의 일관된 태도와 시각은 「용동댁」의 그것과 동궤의 것임을 확인할 수 있다.

「정자나무 있는 揷畵」(1938)는 쇠멀이라는 시골 마을의 정자나무인 늙은 팽나무에 얽힌 이야기이다. 하지만 실제 소설의 전면으로 부각되고 있는 것은 정자나무가 아니라 관수라는 인물이다. 이 작품의 의미구조는 매우 다층적이어서 그 주제를 한마디로 요약하기는 어렵다. 먼저 정자나무는 사람들에게 경외의 대상임과 동시에 두려움의 대상이다. 그와 같은 마을 사람들의 이중적인 심리는 '경이원지(敬而遠之)'라는 말로 요약되고 있다. 정자나무에는 '지킴[守護神]'이 붙어있다고 마을 사람들은 믿고 있다. 그래서 누구든지 이 정자나무를 건드리기만 하면 "단박 동티가 나서 그 당장에 병이 들어 죽는다"는 것이다. 정자나무에 관한 또 하나의 미신은 "천년 묵은 끝이 몽땅하고 크기가 전봇대만한 구렁이"가 그 속에 살고 있다는 것이다. 그래서 마을 사람들은 이 나무의 삭정개비나 낙엽조차 '누구 한 사람 감히' 긁어가질 못한다. 이처럼 정자나무에 대한 주술적 믿음에 사로잡혀 있는 쇠멀 마을에 관수가 등장한다. 관수는 열여섯 살 적에 집을 나갔다가, 열한 해 만인 금년 첫여름에 "완구한 장정이 되가지고는 땅에서 솟아나오듯 퍼뜩 고향에를 돌아온" 인물이다.[60] 이 소설의 핵심적인 의미는 관수와 정자나무의 동질성

60 관수에 대한 설명은 다음과 같다. "관수는 열여섯 살 적에, 이 동네서는 드문 일로 읍내 보통학교를 육학년까지나 다니던 중 월사금이 여러 달 치가 밀린 것을 못 내어(제라서)학교를 그만두게 되니까, 그 길로 종적도 없이 집을 나가버렸다. 농투성이 자식으로 노상 재주가 없는 것은 아니지만, 천하 망나니가 돼서 공부보다는 싸움이 첫째라, 제 동무들이며 선생에게 실인심을 해, 그래 학교도 다닐 맛이 덜한 판인데, 계제에 월사금 밀린 것으로 창피를 당하곤 하니까, 이첨저첨 그 거조를 냈던 것이다. 그렇게 집을 나가서는 이내 죽었는지 살았는지 일자 소식이 없더니, 꼭 열한 해 만인 금년 첫여름에 아주 완구한 장정이 돼가지고는 땅에서 솟아나오듯 퍼뜩 고향에를 돌아왔다. 변한 것은 외양뿐만 아니라, 그다지 까불고 술심 망나니고 하던(실상은 명랑했던) 대신 사람이 몹시 뒷그늘이 져 보이고 입도 무거워졌고 해서, 우선 남과 붙일성이 없었다. 어쩐지 촌 사람들이 보기에는 그게 몹시 불길한 것 같아서 수군수군들 했다. 한데, 그 열한 해 동안을 어디 가서 무엇을 했느냐고 물어도, 그저 서울도 있었고 부산도 있었고 대판도 있었고 오까야마 촌에서 농사일도 더러 하고 했다고 대답할 뿐이지, 더는 이야기하기를 꺼려하고, 하는 놈에 그만 과거가 무엇인가 살이 끼어 보여서 동네 사람들은 더욱이나 그와 섭쓸리고 속을 주고 하기를 사리곤 했다. 아니나다를까 하루는 읍내 주재소의 순사가 나오더니, 고향에 돌아온 뒤로 관수의 일상거지가 어떤가를 조사했고, 그 끝에 우연히 미끄러져 나온 말로 '나쁜 짓'을 하다가 삼 년이나 전중이를 살았다는 것이 그만 드러나고 말았다."(7 : 361~362)

과 차이, 그리고 그 미묘한 상관관계로부터 발생한다. 우선적으로 관수와 정자나무는 신비로운 힘을 지닌 두려움의 대상으로 사람들에게 인식된다.[61] 이미 언급한 바와 같이, 정자나무는 두려움의 대상이지만 동시에 마을 사람들의 배타적이고 이기적인 그들만의 공동체적 질서를 상징하기도 한다. 그것은 이 마을의 물리적이고 정신적인 일종의 '타부(taboo)'이다. 그것은 분명 마을 사람들의 정자나무에 대한 그릇된 믿음과 오해로부터 시작된 것이지만 그 같은 인지착오가 사람들의 정신 구조에 확고하게 형성된 뒤에는 단순한 '믿음'이 아니라 견고하고 흔들릴 수 없는 '진리' 같은 것이 되어간다. 아무도 거기에 의심을 품거나 이의를 제기하지 않는다. 아니 그러한 회의(懷疑)의 과정들이 내면의 규율 속에서 금지된다고 말하는 것이 정확하다. 관수는 그와 같은 금기를 위반하는 자이다. 따라서 관수는 마을 사람들에게 실제로 위험한 존재일 수밖에 없다. 우연히 관수는 마을 청년들과 구렁이가 산다는 정자나무의 구멍을 막는 내기를 한다. 두려움과 호기심의 눈으로 마을 사람들은 정자나무를 오르는 관수를 걱정스럽게 지켜본다. 그러나 막상 관수가 정자나무의 구멍을 돌로 막고 아무 탈 없이 내려오자 사람들의 태도는 돌변한다. 마을 사람들은 이 사건을 계기로 관수를 을러대서 급기야 마을에서 추방시키고 이야기는 끝을 맺는다.

이 작품은 앞의 두 작품과는 달리 성욕과 관련된 인간의 욕망의 차원을 다루지는 않는다. 그래서 세 작품을 같은 수준에서 묶는 것은 약간의 오류를 포함하고 있는 듯하다. 다시 말해 「정자나무 있는 삽화」는 단순한 성욕의 문제가 아니라 인간의 욕망이 작동하는 방식, 욕망의 지

61 "동네 사람들은 속을, 놀랜 조개처럼 잔뜩 아물리고 관수를 경계했다. 경계를 하느라니까 자꾸만 더 무서워나고, 무서우니까 그에게 이상한 압기를 느끼게 되고, 그것은 영락없이 저 '지킴'이 있고 천년 묵은 구렁이가 그 속에서 살고 있다는 정자나무를 무서워하고, 그에게서 압기를 느끼는 것과 꼬옥 같은 것이었었다."(7: 362)

극히 이기적인 속성과 합리성으로 설명될 수 없는 '무의식의 흐름'들과 그 '왜곡의 과정'들을 보여준다.[62] 그러나 보다 높은 차원에서 세 작품 모두 인간의 무의식적 욕망을 다루고 있고 그 욕망의 흐름들에 대해서 가치판단을 배제한 채, 즉물적 인식의 태도를 보여준다는 점에서 함께 논의될 수 있다고 본다. 「정자나무 있는 삽화」에서 부각되어 있는 인물은 관수이지만 실제적인 주인공은 마을사람들이고, 보다 정확하게 말한다면 마을 사람들의 '이기적인 욕망'과 '무의식의 왜곡된 흐름들'이다. 관수는 실제로는 평범한 인물이지만 마을 사람들의 편견과 오해로 평범하지 않은 인물로 규정되어 버린다. 이는 마을 사람들의 이기심이 만들어낸 사실의 왜곡이다. 「정자나무 있는 삽화」는 그와 같은 왜곡의 과정과 오해의 회로가 인간의 '평균적 무의식'이라는 점을 밝혀놓고 있는 셈이다. 서술자의 서술의 태도와 어조, 그 진술의 수준 등을 고려할 때 마을 사람들의 이기적인 욕망 또한 특별한 것이 아니라 인간이라는 존재에게 보편적인 하나의 일상적인 것으로 제시되고 있음을 확인할 수 있다. 여기에는 물론 집단의 폭력성과 광기라는 또 하나의 요소가 개입되어 있다. 다음 예문은 관수에 대한 마을 사람들의 무의식적인 적대감이 어떤 오해의 회로를 밟아 가는지를 여실히 보여주고 있다.

> 나무를 채 다 올라가지도 못해서 동티를 맞아 사지가 오그라져 가지고 굴러떨어지든지, 천년 묵은 구렁이한테 물려 직사를 하든지 하려니만 했던 관수가, 터럭 한낱 까딱도 않고 저렇게 멀쩡해서 뛰어나가는 것을, 넋이 나

---

62 이 작품이 마을 사람들의 무지함과 그들의 이기적인 본능을 보여주고 있다는 점에 주목하여 이를 '민중 허무주의'의 표현으로 보는 경우도 있다. 이러한 해석이 물론 불가능한 것은 아니지만 '욕망'이라는 좀 더 포괄적이고 본질적인 의미에서의 접근이 필요하다고 본다. 또한 이를 처리하는 서술자의 시선이 가치 판단을 내리기보다는 가치중립적이라는 점도 고려되어야 할 것이다.(양문규, 「1930년대 후반 채만식 소설의 리얼리즘 문제」, 『채만식 문학의 재인식』, 소명출판, 1999, 118~119쪽)

간 듯 벙벙해 바라보고 앉았던 갑쇠며 일꾼들은, 그가 무사했을 순간 안도의 한숨을 내쉰 것은 어디로 가고 빗나간 기대에 실망을 느끼는 한편 인제 생각하니 매우 소중한 것인데, 제네들의 '지킴'이야 동티야 천년 묵은 구렁이야 하는 정자나무에 대하여 지녔던 자랑스런 믿음(그것은 적실히 믿음이다) 그 믿음이 하루아침에 침노를 받자, 그만 저기 어디 썩은 울타리 쓰러지듯 아무것도 아닌 게 빼언하니 드러나고 만 것이 허망하기 이를 데가 없고, 나아가서는 그것이 원통하고 분하기까지 했다. 그리하여 그들은 마침내, 뭘, 사람을 궂히고서 삼 년이나 전중이를 산 흉한한 놈이니, 그렇기도 할 테지야고, 그새까지보다도 관수를 더 지독한 놈으로 모는 것으로써 앙갚음과 위로를 삼았다.(7 : 374)

인용문은 관수가 구렁이가 산다는 정자나무의 구멍을 막고 무사히 내려온 데에 대한 마을 사람들의 반응을 보여준다. 관수가 무사한 것은 사실 당연한 일이지만 마을 사람들은 이제 관수의 안녕을 기뻐하기보다는 저주하기 시작한다. 관수의 무사함으로 인해 자신들의 믿음이 산산이 깨져버렸기 때문이다. 여기에서 그들의 믿음의 복원을 위해서는 두 가지 방법이 있을 것이다. 하나는 그 믿음의 내용을 새롭게 갱신하는 일이고, 다른 하나는 그 내용은 그대로 둔 채 금기를 위반한 자를 '희생양'으로 삼아 처벌하는 것이다. 인간의 욕망은 생각만큼 지순한 것이 아니며 그것이 집단을 배후로 할 때는 그 파괴적인 속성을 드러내기 십상이다. 마을 사람들은 자기를 갱신하는 힘겨운 싸움보다는 문제의 원인을 남의 탓으로 돌리는 손쉬운 방법을 선택한다. 그들은 제 안의 그릇됨을 살피지 않고, 스스로의 그릇된 믿음을 합리화시킨다. 이는 엄연한 사실의 왜곡이고 심리적인 투사현상이지만, 그들은 관수를 더 지독한 악인의 자리에 위치시킴으로써 자신들의 신념체계가 침탈당했다는 피해의식을 보상받는다. 마을 사람들은 공동체를 위협하는 이질적인 존재를 관대하게 포용하기보다는 배제함으로써 공동체의 질서를 복원하는 것이다. 따라서 관수는 집단의 폭력성에 희생된 일종의 희생양이라 할 수 있다. 이와 같은 욕망의 왜곡 과정을 서술자는 가능한 주석과 개입을 배제한 채 묘사하고 있다. 각 장의 서술과정에서 이미 여러 차례 언급했지만, 채만식 소설에서 동일한 상황에 놓인 인물들의 욕망의 다양성을 보여주는 것은 하나의 특징적인 현상이라 할 수 있으며 이는 일정한 양식으로 유형화되어 있다. 「정자나무 있는 삽화」에서도 이와 비슷한 예를 발견할 수 있다. 아래 예문을 보자.

① 생각하면서 관수는 무심결에 갑쇠의 얼굴을 힐끔 돌려다본다. 그리고, 이 살아 있되 살아 있는 것 같지가 않은 우둔한 얼굴, 저기 시방 논 가운데 들어서서 끙끙 김을 매고 있는 농군, 김가 이가, 계집 사내, 늙은이 젊은이, 모두 저 들판같이 단조하여 생명의 탄력과 긴장이 없고 색채가 없고, 이 정자나무같이 십 년 백 년을 가야 낡아빠진 채 태고(太古)의 꿈 속에서 어릿거리고 있고, 그러면서 쓰잘데없이 음충스럽기나 하고…… 관수는 가래침을 태액 뱉으면서, 모두 보기가 싫고 싫증이 나니, 어서 하루바삐 이 고장을 떠나야 하겠다고 생각을 맺는다. // 나란히 앉아 있는 갑쇠는 갑쇠대로 생각이 다르다. 그는 심상한 체 이야기도 하고 낯꽃도 천연덕스럽기는 하지만, 관수와 이렇게 단둘이서 호젓이 앉아 있기가, (이러한 계제가 실상은 별반 없었고 오늘 비로소 처음인데) 마음이 편안하지를 않고 자꾸만 거북해 견딜 수가 없다. 벌써 세 번째나 힐끔힐끔 관수의 옆얼굴을 돌려다본다. 보지 않고 있느라면 부쩍부쩍 제게로 덮어누르고, 덤벼드는 것만 같고, 그래 이놈의 자식을 어디가 아스라지게 한번 칵 질러주고서 벌떡 일어설까 보다고, 다뿍 벼르면서 돌려다보는 것인데, 보면 관수는 아무렇지도 않게 앉아만 있다.(7 : 365~366)

② 관수는 이런, 들에서 먹는 음식머리의 인심이 후해, 옆에 있던 객군은 말고 지나가는 행인이라도 불러서 먹이고 자청해서도 얻어먹고 하는 법이라, 시방 제한테도 막걸리를 한 사발 권할 줄을 안다. 그러나 그것이 흔연한 마음이 아니고, 인심과 풍도만 아니더라면 모른 체 저희끼리만 먹고 말 것을 마지 못해(그러니까) 눈치엣 음식으로 한 사발 주는 게 빠안한 속이다. 그런 것을 멀거니 앉아 얻어먹다니, 구역질이 지레 날 노릇이지만, 그러나 관수는 술을 통히 먹지 못하기 때문에, 행여라도 얻어먹고 싶어서 우두커니 앉아 있는 게 아닌 것이 스스로 마음 편안했다. 아니나다를까, 오복이는 위정 숙이고 있던 얼굴을 관수가 안 보게끔 들고서, 갑쇠더러 연신 눈짓을 하는 것이, 저 자식은 왜 썩 없어지진 않골랑 홍! 한잔 얻어 듣질르고 싶어서…… 이런 눈치가 완구하다. 최서방과 오서방은 그래도 나이깨나 든 값으로 속이 푸욱 삭은 내기들이라, 아무리 마땅찮은 관수겔망정 이왕 주는 음식에 야속스럽게 눈치를 할 머리가 있을까 보냐고, 그래서 안색이 아무렇지도 않다. 갑쇠 모친은 일꾼 셋에 한 사람 앞에 꼭 두 주발씩 요량을 해 내온 것인데, 객군이 하나 있으니 일꾼 몫이 축이 나겠어서 걱정. 갑쇠는 X 누워서 개 좋은 일 시킨다는 푼수로, 미운 녀석이니 내 것을 척, 막걸리 한 사발일값에 먹이는 게 되레 놈을 기를 꺾는 것이라서 시방 마음이 흐뭇하고. 그러한 표적이 얼굴에 은근히 나타나기까지 하면서, 갑쇠는 주발에다가 넘실넘실 술을 따르고 있다.(7 : 367~368, 강조 필자)

인용 ①은 을녜를 두고 경쟁관계에 있는 관수와 갑쇠의 서로 다른 마음의 무늬와 파장을 보여준다. 이는 엄밀히 말해 동일 상황에 있는 인물의 다양한 시각을 보여준다기보다는 인물 간의 욕망의 어긋남을 보여주는 것이라고 할 수 있다. 즉 무의식적 욕망의 차원에서 타자와 내가 '근원적 불일치(radical heteronomy)'의 관계에 있다는 점을 말해주는 것이다. 을녜는 가을에 갑쇠와 혼인하기로 되어 있지만, 정작 을녜는 갑쇠에게는 관심이 없고 관수 때문에 애가 탄다. 결국 관수가 마을에서 쫓겨나자 을녜도 제사 공장에 취직을 해서 마을을 떠나게 된다. 예문에서 드러나는 인물들의 욕망의 어긋남은 을녜와의 삼각관계를 통해 더욱 심화된다고 할 수 있다. 인용 ②는 논일을 하다 새참으로 나온 막걸리를 두고 제각기 속셈이 다른 인물들의 모습과 심리를 보여준다. 이를 통해 드러나는 것은 욕망의 복수적인 성격이다. 인물들은 각기 다른 제 안의 시각으로 상황을 인지하고 이에 반응한다. 다양한 인물들이 보여주는 '욕망의 편차'는 이들의 관계가 전혀 무관한 것처럼 보이게도 한다. 이와 같은 상황의 설정은 이미 「태평천하」 등의 여타 작품에서도 살펴본 바 있었다.

이 지점에서 우리는 다음과 같은 문제를 제기하지 않을 수 없다. 그것은 이미 여러 차례 제출되었던 바 있다. 이 작품에서 보듯이 채만식은 인간 욕망의 이기적 속성, 욕망이라는 무의식적 에너지의 흐름들과 그 왜곡 과정에 대한 고찰을 통해, 그것이 인간의 '존재론적 사실'들이며 이를 겸허히 인정하고 수용해야 한다는 입장을 보여주고 있는 셈이다. 그리고 그러한 욕망의 차원에는 성욕뿐만 아니라 인간의 이기심에서 비롯되는 욕망의 어긋남, 욕망의 근원적으로 복수적인 성격 등이 포함되어 있다. 그러나 그러한 욕망의 균열과 어긋남을 잘 인식하고 있으면서도 채만식 소설은 그러한 욕망의 복수성을 성욕의 단선적인 차원으로 한정시키려하는 경향을 보인다. 채만식 소설이 욕망의 어긋남과 복수성을 인정하면서도 그것을 현실을 해명하는 일반적인 원리로서 전면적으로 수용하지 않는 이유는 그것이 채만식 소설이 지향하고자 하는 윤리와 당위의 세계에 근본적인 위험요소가 되기 때문이다. 여기에서 우리는 채만식 소설의 근원적인 원형과 내면적 원리를 도출해낼 수 있다. 그것은 '윤리'와 '욕망'의 갈등이다. 그것을 '당위론적 가치체계'와 '존재론적 사실세계'와의 대립구도라고 달리 표현할 수도 있을 것이다. '윤리'와 '욕망'의 갈등이라는 구도는 채만식 소설의 전체적인 주제를 관통하는 일관된 원리이자 원형에 해당한다고 해도 과언이 아니다. 그리고 채만식 소설의 주제의식은 '욕망'의 어긋남을 견디기보다는 '윤리'적 체계로의 지향을 보여준다 하겠다. 그리고 '윤리'와 '욕망' 사이에서 갈등하는 인간의 고뇌에 찬 모습이야말로 작가 채만식의 초상이라 하지 않을 수 없다. 그런 맥락에서 '윤리'와 '욕망' 사이에서 고민하는 채만식 자신의 자화상을 『탁류』의 정주사의 모습에서 발견할 수 있음은 결코 우연이 아니다. 인간의 욕망에 대한 채만식의 이와 같은 이중적인 시선은, 그의 소설이 결국 현실의 원리들을 포섭하지 못한 채 추상적 윤리의 세계로 초월해버리거나 타락한 현실에 대한 전면적 거부를 의미하는 허무주의적 세계로 침윤되어가는 과정의 주요한 요인이자 내적 동기로 작용하게 된다. 결론적으로 채만식 소설에 있어 인간의 무의식적 욕망은 '존재론적 수용'의 대상임에는 분명하지만 그러나 동시에 인정하고 싶지 않은 '비관적 체념'의 대상이기도 하다고 평가할 수 있다.

3. 욕망의 복수적 계열화와 중립성의 의미

1) 유동적 인물과 의미의 집적

1937년 발표된 『탁류』는 총 19장으로 이루어진 장편소설이다. 「태평천하」가 소설의 전체적인 담론을 장악하고 있는 서술자에 의해 파악되고 구성된 세계를 보여주는 반면에, 『탁류』는 다양한 인물들의 시각으로 서술의 관점을 개방하고 있다. 본격적인 분석에 앞서 『탁류』가 놓여 있는 자리의 윤곽을 가늠해보기로 하자. 다음은 소설의 서두이다.

금강(錦江)……

이 강은 지도를 펴놓고 앉아 가만히 들여다보노라면, 물줄기가 중동께서 남북으로 납작하니 째져가지고는―한강(漢江)이나 영산강(榮山江)도 그렇기는 하지만―그것이 아주 재미있게 벌어져 있음을 알 수 있다. 한번 비행기라도 타고 강줄기를 따라가면서 내려다보면 또한 그럼직할 것이다. / 저 험준한 소백산맥(小白山脈)이 제주도(濟州道)를 건너보고 뜀을 뛸 듯이, 전라도의 뒷덜미를 급하게 달리다가 우뚝…… 또 한번 우뚝…… 높이 솟구친 갈재[蘆嶺]와 지리산(智異山) 두 산의 산협 물을 받아 가지고 장수(長水)로 진안(鎭安)으로 무주(茂朱)로 이렇게 역류하는 게 금강의 남쪽 줄기다. 그놈이 영동(永同) 근처에서는 다시 추풍령(秋風嶺)과 속리산(俗離山)의 물까지 받으면서 서북(西北)으로 좌향을 돌려 충청좌우도(忠淸左右道)의 접경을 흘러간다. / 그리고 북쪽 줄기는. / 좀 단순해서, 차령산맥(車嶺山脈)이 꼬리를 감추려고 하는 경기(京畿) 충청(忠淸)의 접경 진천(鎭川) 근처에서 청주(淸州)를 바라보고 가느다랗게 흘러내려오다가 조치원(鳥致院)을 지나면 거기서 비로소 오래 두고 서로 찾던 남쪽 줄기와 마주 만난다. / 이렇게 어렵사리 서로 만나 한데 합수진 한 줄기 물은 게서부터 고개를 서남으로 돌려 공주(公州)를 끼고 계룡산(鷄龍山)을 바라보면서 우줄거리고 부여(夫餘)로…… 부여를 한 바퀴 휘돌려다가는 급히 남으로 꺾여 단숨에 논메[論山], 강경이[江景]까지 들이닫는다. / 여기까지가 백마강(白馬江)이라고, 이를테면 금강의 색동이다. 여자로 치면 흐린 세태에 찌들지 않은 처녀 적이라고 하겠다. / 백마강은 공주 곰나루[熊津]에서부터 시작하여 백제(百濟) 흥망의 꿈자취를 더듬어 흐른다. 풍월도 좋거니와 물도 맑다. / 그러나 그것도 부여 전후가 한창이지, 강경에 다다르면 장꾼들의 흥정하는 소리와 생선 비린내에 고요하던 수면의 꿈은 깨어진다. 물은 탁하다. / 예서부터가 옳게 금강이다. 항은 서서남(西西南)으로, 빗밋이 충청 · 전라 양도의 접경을 골타고 흐른다. (…중략…) 이렇게 에두르고 휘돌아 멀리 흘러온 물이, 마침내 황해(黃海)바다에다가 깨어진 꿈이고 무엇이고 탁류째 얼러 좌르르 쏟아져버리면서 강은 다하고, 강이 다하는 남쪽 언덕으로 대처(大處 : 市街地) 하나가 올라앉았다. / 이것이 군산이라는 항구요, 이야기는 예서부터 실마리가 풀린다. / 그러나 항구라서 하룻밤 맺은 정을 떼치고 간다는 마도로스의 정담이나, 정든 사람을 태우고 멀리 떠나는 배 꽁무니에 물결만 남은 바다를 바라보면서 갈매기로 더불어 운다는 여인네의 그런 슬퍼도 달코롬한 이야기는 못된다.(2 : 7~8)

인용문은 소설 『탁류』의 전체적인 주제를 암시한다. 비유적인 표현이 허락된다면, '금강의 색동이'인 '백마강' 혹은 "여자로 치면 흐린 세태에 찌들지 않은 처녀 적"의 상태란 삶의 어긋남과 현실의 분열상에 아직 노출되지 않은 상태를 의미한다고 볼 수 있다. 그것은 부조화나 갈등보다는 이상형에 대한 낭만적 열정으로 충만해 있는 상태이다. 그와 같이 현실에 대한 명쾌하고도 분명한 인식은 낭만적 세계 인식을 바탕으로 한 「태평천하」에서 확인할 수 있었다. 낭만적 세계 인식은 그 선명함과 명쾌함만큼이나 현실에 대한 파악과 이해가 단선적이라는 특징을 지닌다. 이와 같은 맥락에서, "장꾼들의 홍정하는 소리와 생선 비린내", "깨어진 고요하던 수면의 꿈" 등이 상징하고 있는 것이 바로 『탁류』의 세계임을 우리는 쉽게 짐작할 수 있다. 거기에는 인간의 추악한 면모들이 고개를 들고 비루하고 속악한 현실의 모습들이 적나라하게 드러난다. 따라서 『탁류』의 주제는 낭만성으로 채색된 "마도로스의 정담"이나, "여인네의 그런 슬퍼도 달코롬한 이야기"와는 거리가 먼 것이다. 여기에서 우리는 『탁류』의 기본적인 입장과 태도가 '낭만주의'가 아니라 '현실주의'에 입각해 있음을 알 수 있다. 그러면 이와 같은 현실주의가 담고 있는 내용은 어떤 것인가. 먼저 『탁류』의 줄거리를 요약해 보기로 하자.

『탁류』의 첫 장, '1. 人間 記念物'은 초봉의 부친 정주사의 장이라 할 수 있다. 군산 미두장의 별 볼일 없는 하바꾼(節치기꾼), 정주사(정영배)는 밑천 없이 하바를 한 것이 탄로나 모진 봉욕을 당하고는 집으로 발길을 돌린다. 이 장에서는 정주사의 이력과 그의 가족들이 소개되고 있다. 그들은 한마디로 '명일(明日)이 없는 사람들'이다. '2. 生活 第一課'는 박제호가 운영하는 제중당으로 장면을 옮겨서, 주인공 초봉이와 박제호, 그의 부인 윤희를 소개하고 있다. 그리고 승재와 태수를 놓고 저울질하는 초봉의 심리적 갈등을 보여준다. '3. 新版 興甫傳'은 고전작품 「흥부전」을 패러디해, 정주사네의 저녁 먹는 풍경을 스케치한다. 여기에 남승재의 이력도 함께 소개된다. '4. '…… 生涯는 方眼紙라!'는 대표적인 부정적 인물, 고태수와 장형보를 소개하고 있다. '5. 아씨 行狀記'는 탑삭부리 한참봉의 부인 김씨와 한참봉네에 하숙하고 있는 고태수의 색정(色情)의 내력을 서술하고 있다. '6. 조그마한 事業'은 명님네를 돌봐주면서 시작한 승재의 '야간개업'을 서술한다. '7. 千兩萬兩'에서는 초봉이의 약혼식을 앞둔 정주사내외의 속물근성을 묘사한다. '8. 외나무다리에서'는 결혼을 앞두고 성병을 치료하러 승재가 있는 금호의원을 찾은 태수와 승재의 우연한 만남을 다루고 있다. '9. 杏花의 辨'에서는 신혼집에 구경 온 초봉이 자매와 태수, 형보, 행화와의 어색한 만남을 그린다. '10. 颱風'은 초봉의 결혼과 급작스런 태수의 죽음을 다룬다. '11. 待避線'은 군산을 떠나기로 결심하고 서울로 향하는 초봉이의 회포를 그린다. '12. 만만한 자의 姓名은'에서는 얼떨결에 박제호의 여자로 전락해버리는 초봉이의 우유부단함을 묘사한다. '13. 흘렸던 씨앗'에서 초봉이는 누구의 자식인지도 모른 채 딸 송희를 낳는다. '14. 슬픈 曲藝師'에서는 박제호와 장형보의 거래 끝에 다시 장형보의 여자가 되는 초봉이의 기구한 운명을 보여준다. '15. 食慾의 方法論'에서 장면은 다시 군산으로 바뀌어 정주사네와 승재의 근황을 알려준다. '16. 彈力 있는 아침'에서는 성숙한 계봉이의 건강한 젊음을 집중적으로 조명한다. '17. 老童 訓戀日記'에서는 계봉과 승재의 풋풋한 사랑을 그린다. '18. 外菩薩 內夜叉'에서 초봉이는 드디어 원수같은 장형보를 때려죽인다. '19. 序曲'에서 초봉이는 자살을 단념하고 승재의 뜻에 따라 자수하기로 마음을 먹는다.

대략 9장까지는 초봉의 결혼 문제가, 10장 이후로는 초봉의 인생유전이 소설의 커다란 줄거리를 형성하고 있다.[63] 『탁류』는 무엇보다도 주인공 초봉이의 이야기다. 초봉이의 가족인 아버지 정주사, 어머니 유씨, 동생 계봉이와 형주, 병주, 그리고 주인물로 볼 수 있는 승재와 고태수, 꼽추 형보 그리고 박제호 부부, 한참봉 부부 등 많은 인물들이 등장하지만 그 이야기의 중심은 초봉이라는 인물에 집중되어 있다. 그러나 아이러니컬하게도 소설의 사건을 전개시키는 주요한 추동력은 초봉이가 아니라, 초봉이를 향한 남성 인물들의 욕망이다. 초봉이를 둘러싼 인물들의 각기 다른 욕망의 궤적이 소설의 빛과 그늘을 만들어낸다. 여기에 초봉이는 자신의 욕망대로 행동하지 못하고, 남성 인물들의 욕망이 일으킨 파장 속에서 수동적으로만 반응한다. 어떤 의미에서 소설 『탁류』의 진정한 주제는 초봉이의 파란만장한 삶보다도 다양한 인물들이 그려내는 '욕망의 지형도'로 볼 수 있을 것이다. 이상의 인물들에서 서술자는 계봉이와 남승재 정도를 긍정적인 인물로 그리고 있고 초봉이를 포함한 나머지 인물들은 부정적인 시각에서 묘사한다. 주인공 초봉이의 수동적이고 소극적인 성격은 다음과 같이 묘사된다.

---

63 『탁류』의 전반부에서 보여지는 식민지 현실에 대한 인식과, 초봉의 결혼 이후 후반부에서 보여지는 통속성과의 괴리는 김남천 이후 많은 평자들에 의해서 지적되어 온 사실이다.

> ① 초봉이의 그처럼 끝이 힘없이 스러지는 연삽한 말소리와 그리고 귀가 너무 작은 것을, 그의 부친 정주사는 그것이 단명(短命)할 상이라고 늘 혀를 차곤 한다. / 말소리가 그럴 뿐 아니라 얼굴 생김새도 복성스러운 구것이 없고 청초하기만 한 것이 어디라 없이 불안스럽다. / 티끌 없이 해맑은 바탕에 오뚝 날이 선 코가 우선 눈에 뜨인다. 갸름한 하장이 아래로 좁아내려가다가 급하다 할 만큼 빨랐다. / 눈은 둥근 눈이지만 눈초리가 째지다가 남은 것이 있어 길어 보이고, 거기에 무엇인지 비밀이 잠긴 것 같다. / 윤곽과 바탕이 이러니 자연 선도 가늘어서 들국화답게 초초하다. 그래서 보는 사람으로 하여금 웬일인지 위태위태하여 부지중 안타까운 마음이 나게 하던 것이다. / 이와 같이 말하자면 청승스런 얼굴이나 그런 흠을 많이 가려주는 것이 그의 입과 턱이다. / 조그맣게 그려진 입이, 오긋하니 동근 주걱턱과 아울러 그저 볼 때도 볼 때지만 무심코 해쭉이 웃을 적이면 아담스런 교태가 아낌없이 드러난다.(2 : 28)

> ② 초봉이는 비단 오늘 일뿐 아니라, 크고 작은 일이고 간에 누구한테든지 저 하고 싶은 대로 고집을 세운다든가, 속에 있는 말을 조백이게 해대지를 못한다. 속이야 다 우렁잇속같이 있으면서 말을 하자고 들면, 가령 그것이 억울하다든가 분한 경우라든가 기운이 겉으로 시원시원하게 내뿜기지를 못하고 속으로만 수그러들어, 목이 잠기고 눈물이 앞을 서곤 한다.(2 : 37~38)

이와 같은 소극적인 성격 때문에 초봉이는 삶에 대해서 운명론적 태도를 갖고 있다. 결혼을 결정할 때 초봉은 자신의 의사를 적극적으로 개진하지 못하고 부모의 뜻을 그대로 따른다. 박제호의 여자가 될 때나, 다시 장형보의 여자가 될 때에도 초봉은 모든 것을 팔자소관으로 돌리고 결국 스스로를 체념하게 된다. 사실 초봉이의 기구한 운명은 불가항력적인 것이라기보다는, 자신의 소극적인 성격이 자초한 부분이 적지 않다. 이러한 초봉이의 소극적인 성격은 작품 전체를 통해 변화를 겪지 않고 그대로 유지되기 때문에 포스터적 의미에서는 분명히 평면적이라 할 수 있다. 그러나 사건의 전개 양상에 따라 깊이 영향을 받고, 결말에서는 형보를 죽이기까지 하는 행동의 변화를 보이기 때문에 그 구체적인 면모는 한편으로 유동적이다. 남이야 뭐라 하든 아랑곳 하지 않는, 「태평천하」의 윤직원 영감은 확실히 평면적이라 할 수 있지만, 변화하는 현실의 사태들 속에서 영향관계에 놓여 있는 초봉이는 평면적이라기보다는 '유동적' 인물로 파악하는 것이 적절하다. 반면 동생 계봉이는 초봉이의 이와 같은 성격과 분명한 대조를 이룬다.

> 그 볼때기하며, 계봉이는 성질도 그렇거니와 생김새도 형 초봉이와는 아주 딴판이다. / 계봉이는 몸집이고 얼굴이고 늘품이 있다. 아무데고 살이 있어서 북실북실하니 탐스럽다. 코가 벌씸한 것은 사람이 좋아 보이나, 처진 볼때기에는 심술이 들었다. 눈과 이마도 뚜렷하니 어둡지가 않다. 그러한 중에도 제일 좋은 것은 그의 입이다. / 마음을 탁 놓고 하하 웃을 때면, 시원스럽게 떡 벌린 입으로 그리 잘지 않은 앞니가 하얗게 드러나기까지 하여, 보는 사람도 속이 후련하다. / 초봉이의 웃는 입은 스러질 듯이 미묘하게 아담스럽지만, 계봉이의 웃음은 훤하니 터져나간 바다와 같이 개방적이요, 남성적이다. 그런만큼 보매도 믿음직하다. / 계봉이는 아직 활짝 피지는 않았다. 그러나 오래잖아 초봉이의 남화(南畵)답게 곱기만 한 얼굴보다 훨씬 선이 굵고 실팍한 여성미를 약속하고 있다.(2 : 60)

『탁류』에서 계봉이는 승재와 함께 있어야 할 긍정적인 가치를 표상하고 있는 인물이다. 둘 사이의 관계를 주도하는 것은 적극적인 계봉이며, 결국 둘은 사랑에 빠지게 된다. 또한 세상을 보는 눈이 순진하고 추상적인 승재와는 달리 계봉이는 훨씬 현실적이고 구체적이다. 따라서 표면적인 소설의 주인공은 분명 초봉이지만 지향해야 할 가치를 선취하고 있는 것은 계봉과 승재이며, 그 중에서도 특히 계봉이라 할 수 있다. 초봉은 그의 소극적이고 운명론적인 성격으로 인해 『탁류』의 긍정적인 가치를 대표하지 못한다. 이들과 반대편에서 부정적인 가치를 대표하고 있는 인물은 고태수와 장형보이다. 그러나 이 두 인물군의 가치 체계는 갈등하면서 이원적으로 대립하기보다는 이항적으로 '양립(兩立)'하면서 대비된다. 「태평천하」의 경우 대립의 축을 이루는 것은 서술자와 인물의 담론이다. 그러나 『탁류』의 경우에는 서술자는 상대적으로 비개입적인 자리로 물러나 있고 인물들의 담론이 대립의 축을 형성한다. 즉 서술자는 계봉이나 승재의 가치관에 대해서 분명하게 적극적인 의미 부여를 하지 않는다. 그렇다고 태수나 악의 화신으로 그려지고 있는 장형보에 대해서도 별반 비판을 가하지는 않는다. 오히려 서술자의 주석 혹은 비판적인 개입은 고태수나 장형보 같은 악인이 아니라 초봉의 부모인 정주사와 부인 유씨에게서 두드러진다. 특히 『탁류』에서는 정주사에 대한 서술자의 비판이 전면화되는 양상을 보이는데 이는 매우 주목할 만한 현상으로 볼 수 있다. 그리고 그 비판의 대상이 되는 것은 정주사가 가지고 있는 기만적이고 위선적인 윤리와 가치관의 이중성, 속물근성 등이다. 다음 예문을 살펴보자.

① 초봉이는 내일 모레면 서울로 간다고 모녀가 들어서 옷을 새로 하네 어쩌네 들이 서둘고 있다. 그거야 가장(家長)이요, 부친 된 사람의 위엄으로 가지 못하게 막자면야 못할 것은 없다(……고 정주사는 생각한다).(2 : 128)

② 그는 인제 마지막으로 초봉이한테 하려는 그 말은 '여우 같은 그년' 계봉이가 있는 데서는 내놓기가 겁이 났었다. 보나 안 보나, 고 주둥아리에 또 무어라고 말참견을 해서 속을 상해줄 테니까.(……가 아니라 실상은 계

봉이가 무서워서)(2 : 152, 강조 필자)

> ③ 정주사네 내외는 당장 눈 앞에 태수가 송장이 되어 자빠졌다는 것 외에는, 모두가 반신반의스러웠다. 아니 도리어, 미더운 편으로 기울기는 하나, 이 혼인을 정할 때 장사 밑천에 홀리어 사위의 인물의 흐린 점이 있는 것도 모른 체하고 '관주'를 주어버린 자기네의 마음의 죄책을 다만 얼마동안이라도 회피하기 위하여, 우정 형보의 씨월거리는 소리를 곧이듣고 싶지가 않았던 것이다. // 그러나 그러한 것은 아무래도 좋고 '날아가버린 장사 밑천' 그것이 속절없어, 태수의 죽음은 하늘이 무너진 듯 아뜩했다. "허! 흉악한 일이로군!" 정주사가 천정을 올려다보면서 이렇게 탄식을 한다. 그것은 사위가 죽은 데 대한, 따라서 딸의 신세를 생각하는 장인이요 아버지의 상심(傷心)이 노상 아닌 것도 아니나, '날아가버린 장사 밑천'이 더 안타까와 "허! 허망한 일이로군!"이라고 하고 싶은 심정이었었다.(2 : 244)

①은 정주사의 이기적인 욕망과 위선적인 윤리를 비판하는 대목이고, ② 역시 부인 유씨의 윤리의 허구성을 고발하는 대목이다. 서술자는 문단의 말미에 사족이랄 수도 있는 주석을 덧붙임으로써, 인물이 진술하고 있는 의식이나 가치관에 동의하지 않고 있음을 직접적으로 드러내고 있다. 이러한 수준의 직접적인 비판과 비난은 고태수나 장형보 등의 부정적 인물들에서는 나타나지 않는다. 그들의 행태는 서술자의 직접적인 비판을 피해간다. 오히려 전체적인 수준에서 '윤리적 중립지대'에 속해 보이는 정주사에게 서술자의 비판은 집중되고 있다. 소설의 첫 장, '人間記念物'에서 이미 예견되고 있듯이 정주사는 『탁류』에서 거의 유일하게 '직접적인' 풍자의 대상이 된다. 서술자가 비난하는 것은 ③에서 보이듯이, 정주사가 지니고 있는 속물근성과 윤리적 이중성인데 이와 같은 집중된 비판이 갖는 의미는 다음 절에서 구체적으로 논의하기

로 한다. 이상의 서술에서 『탁류』의 인물들은 긍정적 인물군 · 부정적 인물군 · 중간형 인물군의 세 부류로 나누어 볼 수 있음을 알 수 있다.

소설이란 사건의 인과적 배열을 통해 의미의 집적과 집중을 생산해 내는 장르이다. 다시 말해 소설에서 의미의 계열화란 기본적으로 사건의 인과적 연속을 통해 발생하는 것이다. 의미의 계열화는 물론 사건의 우연적 계기들을 배제하지 않는다. 「태평천하」가 사건의 인과성보다는 장면 설정에 주력함으로써 단일한 가치체계로의 의미의 집중을 보여준다면, 『탁류』는 인과적 사건의 지속을 통해 서사의 전개에 주력함으로써 의미의 집적을 보여준다. 『탁류』에는 물론 우발적인 사건들이나 우연적 계기들이 포함되어 있다. 그러나 시간적으로 뒤의 사건은 앞에 일어난 사건들의 연속적 계기 속에서 발생하며, 서사의 진행은 순차적 시간을 따르고 있다. 이는 「태평천하」가 과거의 사건들에 대한 서술자의 요약적 진술로 인해 '시간의 역전현상'이 종종 일어나는 것과 대비된다. 앞서 『탁류』는 초봉이를 중심으로 한 이야기이지만 사건을 전개시키는 추동력은 초봉이를 향한 남성 인물들의 욕망이라고 지적한 바 있다. 『탁류』의 주요 사건들은 초봉이의 입장에서 다음의 몇 가지로 요약될 수 있을 것이다. 아래 각 항목의 앞부분은 사건과 결과를, 괄호 속의 내용은 원인과 배경을 뜻한다.

① 초봉의 결혼(부모의 이기심, 초봉의 자기희생)
② 고태수의 죽음(형보의 욕망)
③ 박제호와 결합, 송희의 출산(우연, 제호의 욕망)
④ 장형보와 결합(형보의 욕망, 과거의 강간)
⑤ 장형보 살해(우발적 살인, 형보에 대한 원한)

그러면 위 요약된 사건을 중심으로 이야기를 정리해 보기로 하자.

『탁류』의 사건의 출발점이라 할 수 있는 고태수와 초봉이의 결혼은 형보의 욕망과 질투심을 자극한다. 형보는 한참봉에게 부인 김씨와 태수의 불륜 사실을 알려 두 사람을 죽음에 빠뜨리게 한다. 그리고는 초봉이마저 겁탈한다. 태수가 죽고 형보에게 몸까지 빼앗긴 초봉이는 새 출발을 다짐하며 군산을 떠나 서울로 향하지만 우연히 만난 박제호의 꼬임에 넘어가 얼떨결에 다시 제호의 여자가 되고 만다. 박제호와 살림을 차린 서울에서 초봉이는 누구의 자식일지 모를 딸 송희를 낳는다. 어느 날 형보가 찾아와 송희를 제 자식이라고 우기며 초봉이를 차지하려 든다. 그러나 제호가 송희와 자신을 지켜줄 의사가 없다는 사실을 깨닫는 순간, 초봉이는 딸을 위해 원수 같은 장형보를 선택한다. 껍데기뿐인 장형보와의 생활을 견디다 못해 결국 초봉이는 형보를 죽이게 된다. 문제는 이와 같이 초봉이라는 인물에 집중되어 있는 사건의 진행이 새로운 가치의 형성이나 의미의 생산에 기여하지는 않는다는 점이다. 그것은 남성 인물들의 욕망에 휘둘리는 소극적인 한 여성의 기구한 '몰락의 과정'을 그려내고 있을 뿐이다.

『탁류』가 사건의 인과적 연속을 통해 의미의 집적을 보여주기는 하지만 그것이 새로운 의미의 형성에 이르지 못하고 있는 것은, 서사의 골격이 초봉을 중심으로 '성욕(性慾)의 단선적인 차원'에 집중되어 있기 때문이다. 이와 같은 관점에서 『탁류』는 통속소설을 벗어나기 어렵다. 『탁류』가 「태평천하」보다 우수하다고 할 수 있는 것은, 인간의 삶과 현실이 그렇게 단순하거나 명료하지만은 않다는 통찰과 인식을 보여주기 때문이다. 다시 말해 「태평천하」가 미리 마련된 규준과 가치체계에 의해 파악된 단선적 세계 인식을 펼쳐 보인다면, 『탁류』는 욕망의 복수성에 주목하여 세계에 대한 개방적이고 복합적인 인식을 보여준다. 그러나 욕망의 복수성과 세계의 복합성에 대한 천착을 끝까지 견지하지 못하고, 획일적인 성욕의 차원으로 회귀하는 데서 『탁류』는 실패하고 통속소설로 떨어지고 만다. 엄밀한 의미에서, 성기 성욕으로 '국소화(局所化)'된 리비도의 집중은 복수적인 '욕망'이 아니라 생물학적 '욕구'의 차원을 가리키게 된다.

2) 존재·당위의 분열과 욕망의 양극화

『탁류』는 현실 속의 존재와 당위의 분열상을 있는 그대로 그려내고 있다. 그것은 당위론적 가치체계를 전면에 내세우지 않고 부정적인 현실을 부각시키는 방향으로 진행된다. 그런 맥락에서 긍정적인 인물군을 형성하고 있는 승재와 계봉이보다는, 주인물 초봉이를 중심으로 한 형보와 태수 등 부정적인 인물군의 타락상이 소설의 중심을 이루고 있다. 한편 『탁류』는 미두장에서의 비정상적인 자본이동 등 식민지 사회의 현실을 고발하기도 한다. 그러나 주제론적 층위에서 이야기의 중심은 어디까지나 각기 다른 인물들이 발산하는 개인의 욕망의 문제에 집중되어 있다. 어떤 의미에서 『탁류』의 진정한 주제는 욕망의 문제라 할 수 있으며, 『탁류』가 빛을 발하는 순간도 바로 다원적인 욕망의 차원을 통해 삶과 현실의 복합성을 드러내는 지점에서이다. 다시 말해 욕망의 문제는 부정적인 인물군에게만 한정되고 있는 것이 아니라 긍정적인 인물군을 통해서도 제기된다. 예문 ①은 초봉의 약혼식에 참석한 인물들의 반응을 살피고 있으며, ②는 신혼집에서 어색하게 마주친 다섯 남녀의 우연한 만남을 인물 각자의 시각에서 조명하고 있다.

① 그래서 일은 좀 싱거웠고, 일이 싱거운지라 자리가 또한 싱거워 놔서, 전원이 모여앉은 지는 한 시간이로되, **초봉이는** 너무 오랫동안 고개를 숙이고 앉았기 때문에 충혈이 되어서 얼굴이 아프고, **형주는** 장난을 못해서 좀이 쑤

시고, 태수는 장인영감이 될 정주사의 앞이라서 담배를 못피워 입안이 텁텁하고, 정주사는 인제 혀가 갈라진 줄도 모르고 귀한 해태표를 연신 갈아 피우면서 탑삭부리 한참봉더러, 옛날 우리 조선 사신이 상국(上國 : 宋 · 明)에 갔다가 글재주와 꾀로써 거기 사람을 혼내 주었다는 이야기를 하고 있으되, 자리가 자리인만큼 탑삭부리 한참봉이 거 묵은 셈 조간을…… 이런 소리를 하지 못하는 그 속이 고소했고, 탑삭부리 한참봉은 이렇게 심심하게 앉아 있느니 아이놈한테 맡겨놓고 들어온 가게나 나가보든지, 정주사와 장기를 한판 두든지 하고 싶었고, 김씨는 아랫목에 태수와 나란히 앉아 있는 초봉이를 보니 일찍이 내가 태수와 누웠던 자리에 인제는 네가 앉아 있구나 하는 시새움과 감개가 없지 못했으나, 일변 안팎으로 드나들기에 정신이 없었고, 그리고 형보는 (…중략…) 초봉이의 손은, 일제히 그리로 쏠려가지고 제각기 감회가 다르게 바라보는 열두 개의 눈앞에서 바르르 가늘게 떨린다.(2 : 155~156)

② 초봉이는 고개를 푹 숙이고, 계봉이는 덤덤하니 서 있고, 형보는 히쭉이 웃고, 행화는 의아하고, 태수는 어쩔 줄을 몰라 허둥지둥이다. 그는 뒤를 돌려보다가 초봉이를 건너다보다가, 뒤통수를 긁으려고 하다가 밭은기침을 하다가, 벙끗 웃다가 하는 양이, 보기에도 민망할 지경이다. 다섯 남녀의 마음은 다 제각기 다르게 동요가 되었다. 얼굴마다 또렷또렷하게 마음을 드러내놓는다. // 초봉이는 행화가 웬일인고 싶어 이상하기도 했으나, 그런 것을 생각해볼 겨를이 없이 수줍은 게 앞서서 얼굴이 홍당무가 되어가지고 빗밋이 돌아서 있다. 계봉이는 태수의 얼굴은 알아볼 수 있으나, 형보를 보고, 저건 어디서 저런 흉허운 게 있는가, 또 태수가 웬 기생을 데리고 다니니 필경 부랑자이기 쉽겠다 하여, 눈살이 꼬옷꼿하고 이마를 찡그린다. 형보는 속으로 고소해서 죽는다. '너 요녀석, 거저 잘꾸사니야!' '바짓가랭이가 조옴 캥기리!' '조롷게 생긴 계집애한테루 장가를 들랴면서 기생년을 꿰어차구 다니니 하늘이 알아보실 일이지!' '아무려나 초봉이 너는 내 것이니 그

리 알아라, 흐흐.' 행화는 초봉이가 초봉인 줄도 모르거니와, 그가 태수하고 결혼을 하게 된 '초봉이'라는 것도 몰랐고, 단지 제중당에서 친한 새악시가 와서 있으니까 반갑기도 하고 이상하기도 하여 뽀르르 초봉이한테 달려든다. 태수는 이리도 못하고 저리도 못하고, 그러나 이렇게고 저렇게고 간에 무얼 어떻게 분별할 도리도 없어 필경 울상을 한다.(2 : 194~195, 강조 필자)

여기에서 인물들은 동일한 상황에 놓여 있음에도 자기 시야에 갇혀서 서로 전혀 무관한 욕망의 편차를 보여준다. 개인의 욕망이 얼마나 자기 중심적인 것인가가 극명하게 드러나는 대목이다. 이와 같이 동일한 상황에 처한 인물들의 입장과 태도의 차이와 이질성을 드러내는 것은 채만식 소설에서 하나의 일정한 양식으로 유형화되어 있다. 그와 같은 양상은 여타의 작품에서도 반복되어 나타나기 때문에 이를 예증하기란 어렵지 않다. 이는 나머지 장의 소설의 분석에서 재차 언급되게 될 것이다. 각기 다른 인물들의 욕망의 다양성은, 개인적 차원에서는 욕망의 복합성으로 나타난다. 부정적인 인물들은 물론이고 주인공인 초봉이나 긍정적인 인물로 그려지고 있는 승재도 욕망의 자기분열을 경험한다.

① 눈물이 난다는 유씨는 그냥 맹숭맹숭하고, 초봉이가 고개를 숙인 채 눈물이 좌르르 쏟아진다. 그것은 부친을 가엾어하는 눈물이기도 할 것이다. 그러나 노상 그것만도 아니다. 그는 모친에게서 결혼을 하고 나면 태수가 장사 밑천으로 돈을 몇천 원 대주어서 부친이 장사 같은 것을 하게 한다는 그 말을 듣고는 다시는 더 여부없이 태수한테로 뜻이 기울어져 버렸다. (…중략…) 그러나 시방 초봉이는 제 마음의 한편 눈을 감고서라도 태수한테 뜻이 있어서가 아니요, 그 유리한 조건 한가지 때문이라고 해서나마, 안타까운 제 심정의 분열을 짐짓 위로하고 싶을이만큼 일변으로는 승재한테 대하여 커다란 미련과 민망스러움이 간절했다. (…중략…) 게다가 또다시

한 가지는, 그러한 부친과 이러한 집안을 돕기 위하여 나는 나를 희생을 한다는 처녀다운 감격 …… 이렇게나 모두 무엇인지 분간을 못하게 뒤엉켜 가지고 눈물이라는 게 흘러내리던 것이다.(2 : 153)

② 승재는 태수가 밉기는 하면서도 그의 하는 양이 어쩌면 어린아이처럼 단순하고 명랑한 것이, 일변 귀염성스럽기도 했다. 그러나 이 귀엽다는 생각은 시방 불시로 우러난 것이 아니요, 태수가 초봉이를 뺏어가는 사람이라서 미운 생각이 와락 치달을 때 그 때에 벌써 그 미운 생각과 같은 순간에 배태가 되었던 것이다. 초봉이를 뺏어가는 사람이니까 밉지만, 그러나 초봉이의 배필이 될 사람이니까 일변 귀엽던 것이다. 이 귀여운 생각은 그런데 미운 생각이 너무 강렬했기 때문에 그만 껴눌려 버렸던 것이, 그랬다가 대수롭지 않은 일에 기회를 얻어 의식 위에 떠오른 것이다. 그러기 때문에 귀엽다는 생각은 순간만에 사라지지를 않고, 도리어 무럭무럭 자라났다. 승재는 이 모순된 두 개의 감정에 휘달려 속으로 몸부림을 쳐도 그것을 벗어날 수는 없었다.(2 : 168~169)

③ 마당 가운데로 지나면서는 초봉이와 얼굴이라도 마주치기를 꺼려하는 제 마음과 정반대로, 마지막 얼굴이라도 한번 마주쳤으면 싶어 무심결에 안방께로 고개가 돌아간다.(2 : 171)

인용 ①은 어머니 유씨의 종용 끝에 초봉이가 태수와의 결혼을 결심하고 눈물을 흘리는 장면이다. 여기에서 초봉이의 눈물에는 부친에 대한 연민과 승재에 대한 미련, 자기희생에 대한 감격 등의 감정이 한꺼번에 뒤엉켜 있다. 다시 말해 초봉이의 복잡한 감정에는 대상애(對象愛)와 자기애(自己愛), 이타심과 이기심이 공존하고 있다. 따라서 무의식의 수준에서 초봉이의 진실이 무엇인가를 단정적으로 이야기하기는 어렵다. 인용 ②와 ③은 각각 태수와 초봉이에 대한 승재의 양가감정을 서술한다. ②에서 승재는 무의식적인 적대감을 가지고 있는 고태수에게서 불현듯 호감과 친밀감을 느낀다. 그것이 모순된 감정임을 스스로도 알고 있지만 승재는 감정의 혼란에서 벗어나지 못한다. 이는 인간의 내면에 자신의 의식으로 통제할 수 없는 무의식의 존재를 입증하는 것이다. ③ 역시 의존심과 적대감이라는 초봉이에 대한 승재의 '양가감정(ambivalence)'을 보여준다. 이와 같이 개인적 차원의 욕망의 복합성은, 인물들의 욕망의 다양성과 함께 욕망의 '복수적 성격'을 드러내는 데 기여한다. 이를 통해서 『탁류』는 삶과 현실을 보다 유연하고 개방적인 시각에서 입체적으로 조명하고 있다고 평가할 수 있다. 한편으로 『탁류』에서 드러나는 욕망의 복수적 성격은 존재와 당위 간의 분열을 심화시킨다. 분명한 사실로서 존재하는 삶과 현실의 복합성은 당위론적 가치체계가 함축하는 단선적 세계 인식으로 파악되고 수렴되기 어렵다. 그것은 욕망의 복수성이 당위론적 가치를 표상하고 있는 긍정적 인물군에도 나타나기 때문에 더욱 그러하다. 표면적으로 『탁류』의 욕망의 체계는 당위론적 가치를 표상하는 긍정적인 인물들의 사회적이고 대타적인 욕망과 현실적 존재로서 부정적 인물들의 이기적이고 자기충족적인 욕망으로 대별된다. 그러나 인물들의 욕망은 단일한 실체로 파악되지 않으며 양 극단으로 분화될 뿐 그 우열관계는 설정되지 않는다.

3) 서술·묘사의 균형과 중립적 서술

『탁류』에서 서사의 진행은 서술자의 개입과 비개입의 '교차'를 통해 이루어진다. 서술자의 직접적인 진술과 간접적인 묘사는 비교적 균형을 이루고 있다. 한편으로 『탁류』의 기조적인 톤은 풍자에 가깝지만,

「태평천하」에 비해 상대적으로 그 어조는 많이 약화되어 있다. 그리고 서사의 진행은 서술자의 직접적인 개입이나 주관적 논평보다는 주로 인물들의 행동을 바탕으로 한 사건의 전개에 토대하고 있다. 여기에서 서술자는 비개입적인 자리에 물러나 있어서, '보여주기'를 통한 묘사의 서술방식이 우세해진다. 하지만 서술방식으로서 묘사만이 전면에 부각되지는 않는다. 서술자는 필요한 경우 편집자적인 위치에서 직접 작품에 개입하거나 논평을 첨가하면서 '말하기'를 수행하기도 한다. 그러나 '보여주기'와 '말하기'를 모두 포함하여 그 서술의 태도와 관점은 주관적이기보다는 객관적이고 중립적인 편이다.

다음의 예는 인물에 대한 묘사가 서술자의 풍자적인 논평과 결합된 경우이다. 예문은 형보의 외모를 묘사한다.

> 이 사람을 목간통에서 보면 더욱 기괴하다. 고릴라의 뒷다린 듯싶게 오금이 굽고 발끝이 밖으로 벌어진 두 다리 위에, 그놈 등 뒤로 혹이 달린 짧은 동체(胴體)가 붙어 있고, 다시 그 위로 모가지가 있는 둥, 마는 둥, 중대가리로 박박 깍은 박통만한 큰 머리가 괴상한 얼굴을 해가지고는 척 올라앉은 양은, 하릴없이 세계 풍속사진 같은 데 있는 아메리카 인디안의 '토템'이다.(2 : 87)

인용문의 내용은 '이 사람의 모습은 기괴하다. 마치 아메리카 인디안의 토템 같다'로 요약된다. 표면적으로 인용문은 대상에 대한 외부 묘사의 형식을 띠고 있지만 선택된 단어나 어조, 구문의 구조 등은 풍자의 주관적 서술에 가깝다. 『탁류』의 기본적인 서술 방식과 형태는 이와 같이 서술자의 개입적인 '서술'과 비개입적인 '묘사'가 결합되고 공존하는 양상을 보인다. 소설 구성의 층위에서도 서술자의 개입과 비개입은 적절하게 교차되고 균형을 이루고 있다. 물론 이와 같은 양상이 기계적인 의미의 '평균성'을 의미하지는 않는다. 그러나 『탁류』에서 서술 방식으로서 '서술'과 '묘사'는 단지 서술의 기술적인 차원만을 지시한다. 다시 말해 '서술'과 '묘사'라는 서술 방식의 차이가 서술의 시각과 태도를 규정하는 결정인자로 작용하지는 않는다는 것이다. 『탁류』에서 구별되는 서술 방식의 차이는 말 그대로 서술 방법상의 차이일 뿐이다. 서술의 표면적인 형태가 서술자의 직접적인 진술이라 할지라도 그것은 구성상의 필요에 따른 객관적인 사실의 기술일 수 있다. 『탁류』에서 서술자의 표면적인 개입의 여부가 곧바로 서술의 내용과 그 성격을 규정하지는 않는다. 이는 근본적으로, 서술 내용과 그 성격을 결정하는 서술의 시각과 태도가 비교적 중립적인 것에 기인한다. 다음은 형보의 외모 묘사 뒤에 이어지는 서술자의 요약적인 진술이다.

> 그는 체격과 얼굴이 그렇기 때문에 나이는 지금 삼십이로되 사십도 더 넘어 보인다. 부모 처자도 없고 인천이며, 서울이며, 안동현이며, 이런 투기시장으로 굴러다니다가 태수보다 조금 앞서 군산으로 왔었다. 두 사람이 알기는 서울서부터지만 이렇게 단짝이 되기는 태수가 군산으로 내려와서 외입판에 첫발을 들여놓을 때에 병정을 서주면서부터다. // 그러나 태수는 형보를 미덥고 절친한 친구로 여기지, 결코 병정으로 알지는 않는다. 그래서 그는 의리를 지킬 각오까지도 있다. 형보도 표면으로만은 그러하다. 그래서 노상 태수의 일을 걱정하고 충고를 하는 체 한다.(2 : 87)

인용문은 형보의 이력과 태수와의 관계를 서술자가 직접 진술하고 있다. 서술자가 전지적인 입장에서 서술하고 있지만 그 내용은 객관적인 사실들에 가까운 것이다. 형보에 대한 비판적인 시각이 전혀 없는 것은 아니지만 전체적인 서술의 시각과 태도는 서술자의 주관적 판단을 앞세우기보다는 중립적인 시각에 근거해 있다고 볼 수 있다. 이와 같은 서술 시각의 중립성으로 인해 '서술'과 '묘사'라는 서술 방식의 차이는 『탁류』에서 서술의 기술적인 차원으로 한정된다. 그리고 서술자의 직접적인 진술이 전면에 부각될 경우에도 그것은 주로 객관적 사실의 기술로 제한되고 있다.

> 형보는 태수의 승낙을 받고 싱글벙글 좋아한다. 어쩌면 내일로 닥쳐오는 그 쌀 천 석의 운명을 미리 짐작하고서 좋아하는 것같이도 되었다. 아닌게 아니라, 그러니까 노름이란 도깨비살림이라지만, 그놈이 바로 그 다음날 가서 형보가 미처 끊을 겨를도 없이 한목 이십정(二十丁 : 二十錢)이 푹 올라간 것이며, 그것을 계제 좋다고 잡아 끊었다가, 그놈으로 들거리를 삼아, 다시 쌀을 몇백 석 붙여놓고 요리조리 되작거려서 반년 후에는 돈 천원이나 잡은 것이며, 다시 일 년 남짓해서는 형보의 곡진한 포부대로 오륙천의 밑천을 장만한 것이며, 이러한 것은 태수는 물론 형보도 그 당장에야 상상도 못했던 일이다. 형보는 그 이튿날 당장 시세가 그처럼 이십 정이나 올라서 우선 이백 원 가까운 이익을 보았다는 것이며, 그 뒤로도 부엉이 살림같이 차차로 늘어간다는 것을 꽉 숨겨버렸었다. 그러나 아무튼 그것은 그날이 밝는 그 다음날부터의 일이지, 이 당장에서 형보가 그것을 미리 짐작하고 그래 좋아하는 것은 아니다.(2 : 92)

인용에서 서술자는 소설에 직접 개입하여 미래의 사건들을 전지적인 입장에서 미리 서술하고 있다. 서술자의 목소리가 그대로 드러나고 있지만 그 역할은 사실에 충실한 정보 전달로 제한되고 있음을 볼 수 있다. 이는 서술자의 주관적 판단을 배제하고 있는 중립적 서술 태도에서 비롯된 것이다. 서술의 전체적인 수준에서 『탁류』는 이와 같이 중립적인 시각을 견지하고 있다. 이상의 것들을 고려하면서, 여기에서 우리는 서술자의 각 인물군에 대한 태도를 유심히 살펴볼 필요가 있다. 앞서 언급한 바와 같이 『탁류』의 인물들은 긍정적 인물군, 부정적 인물군, 그리고 정주사로 대표되는 중간형의 인물들로 크게 분류할 수 있다. 이들 인물군 중에서 서술자의 직접적인 개입과 비판이 두드러지는 것은 부정적 인물들에게서가 아니라, 정주사나 부인 유씨 같은 중간형의 인물들에서이다. 쉽게 간과해버릴 수도 있지만 낭만적 세계 인식을 기반으로 하고 있는 채만식 소설에서 이는 매우 특별한 현상이다. 낭만적 인식의 태도란 부정적 현실에 대한 거부와 부정을 기본적인 특징으로 하기 때문이다. 또한 『탁류』의 서술자는 당위론적 가치를 표상하는 승재와 계봉이 같은 긍정적 인물들을 소설의 전면에 내세우지도 못하고 있다. 그들은 단지 막연하고 추상적인 시각에서 묘사되고 있다. 서술자의 태도도 막연하지만 그들의 가치관이나 현실 인식의 수준과 내용 역시 빈약하고 모호하다. 이처럼 승재나 계봉이의 인식의 태도와 내용이 성숙한 것이 아니기 때문에, 서술자는 뚜렷한 가치 지향성을 보여주지 못하고 있으며 인물들 스스로도 자신들의 인식에 대해서 확신을 가지고 있지 못하다. 특히 승재의 현실 인식은 상당히 미숙한 편이고 이에 기반한 현실 대응 역시 이성적이고 합리적이기보다는 다분히 감정적이고 정서적인 차원의 것이다.

> ① 대체 이 조그마한 군산바닥이 이러할 바이면 조선 전체는 어떠할 것인가, 이것을 생각해 보았을 때에 승재는 기가 딱 질렸다. 단지 눈에 띄는 남의 불행을 차마 보지 못해 제 힘 있는껏 그를 도와주고 하는 데서 만족하지를 않고, 그 불행한 사람들의 존재라는 것을 인식하는 데로 눈을 돌리게 된 것은 승재로서 일단의 발육이라 할 것이었었다. 그러나 그는 겨우 그 양(量)으로 눈이 갔을 뿐이지, 질(質)을 알아낼 시각(視覺)엔 이르질 못했다. 따라서, 가난과 병과 무지로 해서 불행한 사람들이 많은 줄까지는 알았어도, 사람이 어째서 가난하고 무지하고 병에 지고 하느냐는 것은 아직도 알

지를 못한다. 그렇기 때문에 소박한(타고난) 휴머니즘 밖에 없는 시방의 승재의 지금의 결론은 절망적이다. 그 숱해 많은 불행한 사람을 약삭빨리 한두 사람이 구제할 수는 없는 일이다. 그러고, 그래도 눈으로 보고서 차마 못해 돈푼이나 들여서 구제니 또는 치료니 해주는 것은 결국 남을 위한다느니보다도, 우선 내 자신의 감정을 만족시키는 제 노릇에 지나지 못하는 일이다.(2 : 366~367)

② "부자루 사는 건 몰라두 시방 가난한 사람네가 그닥지 가난하던 않을 텐데 분배가 공평털 않어서 그렇다우." "분배? 분배가 공평털 않다구? ……" 승재는 그 말의 촉감이 선뜻 그럴싸하니 감칠맛이 있어서 연신 고개를 까웃까웃 입으로 거푸 뇐다. 그러나 지금의 승재로는 책을 표제만 보는 것 같아 그놈이 가진 매력에 구미는 잔뜩 당겨도 읽지 않은 책인지라 그 표제에 알맞은 내용을 오붓이 한입에 삼키기 좋도록 알아내는 수는 없었다. 사전에서 떨어져나온 몇 장의 책장처럼 두서도 없고 빈약한 계봉이의 '분배론'은 승재를 입맛이나 나게 했지 머리로 들어간 것은 없고 혼란만 했다. "선생님이 있어야겠수, 하하하." 계봉이는 그 이상 깊이 들어가서 완전히 설명을 할 자신이 없어 이내 동곳을 빼고 만다.(2 : 419~420)

인용 ①은 승재의 현실 인식의 수준을 보여준다. 여기에서 드러나고 있듯이 그의 현실 인식은 현상에 대한 주관적이고 감정적인 이해의 수준이지 현실의 작동 원리에 대한 객관적인 인식에는 이르지 못하고 있다. 인용 ② 역시 사회적 부의 불공정한 분배에 대한 계봉이 나름의 소박한 이해를 보여주고 있다. 그러나 인용에서 확연하게 드러나고 있듯이 계봉이의 설명을 듣고 있는 승재나, 정작 설명을 하고 있는 계봉이 자신 모두 자신들의 인식에 대해서 확신을 갖고 있지 못하다.[64]

한편 형보나 태수, 제호 같은 부정적 인물들의 이기적인 욕망은 '보여주기'에 충실하게 상대적으로 세밀하게 묘사한다. 이들 인물에게 서술자의 시선은 어떤 면에서는 무력하다 할 정도로 비개입적이다. 물론 이는 현실을 부정의 방식으로 보여주는 채만식 소설의 한 특징이며, 중립적인 서술은 현실의 복합성을 유연하게 보여주기 위한 서술의 전략일 수도 있다. 그러나 「태평천하」에서 보여지는 부정적 현실에 대한 전지적이고 개입적인 서술과는 큰 차이를 보인다. 또한 태수와 형보의 종말을 죽음으로 처리하고 있다는 점에서, 이들 인물들에 대한 서술자의 태도는 분명 부정적인 것이었으리라 짐작된다. 이와 같은 맥락에서 부정적 인물군에 대한 서술자의 중립적인 시각은 의외의 것이라 할 수 있겠다. 따라서 『탁류』의 중립적인 시각이 과연 사전적인 의미대로 공평무사한 것인지, 아니면 다른 해석의 가능성이 있는 것인지를 따지는 일은 매우 문제적인 것이다. 이는 앞서 서술한 중간형 인물들에 대한 재검토를 통해 그 단서를 찾을 수 있다. 서술자의, 정주사로 대표되는 중간형 인물들에 대한 비난의 근거는 교양이나 윤리 혹은 계몽의 '왜곡'과 '쓸모없음'이다. 이와 같은 비판은 야학에 참여한 승재를 통해서도 서술되고 있다.

① 두 내외는 태수의 위인이랄지, 또 혼인하기에 꺼림칙한 점이랄지는 짐짓 말 내기를 꺼려했고, 혹시 말이 나오더라도 서로 그것을 싸고 돌고 안고 돌아가고 하느라고 애를 썼다. 치 자리잡은 부스럼이나 동티나는 터줏대감 건드리기를 무서워하듯. 그들은 진실로 이러하다. 그들은 딸자식 하

64 이와 같은 점을 고려할 때, 『탁류』의 후반부를 희망을 위한 '序曲'으로 보고, 승재와 계봉으로 상징되는 긍정적 가치로의 지향을 '生成의 美學'으로 보는 평가는 재고될 여지가 있다. 이는 이들 인물들의 진술과 그 논리가 가지고 있는 표면적인 효과에 의존한 것이다.(정한숙, 「붕괴와 생성의 미학」, 『현대한국작가론』, 고려대 출판부, 1975, 115~148쪽 참고)

나를 희생을 시켜서 나머지 권솔이 목구멍을 도모하겠다는 계책을 적극적으로 세우고 행하고 할 담보는 없다. 가령 돈 있는 사람을 물색해내서 첩으로 준다든지, 심하면 기생으로 내앉히거나, 청루(青樓)에다가 팔거나 한다든지 그렇게 하지는 못한다. 비록 낡은 것이나마 교양이라는 것이 있어 타성적으로 그놈한테 압제를 받기 때문이다. 교양이 압제를 주니 동물적으로 솔직하지 못하고 인간답게 교활하다.(2 : 136)

② 승재는 그때만 해도 계몽이라면 덮어놓고 큰 수가 나는 줄만 여길 적이라 첫 마디에 승낙을 했고, 이내 일 년 넘겨 매일 꾸준히 시간을 보아주어는 왔다. (…중략…) 새삼스럽게 모두 한심했다. 하기야 승재가 처음에 그다지 와락 당겨하던 것은 어디로 가고 명색이나마 이 야학에 흥미를 잃은 것은 어제오늘 일이 아니다. 작년 겨울부터서 **그는 계몽이니 혹은 교육이니 한다지만, 어느 경우네는 절름발이를 만드는 짓이고, 보아야 사실상 이익보다 독을 끼쳐주는 게 아니냐고,** 지극히 좁은 현실에서 얻은 협착스런 결론으로다 막연한 회의를 하기 시작했었고, 그러기 때문에 야학 맡아보아 주는 것도 신명이 떨어져서 도로 작파하고 싶은 생각이 없지 않았었다.(2 : 363~364, 강조 필자)

인용 ①은 초봉의 결혼을 앞둔 정주사 내외의 위선적인 윤리를 고발하고 있고 ②는 계몽의 해독을 승재의 입을 통해 비판하고 있다. 식민지 교육의 파행적 성격을 고려한다면, 교양이나 계몽이 지니고 있는 허구성에 대한 비판은 분명히 설득력을 지니고 있다. 그러나 이와 같은 점을 고려한다 하더라도, 정주사나 부인 유씨에 대한 서술자의 직접적인 비판은 매우 예외적이고 이질적인 것이다. 특히 정주사는 『탁류』에서 거의 유일하게 직접적인 풍자의 대상이 되고 있는데, 이는 부정적 인물들에 대한 서술자의 태도와 비교하면 지나치다 싶을 정도이다.[65] 그렇다면 서술자의 이러한 과도한 비난은 어디에서 기원하는 것이며,

그것의 의미는 무엇인가.

이상에서 드러난 『탁류』의 인물군과 관련된 서술방식의 문제를 정리하면 다음과 같다. 서술자의 태도는 긍정적 인물군에는 '막연함'으로, 부정적 인물군에는 '무력함'으로, 중간형 인물군에는 '비난과 비판'으로 나타나고 있다. 그리고 전체적인 서술의 수준에서 『탁류』는 중립적인 시각을 보여준다는 것이다. 그러나 이상의 서술이 지니는 맥락을 종합적으로 고려해 본다면, 여기에서의 '중립성(neutrality)'은 '무력한 객관주의'를 포함하고 있는 것이 분명해 보인다. 왜냐하면 서술자의 주석과 개입이 각 인물군에 따라 균형을 잃고 편중되어 있기 때문이다. 채만식 소설의 일반적인 특성과 『탁류』의 전체적인 서술의 태도를 고려할 때, 서술자의 비판과 개입은 부정적 인물군에서도 드러나야 자연스럽다. 그러나 그 비난의 정도가 가치의 중립지대에 속해 보이는 정주사나 부인 유씨에게만 유독 비정상적으로 강화되어 있다. 이는 부정적 현실의 속악함과 전망의 불투명함이라는 '이중 구속'에 묶여버린 작가의 의식을 반영하고 있다. 『탁류』가 그토록 정주사에 대한 비판에 집착하고 있는 본질적인 이유는 정주사라는 인물이 '윤리'와 '욕망' 사이에서 갈등하는 인물이기 때문이다. 여기에서 중요한 것은 그 갈등의 심각성이 아니라 그 갈등이 배태되고 있는 지점이다. 채만식 소설에서 윤리란 당위론적 세계를, 욕망이란 존재론적 세계를 의미하고 있는데 그와 같이 '윤리'와 '욕망' 사이에서 갈등하는 정주사의 모습은 분명히 채만식 자신의 모습이 투영되어 있는 것이다.[66] 따라서 정주사에게로 집중된 비판의

---

65 다음과 같은 예문에서 이를 확인할 수 있다. "입만 가졌지 손발이 없는 사람 …… 이것이 정주사다. 진도라고 하는 섬에서 나는 개[珍島犬]하며, 금강산의 만물상이며, 삼청동 숲속에서 울고 노는 새들이며, 이런 산수고 생물이고 간에 천연으로 묘하게 생긴 것이면 '천연기념물(天然記念物)'이라고 한다. 그럴 바이면 입만 가졌지 수족이 없는 사람, 정주사도 기념물 속에 들기는 드는데, 그러나 사람은 사람이니까 '천연기념물'은 못 되고 그러면 '인간기념물'이겠다."(2 : 20)

과도함은 작가 자신의 고뇌가 무의식적으로 반영된 것이라 볼 수 있을 것이다. 이는 결벽증에 가까웠던 채만식 자신의 성격과 전기적 사실들을 고려한다면 더욱 설득력을 지닌다. 이상의 논의에서 보듯이 '중립성'이라는 것은 기계적인 의미의 평균성과 비개입을 의미하지 않는다. 따라서 『탁류』에서 보이는 서술 시각의 중립성은 '무력한 객관주의'의 한 표현이며 그것은 곧 채만식 소설이 지니고 있는 허무주의의 단초를 이루는 것으로 볼 수 있다.

결론적으로 『탁류』에서 중립성이 그 참된 의미를 구현할 수 있었다면, 욕망의 복수성이 단일한 성욕의 차원으로 변질되지 않았을 것이다. 그리고 『탁류』가 통속소설로 떨어지지도 않았을 것이다. 왜냐하면 『탁류』에서의 중립성은 전망의 불투명성과 현실에 대한 무력한 객관주의를 표현한 것이며, 그것은 결국 초봉이를 중심으로 한 애욕의 드라마라는 타락한 현실에 대한 사실상의 '투항'으로 귀결되고 있기 때문이다. 그래서 '중립성'의 문제는 『탁류』를 해석하는 하나의 관건이 된다. 『탁류』에서 '중립성'의 문제는 그 성과의 근거가 됨과 동시에 그 한계의 근본적 기원이라 할 수 있다. 결과적으로 『탁류』의 중립성과 통속성은 '무력한 객관주의'를 표현하는 것이라 할 수 있다. 『탁류』에서 보여지는 이와 같은 무력한 객관주의와 그에 따르는 통속성은 채만식 소설의 전체적인 구도 속에서, 채만식 소설의 또 다른 특징인 허무주의적 경향과 밀접한 관련을 맺는다. 타락한 현실에 대해서 무력하고 당위론적 가치의 방향성과 전망의 가능성은 불투명할 때 인간은 허무주의라는 유

---

66 이와 관련하여 우리는 다음과 같은 논의를 참고할 수 있다. "정주사의 모습이야말로 작가 채만식이 부정하고 싶었던 자기의 분신일지도 모른다. 구스타프 융이 '그림자'라고 불렀던 그것, 그는 이 그림자를 지우기 위해 정주사를 미워했고 가혹하게 풍자한 것이 아닐까. 작가는 정주사를 '명일이 없는 사람', '입만 가졌지 손발이 없는 사람', '인간기념물'이라 몰아세운다."(김만수, 「탁류 속의 인간 기념물」, 『민족문학사연구』, 1998, 263쪽)

혹을 떨쳐내기가 쉽지 않다. 이와 같은 맥락에서 『탁류』의 마지막 장이 '서곡(序曲)'으로 끝나고 있음에도, 그것이 무엇의 시작인지 선명하게 알 수 없는 것은, 그와 같은 전망의 불투명성과 논리적 추상성을 작가 스스로 증명하고 있는 것이라 할 수 있을 것이다. 따라서 『탁류』가 놓여 있는 자리는 퇴로를 잃고 진퇴양난에 빠져버린 작가의 의식을 상징해 주는 바가 적지 않다.

제4장
허무주의적 세계 인식과 병렬적 나열의 구성

1. 허무주의의 수락과 체념의 논리

1930년대 후반으로부터 1940년대 초반에 이르는 일제 말기는 식민지 정치체제의 폭압성이 점차 노골화되는 시기이다. 이 시기에 채만식은 패배적이고 허무주의적인 경향의 작품을 다수 발표한다. 그리고 같은 시기에 대일협력의 글도 게재하게 된다.[67] 이 시기에 해당하는 작품들 중에 이장에서는 「摸索」(1939), 「上京半折記」(1939), 「敗北者의 무덤」(1939), 「懷」(1940) 등의 작품을 검토하고 작가 스스로 '私小說'이라 지칭했던 신변소설의 예로서 「近日」(1941), 「집」(1941)을 다루고자 한다.

「懷」(1940)는 후배 김 군으로부터 자신의 동생의 중등학교 입학시험 청탁을 받고 개성에서 경성으로 상경한 나의 심경을 그리고 있다. 그것

67 해방 후의 소설 「민족의 죄인」에서 드러나듯이, 채만식에게 있어 '친일'의 문제는 작가 스스로에게 매우 치명적이고도 예민한 문제이기 때문에 이에 대한 논의는 이 책의 제2부에서 별도로 다루기로 한다.

이 주로 화자인 나의 추억담과 지난날의 회고에 바쳐지고 있다는 것에 우선 주목할 필요가 있다. 왜냐하면 추억이란 이미 지나가버린 것이기 때문이다. 이런 의미에서 "늙으면 젊을 땔 추억하는 재미루 산다"는 나의 발언은 의미심장한 구석이 있다. 여기에서의 늙음이 단순히 '육체의 쇠락'만을 의미하지 않고 근본적으로는 '정신의 영락'까지를 의미하기 때문이다. 작품 「회」의 서사의 골격은 현재의 사건의 진행에 의해서 구축되지 않는다. 서울에서 진행된 사건이란 입학시험과 관련한 몇 가지 소소한 일들뿐이다. 그리고 그러한 사건들조차 현재의 서사의 구축에 기여하는 것이 아니라 과거의 추억을 환기시키는 매개제로서 기능하고 있다. 따라서 소설 속에서 전경화되는 것은 사건들의 현재적 의미가 아니라 여기에 덧붙여진 과거의 기억들의 풍요로움이다.

소설은 삼십분이나 연착해서 경성역에 도착한 증기기관차에 대한 화자의 감회로부터 시작된다. 그리고 시간은 어느덧 1910년경으로 거슬러 올라간다. 대략 십여 페이지에 걸쳐서 화자가 처음으로 기차를 목격하고 직접 타보았던 경험을 중심으로 한 유년기의 충만했던 기억들이, 학교를 배경으로 추억담 특유의 순수하고 낭만적인 색채로 묘사되고 있다. 화자의 유년시절의 추억들은 개화기의 급변하는 세태 속에서 조명되고 있지만 현재의 사건들과의 연관성은 비교적 떨어진다고 볼 수 있다. 물론 그것이 화자의 설명대로, 근대의 풍경화의 일부에 속하는 것임에는 틀림없다. 문명의 보급이 가져다 준 변화는 다음과 같이 요약된다.

> 철도교통은 당나귀보다도 더 수나로와졌다. 지도를 펴놓고 보면 그야말로 거미줄 치듯 기차 선로가 사통오달로 깔려가지고 있다. 남북 간선마다 매일 다섯 급행 여섯 급행씩 왕복을 한다. 시속 70킬로의 특급열차도 마침내 현신을 했다. 중학시절 지리 시간에 런던과 버밍검 80마일을 단 한 시간에

기차통학을 한다는 이야기를 듣고 부러워하던 건 인제는 옛말삼아서 해도 좋다. 흙달구지 같은 '모래차'를 몇십간 통 눈 가리고 껴안겨 앉아 타보고서 사뭇 세기의 경이를 느끼던 나는 서울서 부산까지 천리길을 여섯 시간 사십 분에 달리는 제18열차를 조금도 신기로함이 없이 타고 다닐 수가 있다. 그러면서 오히려 기차쯤 한 시대 낡은 교통수단으로, 느리고 갑갑하대서 불편해하며 하찮이 여기기를 다 한다. 하되 그것이 불과 삼십 년 동안의 변천인 것이다. 그야 현대의 삼십 년이면 노상 적은 시간은 아닐 것이다. 세계대전이 두 번이나 인 것이 그 삼십 년 안의 일이니 전고 없이 옹골진 나이를 먹어온 시대라 할 것이다. 세계지도 장사들이 그새 몇 번째 판을 뜯어 고쳐야 했으며 런던과 파리에 망명한 폐제와 폐왕이 몇 명이길래. 아인슈타인이 상식이 되고 융커란 놈은 시속 육백 킬로고. 그러고 그 밖에 이것 저것 이 구석 저 구석의 허다하고도 놀라운 변천과 파란과 아울러 발전과 …… 이렇듯 세상이 다른 방면에 있어서 치른 흐벅진 변화와 진보를 한편으로 생각한다면 조선바닥의 철도교통의 고만 발달은 차라리 더딘 셈이다라고도 할 것이다. 아마 텔레비전이 도회지 가정의 전등만치나 널리 퍼지고, 주부는 골목쟁이 구멍가게에 나가서 오전어치 움파 한 단과 십전어치 태양열(太陽熱) 한 덩이를 사다가 찌게를 끓이고 할 만큼은 '문명'이 훨씬 보급이 되었어야 했을는지도 모른다.(7 : 555~556)

지난 30여 년의 세월과 급속한 근대화의 과정을 바라보는 화자의 시선은 비판적이기보다는 다분히 호의적이다. 화자는 현재의 시간으로 돌아와서 자신이 상경하게 된 경위를 설명한다. 이후 김 군의 동생의 입학시험을 두고 벌어지는 작은 사건들 역시 그 현재적 의미가 강조되기보다는 과거의 회상을 위한 소도구로 쓰인다. 그리고 "사십도 못 먹구 그리 늙소?"라는 김군의 핀잔에 화자는 "정히 늙은 거 이상"이라고 대답한다. 이 소설에서 핵심이 되는 사항은 바로 그 '늙음'의 기원과 의미라고 할 수 있다. 화자는 "유서 깊은 청요리집, 장송루"를 화제 삼아 중학교 축구부 시절 이야기를 길게 풀어놓는다. 화자에게 과거의 추억들이 소중한 것은 그 순간의 기억들이 하나의 '행복의 이데아'를 구성하고 있기 때문이다. 그 기억들은 젊은 날의 순수함과 열정, 존재론적 충일감과 낭만적 고양의 순간들로 가득 차 있다. 그것이 순수함과 열정, 낭만적 고양의 순간을 상징한다는 것은 이어지는 박정순 여사와의 추억에서 분명하게 드러나고 있다. 즉 그 시절이 "우리는 가슴 저 깊이, 부지할 수 없는 설움이 서려, 마음은 자나 깨나 줄곧 울고 있을 그 무렵"이었고 박정순은 "우리들의 그렇듯 메마른 생활에다 대면 훨씬 한 떨기의 환희 핀 꽃이었다", 그리고 "이 꽃을 우리는 연모를 했던 것이다"라는 등의 화자의 진술에서 이를 확인할 수 있다. 연애가 사실로서 존재하는 타자와 나의 거리를 인정하지 않으려는 낭만적 열정의 상태라는 점은 누구나 경험하는 바이다. 여기에서 옛 애인을 대하는 나의 태도와 시선을 주의 깊게 살펴 볼 필요가 있다. 다음을 보자.

> 그러나 나는, 그리 좋은 신수와 더불어 마음의 성숙하고 침착한 양을 보고서, 행복스럽게 잘 살거니 하여 안심 비슷한 즐거움을 느끼었다. 그러면서, 역시 이 여인은 그렇게 된 것이 다행이요 옳은 일이었거니 싶어했다. 무엇이 가르치는 너그러움인고. 선량인고. 혹시 조그마한 달관으로부터 우러남이나 아닐는지. 내가 아직껏 그에게 미련이 있고 그를 연모하기 때문이라면야, 흔한 그저 센티멘탈이었지 별 것이 아닐 것이었다. 하나, 역시 그런 것은 남아 있지를 않고. 적실히, 조그마하나 달관은 달관일 성부르다. 만일 그러고, 달관일진댄 한낱 지나간 연애에서만일 것이 아니라, 내 생활까지를 포함한, 널리 세상 범백사에 그와 같은 마음으로써 임할 수는 없을 것일지.
>
> 客來問我興亡事
>
> 笑指蘆花月一船

이 경지를 일찍이는 매우 부러워했었다. 아마 이와는 좀 다른, 그러나 더 나은 경지일 것이다.(7 : 569~570)

인용된 한시가 암시하듯이 여기에서 화자가 강조하고 있는 것은 '달관의 경지'이다. 그러면 이처럼 갑작스레 끼어든 '달관'의 정체는 무엇인가. 화자는 옛 애인의 행복한 모습을 보면서 미련이나 질투심 같은 감정의 소모를 겪지 않는다. 그저 뒷모습을 바라보면서 담담하게 그녀의 행복을 기원할 뿐이다. 그것은 나의 진심이었고 그런 나를 스스로도 대견스럽게 생각한다. 여기에서 화자는 그러한 나의 태도가 '센티멘탈이 아니라 적실히 달관'이라는 것을 확인하고, "내 생활까지를 포함한, 널리 세상 범백사에 그와 같은 마음으로써 임할 수는 없을 것일지"라고 되뇌이며 어떤 '달관의 경지'를 희구한다. 달관이란 정면으로 마주함이 아니라 떨어져서 바라봄을 의미하는 말이다. 본래적 의미에서 그것은 정신의 풍요로움과 여유로움을 상징하기도 한다. 그러나 이 작품에서 화자의 '달관'에의 희구는 긍정적인 의미가 아니라, 존재하는 현실과 지금 현재의 사태들로부터 벗어나고자 하는 나의 갈망을 표현하고 있다. 그래서 그것은 정신의 성숙이 아니라 늙음을 의미한다. 즉 열정의 소멸과 영혼의 쇠락을 의미하고 있는 것이다. 현재의 고통과 균열을 배제한 달관이란 더 이상 정신의 풍요로움을 상징하지 못하고 정신의 곤궁함만을 드러내는 한낱 현실 도피의 수단으로 전락하고 만다. 그것은 이 작품의 의미구조가 과거의 퇴행적 기억에 의존하고 있고 그 결과로서 사건의 현재적 의미는 누락되고 있는 점에서 충분히 설명되고 있는 것이다. 이와 같이 과거의 낭만적인 추억담에 매달리거나 현재를 달관의 경지로 살아내려는 태도 속에는 현실의 그 무엇에서도 의미 있고 가치 있는 것을 찾을 수 없다는 무력감과 허무주의가 내재되어 있다고 할 것이다. 작품 결말부의 다시 "젊어지구 싶지도 않어!"라는 나의 고백은 이러한 지독한 절망감의 표현인 것이다.

「敗北者의 무덤」(1939)은 「모색」, 「회」 등에서 보이는 허무주의가 자살이라는 극단적인 형태로 드러나고 있는 작품이다. 이 작품에는 자살로 생을 마감한 종택이라는 인물과 그의 아내 경순, 그리고 종택의 삼십 년 지기 친구이자 경순의 오라비 경호가 등장한다. 그러나 종택이라는 인물은 자살로 소설의 전반부에서 퇴장함으로써 살아남은 인물, 경순과 경호의 이야기가 소설의 중심을 이루고 있다. 종택의 죽음은 다소 모호하게 처리되고 있는데, 아마도 그것은 일제의 검열이라는 외적인 요소가 작용한 것으로 볼 수 있다. 종택은 "어떤 잡지의 전임 필자"였으나 부친으로부터 편지를 받고 잡지사를 사직한다. 부친의 편지의 내용은 대략 그 잡지의 노골적인 대일협력과 친일 매문을 꾸짖는 것으로 나와 있다. 그는 이후 "정신생활의 중대한 난관"과 "자기분열에 대한 준열한 자책"으로 괴로워한다. 그 '중대한 난관'과 '자기분열'이 어떠한 것인지 분명하게 나와 있지는 않지만, 친일을 강요하는 일제 말기의 엄혹한 정치 상황을 암시하는 것임에는 틀림없다. 종택의 괴로운 심정은 "강풍을 만나 파선을 하고 난 뱃사람"에 비유된다. 아내 경순의 권유대로 '불란서 양행'도 생각해보지만 '마호멧의 초청'을 받은 종택은 결국 "급행열차를 정면으로 하릴없이 성난 짐승처럼 제 몸뚱이를 갖다가 똑바로 들이받아, 산산 박살을 만들어버린" 시체로 발견된다. 그가 경순에게 남긴 유서의 내용은 다음과 같다.

> 무위와 무능에서 다시 나아가 나의 육체는 나를 망신되게 하는 것으로밖에는 쓰일 곳이 없는 게 되고 말았다. 프로메테우스의 후손은 불초하여 약행(弱行)할지언정, 불을 도로 빼앗지 않기 위하여서는, 육체를 처분할 강단조차 없지는 않다. 그대에게 미안하다. 그러나 그대의 총명이 결코 그대의 전정을 어리석게 인도하지 않을 것만은 자못 안심이다. 새로이 탄생되는

생명은 그대의 의사에 있는 것이지 나의 간섭할 바가 아니다. 다만 참고로, 그 생명에서 새로운 진리를 하나 창조할 적극적 의욕이라면 모르거니와, 맹목적인 모성애로 쓰잘데없는 육괴나 보육 하느라고는 청춘의 재건을 묵살할 필요가 없으리라는 말을 해두고 싶다. 이 지편(紙片)은 욕과 조소를 하겠거든 하라고 경호군에게도 한번 보여줌이 좋겠다.(7 : 392~393)

새 생명과 아내 경순에 대한 당부의 말도 물론 포함되어 있지만, 유서에서 종택은 왜곡되고 과장된 자의식으로 자신의 허무주의를 드러내고 있는 것으로 보인다. 이렇게 허망하게 종택이 죽고 난 지 1년 만에, 종택의 무덤을 찾아가는 경순과 경호의 심경이 이 작품의 큰 줄거리를 이룬다. 그래서 이야기의 초점은 제목과 달리 오히려 살아남은 경순과 경호에게 맞춰져 있다. 그리고 불투명하게 드러났던 종택의 생각과 의식은 오랜 친구인 경호의 진술 속에서 대변되고 있다고 볼 수 있다. 먼저 1년 만에 죽은 남편의 무덤을 찾아가는 젊은 미망인 경순의 심정은 어떠한 것인가.

남편의 변상을 치르고 나서 적이 마음이 가라앉기 시작할 무렵이었다. 경순이 처음으로 주의가 가기는 제 자신의 한 경이로운 변천이었었다. '내 자신의 나 …… 어디로 대고 보나 단지 나라는 사람, 나 ……' 일찍이 생각도 못했던 제 자신의 새로워진 발견이었었다. 하기야 그것이 큰 손실과 슬픔의 대상인가 하면, 허망하고 서글픈 노릇이기는 하지만 사실 그것만을 따로 띄어놓고 보느라면 일변 신통하기 다시 없어 미소라도 떠오를 것 같았다. '내 자신의 나 …… 새로운 내 자신 ……' 볼수록, 그 다음에는 가만히 자랑스럽기도 했다. 그러나 뒤미처 그는 어떤 긴장을 느끼고 다시금 정신이 들었다. 그 새로운 내 자신의 나는, 결코 장롱 속에 건사해 둘 노리개나 앨범에 붙여두고 시시로 떠들어볼 사진이나처럼, 순리(純理)의 인식의 대

> 상에만 언제까지고 멈춰 있을 것이 아님을 그는 깨달았던 것이다. 내 자신의 나인만큼 그러므로 인제부터서는 하나의 엄연한 실제문제로 나를 '생활'해야 한다. (…중략…) 그러구러 예측된 대로 제 시기에 해산을 하고 별 탈이 없이 몇 이레가 지나고 다시 두달 석달 반 년 이렇게 언뜻언뜻 지나가는 동안 경순은, 온갖 정성과 생활이 고스란히 어린 것에게로 쏠리고 말았다. 그것은 이게 내 자식이거니, 황차 외로운 홀어미의 소중한 자식이거니 하는 타산으로 하여, 위정 그리하고 싶어서 하는 것도 아니요, 더구나 옆에서 누가 그걸 시킬 머리도 없던 것이요, 단지 샘솟듯 끝없이 절로 솟는 애정으로부터 우러나는 노릇이었다. 이 주관을 한 번 객관했을 때, 경순은 다시 새로운 만족과 안심을 얻었다.(7 : 394~396)

남편 종택의 상을 치루고 나서 경순은 자신이 삶의 주체라는 자아의 각성에 이르게 된다. 삶에 대한 주체의식은 자신의 생활을 스스로 꾸려 나가야 한다는 구체적인 생활에의 의욕으로 이어진다. 즉 '내 자신의 나'는 "장롱 속에 건사해 둘 노리개나 앨범에 붙여두고 시시로 떠들어볼 사진"처럼 박제화된 것이 아니라, 구체적인 생활과의 교류를 통해 경험적 현실 속에서 발견되고 구성된다는 깨달음이다. 하지만 경순의 생활의 발견은 진정한 주체에의 각성에 이르는 것이 아니라, 새로 태어난 아이에 대한 본능적인 모성애로 기울어지고 있음을 인용문은 보여준다. 아무튼 당사자인 경순 본인은 이러한 생활의 발견과 모성애에 몰두해 있는 제 자신의 모습에 상당히 만족해한다. 한편으로 "동강이 난 채로 남아 있는 한 토막의 청춘의 처리 문제"로 고민하기는 하지만 경순에게 그것은 긴박한 문제로 인식되지 않는다. 작품의 상당 부분이 경순의 시각으로 처리되어 있고 이러한 경순의 의식과 심리상태가 주로 서술되고 있기 때문에 소설의 주인공이 경순인 것처럼 느껴지기도 한다. 특히 자신의 아들을 '진리의 대장부'로 만들겠다는 경순의 포부는 채만식 소설 특유의 다음 세대에 대한 희망과 기대감을 표현하고 있는 것으로 해석될 수도 있다. 그러나 위 예문에서 보듯이, 경순의 의식이란 본질적으로 새로운 것이라 할 수 없고 ,그녀의 세계란 것도 결국 모성애로 귀착되는 것이어서 이 작품의 주제의식을 형성한다고 보기는 어렵다. 이 작품의 주제는 경순의 오래비인 경호를 통해 직접적으로 드러난다. 경호는 죽은 종택의 '삼십 년 가까운 친구'로서 현재 몸과 마음이 모두 깊은 병에 빠져 있는 상태이다. 누이의 길동무도 될 겸 산책 삼아서 경호는 누이를 따라 친구의 무덤을 찾아간다. 경호가 무슨 이유로 병에 들었는지는 설명되지 않는다. 다만 그가 "몸과 혼이 구할 수 없는 절망에 빠져" 있다는 것과 그의 의식에 대한 진술을 통해서 현재 그의 상태를 확인할 수 있을 뿐이다. 종택의 묘에 도착한 경호는 무덤가에 피어 있는 할미꽃을 우연히 발견하고 생명의 환희에 넘친다. 그리고 그 연상은 누이 경순이가 그토록 애지중지 애정을 쏟고 있는 어린 조카가 젖을 먹는 모습으로 옮아간다. 그러나 경호의 희열감은 곧 절망감과 생에 대한 환멸로 바뀐다는 점에서 이 작품의 무게 중심은 경순의 긍정성과 낙관주의로부터 경호의 무력감과 허무주의로 이동하고 있다고 보아야 할 것이다. 아래 인용은 이러한 경호의 심리변화를 묘사하고 있다.

> 그때다. 무심코 내려다보던 눈인데, 뜻밖에도 거기에는 "네에, 봄이올시다, 안녕합쇼?" 하는 듯이 정말로 봄이 한 놈 고개를 뾰족이 내놓고 있는 것이다. 털이 송알송알한 갓 돋은 할미꽃 엄이다. 어떻게도 신통한지 고놈을 쏘옥 손가락으로 잡아 뽑아가지고 싶은 것을 겨우 참고, 허리가 고부라져서 들여다보고 있다. 얼굴에는 어린 아이 같이 무심한 희열이 넘친다. 처음에는 그것도 봄을 찾아냈다는 단순한 기쁨이었었다. 그러나 그는 이 그다지 아름다울 것도 없는 한 포기의 할미꽃의 엄에서, 일찍이 다른 생활에서는 맛보아 보지 못한 어떤 새로운 희열을 지금에 비로소 느끼고 있던 것이

다. 생명의 창조를 보았다는 즐거움인데, 그러나 그는 실상 돌이켜, 자류(自流)의 비판을 가질 겨를은 미처 나지 않았었다. '생명의 창조! 생명의 창조!' 경호는 불현듯이 누이와 누이의 품에 안겨 잇을 그 어린 것이 보고가 싶어 꿈으로부터 깨어난 사람처럼 중얼중얼 중얼거리면서 경순이 앉았는 곳으로 휘적휘적 발걸음을 옮겨놓는다. 미상불 거기에는 예기했던 바보다도 그 이상으로 훨씬 더 황홀한 정경이 벌어져 있었다. 가느다란 미소를 드리우고, 품에 안긴 어린 것을 들여다보느라 약간 소곳한 머리의 하이얀 가리마 밑으로 곱게 빗어진 누이의 얼굴, 그녀는 개개의 모습이며 전체의 선이며 윤곽이며, 분명코 누이의 얼굴임에는 다름이 없으나 이토록 아름다운 표정은 일찍이 한 번도 본 적이 없는 것이었었다. (…중략…) "그러믄요! 내 강아지, 내 새끼 …… 요게 내 강아지 아니우 ?" "흐음, 강아지라! " 경호는 즐겁던 얼굴이 삽시간에 불쾌한 주름살이 좌악 퍼진다. 퍼뜩, 강아지라는 말 그것에서 명색없는 생명, 쓰잘데없는 생명이라는 것을 연상했던 것이다. 그는 제 감격이라는 것이 생각하고 보니 쑥스러울 만큼 허망했다. 환상은 순간도 더 머무를 필요가 없었다. "흥" 경호는 연해 코방귀를 뀌면서 입을 삐쭉한다. 명색없는 생명을, 쓰잘데없는 생명을, 그 따위 생명의 창조가 워너니 기쁠 것이 무엇이야. 기뻐한다는 것은 결국 삐뚤어진 주관의 착각! 애당초 창조부터가 무의미하지 않느냐. 발 밑에 짓밟히기나 할 명색없는 풀, 도야지나 개나 마소같이 만만한 생명, 이 지구 위에서 하루에도 몇만 명씩이나 새로이 창조되는 인간들이, 그중에 단 몇몇이 과연 쓰잘데있는 생명일 것이냐. 악당의 창조를 어째서 축하해야 하느냐. 창기를, 노예를, 불의한 살상의 도구를, 결핵균이나 퍼뜨리는 폐병장이를 그것들의 무수한 탄생이 어쩌니 생명의 창조의 기쁨 값이 나갈 것이냐. 강아지라는 말에서 암시를 받지 않았다고 하더라도, 경호로서는 오래지 않아 스스로 그러한 부정이 우러나고라야 말기는 할 것이었으나 그것이 너무 급했던 만큼 환멸의 반동이 가외로 컸던 것이다.(7 : 405~408)

인용문에서 경호는 할미꽃이 주는 봄의 정취에 도취된다. 할미꽃에서 생명의 환희를 발견한다는 모티프는 「상경반절기」에서도 그대로 반복되어 차용된다. 그 희열감은 '생명의 창조!'를 반복하는 경호의 외침에서 고스란히 드러난다. 문제는 그러한 희열감이, "한 순간도 더 머무를 필요가 없는 허망한 환상"으로 뒤바뀌고 만다는 것이다. "명색없는 생명, 쓰잘데없는 생명"이라는 인간 존재에 대한 환멸은 「모색」의 주인공, 옥초의 발언이기도 하다. 경호는 애당초 생명의 '창조부터가 무의미'하다고 생각한다. 세계에 태어남 자체가 인간의 원죄라는 것이다. 그것은 결국 '악당의 창조'이고 '창조의 기쁨 값'이 나가지 않는 것이다. 경호의 허무주의가 뿌리 깊은 것임은 "오래지 않아 스스로 그러한 부정이 우러나고라야" 말았을 것이라는 대목에서 확인할 수 있다. 소설은 마지막으로 "인제 해 세울 제 비명(碑銘)을 생각"하는 경호의 모습을 그리는 것으로 끝을 맺는다. 경호의 허무주의는 상당히 문제적이어서 꼼꼼하게 따져볼 필요가 있다. 어린아이나 소년이라는 다음 세대에 희망을 거는 것(이른 바, '소년' 모티프)은 채만식 소설에서 반복되는 주요 모티프 중의 하나이다. 문제는 채만식 소설에서 마지막으로 남은 희망이라 할 수 있는, 다음 세대에 대한 기대감을 상징하는 어린 아이의 존재마저 여기에서는 부정되고 회의되고 있다는 점이다. 이는 매우 심각하고 치명적인 것으로 미래에 대한 철저한 비관과 허무주의, 더 나아가서는 작가로서 의식의 죽음까지 상징한다고 볼 수 있을 것이다. 이처럼 존재하는 현실에 대해 무력하다는 절망감과 허무주의가 「회」에서는 현재적 의미의 거세와 과거의 추억으로의 퇴행으로, 「패배자의 무덤」에서는 현실에서 난파당한 인물의 죽음으로 드러나고 있다 할 수 있겠다.

「上京半折記」(1939)는 대단히 문제적인 작품이다. 이 작품은 채만식의 조선 민족의 '민족성'에 대한 입장과 끝이 보이지 않는 허무의 수렁에 빠져 들어간 작가의 의식 상태를 엿보게 해주는데, 이는 작가의 정신적인 피로감과 허탈감이 극에 달했음을 알려주는 것이라 하겠다. 이 작품에서 작가의 정신적인 상태는 실로 위험수위에 달하고 있는 것으로 보인다. 소설의 대부분은 조선 민족의 종족근성에 대한 비난으로 채워져 있고, 나머지는 끝 부분의 자기반성과 병들고 늙은 자신에 대한 탄식으로 이루어져 있다. 이 작품에서 민족 문제에 대한 서술자 혹은 작가의 입장은 논리적인 비판보다는 감정적인 비난이 앞서고 있음을 부인하기 어렵다. 나는 상경하기 위해 개성역에 와서 표를 끊고 기차를 기다린다. 나는 그동안 내내 두문불출로 지내왔고 오늘의 외출은 "반 년 만에 세상과의 대면"이다. 개성역은 전에 없이 혼잡하고 소란스럽다. 소설은 시끌벅적하게 붐비는 개성역을 배경으로 벌어지는 사람들의 실갱이와 무례하고 이기적인 모습, 비겁하고 용렬한 군중심리와 천태만상의 세태를 묘사한다. 그 시장통 같은 풍경을 바라보는 마음을 나는 "어째서 이렇게 부지를 못하게 짜증이 나는지를 알 수가 없다"고 피력하고 있다. 허무주의적 경향을 보이는 작품들의 일반적인 경향과 달리, 이 작품은 사회적이고 역사적인 거시적 관점으로 삶의 현장에서 포착한 민족이라는 지극히 공동체적인 관심에 속하는 문제를 다루고 있다. 이 계열에 드는 단편들의 일반적인 경향은 사회적이고 역사적인 관심을 축소시키거나 배제하고 개인의 내면성이나 신변잡기와 같은 사적 영역으로 후퇴하는 것이라 할 수 있다. 물론 「상경반절기」 역시 구체적인 현장에서의 싸움의 기록이 아니라 관찰자적 시선으로 포착된 개인적 성찰과 사유의 기록이다. 이제 작품의 본론으로 들어가도록 하자. 이 작품은 이광수의 「민족개조론」에 이은 채만식 자신의 「민족개조론」이라 할 만큼 민족성 혹은 종족 근성에 대한 비판이 노골적이다. 실제로 작품에서 서술자인 나는 이광수의 「민족개조론」을 직접적으로 언급하기도 한다. 민중들의 무지하고 이기적인 생리를 목격한 나는 본격적으로 조선 민족의 민족성에 대한 해부를 하기 시작한다. 다음 예문을 보자.

저 한 사람만, 그리고 목전에만, 좋고 이(利) 되고 하면 선(善)이요, 이 다음이거나 남이야(아닐말로) 죽어도 고만, 아무래도 상관없어하는 그 막된 성습의 단적인 반영이지 다른 것이 아닐 것이다. 천 년 이천 년을 두고서, 전반적으로 반도 백성들의 살과 피와 뼛속 깊이까지 배어들어 생활화하고 정신화하고 마침내는 본능에까지 순화된 (진실로 淳化된!) 소위 종족 근성이라고 하는 것 말이다. 물이 흐르듯 극히 자연스럽게, 그들의 생활 행동 위에 가서 언제든지 그것이 유로가 되어 마지않는 것이다. 비판과 반성의 피안에서 실재(實在)는 안전히 군림을 하고 있는 것이다. 항용, 상식적인 교양이나 시정(市井) 신사의 지체쯤으로 능히 그것을 인식하고 극복하고 하지를 못했음이, 한편 생각하면 오히려 지당한 말일 것이다. 전자에, 소설가로 유명한 이(李)XX씨가 XX개조론이라는 글을 쓴 것이 큰 물의가 생겨 죽일 놈 살릴 놈 아주 대단했더라고. 그 글을 대할 기회가 여지껏 없었으나 혹여 시방 여기서 내가 느끼고 있는 바와 같은 내용이었다고 하면 이씨는 매웅 억울한 시비와 박해를 당한 것이라 할 것이다. 약점과 단처를 고치자고 하는 도창에 대하여 들고 일어나서 돌을 던진다는 것이 당시의 정세상 일종의 정열이었을는지도 모른다. 그러나 객기와 과장벽이 다분히 가미되었었음을 상상키 어렵지 않은데 그 객기와 과장벽이 실상은 중대한 병폐의 하나요, 따라서 '개조해야 할' 항목일지니 겸하여 딱한 딜레마가 아니었을 수 없는 것이다.(7 : 503~504)

나는 조선 민족의 '막된 근성'을 "본능에 까지 순화된 종족근성"이라고 규정한다. 그래서 그것은 '비판과 반성의 피안'에서 '실재(實在)'로서 위력을 발휘하고 있다는 것이다. 나는 이광수의 「민족개조론」[68]을 직

68 李光洙, 「民族改造論」, 『開闢』, 1922.5. 이광수의 「민족개조론」의 내용은 정치성을 배제한 개조단체의 결성과, 懋實 · 力行이라는 추상적 인성론으로 요약된다. 그리고 社會奉仕心의 실천방법으로서 특히 직업을 가질 것을 강조하고 있다. 여기에서 이광수

접 언급하며 그에 대한 비판의 부당성을 드러내놓고 옹호하고 있다. 그의 민족개조의 제창은 정당한 것이었으며 이에 대한 과도한 비난은 "매우 억울한 시비와 박해"에 해당한다고 주장한다. 여기에서 나는 「민족개조론」에 대한 세간의 비난의 근거를 비판하고 있다기보다는 그러한 비난이 가지고 있었던 형식 논리의 부당함과 비윤리성, 범박하게 말해 그 형식이 점잖지 못하다는 점을 비판하고 있다. 비유적인 표현이 허락된다면, 이는 마치 아들을 죽인 범인에 대해서 어머니가 가질 수 있는 분노의 절제되지 않은 형식과 그 무례함을 비난하는 것과 같은 꼴이라 할 수 있을 것이다. 그러나 인간의 최소한의 덕목인 '살인하지 말라'라는 계율을 어긴 사람에게 인간에 대한 예의를 지키지 않았다고 그 어머니를 비난하는 것은 일종의 모욕이라고 밖에 이야기할 수 없을 것이다. 마찬가지로 「민족개조론」에 대한 비판의 내용과 그 근거의 정당성을 문제 삼지 않고, '객기와 과장벽'이라는 그 형식의 윤리와 정당성만을 문제 삼는다는 것은 분명한 논점이탈이자 문제를 희석시키는 교묘한 논리의 왜곡이다. 종족근성에 대한 감정적인 비난은 소위 '너절한 백성들'이라 일컫는 조선 민중에 대한 매도와 폄하로 이어진다.

> 한 이십 남짓했을까말까, 배어린 사람이다. 먼저의 출찰계원에 비하여 어쩌면 저다지도 사람이 얌전한지 가서 등을 뚝뚜욱 두드려 주고 싶게 정답고 사랑스럽다. 고마웠다. 이 너절한 백성들이건만 저리도 친절하고 공순히 굴다니 참으로 고마워 못하겠다. 너절한 백성들 …… 과연 얼마나 너절한가를 볼 것이다. (…중략…) 이렇듯이 너절한 백성들인 바엔 문득 생각하자매 그와 같은 젊은 개찰계원의 친절하고 공손한 대접이란 도무지 그들

의 우생학적 엘리트주의는 식민지 인간형의 양성이라는 일관된 목표로 집결되고 있음을 알 수 있다.(본고에서는 『李光洙 全集』 제10권, 三中堂, 1971에서 인용)

한테는 당치가 않고 어울리지도 않는 성싶다. "저리 가! 고랏! 안돼! 저어 뒤루 가!" 하고 소리를 꿱꿱 눈망울을 부라리면서 일변 떠다밀친다 붙잡아낸다 한다치면 하여커나 정리가 되곤 하기는 하는 것이다. 도저히 그 젊은 개찰계원의 깍듯이 모자를 벗고 읍을 공손히 하고 나서 "여러분, 너무 기대리셨습니다! 지금부터 경성행 차표를 끊어드리겠습니다" 하고 친절하게 안내를 해주는 태도가 (혹시 나 같은 센티멘탈리스트에게 순간의 감격은 주었을는지 몰라도) 전혀 이 박절한 군중한테는 어색하기 다시 없는 풍경일 따름이다. 역시 돈 거스름을 시킨대서 "잔동 오부소!" 하고 시퍼렇게 타박을 주며 차표를 거절하는 박대야말로 차라리 제격이었던 것이다. 참으로 호통과 박대, 이것만이 그들에게는 약일까 보다. 체질에 맞나보다. '체질? 옳아! 체질!' 과연 체질인 것이다.(7 : 508~509)

나는 역 대합실의 무질서한 광경을 일일이 열거하며 이 백성들이 "과연 얼마나 너절한가"를 본다. 그리고 이 "너절한 백성들"에게 "친절하고 공손한 대접이 당치가 않고 어울리지도" 않음을 역설한다. 마침내 나는 "이 박절한 군중"한테는 참으로 "호통과 박대가 체질"에 맞는다는 결론을 내린다. 조선 민족은 인격적으로 존중받고 배려 받을 만한 자격을 갖추지 못했다는 것이다. 이는 민족성에 대한 극도의 자기비하이자 민중에 대한 철저한 혐오이다. 문제는 그것이 논리적인 비판의 성격을 갖기보다는 파편적 사실들에 대한 과도하고 감정적인 비난으로 흐르고 있다는 점이다. 아래 예문에서 그러한 환멸감은 절정에 달한다.

그리고는 비로소 눈에 뜨이느니 시멘바닥 위에 가서 일면 무수히 얼룩져 있는 침 자욱이다. 오늘 따라 비위가 왈칵 거슬리면서 속이 뒤집힌다. 생리학자의 말을 들으면 조선 사람은 짜고 매운 것을 많이 먹어서 남달리 타액이 더 나온다고 한다. 그렇든 저렇든 생리적인 일종의 분비현상일지니 그야 억지로 막진 못할 것이다. 그러나 구석구석에 타기가 놓여 있지를 않느냔 말이다. 나오는 타액이 죄가 아니다. 타기가 놓인 곳까지 찾아가기가 힘이 드는 노릇도 아니다. 한 것을 이러한 조그마한 일에조차 주의와 정성을 쓰고자 하지 않는 것이다.(7 : 511)

종족근성에 대한 비판이 위 예문에서 보는 것처럼, 생리학적 우생학에까지 오면 이 작가의 이른 바 '민족개조론'은 감정적인 비난을 넘어서 논리적 파탄의 지경에까지 이른다. 이는 민족의 최소한의 자존심마저 짓밟아버리는 작가 의식의 분명한 파탄이고 정신의 사망선고와 다를 바 없다. 민족성에 대한 혐오감과 적대감은 위 예문에서 그야말로 생리적인 차원의 '본능적인' 것이 되고 있음을 볼 수 있다. 민족성에 대한 이러한 자기 모멸감은 작가의 결벽증적인 성격으로부터도 기인하는 듯하다. 아무튼 이런 민족에게 기대할 것이란 아무것도 없을 것이고 내일이란 것도 기약할 수 없음은 분명할 것이다. 민족성에 대한 이러한 철저한 자기부정은 아래와 같은 논리로 이어진다.

비단, 함부로 아무데나 침을 뱉는 버릇만이 실상은 아닌 것이다. 역시 내게도 여지껏 지지리 혼자서 비웃고 탓하고 빈척하고 하던 모든 그 향기롭지 못한 습성 또한 아까의 그 영감이나 양복신사나 촌농군이나 들과 다름이 없이 살과 피와 뼛속 깊이까지 하나의 순화된 본능으로서 뿌리박혀 있음이 사실이겠고 겸해서 그것이 부득불 당연한 노릇일 것이다. 엊그제 비로소 내지나 지나로부터 이주를 한 것이 아니요, 천 년 이천 년(적어도 몇백 년을) 토박이로 살아온 이 땅 백성 가운데 한 사람의 자손일지며 자연 그 피가 내 속에도 흐르고 있을지니 말이다. 그러나마 내가 진작부터 그와 같은 근성을 자각하고서 적극적으로 그의 극복에 노력을 한 적도 없고, 또 노력을 했은들 거룩한 현인이 아니요 한낱 범부 된 이상, 상당한 위력과 유혹성을 가지는 그 습성을 하루아침 깨끗이 씻어버리기란 결코 용이한 일이 아닐지니 말이다. (…중략…) 이것이 나의 의지와 탄식을 초월하고 무시하는 피의 운명인 것이다. '혹! ……' 그렇다. 혹이다. 이마에 가서 커다랗게 돋힌 혹이다. 보기 숭어운 혹, 남부끄러운 혹이다. 그렇건만 떼어버릴 수도 없고 숨길 수도 없는 혹이다.(7 : 513~515)

예문에서 보듯이 종족근성에 대한 비판은 불현듯 자기반성과 비판으로 이어지고 있다. 그러나 이러한 자기비판이 타자로서 민족성에 대한 비판과 일방적인 매도의 논리를 상쇄시키거나 덮어주지는 않는다. 나는 자신의 행동과 생각이 "교만하고, 비뚤어지고, 박절하고, 독선적"이었다는 반성과 비판을 하고 있지만 표면적인 진술의 효과와는 달리 그것은 공허한 메아리로 울린다. 왜냐하면, 그러한 자기비판은 진정한 것이라기보다 자신을 '죄인의 민족'에 편입시켜 민족의 일원이라는 자책감에 면죄부를 주려는 하나의 자기방어 전략에 지나지 않기 때문이다. 나는 결국 민족성이라는 사회적이고 역사적인 관심으로부터 절망하고 그리고 그것이 나의 '피의 운명'이기에 스스로에게도 절망하게 된다. 사회적 가능성과 통로가 봉쇄되고 그것이 자신의 존재론적 근거조차 위협하는 것일 때, 인간에게 남은 것은 과연 무엇인가. 아래 예문은 그러한 질문에 대한 답변이다.

① 절대의 단순이다. 이것이 생명의 가장 아름다움이리라. 그에게는 피의 탄식도 혹의 혐오도 수면제의 필요도 다 없는 것이다. 영원한 평화와 즐거움이 있을 뿐인 것이다. 완전한 무심, 즉 절대의 단순이 주는 행복인 것이다. 등 뒤의 솔푸덩에서 솨 바람이 인다. 골짜구니를 지나 건너편 산등성이의 칙칙한 솔숲에도 바람이 조용히 흔들린다. 솔숲 너머로는 말갛게 갠 하늘이 크막하니 아치를 숙이고 있고. 모두가 실하고 건강만 한 느낌이다. 그들 자연은

병드는 법도, 쇠하는 법도, 늙어 바스러지는 법도 없다. '나처럼! 옳아, 나처럼 ……' 나처럼 이렇게 병들고 쇠하고 바스러지고 할 줄을 자연은 모른다. 과연 나에게는 병과 쇠한 건강과 기력 없는 마음이 남았을 따름이다. 생활과 생명이 탄력이 있고 즐겁던 것은 이미 오랜 옛날이다.(7 : 515)

②'그리고서도 부질없이! ……' 생각하니 참, 부질없거란 다시 없는 노릇이다. 내가 대체 피를 탄식해서 무얼 하자는 것인고. 젊고 건강하고, 마음 건전하고 그리고 기개는 팔팔스럽고, 두루 이렇다면야 가다가는 그런 것도 일편의 관심거리가 될는지 모른다. 참으로 나에게 만일 그러한 젊음과 건강한 기력과 그리고 발랄한 기개가 있기만 있다면 모든 기성관념을 죄다 버리고서 새로이 가장 옳고 가장 아름다운 생명을 발견하려, 아무런 주저도 유예도 없이 나는 뛰쳐 일어설 것이다. 피 같은 것이 문제가 아닐 것이다. 그러나 …… 나는 병들었다. 웬만한 분잡에도 이 조그마한 몸뚱이 하나를 지탱하지 못할 만큼 기력은 쇠했다. 나이는 사십도 채 못되었으면서 환갑이 지난 만큼이나 생리는 바스러졌다. 마음은 또 생리보다도 더 늙어서 한 칠십 살고 난 노인과 진배없다. 완전한 노후요 폐물이요 패잔이다.(7 : 515~516)

①의 할미꽃으로부터 내가 보는 것은 「추상적 무의미」의 세계이다. "절대의 단순"이란 세상의 가치와 의미로부터 벗어난 의식과 의미의 진공상태를 말한다. 따라서 할미꽃은 생명감을 상징하는 것이지만 역설적으로 나에게 인식된 할미꽃의 아름다움은 생명력이 거세된 무기체의 상태이다. 그것은 현실을 떠난 피안의 세계이며 작품 「회」에서 보았듯 도피로서 달관의 세계이다. 여기에서 우리는 작가의 정신적인 피로가 얼마나 극심한가를 엿볼 수 있으며 한편으로 작가의 정신상태가 빈사상태의 위험한 지경에 놓여있음을 직감할 수 있다. 나의 진술과는 정반대로 사실 자연 상태의 사물은 "병들고 쇠하고 늙어 바스러

진다." 그게 자연의 '법'이다. 그러나 나는 자연 상태를 거꾸로 인식하고 있는 것이다. "생명과 생활과 열정"이 있었던 것은 이미 지나가버린 과거이기 때문이다. 그리고 지금의 나에게는 "병과 쇠한 건강과 기력 없는 마음"만이 남았을 뿐이기 때문이다. 허무주의적 경향을 보이는 작품들이 과거로 돌아가거나 현실로부터 벗어나려고 하는 것은 바로 이 때문이다.

②에서 나는 자신의 늙음을 한탄하면서도 젊음에 대한 동경과 희구를 나타내고 있다. 즉 젊음만 다시 주어진다면, "모든 기성관념을 죄다 버리고서 새로이 가장 옳고 가장 아름다운 생명을 발견하려, 아무런 주저도 유예도 없이 나는 뛰쳐 일어설 것이다"라고 단언하고 있는 것이다. 여기에서 우리는 "새로이 가장 옳고 가장 아름다운 생명"이라는 것이 일제의 군국주의나 대동아공영권을 의미한다고 단정할 수는 없다. 그러나 '모든 기성관념을 죄다 버리고서', '아무런 주저도 유예도 없이'라는 표현이 함축하고 있는 맹목적인 현실 수용의 논리와 합리적 이성의 마비상태가 가질 수 있는 위험성에 대해서는 분명하게 지적해야 할 것이다. 같은 맥락에서 "피 같은 것이 문제가 아닐 것이다'"라는 발언이 민족 문제를 무화시키고 대일협력과 친일부역을 정당화하는 논리로 둔갑할 위험성에 대해서도 언급하지 않을 수가 없다. 결국 이 작품의 종족근성에 대한 비판은 민족사에 대한 부정과 개인의 허무주의로 연결되면서 새로운 삶의 원리로서 친일 이데올로기의 수용으로 나아갈 수 있는 가능성과 위험이 곳곳에 도사리고 있다고 볼 수 있을 것이다. 이 작품의 내적 논리를 따라가다 보면 그것은 일종의 '시한폭탄'과도 같아서 작가에게 친일로의 길은 마치 시간문제처럼 보이기도 한다. 이 작품은 결국 민족성이라는 사회적 가능성의 봉쇄가 개인적 차원의 허무주의로까지 연결되고 그것이 결국 친일을 선택하는 논리로 변질될 위험을 내포하고 있는 작품이라 하겠다.

2. 허무의 그림자 걷어내기, 혹은 사소설(私小說)의 내적 동기

「摸索」(1939)[69]은 옥초라는 여주인공의 '무엇을 할 것인가(what is to be done)?'라는 질문에 그 의미가 집중되어 있는 작품이다. 그녀의 질문은 장편 『금의 정열』에 등장하는 여성인물, 은봉아의 질문과도 일맥상통하는 것이다. 옥초는 여자전문을 졸업한 엘리트 여성이지만 모든 것이 권태롭기만 하다. 그 무엇에서도 의미와 가치를 발견할 수 없기 때문이다. 이른 봄날, 하숙방 구석에 쪼그려 앉은 그녀의 심경과 사유의 모색의 과정이 작품 「모색」의 주된 내용을 이루고 있다. 그녀는 먼저 하숙집 주인 노파의 '무의미하고 명색없는 생활'을 사유의 재료로 삼아본다.

> '시계는 시간을 주장(主張)하자는 이유나 가졌다지만 저 생리는 ……' 옥초는 새삼스럽게 뒷벽의 괘종과 노파를 번갈아 보고 보고 한다. 비록 명색이야 없는 한낱 서민(庶民)이라고 하더라도 삼십 년 동안이나 두고 반생을 인간의 폐물이 되는 그날까지 그다지도 꾸준히 그다지도 충실하게 다만 그 한 가지 생활에 철저하지를 않았더냐! 그랬으니 대체 그게 무어란 말이냐? 개성이 있을까 긴장이나 뉘앙스가 있을까, 비약은커녕 실팬들 있을까, 남이 당자를 대신하여 들고 나서서 분개를 할 일이지 대관절 무얼 하자는 노릇이며 무엇이 어쨌단 말인고? 그래도 혹시 가다가 더러 생각이 나서 아뿔사 허망한지고! 이럴 법이 있더란 말인가! 하면서 무연히 한숨이라도 지을 적이 있을까? 작히나 그렇다면 조금은 동정을 해도 좋으렷다. 옥초는 문득 여기까지 생각을 하다가 보니 다른 게 아니라 제 자신이 결국 또 한번 어떤 인간

69 이 작품은 본 항목에서 중점적으로 다루려는 사소설에 속하는 것은 아니지만 내면의식의 탐구라는 주제의식이 사소설의 경향과 유사하고, 결정적으로 사소설의 내적논리를 선취하고 있다는 점에서 함께 다루기로 하겠다.

> 하나의 무의미하고 명색없는 생활을(가던 중에도 지지리 더 하잘것없는 것을 갖다가) 골몰해 들여다보고 앉았던 셈이 되고 만 게 되어서 저야말로 허망할 노릇이었었다. 이것은 그러나 역시 오늘에 비롯한 것이 아니요 하필 하숙집 노파로 하여 우러난 것도 아니고, 차라리 이왕에 도달한 결론을 다시금 증명이나 해주는 지날녘의 한낱 여담에 불과하던 것이다.(7 : 478)

옥초는 노파의 반복적인 일상에 대한 성실성을 무의미한 것으로 본다. 무엇이 가치 있는 것인지 뚜렷이 부각되어 있진 않지만 전체적인 맥락으로 보아 그러한 성실성을 인도하는 삶의 가치지향성이나 분명한 목표의식을 말하는 것으로 볼 수 있다. 문제는 옥초의 그러한 허무주의가 대상이나 타자에서 비롯된 것이거나 일시적인 감정 상태에 속하는 것이 아니라는 점이다. 즉 주인 노파에서 비롯한 옥초의 상념은 "이왕에 도달한 결론을 다시금 증명이나 해주는" 것이었었다. 모색의 대상이 자신으로 옮아오면서 옥초의 상념은 본격적으로 전개된다. 그녀가 하는 모색의 주된 내용은 사회적 존재로서의 자아실현이라는, 자신의 진로 문제와 관련된 것들이다. 먼저 결혼의 문제가 화두로 떠오른다.

> 대체로 결혼 같은 것은 인간생활의 한 반주에 지나지 못하는 것인데 아직 인간으로서 독자한 생활이랄지 그 테마를 잡지도 못했으면서 덮어놓고 결혼을 한다는 것은 옥초의 생각 같아서는 번연히 전체를 내버리고서 부분과 바꾸는 일종 자살행위와 다를 게 없는 것이었다. 황차 학교의 X선생님처럼 삼십이 넘었다거나, X선생님처럼 사십이 다 된 바도 아니면서 무엇이 그다지 급하다고 그 옹색하고 푸달진 부분 속에다가 인생 전부를 영영 감금하잘 머리가 없었다.(7 : 479~480)

옥초는 20대 초반의 젊고 유능한 여성이지만, 그녀에게 결혼은 그다지 매력적인 것이 못된다. 그녀의 표현을 빌리면 그것은 "전체를 내버리고서 부분과 바꾸는 일종 자살행위"이다. 무엇 때문에 그녀는 결혼에 대해서 극단적인 혐오감을 드러내고 있는 것일까. 현재의 그녀가 원하고 있는 것은 "실사회에 나가 몸소 가져야 할 '실제생활'이랄지 또 그 '생활의 테마'" 등으로 표현되고 있다. 즉 사회적 존재로서의 자아실현의 문제이다. 그녀의 문제의식에는 식민지 정치체제 속에서 여성이라는 성적 소수자로 살아가야 하는 이중적인 억압의 구조가 내재되어 있다. 이러한 그녀에게 결혼이라는 제도는 자아실현을 방해하는 또 하나의 억압일 따름이다. 옥초가 선택할 수 있는 또 다른 진로 중의 하나는 전공을 살려 "문단 행세를 장만하는 길"이다. 그러나 그녀는 "도무지 문학이라는 것에서 매력을 느낄 수가 없을 뿐더러 붓재주에 하나도 자신이" 없다. 이처럼 결혼이나 유학에 관심이 없고 문학에도 뜻이 없는 옥초에게 마지막으로 남은 선택의 가능성은 취직이다. 특히나 교원이 되는 것은 "여자의 직업으로 가히 무난한" 것이라고 자신도 생각한다. 그러나 교육자는 가르치는 일을 "천직이나 희생"으로 여기는 사람이어야 한다고 옥초는 생각한다. 따라서 "이상이 거기에 있지 않은" 자신에게 교원이 되는 것은 맞지 않다고 생각한다. 결국 옥초에게 주어진 모색의 결과는 다음과 같은 것이다.

> 직업도 가질 만한 것이 없을 지경이면 옥초는 마침내 학업을 마치고 교문 밖으로 나서는 그 날 그 시각부터 아무것도 할 것이 없는 사람이 될 테라는 결론에 도달치 않을 수가 없었다. 이 아무것도 할 것이 없다는 결론의 말 내용은 그러나 먼저의 아무것도 하는 것이 없이 그저 놀면서 지낸다는 사실을 의미한다거나 따라서 그에의 복귀(復歸)인 것이 아니었었다. 대수학(代數學)에서는 마이너스도 한 수(數)의 자격을 갖는다. 그와 마찬가지로 옥초의 그 경우에 있어서는 아무 것도 하는 것이 없이 그저 놀면서 지낸다

는 사실도(비록 가치는 부정이 될망정 존재는 긍정을 받아) 하나의 '생활'로서의 자격을 보유하고 있었던 것이다. 그러나 방금의 아무것도 할 것이 없다던 결론은 그 놀면서 지낸다는 사실까지도 부정을 하는 절대의 부정으로, 따라서 여느 공간이 아니라 진공(眞空)이어서 전연 제로를 가리킴이었었다.(7 : 482~483)

인용에서 드러나듯이 옥초가 모색을 통해 내린 결론은 허망하게도 "아무 것도 할 것이 없다"라는 것이다. 자신의 삶과 주어진 현실 속에서 그 어떤 것에도 가치를 부여할 수 없고 모든 것이 무의미하다는 것이 옥초의 허무주의의 내용이다. 그것은 '절대의 부정'이며, '진공(眞空)'의 상태이자 '전연 제로를 가리킴'이다. 그녀의 이와 같은 태도에는 "일껀 애써 배우고 쌓은 귀중한 학문을 갖다가 하나도 옳게 풀어 쓰지 못한다"는 학문 무용론 혹은 배움의 쓸모없음에 대한 인식이 깔려있다. 그녀는 이를 '가장 근본적인 이유'라고 생각한다. 옥초는 학문과 인간과의 관계가 아래와 같이 정립되어야 마땅하다고 본다.

학문은 그러나 결단코 그처럼 잔망스럽거나 무의미한 악용을 당할 것이 아니라 그는 마땅히 주체(主體) 인간과의 유기적인 협력 아래서 그의(主體의) 새로운 행동의 창조에(더불어 참예하는) 적극적인 동력이 되어야 할 것이었었다. 옥초에게 준비가 되어져 있는 학문의 사명에 대한 관념이란 것은 바로 그러한 즉 주체 인간과 객체 학문과의 유기적 화합(혼합이 아니라 화합)에서 지양이 되는 제삼의 행동인 새로운 현실의 창조……라는 한 개의 명제이었던 것이다.(7 : 484)

인용문의 내용은 "학문은 인간과의 유기적인 결합을 통해 새로운 행동과 현실의 창조에 기여해야 한다"는 정도로 요약될 수 있을 것이다.

옥초는 이 명제를 받들고 백지로 다시 돌아가 더 폭넓고 깊게 '생활 현실'을 새로이 탐색해본다. 이전까지의 내용이 주로 자신의 진로와 관련된 주관세계에 대한 모색이었다면 이후의 내용은 자신이 속해 있는 실제 현실과 객관세계에 대한 모색에 해당한다고 할 수 있겠다. 그러나 객관세계에 대한 모색의 결과 역시, 다음과 같이 절망스러운 것이다.

> 마침내 옥초는 아무래도 새로 한 벌 해 입었어야 할 새옷을 해 입지 못하고서 낡은 교복을 그대로 입은 채 졸업하는 교문을 나서고 만 셈이었다. 그러면서 그는 혼자 말했다. 세계는 상식과 습관과 값 헐한 욕망이 왕 노릇을 하고 있고 개성은 지혜로 더불어 생리의 종노릇을 하고 있고 하더라고. 이 니힐한 색채를 드리운 독설은 일변 그의 명제를 현실화시킬 소위 창조적 생활이라는 것을 얻어낼 수가 없더라는 의미가(제 자신은 의식을 하고 않고 간에) 간접적으로 포함된 말이었었다. 옥초는 그러나 결코 정면으로 그 최종적 결론을 내리지 않고서 언제까지든지 미루어나갈 권리를 스스로 보유했다. 그러고서 한편으로 그는 끈이지 않고 생각하고 궁리하고 하면서 탐색의 계속을 중단시키지 않았다. // '무얼 하기는 해야 할 텐데…… 무얼 한다? …… 그건 그렇고 저건 저렇고 그리고 이건 이렇고 …… 아무개는 이러고이러고 하던데? …… 아 요건 또 어떨꼬 ? 으음 글쎄 …….'(7: 486)

인용에서 드러나듯이 옥초의 현실에 대한 진단은, "세계는 상식과 습관과 값 헐한 욕망이 왕 노릇을 하고 있고 개성은 지혜로 더불어 생리의 종노릇을 하고 있다"는 인식으로 귀결된다. 그것은 "니힐한 색채를 드리운 독설"이지만 옥초는 모색의 계속을 진행시킨다. 그리고 그 모색은 "무엇을 할 것인가?"라는 질문으로 압축되고 있다고 할 수 있을 것이다. 사회적 자아로서의 현실탐구가 아무런 의미 있는 것의 발견에 이르지 못하자 옥초는 내친 김에 연애나 해볼까라는 생각을 갖게 된다.

하지만 연애와 결혼의 상대로서 상수의 등장은 옥초의 이런 기대를 여지없이 배반시키고 만다. 그는 이미 옥초가 존경해마지 않았던 이상주의자로서의 모습이 아니라 현실과 타협하고 타락한 현실에 기생하는 순응주의자로 변모해버렸던 것이다. 옥초가 보기에 상수는 이제 능청스러운 "거리의 약장수다운 협잡꾼"과 다를 바가 없을 만큼 타락하고 말았다. 다음 인용에서는 상수의 예전의 모습과 현재의 모습이 대조되면서, 옥초의 절망스런 심정이 여실히 드러나고 있다.

> "허허허허 어허허허! 이거 내가 이렇게 몰리다가는 당최 이건 앉구 못 일어서겠군! 그래! 허허허허. 그러나저러나, 차일시 피일시 아니우 ? 어떡허우? …… 나두 많이 두구서 생각두 해본 나머진데 별수 없어요! 밤낮 서생인가 ? …… 거저 우리 같은 범인은 괜히 혼자서 고고했자 별 뾰족수 없구, 거저 현실과 타협을 하는 게 가장 현명한 노릇이야! 현실과 타협해서 …… 친하구 응 ? …… 시대가 시방 시대가 다아 그런 걸 어떡허나 ? 그렇잖다구?" (…중략…) 그전에도 그러했지만 그때까지도 그는 현실이 나의 이상과 맞지 않는 바이면 터럭 하나라도 세상을 위해서는 뽑지 않는다고 정열적으로 부르짖던 젊은이였었다. 그 기개가 자못 굉절하여 듣는 사람으로 하여금 많은 감동을 받게 했었고 그 운덤에 발일모이 위천하라도 불위[拔一毛而爲天下不爲]라는 그 한마디는 특히 옥초에게 깊은 영향을 끼쳐주었었다. 오늘의 옥초의 고답적인 결벽은 은연중 그 말 한마디가 들어서 길러주었던 것이다.(7 : 496~497)

이와 같이 최후의 가능성으로 삼았던 상수와의 결혼마저도 실망만을 안겨주자, 옥초에게는 이제 타락한 세상에 대해서 환멸과 냉소로 응대하면서 순결한 자신을 고수하는 일만이 남게 되었다. 본질적으로 이 작품의 의미구조는 「순결한 자아」와 「타락한 현실」 사이의 대립과 긴장에 근거해 있다. 옥초 자신의 자아상이라 볼 수 있는 다음 인용은 타락한 세계에 대해서 우위에 있는 자아의 순결성을 보여주고 있다.

> 비록(아직은 이 고장의) 여자라고는 할 값에 소학교부터서 치면 열다섯 해썩이나 두고 공부를 하노라고 했고 그 덕에 명색은 전문학교까지 마친 이력이 있고 뛰어난 천재나 영특한 인물은 아니라도 바보나 천치는 역시 아니고 나이 갓스물 스물하나에 몸은 건강하고 요행히 집안의 생계를 부담할 처지는 아니고 무엇보다도 몸소 어떤 일을 하지 않고는 배기지 못할 날카로운 의욕과 불타는 정열이 있겠다, 흰말이 아니라 얻다가 내다 버려도 제 한 몫은 능히 감당해낼 잡이인 것을, 백줴 졸업장을 받아 들고 학교 문턱을 넘어서다가 에어 포켓에 푹 빠지는 맥으로, 아무것도 할 것이 없는 사람이 되고 말 테라니.(7 : 483)

이 작품에서 순결하고 고상한 옥초의 자아에 대비되는 것은 타락하고 속물스러운 세계의 모습이다. 그것은 하숙집 주인 노파의 무의미한 성실성으로, 결혼 후보자 상수의 속물근성 등으로 표현되고 있다. 문제는 그와 같이 타락한 현실 속에서 옥초 자신이 자신의 진로와 관련하여 어떠한 방향성도 발견하지 못한다는 사실이다. 옥초는 실제 현실이라는 객관세계에서는 물론이거니와 자신의 진로와 관련된 주관세계의 모색에서도 의미 있고 가치 있는 것을 찾아내지 못한다. 물론 옥초의 모색은 사회적 존재로서의 자아실현이라는 문제에 주로 한정되어 있기 때문에 근본적인 의미에서 사회적인 실천이나 역사적인 의미를 갖는다고 보기는 어렵다. 그러나 거기에는 식민지 국가의 여성으로 살아가야 한다는 이중적인 억압의 구조가 내재되어 있다는 사실 또한 부인할 수 없다. 결론적으로 옥초의 "무엇을 할 것인가?"라는 의미심장한 질문은 "아무것도 할 것이 없다"는 허망한 답만을 얻었을 뿐이다. 그와 같이 타락한 세계에 대해서 지독한 허무주의를 품고 있는 옥초가 현실을 견뎌낼 수 있는 방법은 자아의 순결성을 보존하고 그러한 자아에게 의존하는 길뿐이다. 이처럼 자아의 순결성이 보존되고 있다는 점에서 옥초의 허무주의는 절대적인 것이라 볼 수 없다. 그녀의 허무는 자신의 존재에 대한 통찰에서 기원하는 것이 아니라 세계에 대한 환멸로부터 나온 것이기 때문이다. 따라서 옥초에게는 아직 구원의 가능성이 열려 있다. 옥초가 변해버린 상수의 모습을 보고 절망을 느끼면서도 "마음이 대단히 상쾌한" 이유는 바로 거기에 있다. 이런 맥락에서 옥초는 이러한 자신의 심리를 "남의 소위 '타락'에서 요행을 횡재했다"고 고백하고 있기도 하다. 자신의 존재론적 근거마저 붕괴되어 버릴 때, 허무주의는 비로소 걷잡을 수 없는 하나의 '심연(深淵)'이 된다. 그러한 예를 우리는 「패배자의 무덤」이나 「상경반절기」 등에서 볼 수 있는 것이다.

허무주의적 경향의 소설들과 함께 일제 말기에 접어들게 되면 채만식은 '사소설'이라 칭하는 독특한 경향의 소설들을 발표한다. 사회적 자아로서 역사적 가능성에 대한 탐색이 채만식 소설의 주된 경향이라는 사실을 고려한다면 이러한 작품들의 존재는 매우 이질적이고 예외적인 것이라 할 수 있다. 그러면 이러한 '사소설'의 존재가 의미하는 바는 무엇인가. 사소설의 존재는 채만식 소설의 전체적인 구도 속에서, 그리고 허무주의적인 경향의 소설들과의 상관성에서 파악해야 그 온전한 의미가 드러날 것이다. 채만식의 사소설로 분류할 수 있는 작품들의 외연은 좀더 확장될 수 있지만 본고에서는 서술자가 작가로 직접적으로 명시되어 있는 「近日」(1941)[70]과 「집」(1941)에 한정하여 살펴보기로 한다.

---

70 이 소설의 시작은 이렇다. "새벽 다섯시까지(어제 밤 여덟시부터 꼬바기) 앉아서 쓴 것이 장수로 넉장, 실 스물일곱 줄을 얻고 말았다. 그 사이, 노싱을 한 봉 반씩 네 차례에 도합 여섯 봉을 먹었다. 간밤에 새로 뜯어논 스무 개 들이 가가아끼 한 곽이 빈탕이 되었다. 재떨이가 손을 못 대개 낭자하다. 성냥 한 곽을 아마 죄다 그었나 보다. 하

「근일」은 금광사업과 관련된 자신의 가족사와 그리고 보다 중요하게는 '근일'의 자신이 처한 작가적 상황과 문학관을 피력하고 있는 작품이다. 이 작품에는 정체를 알 수 없는 어둠과 불안의 그림자가 짙게 드리워져 있다. 먼저 그 어둠의 정체는 무엇보다 내일을 기약할 수 없는 궁핍한 가족들의 생활형편이다. 셋째 형과 넷째 형이 계속해서 금광사업에 몰두하지만 번번이 일은 어긋나거나 실패로 돌아가고 만다. 마지막 기대를 걸고 형들은 "광나루 저편짝에 있는 XX광산"에 일자리를 새로 마련한다. 더 이상 기댈 곳이 없는 가족들의 운명은 이제 그 금광의 성패 여하에 달려 있다. 채만식의 이른 바, '사소설'에서 두드러지는 특징 중의 하나는 가족으로의 복귀와 '가족애'에의 강조이다. 그것은 일상적 관심에의 고조와 함께 사소설의 중요한 특징으로 거론될 수 있다.

① 동기간은 아무래도 정다운 것이다. 나는 그들이 불쌍해 못한다. 추레하니 풀죽은 기상, 악식에서 오는 윤기 없는 얼굴, 그 얼굴에 가득 낀 근심, 그리고 방금 저 하고 가는 옷주제와 초라한 행색. 남은 벌써 동복에 외투까지 푸근히 떨쳐입고 다니는 때다. 우리는 그런데, 삼형제 틈에 외투라곤 내가 입던 것 하나밖에 없다. 그것을 셋째형이 먼 길을 가느라고 입고 떠났다. 나는 그래서 금족을 하고 들앉았고, 넷째 형은 외투가 없이 출입을 해야 했다. 빛깔은 허여멀겋게 엷고, 다 낡아빠진 스카치 춘추복을 홋홋하니 그것만 달랑 입고서 잔뜩 몸을 웅숭크리고 초작초작 서리가 눈처럼 내린 첫새

루 평균 치면 네 개피나 다섯 개피가 배급 표준이라는데, 그러니 조선도 성냥 전표 제도가 생겼다가는 큰 야단이 나겠다. 원고용지를 파지를 내기 백 매짜리로 거진 한 축. 픽픽하는 갱지가 되어서 더 헤프기도 하지만, 둘러보니 완연 휴지 속에 파묻혀 있는 형용이다. 원고용지 구하기가 원고 쓰기보다 더 힘이 드는 이판에, 이대도록은 너무 심하다. 골치가 멍멍, 언 살을 만지기 같다. 딱 시장은 하면서도 혀가 깔깔하고 밥 생각은 나지를 않는다. 이렇게 해서 얻은 그 넉 장에 스물일곱 줄이나마 제대로 성할 테냐 하면, 이따가 저녁이면 십상 또 작대기를 북북 주고서 번연히 처음부터 다시 쓰기 시작할 것. 한숨이 후유 나온다. 내가 생각을 해도 무슨 짓인지 알 수가 없다."(8 : 11)

벽의 자갈밭을 걸어가며 있는 양자를 무연히 바라다보고 섰던 마는 어느덧 인두가 뜨거워 올라 강잉해서 고개를 돌렸다. 남남끼린들 불쌍한 정상이면 마음이 통치 않을 리 없는 것이지만, 제 동기간에 대한 연민의 정은 살이 아프다.(8 : 22)

② 나는 어려서 어머니 아버지한테 항상 주전부리를 통하여 막내둥이다운, 막내둥이에게만 한한, 자깃한 사랑을 받던 적이 절로 생각이 났다. 사십이 다 된 아우건만 아직도 어린아인 듯, 지금은 형들이 옛날에 어머니 아버지가 정성스러이 잔정을 써서 나를 거천하듯이, 꼬옥 그런 망상과 태도로, 색다른 것이랄지 맛있는 음식이면 옴탁옴탁 먹이고 싶어 하고 하던 것이다.(8 : 30)

①은 남루한 형의 옷차림과 행색을 보고 가슴 아파하는 나의 모습을 그리고 있다. 여기에서 나는 유독 동기간의 정을 강조하고 있음을 알 수 있다. 이러한 가족애의 강조는 ②에서 보는 것처럼 유년기의 성장 경험을 바탕으로 하고 있다. 그리고 ②에서 보이는 막내기질은 실제 채만식의 전기적 사실과도 일치하는 것이다. 인용문에서 보이는 따뜻한 가족애는 가치판단의 문제가 아니다. 그것은 긍정적이거나 부정적인 의미를 갖지 않는다. 여기에서 문제가 되는 것은 다른 작품에서는 좀처럼 볼 수 없었던 가족애의 강조가 갖는 성격과 그 의미일 것이다. 통상적으로 가족이란 인간이 마지막으로 몸을 의탁할 수 있는 최후의 보루이다. 따라서 그것은 우선적으로 작가가 지향하는 세계의 축소와 왜소화를 의미한다. 앞서 언급한 바, 채만식 소설의 본령을 이루는 것은 사회적 자아로서 역사적 가능성의 탐색이다. 그러나 그의 사소설에 이르게 되면 역사나 사회에 대한 관심은 차단되고 개인의 신변잡사와 일상에 대한 관심이 이를 대체하게 된다. 이는 물론 민족사의 역사적 가능

성의 전면적 봉쇄를 의미하는 일제 말기의 정치적 상황과 무관하지 않다. 그와 같은 외면적 요소 외에 채만식에게 있어 사소설로의 선회는 그 내면적 동기와 논리가 또한 해명될 필요가 있다. 이에 대한 구체적인 설명은 논의의 진전을 따라 하기로 하자. 가족사의 문제를 일단 접어두고 사소설과 관련한 자신의 문학관을 피력하고 있는 다음 예문을 길게 인용해 보자. 여기에서 이 작품에 드리워져 있는 어둠의 두 번째 정체가 드러난다.

> 퍼뜩 붓을 멈추고 나의 신경상태를 응시한다. 아무리 그렇더라도, 나 자신의 그와 같이 작고 속스런 인간을, 문학적으로 승화되지 못한 한낱 시정적인 사실이요 족히 진실과는 거리가 먼 나의 정신상 나체(裸體) 그대로를, 그대로 갖다가 이런 모양으로 문학 속에 담아서 어엿이 남의 면전에다 내놀 까닭이야 없는 게 아닌가? 정녕코, 이즈음 내가 문학의 내용세계에 있어서 이슥고 빠져가며 있는 슬럼프에 대한 무의식한 자포자기요, 그 악질한 악화가 아닐는가 싶다. 작품이 부질없이 신변답사로 기울고 있었다. 일찍이 돌려다본 적도 없고 돌려다보려고도 않던, 소위 사소설에의 접근이었다. 이미 발표를 한 것으로 「회」가 벌써 그러한 경향이 자못 농후했다. 쓰다가 팽개쳐 둔 「종씨(宗氏)」가 그러했고 「하중(荷重)」이 그러했다. 방금 승강을 먹고 있는 「집」이 번연히 그러하다. (…중략…) 이것이 「집」의 첫머리 몇줄째부터의 한 토막이다. 단순한 집타령이요, 울 안에서 나 혼자만의 진실이다. 「하중(荷重)」은 옛 연애를 만나고 나서 지금의 안해가 짐스럽다는 것이고 「종씨(宗氏)」는 이웃의 우습게 생긴 종씨를 이야기하면서 역시 내 신변사를 늘어논 객담이다. 이렇게 나는, 오락 진리롭지도 못한, 겸해서 편협한 소견으로 남에게 인생을 감히 결론하려 드는 것이다. 마침내 그러다간 한 걸음 더 나가서, 지극히 비속한 시정잡사와 항다반의 인정미담인 표정을 해가지고 스스로 문학 가운데 등장을 하고 있는 것이다. // 신변잡

사의 사소설이 문학의 정도가 아니요 가히 삼가야 할 것이거늘, 본디 니힐한 병폐가 있는 내가 또 한가지 사도에 탐혹을 하다니, 생각하면 한심한 노릇이다. 길이 막힌 것만은 사실이었다. 그러나 정상한 길을 찾도록까지 손을 멈출지언정 아쉰 대로 덮어놓고 사도를 나가다께, 절절히 불가한 짓이다. 황차, 그러한 건전치 못한 코스를 밟으면서 이다지 상식에 벗도록까지 건강을 무리하며 생리를 학대한다는 것은, 결과가 막상 천하를 얻는 소업이라고 하더라도 족히 취할 일이 아닐 것이다. 그러나마, 그렇게 정력을 들여가며 노력하기를 내용의 미화를 위해서보다도 실상은 많이 문장의 정리와 말의 선택에 몰두하는 탓이고 보니, 완전히 무의미한 장난이다. 밤을 꼬바기 밝혀가면서, 몇날 며칠이고 그 모양으로 말이다. 싸릿문 바깥에 나서서, 형을 배웅하고 있던 나다. 어느 겨를에 그런데 "퍼뜩 붓을 멈추고 나의 신경상태를 응시 ……" 하는 내가 풀쩍 뛰어들었다. 그 두 가지의 나는, 도저히 같은 시공(時空)에는 용납이 되지 않는 실로 세계가 서로 다른 나 들이다. 확실히 미신이요 고학은 아니다. 그리고 그것이야말로 유독 일인칭 사소설만이 부릴 수 있는 요술인가 보다.(8 : 23~24)

소설가인 나에게 사소설은 "족히 진실과는 거리가 먼 정신상 나체"이고, 그것은 일찍이 "돌려다본 적도 없고 돌려다보려고도 않던" 양식이었다. 그래서 그러한 '사소설에의 접근'은 문학적 "슬럼프에 대한 무의식한 자포자기"라 할 수 있다. 그리고 이에 해당하는 작품으로 「회」, 「종씨」, 「하중」, 「집」 등을 그 예로 들고 있다. 또한 내가 생각하기에 그 작품의 내용들은 "울 안에서 나 혼자만의 진실"일 뿐이다. 그것은 결코 "진리롭지도 못한" 것이다. 인용문의 후반부에서는 이와 관련한 자신의 문학관을 본격적으로 풀어놓고 있다. '신변잡사의 사소설'은 '문학의 정도(正道)'가 아니다. 그것은 또 하나의 '사도(邪道)'에 해당하는 것이다. 여기에서 나는 "길이 막힌 것만은 사실"이라고 고백하고 있는데,

이 대목에서 우리는 악화 일로로 치닫고 있었던 일제 말기의 사회 · 정치적 상황을 우선 떠올릴 수 있을 것이다. 그리고 그것은 사회적 자아의 역사적 가능성을 주된 테마로 하는 채만식에게 창작의 길의 봉쇄를 의미하는 것이었을 것이다. 그와 같은 사정은 '진리롭지도 못하다', '문학의 정도가 아니요' 라는 표현을 통해 드러나고 있는, 사소설에 대한 나의 부정적 인식으로 미루어 알 수 있다. 그래서 '본디 니힐한 병폐가 있는' 나에게 사소설로의 길은 '또 한가지 사도에 탐혹'하는 것이 된다. 그렇다면 여기에서 언급되고 있는 '니힐한 병폐', 즉 허무주의와 사소설과의 관계는 어떤 것인가. 이 역시 사소설이 가지고 있는 내적인 논리와 함께 밝혀져야 할 문제이다. 아무튼 나에게 사소설은 문학의 정도가 아니기에 그 "내용의 미화를 위해서보다도 문장의 정리와 말의 선택"과 같은 형식의 문제에 매달리게 한다. 내용과 주제의 불만족을 형식의 완성도로 상쇄하려는 것이다. 따라서 나에게 그것은 "완전히 무의미한 장난"에 불과한 것이다. 일반적으로 일인칭 소설의 의미구조는 서술적 자아와 경험적 자아 사이의 거리와 긴장으로 결정된다고 할 수 있다.[71] "그 두 가지의 나는 도저히 같은 시공에는 용납이 되지 않는 실로 세계가 서로 다른 나들"이다. 그러나 사소설에서는 인용문 마지막 부분의 언급처럼 경험적 자아와 서술적 자아가 구분되지 않는다. 그것은 결국 채만식에게 경험적 자아로 표상되는 사회적 공간과의 긴장을 포기하고 개체적 실존이라는 사적 영역으로의 후퇴를 의미하는 것이라 하겠다. 이 작품의 후반부는 몇 가지 일상적인 신변잡사와 불우한 환경 속에서의 가족애의 강조로 이루어져 있다. 그리고 어려운 집안 형편을 돕기 위해 현재 거주하고 있는 집을 팔기로 결정하는 것으로 소설을 끝을 맺고 있다. 누차 언급한 바와 같이 채만식 소설의 본령을 이루

71 프란츠 슈탄첼, 안삼환 역, 『소설형식의 기본유형』, 탐구당, 1982, 61쪽.

는 것이 사회적 관심이라는 것은, 이 작품처럼 개인적 실존을 다루고 있는 사소설에서도 그 관심의 초점이 본질적인 의미에서의 개인의 내면성이나 실존의 문제가 아니라 이와 같은 신변잡사와 표면적인 일상성으로 기울어져 있다는 점에서도 확인되는 것이다.

그러면 이제 이 소설의 본질적인 의미에 접근해 보기로 하자. 그것은 결국 사소설의 내면적 논리를 밝히는 일일 것이다. 사소설의 내적 논리의 핵심은 '타락한 세상'과 '순결한 자아'라는 대립적 구조에 있다. 앞서 분석한 허무주의적 경향을 보이는 소설들에서 보았지만 사회적 가능성의 전면적 봉쇄라는 상황을 주체가 견뎌낼 수 있는 방법에는 무엇이 있는지 정리해보기로 하자. 첫째, 「패배자의 무덤」에서 보듯이 죽음이라는 극단적인 선택을 통해 현실의 질서를 송두리째 거부하는 것이다. 둘째, 「회」에서 보듯이 달관의 포즈나 과거로의 퇴행을 통해서 현실의 장력으로부터 벗어나는 것이다. 마지막으로 가능한 것은 「모색」에서 보듯이 타락한 현실과 대비되는 자아의 순결성을 고수하면서 무의미한 현실을 견디는 일이다. 이러한 가능성은 「패배자의 무덤」이나 「회」에서는 차단되어 있는 것으로 볼 수 있다. 왜냐하면 「패배자의 무덤」에서는 죽음을 선택함으로써, 「회」에서는 현실과의 긴장을 놓아버리고 늙어버림으로 인해 이미 자신의 존재론적 근거를 상실하고 있기 때문이다. 나머지 두 가지 가능성은 모두 현실 원칙에는 부합하지 않는 것이기 때문에, 사회적 가능성이 봉쇄된 무의미한 현실과의 끈을 놓지 않고 견뎌내는 유일한 방법은 「모색」에서 옥초가 택했던 길이라 할 것이다. 즉 채만식에게 개인의 실존적인 차원에까지 엄습해 오는 일제 말의 정치적 압력과 허무주의의 그림자를 걷어내기 위한 길은 자아의 순결성을 보존하는 것만이 유일한 생존의 방법이었다고 할 것이다.[72] 이런 맥락에서 채만식의 사소설의 주인공들이 소설가인 것은 자아의 순결성이라는 문제와 직접적인 관련성을 갖는다. 즉 채만식

72 방민호는 채만식 소설에 나타나는 자전적 성격의 소장, 주로 패로디와 관련한 채만식 문학의 상호텍스트적 성격, 그리고 이른 바 '세대' 모티프에 주목하여 논의를 전개하였다. 특히 자전적 수준의 증감에 따른 채만식 소설의 통시적 도표를 작성하여 채만식 소설을 해명하는 일관된 논리를 수립하고자 하였다. 그리고 이는 논리적 타당성과 설득력을 지니고 있는 것으로 보인다. 방민호의 채만식 소설의 자전적 성격에 대한 논의는 주로 사소설에 집중되어 있는데 그 핵심적인 내용들은 다음과 같다. "'사소설'은 그에게는 통상의 사소설(私小說) 작가들에서와는 달리 잠정적이고 임시방편적인 창작방법, 즉 1940년을 전후로 한 시대적 상황에서 내용, 곧 주제의 곤란에 직면한 작가의 독특한 문학적 대응방법이다.(57쪽) 사회적으로 규정된 '나'라는 존재에의 의식이, 사회라는 것의 일부를 이루면서도 그와는 독립적으로 존재하는 개인으로서의 '나'라는 것에 대한 탐구를 끝까지 밀고 나갈 수 없게 만드는 상황, 이것은 당대 조선의 문학인들이 처한 공통적인 현실이었다. '나'라는 존재에의 몰입이 자기를 제국(帝國)의 심연으로 이끌어 가버릴 수도 있으리라는 불안은 일제 하 문학인들의 정신에 한결같은 부담으로 작용하고 있었다. 그러나, 이 점에서 채만식은 여러 '범속'한 작가들보다 훨씬 더 예민한 존재였다. 그는 제국들의 언어가 낳은 문학을 의식하면서도 그것과는 다른 독자적인 문학을 구축하려는 시도를 일관되게 보여주었던 작가이다. 이처럼 관계의식이 투철한 그에게 있어 '나'라는 고립된 존재의 탐구라는 것이 자리잡을 공간은 매우 협소했다. '사소설'은 작가적 상황에 대응하는, 일본적 사소설(私小說)로 환원될 수 없는 그만의 양식이다. 이처럼 체제와의 긴장으로 설명될 수밖에 없는 '사소설'의 존재가 그의 문학적 도정을 삼분하고 있다는 사실이야말로 그의 문학에서 식민지성의 인식 및 그 문학적 대응의 문제가 근본적인 의미를 지니고 있음을 말해준다.(61~62쪽)"(방민호, 『채만식과 조선적 근대문학의 구상』, 소명출판, 2001)
필자는 방민호의 논지에 기본적으로 동의하면서 이에 따른 몇 가지 문제점을 지적하고자 한다. 첫째, 채만식 소설을 민족사의 관점에서 긍정적으로 읽어내려는 방민호의 시도는 그 논지의 타당성에도 불구하고 외적 논리에 의한 설명이라는 제한을 갖는다. 둘째, 채만식이 사소설을 식민지 정치적 상황에 대한 소극적 저항의 의미를 지닌다는 설명은 그것의 논리적 설득력과는 별도로 같은 시기에 발표된 친일 성향의 작품과 산문들을 설명할 근거를 상실한다는 점에서 적지 않은 문제를 지닌다. 사소설이 체제의 위협에 따른 임시방편적인 전략적인 의미를 갖는다는 설명은 타당한 것이지만, 그것은 채만식 문학의 체제 저항적 의미를 강조함으로써 체제에의 협력이라는 채만식의 또 다른 얼굴을 고려하지 않게 되는 것이다. 이는 거시적 관점이 가질 수 있는 미덕임과 동시에 구체적인 텍스트의 미시적인 차이를 고려하지 않는 거시적 관점의 논리적 오류라 할 수 있겠다. 셋째, 채만식의 사소설이 본질적인 의미에서는 통상적인 의미의 사소설과는 달리 '사회적 자아'의 산물인 것은 분명하지만, 그 내용에 있어서 개인의 근원적인 실존적 문제에 천착하지 않는 것은 채만식 문학의 본령이 사회적 관심에 있어서이지, 방민호의 설명처럼 '존재에의 몰입이 자기를 제국의 심연으로 이끌어 가버릴 수도 있으리라는 불안' 의식 때문은 아니다. 즉 사소설이 개인적 실존의 탐구로 이어지지 않는 것은, '체제와의 긴장'이라는 외부적 압력 때문이 아니라 채만식 소설의 본질적인 관심이 고립된 개인의 실존의 문제에 있지 않다는 내 개인에게 자아의 순결성을 보존한다는 것은 무엇보다도 세계의 타락한 원리와 대비되는 예술가적 자부심을 고수하는 일과 직결된다는 것이다. 그래서 「근일」이나 「집」에서 보이는 것처럼, 소설가로서 자신의 정체성과 예술가적 자부심을 재확인하는 일은 그에게 무엇보다도 중요한 일이 된다. 왜냐하면 그것은 바로 순결한 자아라는 자신의 존재론적 근거의 원천을 형성하고 있기 때문이다. 이런 맥락에서 사소설에서 가족애의 강조는 작가가 지향하는 세계의 축소와 왜소화라는 외연적인 의미 외에 가족이라는 자신의 원초적인 존재론적 기원과 뿌리를 확인한다는 내면적 동기를 갖는 것이다. 다음 예문은 사소설의 내면적 동기와 논리가 자아의 순결성과 타락한 세계와의 대립에 기초해 있다는 것을 보여준다.

> 종씨가 오더니, 요새 공판을 하려 왔다가 불을 맞고는 주체를 못해하는 벼가 더러 싼 게 있다면서, 두 집 얼려서 몇 섬씩 사두자고 권한다. 그 다음, 나무장사가 오더니, 나뭇갓을 한 이십 원짜리 하나만 사주면 원어치 되게끔 장작을 대겠노란다. 금광에 가서 엄벙덤벙한다니까 돈냥이나 착실히 있는 줄 아는 눈치들이다. 집 흥정을 부탁한 한서방은 오더니, 이백 오십 원이면 사고자 하는 사람이 있다고 한다. 뒷집 주정뱅이 최서방은 오더니, 그 망나니가 죄다 어디로 가고는 두 무릎 단정히 꿇고 앉아서, 새로 장가를 가겠는데 규수네 편에서 시방 같이 사는 막지기 여편네의 승낙서를 요구하니, 그걸 한 장 대필해 달란다. 병목안 산다는 웬 자는 오더니, 인부가 소용이 되느냐면서 사오 인 있기는 있는데 선하를 돈 십원씩 주어야 가겠단다. 이 너저분한 나그네들과 너저분한 교섭을 일일이 다 치르고 나니 하마 오정이다.(8 : 28~29)

면적 동기가 고려되어야 한다는 것이다.

인용문은 내가 밤샘 작업을 마치고 잠자리에 들기 전에 처리한 일상적인 일들과 만난 사람들을 열거하고 있다. 여기에 등장하고 있는 인물들은 가난하고 무식한 민중들이다. 나는 그들과의 만남을 "너저분한 나그네들과의 너저분한 교섭"이었다고 기록하고 있다. 일제 말기에 이르러 채만식의 민중에 대한 불신과 혐오감[73]은 감정에 치우치고 있는 감이 없지 않다. 이는 「상경반절기」에서도 이미 확인한 바 있다. 나에게 그들과의 만남은 짜증스럽고 귀찮은 일이기만 하다. 사소설에 이르러 작가의 세계는 신변잡사와 일상적인 것들이 사회적이고 역사적인 현장을 대체하고 있기 때문에 일상 속에서 벌어지는 사건들과 여기에 등장하고 있는 인물들이 작가가 경험하는 외부 현실을 함축하고 있는 것으로 볼 수 있다. 그리고 인용문에서 보듯 순결한 자아와 대비되는

73 1948년 이후 채만식과 이웃에 살면서 채만식으로부터 총애를 받은 제자, 장영창(張泳暢)의 수기에 실려 있는 다음과 같은 대담을 참고할 수 있다.

채 : "그러면 이야기를 해주지. 내가 개성에서 살던 때의 일인데 …… 어느 날 산에 올라갔다가 논길을 지나서 집에 돌아오는데, 동네 앞까지 거의 다 왔을 때에 한 사람의 조개젓 장수가 지게를 논두렁 위에 받쳐놓고 논물을 떠가지고 자꾸 조개젓 통에다 부어 넣는 것을 보았지 ……. 처음에는 무슨 짓을 하나 하고 예사로 보았는데 가까이 가 보고서 나는 그만 질색을 하지 않을 수 없었어. 논의 시궁창물을 떠서는 조개젓 통에 붓고 그것을 흔들고 있는 것이었어. 그렇게 해가지고 불려서 팔고 있다는 것을 알게 되었지." (…중략…)

채 : "무식한 놈들은 저밖엔 모르니까 남은 병에 걸려 죽어도 좋으니 어떻게 해서라도 돈만 벌면 된다고 하는 것이 그들이 아니고 뭡니까!"

장 : "지식인들도 많은 죄를 짓지만 아무래도 대부분의 죄는 무식한 사람들이 무식한 탓으로 저지르는 경우가 많은 것 같지요?"

채 : "허기야 저도 동경에서 고향으로 돌아왔을 때에 농민들은 모두 좋은 사람들인 줄로만 알고 있었어요. 순수하게 생각을 하고 무턱대고 무턱대고 좋아했고 무턱대고 가까워지려 했어요. 물론 그들이 한국을 대표하는 층이라고 생각을 했기 때문이었지요. 그랬더니 알고 보니 그렇지만은 않더군요."

장 : "나도 역시 처음에는 문학적이고 낭만적인 각도에서만 그들을 쳐다보았어요. 그러나 그들도 역시 도회지 사람 못지 않게 이기주의자들이라는 것을 알게 되었고 그 위에다 무식하고 보니 무엇보다도 우리나라에서는 계몽과 교육이 필요해요."

(장영창, 「채만식 선생을 회고한다」, 『新女苑』, 1972. 여기에서는 오 현 편저, 『백릉 채만식 생애와 문학』, 신아출판사, 2000, 221쪽에서 인용)

경험적 현실은 타락하고 누추한 것들뿐이다. 이와 같은 논리는 좀더 보충될 필요가 있다. 그러면 중편 「집」을 검토해 보기로 하자.

「집」은 처음으로 집을 갖게 된 경위와 물난리로 그 집을 잃게 된 사연을 담고 있는 작품이다. 인간에게 집이란 무엇인가. 그것은 실존이 거처할 수 있는 육체의 보금자리이자 피로한 영혼이 쉴 수 있는 정신의 안식처이다. 채만식에게 사소설이란 개체적 실존으로의 회귀를 의미하는 것이기에 그 실존의 거처인 집을 소설의 테마로 삼은 것 자체가 의미심장한 것이라 할 수 있겠다. 한 개인에게 집이 가지고 있는 실존적 의미는 다음과 같은 서술을 통해서 드러난다.

> 그러나, 그러면서도 일변 (그렇게 울타리를 둘러쳐 놓고 싸리문까지 만들어 달고 그러고는 이제는 다 되었느니라고 집을 한 바퀴 휘이 돌아보다가, 그러다가 푸뜩 따로 나던 생각이었는데) 인간이란 기어코 이렇게 손바닥만하게나마 울을 막아 세상과 한계를 선언함으로써, 저 혼자만의 세계를 가져야만, 그리고 그러한 저 혼자만의 세계에 들어 있어야만 마음이 놓이고 남께 당당하고 하도록 도량이 작고 옹색스런 생물이든가 하면, 저 커다란 수리산이며 높고 넓은 대공을 대하기가 어쩐지 민망해 못하겠었다.(8 : 98)

나는 드디어 나만의 집을 갖게 되어서, 그 집에 울타리를 두르고 나서 생각한다. 그것은 '저 혼자만의 세계'를 소유한다는 일일테고, 결국 "세상과 한계를 선언"하는 일이 아니겠는가라고 말이다. 우리는 여기에서 그 즈음의 신산스런 작가의 내면풍경을 엿볼 수 있을 것이다. 세상과 경계를 짓는다는 통상적 의미와 함께 그것은 채만식 소설에서 사회적 공간으로부터의 후퇴와 개체적 실존으로의 칩거를 의미한다고 할 수 있다. 즉 '광장(廣場)'으로부터 '밀실(密室)'으로의 퇴각이다. 그것은 「근일」에서 살펴본 바, 일차적으로 일제 말이라는 사회적 상황의 악화 때문이었다. 한편으로 그것은 허무주의의 침윤으로부터 자신을 지켜내기 위한 불가피한 선택이기도 했다. 위 인용문은 그러한 채만식 자신의 난처한 처지와 내면적 고뇌를 집이라는 상징적인 장치를 통해 보여주고 있다. 그러나 채만식의 사소설에서는 이미 언급한 바와 같이 개체적 실존으로의 회귀가 인간의 근원적 고독이나 본질적인 내면성의 탐구로 연결되지는 않는다. 그것은 신변잡사나 가족애와 같은 일상의 표면만을 터치하고 있을 뿐이다. 이 작품에서도 가족에 대한 강조는 여지없이 드러나고 있다. 다음 예문을 보자.

> ① 자초지종을 가형이 나서서 정성껏 다 서둘러 주었다. 공교롭게 나는 안해의 중병으로 그 치다꺼리를 하느라고 원체 겨를이 없기도 했거니와 통히 그런 방면의 일에는 잡이가 아닌 사람이었고, 하나 그와 같은 특별한 구애가 아니더라도, 일반이 지차가 이슥고 분가를 하는 경우를 당하여, 손위에서 나서서 모든 것을 분별하며 마련시켜 주고 하는 것은 우리네의 한 정다운 풍속이던 것이다.(8 : 74)

> ② 노상 두고 해오던 말이라 그의 심정을 전부터도 짐작치 못했던 바는 아니었지만 막상 이렇게까지 간절히(집이 무엇이며 동기간이 무엇인지) 나로 하여금 집을 가지게 하고 싶어하는 정성과 열심에 대하여 나는 아무래도 그냥 무관심하고 말게는 되지를 않았다. 집 그것은 여전히 마음에 탐탁스런 줄은 모르겠었다. 그걸 불가불 사려니 하고 작정을 한 줄도 역시 모르겠었다. 그러나, 그러면서도 나는 그날 밤 자리에 누워서 그 돈 3, 4백 원을 구처할 방도를 두루 생각하고 있는 나 자신을 발견했었다.(8 : 82)

①은 집을 구하게 된 경위를 서술하고 있는데, 막내인 나의 집을 형들이 알아서 잘 분별하여 주는 모습을 "우리네의 한 정다운 풍속"이라

고 설명하고 있다. ②에서도 역시 집을 살 돈을 마련하기 위해 궁리하는 나의 모습을 묘사하면서, 형들의 나에 대한 지극한 정성과 동기간의 애정을 강조하고 있다. 앞서 「근일」에서 살펴본 바, 사소설에서 가족애의 강조는 작가가 지향하는 세계의 축소와 왜소화를 의미한다. 그리고 그러한 작가의 존재론적 상황은 이 작품에서 집이라는 매개물을 통해 상징화되고 있는 것이다. 그것은 결국 자신의 존재론적 근거를 확인하는 작업이 된다. 이 작품에서 특징적으로 부각되고 있는 것 중의 하나는 셋방살이하는 득수부처에 대한 비판이다. 득수에 관한 이야기는 유년시절의 회고담을 포함하여 무려 십여 페이지에 걸쳐서 길게 서술되고 있는 형편이다. 다음은 이에 관한 예문을 뽑아놓은 것이다.

① 가형이 별명지은 대로 영락없는 곰이었다. 곰 허구두 지나인 같은 곰. 그 뒤로 차차 더 두고 볼수록 그 흐리멍덩하니 우물우물 굼뜨고, 주변머리 없고 싱겁긴 또 얼마나 싱거우며 고집은 어인 고집이며, 하여튼 농판 해도 그런 농판일 데가 없었다. 그런 줄은 모르고 한 울안에서 같이 지내기로 했던 것이, 지질힌 성화를 먹였더라니. (…중략…) 이 여편네라는 게 실상은 장가처가 아니고, 상처를 하고서 홀아비로 떠돌아다니다가 오다가다 만난 것인데, 득수와는 아주 깍아 마춘듯 꼭같은 인물이요, 가위 천생 배필이었다. 게으르고 무능하고 주변 없고 농탕스럽고 한 품이.(8 : 93)

② 둘러다 대는 발명이 아니라 썩 태연한 낯으로 하는 말이었다. 진정 그렇게 인식하고 판단하는 것임에 틀림이 없었다. 역시 무지한테는 악이 선일 경우가 있는 것이라 했다. 노상 그런 바에야, 쇠귀에 경을 읽을 정성도 없거니와, 내게 직접 상관이 없는 일이었지만, 물난리통에는 정말 무척 속이 상했었다.(8 : 95)

③ '귀신덩어리!' 그의 비 가운데로 어슬렁거리고 나가는 뒷모양을 바라다보다가, 문득 속으로 외쳤다. 나를 미워하는, 어떤 심술궂은 것의 의사(意思)의 체현(體現)인 것 같았다. 지지리 나한테 붙어서 흉한 일을 훈수하고, 잘될 일은 작해를 하고, 그러면서 달달 성화를 먹이며 떨어지지 않는 그 심술궂은 것 그것의 의사의 체현. '에잇! 귀신덩어리!' 나는 재차 이렇게 속으로 외쳤다.(8 : 97)

인용 ①은 득수의 흐리멍텅하고 주변머리 없는 성격을 곰에 비유하고 있다. 그의 아내 또한 "게으르고 무능하고 주변 없고 농탕스럽고 한품"이 득수와는 "깍아 마춘듯 가위 천생 배필"이라고 비아냥거리고 있다. 집을 장만하는 과정에 득수의 제안이 크게 작용한 만큼, 그 과정과 집을 새로 손질하는 모습을 묘사하는 부분에서 득수의 인품에 대한 조롱과 비난은 계속 이어진다. 특히 물난리를 겪으면서 보이는 득수의 눈치 없는 행동은 나의 눈엣가시가 된다. 그래서 ②에서 보는 것처럼 득수의 무지에 대한 비판은 드디어 善 / 惡의 인성론으로까지 비약된다. ③에서 급기야 나는 득수를 '귀신덩어리'로까지 매도하는 지독한 혐오감을 드러내고 있다. 그는 "나를 미워하는, 어떤 심술궂은 것의 의사의 체현"이다. "지지리 나한테 붙어서 흉한 일을 훈수하고, 잘될 일은 작해를 하고, 그러면서 달달 성화를 먹이며 떨어지지 않는 것"처럼 말이다. 이는 물론 객관적인 것이라기보다는 나의 주관적인 적대감이 투사된 것이다. 아무튼 득수에 대한 비판과 강한 혐오감은 채만식 소설 특유의 무지한 민중에 대한 불신감을 여실히 드러내는 것이라 하겠다. 이는 「근일」에서도 "너저분한 나그네들과의 너저분한 교섭"이라고 적시되었던 바 있다. 이러한 민중에 대한 적대감 속에 내포되어 있는 추상적 도덕론의 논리적 오류는 일단 논외로 친다고 하더라도, 작가인 내가 그토록 지나칠 정도의 감정적인 대응으로 일관하고 있는 속사정은 과연 어떤 것인가. 이는 앞서의 「근일」의 분석에서 이미 그 단초가 제시된 바 있다. 무지한 민중의 이기심과 부도덕성이 채만식에게 타락한 현실의 원리를 표상하고 있기 때문이다. 즉 사회적 현실이라는 채만식 소설 본유의 세계가 이미 상실되고 있기 때문에, 무의미한 일상의 사건들과 인물들이 사소설에서는 채만식 소설의 경험적 현실을 구성하고 있다. 따라서 무지한 민중들과의 일상적인 접촉으로 체험되는 경험적 현실들은 부정되어야 마땅하고 그것은 세계의 타락상을 증명하는 것이 된다. 이는 결국 타락한 현실과 대비되는 자아의 순결성을 보존해야 한다는 사소설의 내적 전략과 닿아 있다. 이런 맥락에서 이 작품에서 단독자로서의 개인이 자아의 순결성을 보존할 수 있는 물리적 공간인 집이 부각되어 있는 것은 결코 우연이 아니라 할 수 있겠다. 이 작품에서는 자아의 순결성의 근거인 자기 정체성의 문제가 소설가로서 예술가적 자부심의 확인이라는 방식으로 드러나고 있지는 않다. 그러나 나의 실존적 근거가 타락한 세상과 대비되는 작가적 양심에 있는 것은 분명해 보인다. 또한 그것은 전술하였듯이, 가족애의 강조로 표현되고 있는 자신의 원초적인 '존재론적 근거'를 확인하는 작업과 맞물려 있는 것이다. 이 작품의 나머지 부분들은 처음으로 갖게 된 집을 제 손으로 정성스레 가꾸고 정을 들이는 심경과 결국 그 애지중지하던 집을 물난리로 잃게 되는 경위, 그리고 거기에 얽힌 하찮은 신변잡사들에 대한 서술로 이루어져 있다. 사소설의 내면적 동기를 밝히고자 하는 이 작품의 분석에서 다음과 같은 대목 역시 주목할 수 있다.

내가 생장한 호남지방에서는, 동네의 구장이라면 백성의 가장 임의로운 동무였었다. 남의 진일, 궂은 일 죄다 맡아서 살뜰히 보아주는 게 구장이었다. 그러므로 낮게 말을 하자면 그는 동네 고쓰까이랄 수도 있었다. 그러나 그는 끔찍 선량한 사람이었다. 그러하기 때문에 그는 백성의 가장 임의로

> 운 동무일 수가 있었다. 그리고, 구장은 반드시 그러한 구장이라야 했다. 따라서, 저의 동네로 살러 온 백성이 인사 문안을 드리지 않았대서 꽁꽁 옹심을 먹었다가, 어느 고패를 당하여 그 앙갚음으로 꾸중 꾸중 죄진 놈 잡도리하듯 잡도리를 하고 하는 구장은 나의 개념에는 없던 구장이었다. 그리고 아울러 생각했었다. 선량하고 좋은 구장, 동무 같은 구장만 알지 개똥양반 구장이나 용렬스런 구장을 모르고 사는 호남 백성들은, 적어도 구장 하나엔 혜택 입은 백성일러라고.(8 : 116~117)

인용문의 내용은 민중들의 요구와 이해와는 유리된 미시권력의 권위주의적 성격을 비판하고 있다. 이와 같은 권력의 부정적 속성은 「논 이야기」의 주인공 한생원의 입을 통해서 신랄하게 묘파된 바 있다. 인용문에서 동네 구장은 새로 이사 온 내가 인사 문안을 하지 않은 것에 앙심을 품고 나를 곱지 않은 시선으로 바라본다. 그러나 내가 생각하기에 동네 구장은 백성들의 충실한 '심부름꾼'이어야 한다. 그래야 마땅할 구장이 이곳에서는 백성들 위에 군림하려 든다. '백성들의 가장 임의로운 친구'로 통했던 전라도의 동네 구장만 보며 자라온 나에게는 오히려 이런 모습이 낯설다. 이와 같은 미시권력의 권위주의적 성격은 위에서 서술한 민중들의 무지함과 함께 이 작품의 타락한 현실의 일부를 이루는 것이다. 그것은 실제 사회적 공간에서의 지배 권력의 타락과 피지배 계층의 무능함을 동시에 상징하는 것이라 하겠다. 그와 같은 타락한 현실과 대비되는 것은 자아의 순결성이다. 이 작품에서는 소설가로서의 예술가적 자부심이 뚜렷하게 부각되어 있지는 않지만, 그 심층의 기저에는 작가적 양심이 견고하게 자리 잡고 있다. 그러한 자기 정체성에 대한 확인 작업이 집이라는 상징적인 매개물을 통해 가족애의 강조와 함께 이루어지고 있는 것이 이 작품이 가지고 있는 근본적인 의미라 하겠다. 그러나 결말에서 실존의 거처인 그 집을 물난리로 잃고 만다는 것은 자신의 존재론적 근거가 위협받고 있다는 작가적 상황에 대한 인식을 드러내는 것이라 할 수 있을 것이다. 그리고 끝으로 짚고 넘어갈 것은 이 작품에서 집을 잃게 되는 원인이 물난리라는 자연재해에 있다는 점이다. 이는 그냥 간과하고 넘어갈 수도 있는 문제이지만 자연물이라는 것은 인간적 가치와 의도로부터 벗어나 있는 것이기에, 사회적 관심이 배제되고 있는 작품의 의미구조와 부합하는 소설적 장치로 기능하고 있다는 점을 지적해 두고자 한다.

3. 욕망의 환유적 구조와 퇴행적 탈승화

1) 고형적 인물과 의미의 해체

1948년 탈고되어 1955년 발표된 장편 『옥랑사』는 개화기로부터 시작하여 일제강점기에 이르는 한국 근대사의 주요한 사건들을 거의 모두 다루고 있는 역사소설이다. 그리고 그 역사적 사건들의 중심에는 동학혁명이 자리하고 있다. 주인공 장선용은 개인적 사랑의 실패를 계기로 역사의 소용돌이 속으로 뛰어든다. 총 12장으로 이루어진 소설의 줄거리를 요약하면 다음과 같다.

'1. 아전의 자식'에서는 먼저 주인공 선용을 완력이 뛰어난 인물로 소개하고 있으며, 일종의 세납기관장인 도서원이었던 부친 장학수의 억울한 죽음과 이에 따른 양반과 권력에 대한 선용의 원한과 증오를 그리고 있다. '2. 양반의 딸'은 우연한 계기로 백생원의 딸, 옥봉의 목숨을 구해주는 선용의 무용담이 중심이 되고 있다. 한편 선용은 매부 강영석이

들려준 '조선이 갑신(甲申)년 이후로 차차로 개화가 되어가는 이야기'에 크게 자극을 받지만, 백생원네와의 혼담이 치욕스럽게 거절당하자 다시 한번 봉건적 신분질서에 분노한다. '3. 人力으로 못하는 것'에서는 각자 결혼 한 채 옥봉을 잊지 못하는 선용의 짝사랑을 그린다. '4. 마주걸이 揷畵'는 옥봉과의 사랑이라는 개인적 욕망의 좌절이 역사의 현장으로의 투신이라는 사회적 욕망으로 대치되는 과정을 보여준다. 선용은 동학도인 외숙 박재춘을 만나 역사와 사회 현실에 눈뜨게 된다. '5. 聖恩이 禽獸에 미치다'에서는 개도 돈을 주고 벼슬을 사는 세태를 풍자적 어조로 비판한다. 서술자는 동학의 봉기과정을 중심으로 일종의 강사적(講史的) 서술을 하고 있다. 그러나 서술자는 전지적 입장에서 역사를 요약적으로 진술하기보다는 구체적인 사건들을 장면화하여 묘사한다. '6. 눈먼 사람들'에서는 역사의 서술에서 다시 선용의 개인적인 이야기로 돌아간다. 경복궁의 파수병으로 있던 선용은 개화파인 매부 영석을 만난다. 여기에서 선용은 개화파의 사대주의를 비판하고 자주론과 민중주의를 피력한다. 그리고 영석의 만류를 뿌리치고 박재춘이 있는 동학군을 찾아 떠난다. '7. 대학살'은 동학군의 우금치 전투 패배와 뒤따른 양민의 대학살을 다루고 있다. 선용은 박재춘을 만나서 함께 귀향하려 하지만 결국 혼자 고향으로 돌아간다. 동학군이 패퇴하고 난 후 관군의 잔당소탕으로 박재춘은 결국 체포되고, 동서 송서방도 죽음을 당한다. 선용은 옥봉 생각으로 마음의 갈피를 잡지 못하다가 불현듯 조선 팔도를 돌아보리라하고 집을 나선다. '8. 通譯政治'는 을미사변에서 아관파천에 이르는 역사의 파행을 강사적 서술로 보여준다. 한반도를 둘러싼 열강의 세력다툼을 서술자는 '청국이 늙은 범이라면, 일본은 어린 삵괭이요, 노서아는 북방의 주린 곰이었다'라고 비유하고 있다. 그리고 이 시기 열강의 경제적 침략으로 조선은 왕조의 멸망으로부터 '민족국가의 멸망'에까지 이르렀다고 진술한다. '9. 末世에 橫行하는 것'에서는 독립협회 운동을 중심으로 친미파의 사대주의, '만민공동회'와 '관민공동회', 독립협회 해산령을 계기로 한 황국협회와의 갈등 등이 서술된다. 선용은 매부 영석을 따라 독립협회 사건에 가담하기도 한다. '10. 보쌈'에서는 다시 선용의 개인적인 연애담으로 돌아와서 옥랑과의 재회를 그리고 있다. 선용은 옥랑의 새서방이 죽었다는 소식을 듣자 옥랑을 보쌈해온다. '십년 가슴에 묻은 원'을 비로소 푼 선용이었지만 삼년상을 아직 벗지 않았다는 이유로 하룻밤을 지내고는 옥랑을 되돌려 보낸다. '11. 山幕에서 살결……'은 옥랑의 시어머니의 죽음과 옥랑의 임신, 시묘살이와 아들 '張不名'의 출생, 그리고 출산 후 옥랑의 허망한 죽음을 서사의 진행에 따라 서술하고 있다. 옥랑이 죽자 혜광이라는 법명으로 중이 된 선용은 옥랑을 위해 사당을 짓는다. 그게 바로 옥랑사였다. '12. 祠堂 앞에서'에서 선용은 매달 초하룻날이면 옥랑의 명복을 빌러 옥랑사를 찾는다. 왜냐하면 선용은 '옥랑을 잃음으로써 만사에 뜻이 없어'졌고, 옥랑사를 찾는 것이 유일한 낙이었기 때문이다. 경술년 나라를 일본에게 빼앗기지만, 백성들이 보기에 그것은 '그런 원수스런 조정－나라는 차라리 없는 것이 좋았고, 그렇기 때문에, 조정－나라가 망하는 것을 보고도 하나도 아까운 생각이 날 것이 없고, 그러느라니 백성들이 나서서 막으려 들지 아니한 것이요, 그래서 속절없이 빼앗기고 만 것이라'고 선용은 생각한다. 그 사이 아들 불명마저 병으로 죽어버리자 선용은 입산하여 일본인에 대한 테러를 감행한다. 결국 선용은 옥랑사에서 일제의 헌병에게 잡혀 최후를 맞이한다. 그와 같은 죽음은 '평생에 그리던 옥랑의 앞에서 그의 영혼을 뒤따르리라고는 선용이 생각지도 바라지도 못하였던 노릇이었다.'라고 서술되고 있다.

요약한 바와 같이, 『옥랑사』는 선용과 옥랑의 연애담으로 이루어져 있는 실존적 영역의 이야기와 20세기 초반 한국 근대사에 대한 강사적 서술로 이루어져 있는 역사적인 영역의 이야기로 분리되어 있다. 실존과 역사라는 두 가지 영역이 서로 독립된 별개의 이야기처럼 다루어지고 있다는 것이 매우 특징적이라 할 수 있다. 개인적이고 실존적인 선용의 연애담은 사회적이고 역사적인 사건담으로 결코 침투되지 않는다. 이 같은 구성의 특징은 작품을 해명하는 중요한 단서가 된다. 우선적으로 이는 한 인간의 개인적인 삶과 사회적인 삶의 관계가 순탄치 못하다는 것을 대변해 준다. 『옥랑사』에서 선용의 개인적인 욕망은 사회적 욕망으로 승화되지 못한다. 『옥랑사』의 이야기는 개인적인 영역과 사회적인 영역으로 분할된 폐쇄적 구조를 지니고 있다. 그와 같이 왜곡된 구조를 이해하기 위해서는 먼저 실존적인 차원에서 선용의 삶을 살펴볼 필요가 있다. 실존의 영역과 이후 역사적 차원의 영역에서 선용의 삶과 경험을 강하게 규정하고 있는 것은 옥랑과의 사랑의 문제이다. 이야기의 서두에 선용은 옥랑의 사랑을 얻는 데 실패하고 그들의 사랑은 결국 비극으로 끝난다. 여기에는 물론 봉건적인 신분질서라는 외적 요소가 개입되고 있지만, 그들의 사랑이 상호적이라기보다는 선용의 일방적인 짝사랑에 가까웠다는 내적 요인이 먼저 고려되어야 한다. 사랑의 실패를 계기로 선용에게는 옥랑으로의 '리비도 고착'이 형성된다. 선용의 성격 변화나 행동의 발전을 포함하여 『옥랑사』에서 벌어지는 모든 사건들의 의미는 기본적으로 이와 같은 맥락에서 이해되어야 한다. 다시 말해 선용의 역사의 현장으로의 투신은 결여태로서 '욕망의 환유연쇄(signifying chain)'[74]의 결과이며, 따라서 선용에게 역사란 개인

74 야콥슨은 실어증의 두 종류를 구분하는 것에 기초해서 언어에 있어서 근본적으로 반대되는 두 가지 축을 구분하였다. 은유의 축은 언어 항목의 선택 및 그것들의 치환(substitution)을 다룬다면 환유의 축은(동시적 그리고 연속적으로) 이런 언어 항목들의 결합을 다룬다. 따라서 은유는 소쉬르의 (부재중에 유지되는) 계열적(paradigmatic) 관계와 상응하고, 환유는 (존재중에 유지되는) 통합적(syntagmatic) 관계와 상응한다.(Jakobson, 1956) 이 주제에 대한 라깡의 가장 세밀한 논문('*The agency of the letter in the unconscious or reason since Freud*', *Ecrits*, pp.146~178)에서 라깡은 환유를 의미화 연쇄에서 한 능기와 다른 능기 사이의 통시적 관계로 정의를 내리고 있다. 따라서 환유는 단 하나의 의미화 연쇄에서

적 욕망의 투사이자 하나의 대치물일 따름이다. 욕망의 성취와 좌절이라는 관점에서 보았을 때, 『옥랑사』는 욕망의 성취가능성이 부재하다는 사실을 전제로 한다. 그것은 실존의 영역과 역사의 영역 모두에서 그렇다. 실존의 영역에서 옥랑과의 사랑이 실패로 끝나듯, 역사의 영역에서 동학혁명으로 상징되는 자주론과 민중주의의 정치 실험은 민중

능기들이 연결되고 / 결합되는 방법('수평적' 관계)과 관련이 있고, 은유는 어떤 의미화 연쇄에 있는 능기로 다른 의미화 연쇄에 있는 능기를 치환할 수 있는 방법('수직적' 관계)과 관련되어 있다.(딜런 에반스, 김종주 외 역, 『라깡 정신분석 사전』, 인간사랑, 1998, 303~304, 439~440쪽 참고) 은유와 환유에 관한 라깡의 정의를 인용하면 다음과 같다. "환유는 단어와 단어 간의 연결(word-to-word)에 의존하고 있기 때문이다.(66쪽) 또다른 단어가 어떤 단어를 대체하는 것(one word for another) 이것이 은유의 공식이다.(67쪽) 프로이트에 따르면 꿈을 가능하게 하는 일반적인 전제조건은 왜곡(distortion) 또는 변환(transposition)이다. 소쉬르식으로 말하면 담론 속에서 항상 작용하고 있는 기표 아래로 기의가 미끄러져 내려가는 것이 꿈이다. 무의식이란 기표의 활동을 가리키기 때문이다. 압축(Verdichtung)은 기표들의 포개짐(superimposition)이다. 은유가 중요한 수사법으로 등장하고 Dichtung이란 말에 드러나는 것처럼 압축은 선천적이고도 고유한 시의 기능으로 간주된다. 전치(diplacement)는 의미작용의 방향전환(veering off)과 관계가 있다. 독일어의 Verschiebung이 이러한 의미를 가장 잘 전달해준다. 방향전환은 환유 속에서 가능해진다. 환유는 프로이트가 말했던 것처럼 무의식이 검열을 피하기 위한 적절한 수단이기도 하다.(72쪽) 환유작용은 기표와 기표의 연결구조 속에서 발생하는데 이 끊임없는 기표의 연결고리 속에서 대상은 스스로를 완전히 구현하지 못하고 결핍만을 드러낸다. 바로 그 결핍을 메꾸기 위해 의미작용은 대상 대신에 욕망을 등장시킨다. 정신분석학이 황폐화되지 않기 위해서는 다음과 같은 사실이 이해되어야 한다. 징후가 은유라 할지라도 욕망이 환유이다라는 말이 은유가 아닌 것처럼 징후가 은유이다라고 말하는 것 자체는 은유가 아니다. 왜냐하면 우리가 좋아하건 그렇지 않건 간에 징후는 은유이기 때문이다. 마찬가지로 아무리 우스꽝스러운 사람이 이야기한다 해도 욕망은 환유일뿐이다."(93쪽)(자끄 라깡, 민승기 역, 「무의식에서 문자가 갖는 권위 또는 프로이트 이후의 이성」, 『욕망이론』, 문예출판사, 1994) 라깡에 의하면 욕망은 요구로 욕구를 표명함으로써 산출된 잉여이다. "욕망은 요구가 욕구로부터 분리되는 경계에서 모습을 드러내기 시작한다."*(Ecrits,* p.311) 충족될 수 있으며 다른 욕구가 일어날 때까지는 주체에게 동기를 부여하지 않는 그런 욕구와는 달리 욕망은 결코 충족될 수 없다. 욕망의 실현은 '채워지는' 것이 아니라 그 같은 욕망을 재생산해내는 데에 있다. 욕망의 대상은 타대상(objet petit a)이라는 단 하나뿐이지만 다양한 부분대상들에 의해 여러 가지 부분욕동들로 표현된다. 타대상은 욕망이 지향하는 대상이 아니라 욕망의 원인이다. 욕망은 대상에 대한 관계가 아니라 결여에 대한 관계이다.(딜런 에반스, 앞의 책, 281~282쪽)

적 역량의 미성숙으로 좌절된다. 이와 같이 『옥랑사』는 '당위'와 '존재' 간의 갈등에 근거하고 있지 않다. 『옥랑사』의 허무주의적 세계 인식은 욕망의 성취 가능성이 부재한 채, 지향해야 할 당위론적 가치가 소멸되어 버린 존재론적 상태에 근거하고 있는 것이다. 이상의 맥락에서, 『옥랑사』에서는 서술자의 주관적 진술이 두드러지기보다는 자연주의에 가까운 대상의 묘사와 서술 대상에 대한 기계적인 나열이 우세해진다.

『옥랑사』의 주인공 장선용은 사랑의 실패를 계기로 옥랑에게로 리비도가 고착되어 버리는 인물이다. 이후 선용에게 다른 인물들의 행동이나 사건의 발생은 별다른 의미를 갖지 못한다. 이와 같은 점을 고려할 때 선용의 행동의 변화에도 불구하고 선용의 성격은 평면적이라 규정할 수 있다. 그러나 단순히 인물의 성격이 사건의 전개에도 변화를 겪지 않는다는 것이 아니라 사건의 전개와는 무관하게 옥랑과의 사랑의 실패라는 단일한 사건과 인물에게 응고되고 고착되어 버린다는 점에서 선용은 '고형적' 인물이라 부를 수 있을 것이다. 이와 같은 선용의 고형적 성격은 그의 행동을 즉흥적이고 감정적인 것으로 변질시킨다. 자신의 행동이 의미 있고 값진 것이라는 믿음과 세계에 대한 가치 부여가 불가능하기 때문이다. 따라서 선용의 행동은 될 대로 되라는 식의 자기 방기의 방향으로 진행된다. 이와 같이 선용의 행동은 논리적 사유를 바탕으로 한 것이 아니기 때문에 그 행동 사이의 인과적 질서를 유추하기란 어려운 일이다. 다음과 같은 예문들에서 이를 확인할 수 있다.

① 선용은 눈이 뒤집히는 것 같았다. 언제 병이 났으며, 증세는 어떠하였고, 어떤 의원의 약을 썼으며, 죽기는 어느만 때쯤 죽었으며 한 것을 앉아서 조곤조곤이 듣고, 또 장사도 지내고, 하고 있을 수가 없었다. 선 자리에서 그대로 집을 뛰어나왔다. 무엇이든지 앞에 다들리는 것이면, 산이든 바위든 때려부술 것 같았다. 선불 맞은 멧도야지처럼 향도 없이 씽씽 걷기만 하였다. (…중

략…) 지금 선용과 다들린 것이, 그런 왜채 쓰고 아니 갚은 작자를 붙들어가고 있는 것임은 첫눈에 보아 알 수가 있는 것이었었다. 평온한 마음일 때에 보아도 눈에서 생열이 나는 거동이었다. 항차 환장이 되다시피한 이때리요. 우환중에 차인꾼의 그런 무례하고 괘씸한 거조리요.(5 : 162~163)

②선용은 무리를 모으지 아니하였다. 열이나 스물이나 백 명 천 명이 있어도 매양 그 없애자는 것을 없애지 못할 바이면 하나나 열, 스물이나 백 명 천 명이나가 다를 것이 없었다. 그리하여 선용은 간혹 늙은 박돌이를 데리고 다닐 때도 있었으나 그 역 걸리적거리기나 할 따름이어서 주장 단신으로 다니곤 하였다. 선용은 한 자루의 총으로 능히 일본을 물리치리라는 어리석은 생각은 하지도 아니하였다. 다만 이왕에 내친 걸음이요 살 멋없는 세상이니, 아무 때고 저이의 손에 죽는 날까지 분풀이나 하면서 날뛰는껏 날뛴다는 것이었었다. 그러하기 때문에 그는 두려움이 없고 담대할 수가 있었다.(5 : 164~165)

인용 ①은 아들 불명이 병으로 죽고 난 후, 그 억울함을 우연히 마주친 일본인 차인꾼에게 분풀이하는 장면이다. 이는 속된 말로 '종로에서 빰 맞고, 한강에서 눈 흘기기' 식으로 불특정 대상에 대해서 근거 없는 자신의 적대감을 표출하고 있다. 그러나 그것은 감정적인 분풀이일 뿐이다. ②는 박돌이와 함께 입산한 선용이 일본인에 대한 테러를 시작하게 된 동기와 심리를 서술하고 있다. 테러의 명분은 그럴듯해 보이지만 여기서도 그 행동의 성격은 즉흥적이고 감정적이다. 따라서 그것은 항일투쟁이라는 사회적 의미를 지니기보다는 개인적 차원의 울분의 표출에 그치고 있는 것이라고 보아야 할 것이다. 그와 같은 선용의 무모한 행동에는 삶이 더 이상 아무런 의미도 지니지 못한다는 허무주의적 태도가 자리하고 있다.

앞서 언급한 바와 같이, 『옥랑사』는 존재와 당위 간의 갈등과 대립을 다루지 않는다. 『옥랑사』는 당위론적 가치체계가 붕괴해버린 상황 속에서 존재하는 사실과 사태들을 수동적으로 기술한다. 그러나 선택과 배제의 원리를 고려하지 않는 사실들의 무차별적인 기술은 사실들의 무의미한 기계적 나열에 그치고 만다. 이로 인한 사실들로의 파편화는 결국 구성의 파탄으로 이어진다. 『옥랑사』에서 사건의 유기적 조직화라는 소설 구성의 원리는 실종되어 있다. 사건들은 전혀 유기적으로 결합되지 않고, 서사단위 간의 인과관계는 설정되지 않는다. 이미 언급한 바와 같이, 실존적 영역에서 즉흥적이고 감정적인 장선용의 행동은 사건의 인과적인 전개와 유기적인 구성을 해치고 있다. 역사의 영역에서는 이러한 구성의 파탄이 강사적 서술이라는 형태로 드러난다. '강사적(講史的) 서술'의 형식은 역사소설이라는 양식이 지니는 본질적인 문제와 관련된다. 서술 대상으로서 역사적 사실들의 균등하고 기계적인 배분과 직접적인 나열이라는 강사적 서술의 형식에는, 해석과 판단의 유보라는 객관주의의 함정이 숨어있다. 이 지점에서 『옥랑사』는 '역사소설'이라는 문학 텍스트가 아니라 역사의 연대기적 서술이라는 '역사교과서'와 별반 다를 것이 없게 된다. 역사적 사실들의 취사선택과 해석은 문학 텍스트로서 역사소설의 기본적인 전제라 할 수 있다. 그리고 해석이란 사실들의 관계에 매듭을 지어주고 그 안에 내적인 질서를 세우는 일에 다름 아닐 것이다. 따라서 해석을 배제한 채 사실만을 기술하겠다는 강사적 서술의 태도는 객관주의라는 그럴듯한 외장을 하고 있지만, 사실은 그 무엇에도 의미를 부여할 수 없다는 허무주의라는 주관적 가치판단이 개입되고 있는 것이다. 서술의 객관성은 기계적인 중립성과 사실들의 수동적인 기술로 확보되는 것이 아니다. 결국 『옥랑사』의 강사적 서술은 역사적 사실들을 기계적으로 나열하고 있을 뿐, 역사적 사건들의 해석과 재구라는 역사소설의 본질적인 이념에는 도달하지 못하고 있다고 평가할 수 있다.[75]

『옥랑사』에서 구성의 파탄은 개별 서사 단위들 사이에서 사건의 유기적 구성의 실패로 나타나고 있으며, 구성의 전체적인 수준에서는 실존적 차원의 담론과 역사적 차원의 담론으로의 분리 혹은 개별 담론으로의 폐쇄적 고립화로 나타난다. 누차 언급했지만, 『옥랑사』에서 두 영역의 이야기들은 아무런 상관이 없는 거의 독립된 이야기처럼 취급되고 있다. 서사단위의 미시적 층위에서 사건들이 개별화되고 파편화되어 있는 것처럼, 서사단위의 거시적 층위에서 두 가지 담론의 '짜임'과 '스밈'이라는 역동적인 상호 규정성의 수립에 실패하고 있다. 단지 개별 담론에로 폐쇄된 이야기들을 병렬적으로 나열하고 있을 뿐이다. 이런 의미에서 『옥랑사』는 서사의 전체적인 수준에서 병렬적인 구성을 취하고 있다고 하겠다. 그리고 그것은 실존적인 차원과 역사적인 차원의 병렬이다.

우리는 이 논문에서 채만식 소설의 구성 원리의 준거로서, 당위론적 가치체계로서 추상적 이념형과 존재론적 사실들의 세계로서 경험적 현실 간의 대립 양상에 주목하였다. 그와 같은 양상이 낭만적 세계 인식에서는 이원적 대립의 구성으로, 현실주의적 세계 인식에서는 이항적 대비의 구성으로 나타나고 있음을 살펴보았다. 그것은 존재와 당위 간의 대립상과 그 형태를 근거로 한 것이었다. 그러나 허무주의적 세계 인식을 근간으로 하는 작품들에서는 그와 같은 대립 양상이 뚜렷하게 나타나지 않는다. 그것은 『옥랑사』 같은 작품들에서는 당위론적 가치체계가 붕괴되어버린 상황 속에서, 존재하고 있는 경험적 사실들과 상

75 이와 관련하여 최원식의 논의를 참고할 수 있다. "이 작품도 어떤 현실성을 획득하지 못하고 있으니 이 작품의 3분의 1 가량이 역사적 배경의 지리한 서술로 채워져 있다. 물론 이 강사(講史) 부분을, 작중 인물이 역사 속에 있음을 끊임없이 환기시키려는 의도라고 평가할 수도 있지만 역사소설은 역사적 대사건의 반복적 서술이 아니다. 이 작품 속에는 구체적으로 전개시켰더라면 작품에 생생한 현실감을 부여할 수 있는 많은 인물들이 버려져 있다."(최원식, 「채만식의 역사소설에 대하여」, 『민족문학의 논리』, 창작과비평사, 1982, 188쪽)

황을 수동적으로 기술하고 있기 때문이다. 따라서 『옥랑사』의 병렬적 구성이라는 것은 「태평천하」의 대립적 구성이나 『탁류』의 대비적 구성과는 그 근거의 범주와 층위가 사뭇 이질적이라 할 수 있다. 여기에서 우리는 소설 구성의 원리가 동일한 범주를 근거로 해야 한다는 일관성의 요구에 직면하게 된다. 그 요구는 정당한 것이지만 심층적 의미에서 본다면, 『옥랑사』의 병렬적 구성이라는 것이 낭만적 세계 인식의 대립적 구성이나, 현실주의적 세계 인식의 대비적 구성과 본질적으로 다르지 않은 준거에 토대하고 있음을 알 수 있다. 그리고 이를 보다 적극적인 의미에서 이해한다면 허무주의적 세계 인식의 병렬적 구성은 대립적 구성이나 대비적 구성과 상충하는 것이 아니라, 동일한 범주를 준거로 하는 것임이 밝혀질 수 있을 것이다. 즉 실존적 차원과 역사적 차원의 담론의 병렬이라는 것은 표면적으로 비교되고 있는 개념과 층위가 달라 보이지만, 심층적으로는 비교 대상으로서 '존재'와 '당위'의 개념을 포함하고 있는 것이다. 즉 심층적인 범주 개념으로서 존재와 당위의 대립상을 그 토대로 하고 있다. 왜냐하면 허무주의적 세계 인식은 당위론적 가치의 'Zero(0)' 상태를 의미하는 것일 텐데 서술방법으로서 비주석이 주석의 한 방법이듯이,[76] 뚜렷한 가치지향성을 특징으로 하는 채만식 소설에서는 현상적 가치의 'Zero(0)' 상태가 절대적인 '무(無)'를 의미하는 것이 아니기 때문이다. 즉 이는 하나의 '잠재태(潛在態)'로 보아야 한다는 것이다. 잠재태가 언제든 현실화될 수 있는 가능성의 장(場)으로서 현실의 일부를 이루듯이,[77] 『옥랑사』에서 당위론적 가치의 현상적 부재는 역설적으로 억압된 형태로 잠재되어 있는 가치지향성에 대한 열망의 현존을 반증하는 것이라 하겠다. 이는 『옥랑사』의 강사

---

76 "반주석은 주석의 결여가 아니라 주석의 한 방법이다."(김인환, 『상상력과 원근법』, 문학과지성사, 1993, 78쪽)

77 이에 대해서는 주 23 참고.

적 서술에 대한 설명에서 밝혀지겠지만, 서술자의 잠재된 욕망은 텍스트의 표현을 이중적인 것으로 분열시키는 결과를 가져오고 있다. 이는 결국 『옥랑사』의 역사적 영역에서 드러나는 허무주의적 태도가 자발적으로 선택된 것이 아니라 역사적 가능성의 봉쇄라는 외적 요인에 의해 강제된 것임을 말해주는 것이다.

다른 한편으로 존재와 당위 간의 대립 양상과 관계는 채만식 소설의 전체적인 구도 속에서 파악되어야 한다. 『옥랑사』의 병렬적 구성을 적극적인 의미에서 해석하는 것은 신중해야 하겠지만, 우리는 다음과 같은 가설을 설정해 볼 수 있을 것이다. 즉 '채만식 소설에서 실존적이고 개인적인 영역의 담론은 경험적 사실들의 세계로서 존재론적 가치를 표상하고 사회적이고 역사적인, 혹은 정치적인 영역의 담론은 당위론적 가치를 표상한다. 그리고 채만식 소설은 본질적으로 개인적 욕망의 사회적 욕망으로의 승화를, 존재론적 가치에서 당위론적 가치로의 지양을 추구한다.' 이와 같은 가설은 채만식 소설의 하나의 성향으로서 제시될 수는 있지만 이를 귀납적으로 논증하기란 결코 쉬운 일이 아니다. 그러나 또한 이와 같은 경향이 채만식 소설에서 분명하게 드러나는 하나의 특징적인 성향임을 부인하기도 어렵다. 이에 대한 논증을 일단 유보하고 위의 가설을 따른다면, 장선용의 실존적인 차원은 존재론적 가치를, 역사적인 차원은 당위론적 가치를 각각 표상하게 된다. 이렇게 본다면 존재와 당위의 대립상이라는 채만식 소설의 구성의 원리가 되고 있는 준거와 개념 범주에는 별다른 균열이 발생하지 않는다. 그리고 이를 통해 채만식 소설의 구성 원리를 일관된 기준으로 설명하는 것이 가능해진다고 할 수 있겠다.

이제는 그 병렬적 구성이 갖는 의미를 밝힐 차례이다. 두 차원이 아무런 의미 관련성을 지니지 못함으로써, 사건의 유기적 구성을 통한 의미의 생산이라는 소설 구성의 원리에서 볼 때, 구성의 병렬성은 일차적으로

의미의 해체라는 결과를 가져오고 있다. 이는 이 소설의 주인물이라 할 수 있는 장선용과 옥랑, 그들의 아들인 장불명의 운명이 결국 모두 죽음으로 귀결되는 사건의 구성과도 관련이 있다. 이와 같은 『옥랑사』의 병렬적 구성의 근본적 원인은 장선용의 개인적 욕망과 사회적 욕망과의 왜곡된 관계 때문이다. 장선용의 역사의 현장으로의 투신은 욕망의 환유연쇄라는 관점에서 이해해야 된다고 언급한 바 있다. 그것은 성취되지 못한 욕망의 대체물을 찾는 것뿐이지 새로운 의미의 생성이나 욕망의 갱신과는 아무런 관련이 없는 것이다. 그것은 욕망의 새로운 생성이 아니라 고착된 욕망의 반복적인 재생산일 따름이다. 따라서 욕망이 작동하고 있는 대상과 영역만을 달리할 뿐, 그 무의식적 기저에는 동일한 심리기제가 작동하고 있는 것이다. 그것은 개인적 욕망의 사회적 욕망으로의 건강하고 정상적인 '승화(sublimation)'[78]가 아니다. 그것은 비정상적인 퇴행적

78 sublimation; Process postulated by Freud to account for human activities which have no apparent connection with sexuality but which are assumed to be motivated by the force of the sexual instinct. The main types of activity described by Freud as sublimated are artistic creation and intellectual inquiry. The instinct is said to be sublimated in so far as it is diverted towards anew, non-sexual aim and in so far as its objects are socially valued ones.(Laplanche, J. & Pontalis, op.cit. pp.431~434) 프로이트의 저술에서 승화는 리비도가 예술적 창조나 지적 작업 같은 명백하게 비(非)성적 행위로 돌려지는 과정이다. 따라서 승화는 만일 그렇게 승화되지 않았다면 사회적으로 승인되지 않은 형태(도착증적 행동)나 신경증적 증상으로 방출되었을 과도한 성적 에너지를 사회적으로 용인된 안전밸브를 통해 내보내는 기능을 한다. 라깡은 프로이트의 뒤를 이어서 사회적 인정이라는 요소가 이 개념의 중심이라는 사실을 강조한다. 왜냐하면 욕동들이 사회적으로 인정받는 대상으로 전환되는 한에 있어서야 그것들이 승화되었다고 말해질 수 있기 때문이다. 이러한 공유된 사회적 가치의 차원이야말로 라깡으로 하여금 승화의 개념을 윤리에 대한 그의 논의와 연결시키도록 만든 장본인이다. 프로이트는 완전한 승화가 특별히 세련된 문화인들에게 가능하다고 믿는 반면에 라깡은 "개인에게 완전한 승화란 가능하지 않다"고 주장한다. 프로이트의 설명에 의하면 승화는 다른(비성적인 non-sexual) 대상으로 욕동의 방향을 바꾸는 것과 연관된다. 그러나 라깡의 설명에 따르면, 변화하는 것은 대상이 아니라 환상의 구조에서 그 위치이다. 다시 말해서 승화는 욕동을 다른 대상으로 향하게 하는 것이 아니라 욕동이 이미 향해 있는 대상의 본질을 변화시키는 것이다. 즉 '대상 그 자

'탈승화(desublimation)'[79]이다. 장선용의 욕망이 퇴행적 탈승화의 과정을 밟고 있다는 것은 옥랑이 죽은 뒤 선용의 행동에서 알 수 있다. 즉 "옥랑을 잃음으로써 만사에 뜻이 없어 중이 된" 선용은 '옥랑사'라는 사당을 짓고

체의 변화'이며, 이는 욕동이 '이미 능기의 표명에 의해 깊이 새겨져 있기' 때문에 가능하게 된다. 라깡은 승화를 창조성과 예술로 연결시키는 프로이트에 동조하면서도, 이것을 또한 죽음의 욕동과 연결시킨다.(딜런 에반스, 앞의 책, 207~208쪽 참고)

79 마르쿠제는 '탈승화(desublimation)'의 개념을 비판이론의 논의의 연장선상에서 사용한다. 마르쿠제에 의하면, 대중문화로 대표되는 관리되는 사회 속의 문화산업은 '고급문화' 안에 있는 대립적이고 초월적인 요소들을 제거하고 억압적으로 '탈승화'시킨다. 그것은 언뜻 보기에 성적 자유의 확장처럼 보이지만, 본질적으로는 에로스의 억압과 리비도의 국소화(localization)를 의미한다. 마르쿠제의 '탈승화' 개념은 산업 사회에서 '위안'으로서의 예술이 지니는 거짓 화해와 대중 기만적인 성격을 폭로하는 것이다. 그 논의의 핵심을 인용하면 다음과 같다. "예술적 소외는 곧 승화이다. 그것은 기존의 현실원리와 화해할 수 없으면서, 그러나 문화적 이미지들로서 관용적이고 나아가 계몽적이고 실용적이기까지 한 조건들의 이미지들을 창조한다. 이제 이러한 심상작용이 무효화된다. 그것의 부엌, 사무실, 상점들 속으로의 편입, 사업과 재미를 위한 상업적인 해제(release)는 어떤 의미에서 '탈승화'이고, 직접적인 만족에 의해 매개된 대치이다. 그러나 그것은 사회 쪽에서의 「힘센 위치」로부터 실행된 탈승화이다. 쾌락원리가 현실원리를 흡수한다. 성(性)이 사회적으로 건설적인 형식들로 해방(또는 차라리 자유화)된다. 이러한 관념은 억압적인 형태의 탈승화도 존재한다는 것을 의미한다. 그러한 억압적인 탈승화는 참으로 성적인 영역에서 작용되는데, 여기에서 그것은 고급문화의 탈승화에서와 마찬가지로 기술공학적 현실의 사회적 통제들의 부산물로서 작용하는 것으로 나타난다.(98~99쪽) 예컨대 초원에서의 사랑과 자동차 안에서의 사랑, 연인들의 마을담밖의 산책길에서의 사랑과 맨해턴 거리에서의 사랑 거래를 비교해 보라. 전자들의 경우 환경이 리비도적 집중에 참여하고 이를 유도하며 에로스화되는 경향을 갖는다. 리비도가 직접적인 성감대를 초월한다. 비억압적인 승화의 과정, 대조적으로 기계화된 환경은 리비도의 그러한 자기초월을 차단하는 것으로 보인다.(100쪽) 그 비타협적인 꿈들의 징표였던 승화된 형식, 즉 이야기가 진행되는 양식과 언어인 그 형식에서 벗어나자, 성(性)은 억압적인 베스트셀러들을 위한 도구로 변하고 만다. 발자크가 창녀 에스테르에게 말한 것을 현대문학의 어떤 섹시한 여인에게도 말할 수 없게 되었다. 즉 그녀의 성은 오로지 무한 속에만 피어오르는 부드러움이었다고(104쪽)"(H.Marcuse, "The Conquest of the Unhappy Consciousness : Repressive Desublimation", *One Dimensional Man*, Routledge & Kegan Paul. Ltd., London, 1968. 여기에서의 인용은 김문환 역, 「불행의식의 극복 : 억압적인 탈승화」, 『마르쿠제 미학사상』(문예출판사, 1994)의 것을 따랐음) 본고에서는 '탈승화(desublimation)'의 개념을 '승화(sublimation)'와 반대되는 역방향의 에너지의 흐름을 지칭하는 것으로, 정신분석학의 원개념에 보다 충실하게 사용하고자 한다.

매달 초하룻날이면 찾아가 옥랑을 추모한다.[80] 이처럼 장선용은 지금 현재 움직이고 있는 사실들의 세계로부터 물러나서 과거의 퇴영적 환영에 사로잡히는 것이다.[81] 그것은 사물을 정지된 상태로 붙잡아두려는 그릇된 열망이며, 거기에는 옥랑과의 '상상적 동일시'라는 심리기제가 작동하고 있다. 장선용은 역사의 현장이라는 사회적 공간이 내포하고 있는 상징계적 질서로부터 일종의 인지착오 상태인 '상상적 동일시'의 단계로 퇴행하고 있는 것이다.[82] 이는 결국 장선용의 역사의식이라는 것이 매우 허술하고 빈약한 것임을 반증하는 것이기도 하다. 결론적으로 이와 같은 욕망의 왜곡 과정이 『옥랑사』에 치명적인 구성의 결함을 가져오고 있다 할 수 있겠다. 즉 『옥랑사』의 역사적 영역이란 실존적인 영역과의 유기

---

80 이는 마치 채만식 소설의 원형이 되고 있는 낭만적 세계 인식을 바탕으로 한 「두 순정」과 같은 작품을 연상시키는 데가 있다. 특히 사랑하던 여자가 죽자 세상과의 인연을 끊고 중이 된다는 결말부의 설정은 거의 일치한다. 사실 두 작품 사이에는 「두 순정」의 봉수가 색시의 환영을 가슴 속에 새기며 '일세기 가까운 순정'을 간직하는 반면, 『옥랑사』의 선용은 일본인에 의해 허망하게 죽음을 맞이한다는 미세한 차이가 있을 뿐이다. 여기에서 우리는 허무주의적 세계 인식을 바탕으로 하는 작품들의 기원이 종국적으로는 낭만적 세계 인식에 있음을 확인할 수 있다. 사실 이 두 경향 사이에는 욕망의 성취와 좌절이라는 결과적인 차이가 있을 뿐 이상형에 대한 강렬한 열망이라는 심리적 기제는 동일하게 작용하고 있는 것으로 보아야 한다.

81 "이런 호젓하고 황량한 사당 앞에서, 때마침 어스름이 자욱이 내리고 있을 무렵, 송낙 쓰고 먹장삼 입고 한 중이 하나, 눈 감고 고개 숙여 합장하고 만들어 세운 듯 서서 오래도록 움직이지 않는다. 백련암으로 좇아 내려온 중 선용이었다. 향로가 있을 리 없고, 흙을 한 줌 쥐어다 놓고 꽂은 두어 개피의 만수향에서는 가느다란 연기가 하염없이 솟아오른다. 눈 감고 고개 숙여 합장하고 그린 듯 서서 있는 선용의 바야흐로 옥랑에게 잦아진 감회는, 그 앞에서 솟아오르는 만수향 연기와도 같이 면면하고 애절스러운 것이 있었다. 십년을 하루같이 눈이 오나 비가 오나 바람이 부나 날이 차나 한번도 거름이 없고, 다달이 초하룻날이면, 선용은 백련암으로 좇아 내려와 이렇게 두어 개피의 향을 피우며 옥랑의 명복을 빌기를 게을리하지 아니하였다. 그것은 정성이요, 아울러 선용의 낙이기도 하였다."(5 : 156~157) 여기에 인용된 대목을 「두 순정」에서 중이 된 봉수의 모습을 묘사하는 부분과 비교해보면 두 작품의 내면적 동질성은 확연히 드러난다.

82 이와 같은 심리적인 퇴행현상은 「두 순정」의 봉수에서도 살펴본 바 있으며 결국 봉수는 죽은 색시를 잊지 못하고 입산하여 중이 된다.

적 연관성을 상실한 채, 그 본질적인 의미에서는 실존적인 영역에서 좌절된 욕망을 반복적으로 확대 · 재생산하고 있을 따름이어서 『옥랑사』는 결국 두 영역간의 무의미한 배열이라는 병렬적 구성을 보여주고 있는 것이라 할 수 있겠다.

한편으로 『옥랑사』의 병렬적 구성은 텍스트 외적 의미에서, 개인적 욕망의 사회적 차원으로의 승화 가능성의 봉쇄라는 일제 말기의 정치적 상황을 상징하고 있다고 볼 수 있다. 건강하고 합리적인 사회란, 그 사회의 사적 영역과 공적 영역 간에 원활한 의사소통이 가능한 사회이며, 그 대화적 구조가 상호 침투를 통해 끊임없이 갱신되는 사회를 의미할 것이다. 그러나 『옥랑사』에서 보이는 바, 그러한 대화적 구조의 단절과 폐쇄는 그 사회의 불건강성과 비정상성을 간접적으로 증거하고 있는 것으로 볼 수 있다.

2) 존재론적 포괄과 욕망의 탈승화

『옥랑사』의 초반부의 선용과 옥랑의 연애담을 제외하면, 소설의 중심을 이루고 있는 것은 선용의 역사에의 참여와 한국 근대사의 역사적인 사건들이다. 그리고 그 역사적 사건들의 핵심에 있는 것은 동학혁명이다. 선용의 이와 같은 출가는 "마침내는 옥봉으로 인하여 가슴에 묻힌 불이 그로 하여금 집을 뛰쳐나가, 그 생각하던 바에다 놈을 던지게 한" 것이었다고 서술된다. 선용은 동학봉기가 일어날 즈음, 서울에서 경복궁을 지키는 파수병으로 지낸다. 『옥랑사』의 강사적 서술을 통해 주로 비판이 되고 있는 것은 개화파 등의 사대주의(事大主義)이다. 다음 ①은 청일전쟁 이후 조선에서의 패권을 쥐게 된 일본과 이와 결탁한 조선의 개화파에 대한 서술이고, ②는 개화파에 동참하라는 매부 강영석의 권유를 선용이 거절하고 있는 대목이다.

① 민비를, 그가 국사를 어지럽히는 사대당 민씨네 파의 총수라 하여 물리친다는 것은 당연하다고도 할 것이었다. 그러나 일병으로 하여금 왕궁을 수비케 한다는 것은, 결국 늙은 범 청국이 앉았다 물러간 그 자리에 어린 삵괭이 일본을 모셔 앉힘과 다름이 없는 일이었다. 따라서 나의 힘을 기를 겨를도 없이, 번연히 남의 힘을 빌어 반대파의 정권을 빼앗아 가지고, 남의 힘을 의지하여 그것을 지탱하려 드는 데 있어서는 개화당도 결코 사대주의(事大主義)의 무리[宗徒]이기는 민씨네 파보다 장할 것이 없었다. 일본파요, 문호개방을 도창하고 신문명의 수입을 부르짖고 하는 개화당에서 비록 임시방편이라곤 하지만, 배일파요 쇄국정치의 실행자요 보수주의(保守主義)의 권화요 한 대원군을 섭정의 자리에 맞아들인다는 것은 천하의 웃음거리가 되기에 족한 것이 있었다.(5 : 78)

② 선용은 퉁명스럽게 "나는 개화당 싫소." "어째? 자네 조선이 개화하는 거 반댄가? 문명개화해서 일등국 되가지구 남처럼 잘 사는 거 반댄가?" "개화는 불가불 해야겠습니다. 고 왜놈들 뇌꼴스러, 우리두 어서어서 개화해 가지구 보아란드끼 살아야 하긴 하겠습니다. 형님 다니시는 미국 사람 병원두 그게 다 개화 속 아뇨? 다 부럽습니다. 그렇지만 ……" "그렇지만 무어야?" "남의 불에 게 잡아 무얼 허우?" "남의 불에 게 잡다니?" "자기네 힘이라곤 한푼에치두 없어가지구." "힘?" "힘이라께 다른 것이요? 나라 백성이 딸구, 일을 할 때면 백성이 뒤를 받쳐주구 하는 게 힘일 테죠." "백성이야 농사하라는 백성이지, 그런 일에 참섭하라는 백성인감? 우리가 정부 차지하구 앉아서 좋은 개명한 정치 해주면, 백성들은 편안히 앉아 농사나 짓구 하는 거야." "말씀 마시우. 갑신정변이라드냐 그때 일, 형님은 노상 분해하십디다마는 그때두 난 보기에 백성들이 들어서 개화당 뒷받침을 해주었다면 그런 낭패 아니 보셨을 것 같습디다."(5 : 85~86)

선용은 개화파의 사대주의를 비판하고 자주론과 민중주의를 피력한다. 선용이 보기에는 민씨 일가의 보수주의나 개화당의 진보주의 모두 외세를 등에 업고 있다는 점에서 똑같은 사대주의에 불과하다. 결국 선용은 "일본은 우리를 도와 우리로 하여금 독립국이 되게 하여 동양의 평화를 길이 세우자는 데 있지, 결단코 청국과 같이 조선을 저희의 속국을 만들려는 야심이 있는 것은 아니다"라는 매부 강영석의 논리에 동의하지 않고, 셋째 외숙 박재춘의 동학당에 가담하게 된다.[83] 그러나 동학군의 실상은 보잘 것 없는 것이었고, 선용은 박재춘에게 게릴라전과 양병의 필요성을 역설한다.[84] 결국 동학군은 공주성 싸움에서 관군에 대패하고 쫓기는 신세가 된다. 관군은 동학 잔당을 소탕한다는 명분 아래, 양민들의 대대적인 학살에 나선다. 박재춘도 동학접주임이 드러나 참살을 당하고, 선용은 혼자 고향으로 돌아간다. 마침내 동학군이 궤멸되자 아관파천을 고비로 조선은 경제적 침략에까지 노출되어, "왕조의 멸망에서 민족국가의 멸망"이라는 전면적인 쇠락의 길로 접어든다. 이후 선용은 독립협회에 가담하여 보부상패로 이루어진 황국협회의 명분 없는 폭력에 맞선다. 그러나 선용의 참여는 독립협회 활동에

---

83 다음은 선용의 동학가담의 변이다. "저두 동학당이 제일 일은 함직하다구 생각했어요. 개화당이니, 민가네 사대당이니, 아라사파니, 미국파니 다아 소용 없구, 동학당 하나가 일을 하겠다구. 백성이 등 뒤에서 뒷받침을 해주니깐요. 백성이 등 뒤에서 뒷받침을 해주는 게 그게 힘 아녜요?"(5 : 93)

84 선용의 삼십만 양병설은 다음과 같다. "이렇게 쓰잘데없는 무리들을 한꺼번에 별안가 모아가지구 서울을 치네, 일본과 전쟁을 하네 조급히 서두르실 것이 아니라, 네 ? 아저씨, 이럭허거든요. 부안포 하면 부안포가, 순창포 하면 순창포가 제각기 제 고을에서 제고을만 점령을 하구 있어요. 그러다 관군이 몇백 명이구 오면, 형세 보아 싸우든지 잠시 흩어졌다, 관군이 물러간 뒤에 다시 또 모여서 고을을 차지하구…… 연방 두구 한 삼년 그럭허면서 양병을 하거든요. 한 고을이 일 년에 천 명씩 양병을 하면, 삼년이면 삼천 명 아녜요? 오십 고을만 하여도 십오만 명, 백 고을이라면 삼십만 명 아녜요 ? 잘 양병한 삼십만 명 있으면 그땐 일본과 전쟁두 할 수가 있을테죠. 무어 서울쯤 치기는 누워 떡먹기구요."(5 : 94)

조직적으로 가담한 것이 아니라, 불의에 항거하겠다는 순간적인 정의감에서 나온 것으로 적극적인 역사에의 참여로 보기는 어렵다. 선용은 결국 박돌과 함께 입산하여 일본인에 대한 테러를 시작한다. 그러는 동안 옥랑과 아들, 불명마저 죽어버리자 선용은 혜광이라는 법명으로 백련암의 중이 되고 조선은 마침내 경술국치를 당한다. 국권상실을 바라보는 민중들의 입장을 선용은 다음과 같이 대변한다.

> 선용은 노상 남만 탓을 할 일이 아니라 하였다. 밤이나 낮이나 당파싸움이나 하고 그러느라고 가뜩이나 시방 넘싯넘싯 넘겨다보고 있는 외국 세력이나 청하여들이고. 그러다 필경 와서 나라를 빼앗기고 만 것이라 하였다. 조정과 양반들이라는 것들은 백성들을 하나도 살게 하여 주는 것은 없고 일일이 못살게만 굴었고, 백성들은 조정—나라가 털끝만큼도 고마울 것이 없고, 소중한 생각이 없었고. 백성들에게는 조정—나라가 원수스럽고, 그런 원수스런 조정—나라는 차라리 없는 것이 좋았고, 그렇기 때문에, 조정—나라가 망하는 것을 보고도 하나도 아까운 생각이 날 것이 없고. 그러느라니 백성들이 나서서 막으려 들지 아니한 것이요, 그래서 속절없이 빼앗기고 만 것이라 하였다.(5 : 161)

선용이 보기에 "이리저리 팔려다니는 조선의 처지는 종의 자식 신세만두 못하다" 하지만 민중들의 입장에서 나라의 주인이 백성임을 알지 못하는 부패한 권력은 "차라리 없는 것이" 낫다고 생각한다. 정치적 격변기 속에서 백척간두에 놓인 조선의 운명과 한국 근대사를 바라보는 선용의 입장은 역사를 움직이는 주체는 민중이라는 '민중주의'와 새로운 권력의 창출이 외세가 아니라 스스로의 힘에 의한 것이어야 한다는 '자주론'으로 요약될 수 있다. 그와 같은 정치적 이념이 집약되어 표출된 것이 동학혁명이었다. 그러나 선용이 주장했던 것처럼, 동학의 정치실험은 민중적 역량의 미성숙으로 실패로 돌아가고 만다. 그와 같은 정치적 허무주의가 선용을 한낱 테러집단의 우두머리가 되게 하였고, 결국 그를 허망한 죽음에 이르게 한 것이라 볼 수 있다.[85] 여기에는 물론 옥랑과의 사랑의 실패와 뒤이은 옥랑과 아들 불명의 죽음이라는 개인적 불행과 실존적인 허무의식이 보다 근원적인 무의식으로 작용하고 있다. 이와 같은 맥락에서 선용에게 옥랑과의 사랑의 실패에서 기인하는 상처는 하나의 근원적인 '트라우마(trauma)'이다.

이상에서 살펴본 것처럼, 『옥랑사』에서 실존과 역사의 영역 모두에서 하나의 당위론적 체계는 발견되지 않거나 실천적으로 불가능한 것으로 제시되기 때문에 텍스트에서 드러나고 주어져 있는 '세계상(世界象)'이라는 것은 하나의 존재론적인 것으로 묘사된다. 여기에 어떤 가치판단의 여지나 조화로운 의미 부여의 가능성 같은 것은 존재하지 않는다. 의미로 충만했던 존재하는 모든 세계상들이 의미의 부재를 문제삼으며 회의하기 시작하는 지점에서, 소설 『옥랑사』는 출발하고 있다고 할 수 있다. 따라서 『옥랑사』는 당위론적 가치를 통해 존재론적 세

---

85 『옥랑사』의 허무주의적 성격은 이미 많은 논자들에 의해 지적된 바 있다. 그 대표적인 것으로 정호웅의 것이 있다. "본고에서 다루지 못한 작품으로는 『허생전』(조선금융연합회, 1946), 「歷史」(『학풍』, 1949.1), 「늙은 極東選手」(『신천지』, 1949.2), 『옥랑사』(『희망, 1955.5~1956.5, 1961년 성화사에서 출간) 등이 있다. 우리의 논의와 관련하여 이 중 『옥랑사』가 주목된다. 1948년 집필 · 탈고된 것으로 추측되는 이 작품은 주인공의 여로를 따라 개화기의 역사를 재구한다. 아전의 아들로 봉건질서에 반항적인 주인공 장선용은 봉건질서에 억압 · 수탈되는 고향을 떠나 동학교의 이념에 접하며 경복궁 파수병으로 갑오경장의 현장을 목도하기도 한다. 동학군의 우금치 전투, 독립협회 운동 등의 현장에 동참하기도 하지만 끝내 좌절, 깊은 산 속으로 숨어들게 되며, 한일합방의 소식에 접하고 일본인과 친일파에 대한 무차별 살상을 행하고는 아내 옥랑의 사당 앞에서 최후를 맞는다. 비극적 죽음으로 마감되는 주인공의 여로는 허무주의를 향한 급경사의 험로라 하겠는데, 그의 허무주의는 역사담당 주체를 발견하지 못한 데 궁극적으로 말미암은 것으로 이 시기 채만식의 다른 작품들과 동일한 맥락 위에 놓여 있는 것이다."(정호웅, 김윤식 편, 「채만식의 허무주의와 역사담당 주체의 문제」, 『해방공간의 민족문학 연구』, 열음사, 1989, 196쪽)

계를 감싸 안는 형국이 아니라, 존재론적 사실들의 세계가 무력해진 당위론적 가치마저 함입(陷入)하고 포괄하고 있는 양상을 띠고 있다. 이는 현실에서 욕망의 성취 가능성이 부재하기 때문에 존재론적 사실들의 세계가 그만큼 비대해진 결과이다. 이와 같은 소설 내적 상황이 역사적 사실들에 대한 강사적 서술로 나타나고 있는 것이다. 역사적 사실들에 대한 기계적인 나열로 채워져 있는 『옥랑사』의 강사적 서술은 '무력한 객관주의'에 다름 아니다. 『옥랑사』의 역사 서술이 자연주의적 묘사로 일관하고 있는 것은 이와 같은 맥락에서 파악할 수 있다. 자연주의적 묘사가 기계적인 객관주의에 함몰될 때 그것은 서술 주체의 대상에 대한 스스로의 무력함만을 반증하게 되는 것이다.

『옥랑사』에서의 욕망의 작동 방식은 개인적 차원에서 사회·역사적 차원으로의 승화가 아니라 개인적 차원의 욕망의 좌절이 환유연쇄의 과정을 거쳐 사회·역사적 영역으로 전이되고 '탈승화'되는 모습을 보여준다. 이는 『옥랑사』의 구성 방식에 대한 서술에서 자연스럽게 설명된 바 있다. 그래서 여기에서는 앞의 논의를 정리하고 약간의 부연만을 첨가하고자 한다. 우리는 앞서 『옥랑사』에서 개인적 욕망과 사회적 욕망이라는 욕망의 다른 차원은 각기 폐쇄된 영역 속에서 고립된 채 부유하고 있을 따름이라고 보았다. 『옥랑사』의 욕망의 체계는 「태평천하」처럼 가치판단을 통해 우열화되거나, 『탁류』에서와 같이 긍정적인 것과 부정적인 것의 양극으로 분화되지 않는다. 『옥랑사』는 존재론적 사실들의 세계가 당위론적 가치체계를 포괄하는 구도를 하고 있기 때문에 인물의 욕망 역시 가치판단이 배제된 채 장선용의 개인적인 욕망과 사회적인 욕망이 발현되고 있는 양상만을 보여주고 있다. 다시 말해 그것은 욕망의 다른 두 차원을 지시하고 있을 뿐이지 그 사이의 역학관계나 소통의 구조를 보여주지는 않는다. 그리고 이는 근본적으로 『옥랑사』의 왜곡된 욕망의 구조에 기인하는 것이다. 앞서 살펴본 바, 장선용의 사회적 욕망은 개인적인 욕망의 대체물일 따름이어서, 그 과정은 새로운 욕망의 '생성'이 아니라 고착된 욕망의 반복적인 '재생산'일 뿐이다. 결론적으로 『옥랑사』의 주인공 장선용의 욕망의 궤적은 퇴행적인 욕망의 탈승화 과정을 보여준다 하겠다.

3) 묘사 우위의 서사와 자연주의적 서술

『옥랑사』에서 서사의 진행은 3장까지의 선용과 옥랑의 실존적인 연애담과 이후의 한국 근대사의 역사적인 사건담으로 크게 대별될 수 있을 것이다. 그리고 그 진술의 양과 내용 면에서 역사적 사건담이 서사의 골격을 이루고 있다고 하겠다. 이와 같은 서사의 진행에서 중심을 이루는 것은 서술자의 주관적인 진술보다는 개별적인 사건들에 대한 객관적인 기술이다. 이는 강사적 서술이라 명명된 『옥랑사』의 역사 서술에서 확연하게 드러나지만, 이 작품의 역사 기술이 주로 장면화에 의해 달성되고 있다는 점에서도 확인된다. 장면화의 기법은 서술자의 주관적 판단을 가능한 배제하고 객관적인 사실과 정보 전달에 충실하고자 하는 묘사의 전형적인 방법의 하나이다.

> ① 이 대신 민 아무는 거기에 차차로 맛을 들여 사람을 놓아 시골 부자를 적간하여다간, 그 재산 정도에 따라, 원도 시켜 주고, 목사도 시켜 주고, 무엇도 시켜주고 하면서, 구문 따먹기에 재미가 쏟아졌다. 하루는 대궐에 들어가 "전라도 보성(寶城) 땅에 '황발이'라는 자가 선공감역(繕工監役)을 하기가 소원이라 합니다."하였다. 왕은 물었다. "얼마나 내기로 하였느냐?" "만 냥을 내기로 하였습니다." "그럼 만 냥을 받고, 황발이를 선공감역을 시켜라." 대신 민아무의 지시로 사람이 정사문적(政事文蹟)을 가지고, 전라도 보성땅의

황발의 집을 찾아갔다. 주인을 만나자고 하니, 노파가 나왔다. "바깥주인은 어데 갔소?" "바깥주인은 없습니다." "없다니, 출입을 했단 말이요?" "옛날에 죽고, 우리 집은 과부집이랍니다." "그럼, 황발이는 누구요?" "우리 집 개랍니다." "무엇이 어째? 황발이가 개라구?" 궐은 뒤로 벌떡 자빠질 뻔하다가, 재우쳐 묻는다. "황발이가 이 집 주인이 아니고, 정녕 개요?" "우리 집에 흰 개 한 마리가 있는데, 네발에 가 누른 털이 나서, 황발이 황발이 하고 부르고 동네 사람들은 우리 집을 황발네집 합너이다. 그래, 속을 모르는 타관 손님은 황발이가 이 집 주인인 줄 알고, 더러 실수를 하기는 하지요. 그래도 정히 의심스럽거든, 보여 드리지요." 노파는 안으로 대고 "황발아!" 하고 부른다. 부르는 소리에 응하여 과연 안으로부터, 발에 누른 털이 난 흰 개 한 마리가 꼬리를 치면서 달려나온다. 황발이가 사람이 아니라 개요, 개는 말고 개보다 더 못한 것이라 하더라도, 한번 그 황발이에게 감역 구실을 제수한다는 왕명이 있는 이상, 감히 거역할 도리가 없는 것으로 궐은 말을 하였다.(5 : 57~58)

② 생각하면, 일변 야속도 하거니와 그러나 역시 반가운 쌀이었다. 옹통이를 가진 여인, 멱서리를 지게에 진 농군, 소쿠리를 옆에 긴 노파, 자루를 든 어린아이 …… 수백 명 주린 군중이 동학군의 지휘를 받으며, 하나씩 하나씩 쏟아논 쌀더미 앞으로 나선다. 말을 든 동학군이 묻는다. "식구가 몇이지요?" "세 식구랍니다." 대답하는 여인의 옹통이에다 서 말을 푹푹 되어 부어 주면서 "자, 얼른 가지구 가 밥 지어 배불리 자시오. 또 그 다음." 이번에는 농군이 멱서리를 들이댄다. "몇 식구지?" "다섯 식구요." "자아 닷 말. 얼른 가 마누라더러 밥 지으라구 해서 어린 놈들허구 배불리 먹어요, 그리구 그 다음 또." 노파가 소쿠리를 들이대면서 걱정이다. "우리는 일곱 식구나 되는데, 그릇이 이래 어떡헌담." "우선 조금만 가지구 가 밥 지어 자시구, 아들더러 지게에다 멱서리 얹어 가지구 오라구 일르시우." 백성들의 동학군과 전봉준에 대한 추앙과 칭송은 자못 요란한 것이 있었다.(5 : 61)

인용 ①은 제5장 '聖恩이 禽獸에 미치다'의 일부이다. 당시 매관매직의 타락상을 '황발이'라는 개에게 벼슬을 내리는 희극적인 상황의 설정을 통해 묘사하고 있다. 여기에서 서술자는 직접적인 진술을 피하고 인물 간의 대화를 통해서 장면을 구축하고 있다. 이와 같은 서술 상황에서 표면적으로는 서술자가 개입하고 있지 않지만, 그것을 통해 드러나는 서술자의 의도와 그 미학적 효과가 풍자와 현실 비판에 있다는 점마저 부인하기는 어렵다. 이는 앞서 언급한 바, 표면적으로 드러나고 있는 허무주의적 태도의 배후에 존재하는 서술자의 잠재된 욕망이 텍스트의 표면을 뚫고 표출되고 있기 때문이다. 그러나 『옥랑사』라는 텍스트의 전체적인 수준에서 풍자의 의도가 지속적이고 의식적인 형태로 드러난다고 볼 수는 없기 때문에 이는 부분적이고 개별적인 사례로 제한된다. 결론적으로 강사적 서술과 함께 개별 사건들에 대한 구체적인 장면화는 『옥랑사』에서 역사 서술의 한 특징으로 간주할 수 있다. 인용 ②는 동학군의 민중적 성격을 보여주는 장면이다. 동학군은 양식을 신분의 귀천과 상관없이 각자의 필요에 따라서만 분배함으로써 평등주의를 실천한다. 여기에서도 서술자는 직접적인 진술이 아니라 대화를 통해 장면을 조직함으로써 서사를 진행시키고 있다. 그러나 여기에서도 동학의 이념으로 대표되는 서술자의 가치지향성에 대한 열망이 잠재된 형태로 표현되고 있음은 물론이다.

이 지점에서 우리는 『옥랑사』의 역사 서술의 특징으로 언급되는 '강사적 서술'의 의미를 재검토해 볼 필요가 있다. 『옥랑사』의 강사적 서술은 서술자의 주관적 판단을 가능한 배제한, 객관적 사실들에 입각한 연대기적 역사 서술로 이루어진다. 그리고 이와 같은 『옥랑사』의 강사적 서술은, 비개입적이고 기계적인 묘사로 일관함으로써, 자연주의적 서술에 가까운 것으로 평가할 수 있다. 그러나 강사적 서술은 한편으로는 전지적 서술자의 요약적 진술이라는 성격도 지니고 있다. 따라서 여기에서 문제가 되는 것은 서술의 표면적 형식이 아니라 그 서술 내용의 실제적인 수준과 태도, 즉 서술의 심층적인 성격과 의미라고 할 수 있다. 이와 관련하여 우리는 다음과 같은 질문을 마련해볼 수 있다. 근본적으로 서사의 진행에 있어 '묘사'가 우위에 있는 서사란 무엇을 의미하는가. 우선 서술 주체와 서술 대상의 관련상이 이 문제와 직결된다고 할 수 있다. 일단 채만식 소설에만 한정해서 말한다면, 서술 주체의 서술 대상에 대한 지배력 혹은 장악력은 직접적으로 서술의 태도와 양상을 결정한다고 할 수 있다. 물론 이는 소설론 일반으로 확대될 수 있는 명제는 아니지만, 경험적 사실들의 세계 혹은 주어진 현실의 영역이 작가 혹은 서술 주체의 욕망에 따라 재구성될 수 있고 변화 가능한 것으로 인식될 경우, 채만식 소설은 객관적 사실의 기술보다는 서술자의 주관적 '변형'이 두드러지게 된다. 즉 '묘사'보다는 상대적으로 '서술'이 중심을 이루는 서사의 패턴을 보이게 된다. 「태평천하」가 그 대표적인 예라 할 수 있겠다. 이와 반대로 존재하는 사실들의 세계가 작가 혹은 서술 주체의 욕망에 따라 변화 가능하지 않거나 이미 고착되어버린 것으로 인식될 경우, 채만식 소설은 서술자의 능동적인 개입보다는 존재론적 사실들의 수동적인 기술과 이에 대한 체념적 수용의 서술 양상을 띠게 된다. 이 경우에 상대적으로 '서술'보다는 '묘사'가 주도적인 역할을 하는 서사의 패턴을 보이게 된다. 그리고 이에 해당하는 작품으로 지금 우리가 분석하고 있는 『옥랑사』가 해당한다 하겠다. 여기에서 '서술 주체의 대상에 대한 지배력 혹은 장악력'과 관련된 서술 방식의 문제는 본질적으로는 작가의 세계관을 문제 삼는 일임을 우리는 알 수 있다. 그러면 『옥랑사』의 강사적 서술에 해당하는 대표적인 예문을 살펴보기로 하자.

① 전봉준은 군사를 나아가 우선 정읍을 쳤다. 정읍은 전봉준의 동학군이 온다는 소리를 듣고 원은 자겁하여 도망을 하였다. 한 방의 총도 쏘지 아

니하고 동학군은 정읍을 빼앗았다. 전봉준은 병기는 거두어 군사의 무장을 갖추고, 양식은 흩어 기민을 주었다. 전봉준은 배하의 군졸로 하여금 관아를 부수거나 불을 지르지 못하도록 하였다. 백성에게서는 닭 한 마리라도 약탈치 못하도록 엄히 영을 내렸다. 만약 범하는 군졸이 있으면 선 자리에서 총살의 극형으로써 처형을 하였다. 정읍에서 전봉준은 남쪽으로 향을 잡아, 고창(高敞)을 뺏고, 무장(茂長)을 뺏고, 그리고 나서 장성(長城)으로. 장성에서 다시 북으로 짓쳐 올라가 태인(泰仁)을 뺏은 후 금구(金溝)로. 금구는 전라감영 전주의 서쪽 관문이요, 부르면 들릴 지척의 상거였다. 전봉준의 동학군이 처음 오천의 군세를 가지고, 고부 황토현 첫진에서 승전을 한 후, 정읍으로부터 시작하여 고창으로, 무장으로, 장성으로, 태인으로 이렇게 한 바퀴를 돌아 금구에 이르렀을 때에는 동학당원과 백성을 합하여 그 세가 삼만에 다다랐었다. "敬天守心"(하늘을 받들고 본분을 지킨다) "輔國安民"(나라를 돕고 백성을 편안케 한다) "除暴救民"(포악을 물리치고 백성을 건지자) "滅逐夷倭"(오랑캐 일본을 쫓아라) 이런 기치가 하늘을 덮는, 삼만의 군졸이 굽이굽이 이십 리에 뻗쳐 고각을 울리면서 꿈틀거리고 나아가는 양은 거창스런 행군 그것 하나만으로도 일찌기 조선땅에서는 구경치 못하던 성사요 시끄러움이 넉넉한 것이 있었다. 금구 다음은 물론 전주였다. 전라감사 김문현은 갈 곳 없는 춘풍샌님이었다. 저의 다스리는 전라도 각군이 동학군 천지가 되었어도 별로이 걱정하는 내색이 없고, 동학의 대군이 감영 전주로 쳐들어온다고 하여도 역시 태평으로 앉아 술이나 먹고 하였다. 그러다 동학군이 마침내 전주성 성 밖에까지 몰려와서야 인궤[官印箱]와 함께 성을 동학군에게 내주고, 고부 황토현의 패장 이용태로 더불어 몸을 피하였다.(5 : 66~67)

② 일본의 힘으로 청국 세력이 물러가니, 가만히 앉았다 수를 본 것은 일본파(日本派) 개화당이었다. 갑자기 큰 기침을 하고 나섰다. 죽동(竹洞) 조

희연(趙義淵)의 집에 주인 조희연을 비롯하여 안경수(安駉壽), 김가진(金嘉鎭), 권영진(權濚鎭) 들의 개화당이 모여 1. 일본병으로 왕궁을 수비케 할 것 2. 민비를 폐할 것. 3. 대원군을 섭정으로 맞아들일 것. 이런 결의를 하면서, 일병이 행동을 일으키기만 시각이 급하다 기다리고 있었다. 민비를, 그가 국사를 어지럽히는 사대당 민씨네 파의 총수라 하여 물리친다는 것은 당연하다고도 할 것이었다. 그러나 일병으로 하여금 왕궁을 수비케 한다는 것은, 결국 늙은 범 청국이 앉았다 물러간 그 자리에 어린 삵괭이 일본을 모셔 앉힘과 다름이 없는 일이었다. 따라서 나의 힘을 기를 겨를도 생각도 없이, 번연히 남의 힘을 빌어 반대파의 정권을 빼앗아 가지고, 남의 힘을 의지하여 그것을 지탱하려 드는 데 있어서는 개화당도 결코 사대주의(事大主義)의 무리[宗徒]이기는 민씨네 파보다 장할 것이 없었다. 일본파요, 문호개방을 도창하고 신문명의 수입을 부르짖고 하는 개화당에서 비록 임시방편이라고는 하지만, 배일파요 쇄국정치의 실행자요 보수주의(保守主義)의 권화요 한 대원군을 섭정의 자리에 맞아들인다는 것은 천하의 웃음거리가 되기에 족한 것이 있었다.(5 : 78)

인용 ①은 고부봉기 이후 전봉준과 동학군의 활약상과 민중들의 전폭적인 지지, 그리고 창의문 · 사대 명의 등을 통해 그들이 내세운 가치들을 요약적으로 서술하고 있다. 그리고 전라감사 김문현의 무책임하고 경솔한 행동을 이와 대비하여 묘사함으로써 서술자의 지향성이 어디에 있는지를 분명하게 드러내고 있다. 인용 ② 역시 청일전쟁 이후 조선의 정치 상황을 개괄적으로 서술하고 있지만, 일본을 등에 업은 개화파가 내세운 논리의 허구성과 사대주의를 분명하게 비판하고 있다. 여기에서도 하나의 분열이 내재되어 있음을 확인할 수 있다. 즉 『옥랑사』의 강사적 서술은 일차적으로 '묘사'를 바탕으로 한 역사적 사실들의 객관적인 기술이라는 성격을 지니지만, 서술자가 지향하고자 하는 세계와 역사의 방향성에 대한 열망과 그 흔적들이 잠재된 형태로 드러나고 있다는 점이다. 그러한 서술자의 지향성이 적극적이고 의식화된 형태로 드러나지 못하고, 객관적 역사 기술이라는 강사적 서술의 형식을 통해 매우 제한적이고 소극적인 형태로 투영되어 있다는 사실이 『옥랑사』가 처해 있는 아이러니이자 딜레마이다. 그것은 근본적으로는 동학으로 대표되는 아래로부터의 혁명이 좌절되고 개화파 등의 위로부터의 개혁 또한 결실을 맺지 못한 채 실패로 돌아가고 만 20세기 전반기 한국 근대사의 역사적 경험과, 이에 따른 환멸과 정치적 허무주의에 기원하고 있다고 하겠다. 요약하자면 위 예문들은 기본적으로 서술자의 주관적 판단을 앞세우기보다는 객관적 사실들의 기술에 충실해 있다고 할 수 있다. 그러나 역사적 사실들의 기술이라는 강사적 서술의 제한된 형식 속에서, 한편으로 서술자는 분명한 가치 지향성과 잠재된 욕망을 은밀하게 드러내기도 한다. 결론적으로 그러한 서술자의 욕망과 가치 지향성이 잠재된 형태로, 강사적 서술이라는 객관성의 형식에 결박되어 있다는 사실이야말로, 『옥랑사』의 허무주의가 위치하고 있는 난처한 지점이라 하지 않을 수 없다.

제5장
결론

본 논문은 채만식 소설에 나타난 세계 인식과 미적 구조의 상관성을 밝히고자 하였다. 그리고 이를 통해 채만식 소설에서 드러나고 있는 「풍자와 허무주의 사이의 거리와 낙차」를 설명할 수 있는 일관된 원리를 발견하는 것을 궁극적인 목표로 하였다. 이를 위해 낭만적 세계 인식이 채만식 소설의 기저를 이루고 있다는 가설을 설정하고, 그것의 현상적인 표현 형태가 현실주의적 세계 인식과 허무주의적 세계 인식으로 드러나고 있다는 점을 논증하였다. 채만식 소설의 기본적인 원리와 내적인 논리는 '당위'와 '존재'의 분열과 대립 혹은 '윤리'와 '욕망'의 갈등 구조로 파악할 수 있었다. 이와 같은 관점에서, '1. 낭만적 세계 인식과 이원적 대립의 구성'에서는 우선 채만식 소설의 기저를 이루는 것이 낭만적 세계 인식이라는 점을 논증하였다. 이 장에서는 먼저 농촌사회를 배경으로 설화적 공간에서 비극적 파토스의 현현을 보여주는 「얼어죽은 모나리자」, 「두 순정」, 「쑥국새」 등의 소설을 분석하였고 이는 '자기동일성의 확인과 초월의 구도'로 요약될 수 있었다. 이들 작품에서, 인물들의 개인적 욕망의 성취는 현실에서 좌절되지만 인물들은 죽음이나 자살이라는 비극적 비전을 통해 자신의 욕망을 비가시적 지평 속에서 관철시키고 있음을 확인하였다. 또한 「치숙」과 「논 이야기」의 분석을 통해 풍자의 전략과 구조를 살펴보았다. 그리고 그러한 풍자 소설의 사적 전개가 지니는 의미를 살펴보았다. 낭만적 세계 인식과 관련된 작품들에서 인물간의 신념체계는 강렬하게 이원적으로 대립되고 있음을 보았다. 실존적이고 개인적인 차원을 다루고 있는 소설들의 주제가 사회적 차원으로 승화되거나 용해될 때, 채만식 소설은 「태평천하」나 「치숙」과 같은 풍자적 구성을 취하게 된다. 풍자소설의 기본적인 태도는 낭만적 세계 인식이다. 사회적 풍자란 한 사회의 진보와 개혁의 가능성이 비교적 선명할 때 등장하는 소설적 양식이다. 채만식의 풍자소설에서는 사회적 욕망의 성취 가능성과 역사의 진보에 대한 열망이 비교적 선명하게 부각된다. 풍자소설에서 서술자와 인물, 인물과 인물간의 의식지향성과 담론체계는 대립적 방향으로 구성된다. 「태평천하」의 담론의 구성은 당위론적 가치를 선점하고 있는 서술자의 부정적 인물에 대한 비판으로 이루어지고 있음을 확인하였다. 그리고 그것은 당위론적 명제로 존재론적 사실들의 세계를 포괄하는 방식을 취하고 있으며 그것은 표현의 층위에서 서술자의 주관적 진술이 우세한 양상으로 드러나고 있음을 확인하였다.

'2. 현실주의적 세계 인식과 이항적 대비의 구성'에서는 장편 『탁류』를 중점적으로 분석하였다. 이 장에 포함된 작품들은 통상적으로 세태소설이라는 범주에 속하는 것들이었고, 일반적인 의미의 리얼리즘 소설이라 불리워지는 것들이었다. 『탁류』의 분석을 통해 긍정적 가치를 표상하는 승재와 계봉이의 가치관과 부정적 가치를 표상하고 있는 고태수와 장형보의 가치관이 이항적 체계 속에서 선명하게 대비되고 있음을 보았다. 그리고 『탁류』의 중립적 서술과 '중립성'이 작품을 해명하는 중요한 단서임을 확인하였다. 또한 이 장에서 현실주의적 세계 인식을 바탕으로 하는 소설들에서는 낭만적 세계 인식에서보다는 가치체계 간의 갈등양상이 상대적으로 완화되고 약화되어 나타나고 있음을 확인하였다. 또한 서술자의 어조나 톤등 서술태도도 이념형 간의 우열을 따지기보다는 상대적으로 중립적인 시각을 유지하고 있음을 고찰하였다. 여기에서 인물들 간의 담론체계는 이원적 차원에서 강렬하게 대립되기보다는, 이항적 체계 속에서 선명하게 대비되는 구성을 취하고 있음을 확인하였다. 이 장에서는 『탁류』의 속편 격으로 보이는 『금의 정열』도 주요하게 다루었다. 『금의 정열』은 채만식 소설에서 현실주의에서 허무주의로 이행하는 단초를 지니고 있는 것으로 평가하였고 이는 『탁류』에서 보이는 바, '무력한 객관주의'의 한 표현으로 보았다. 이와 함께 「해후」, 「용동댁」, 「정자나무 있는 삽화」 등의 작품들도 살펴보았다. 이들 작품군은 서술태도의 유보성을 보여주고 있으며, 서술자의 가치판단이나 의미부여가 부각되기 보다는 욕망에 대한 존재론적 수용의 태도가 두드러짐을 살펴보았다. 이 작품들은 평균적 인간의 보편적인 욕망의 문제를 다루고 있어서 현실주의적 세계 인식과 관련하여 함께 논의하였다.

'3. 허무주의적 세계 인식과 병렬적 나열의 구성'에서는 채만식 스스로가 명명한, '사소설'이라는 범주에 속하는 소설들과 장편 『옥랑사』를 중심으로 기술하였다. 여기에 해당하는 작품들에서는 욕망의 성취 가능성이 좌절되며, 개인적 욕망은 사회적 차원으로 승화되지 못하고 개인의 내면 속으로 응고되고 탈승화된다. 좌절되고 패배당한 인물들의 모습은 「냉동어」, 「회」, 「패배자의 무덤」, 「모색」, 「근일」, 「집」, 「상경반절기」 등의 작품 속에서 구체화되고 전경화되었다. 세계와의 소통의 가능성이 단절된 채, 개체적 실존에 칩거하고 피난살이하는 무기력한 개인의 모습은 「근일」, 「집」 등의 자전적 성격이 짙은 소설들에서 신랄하게 묘파되고 있음을 확인할 수 있었다. 이를 통해 허무주의적 세계 인식을 바탕으로 하고 있는 작품들에서는, 인물이 처한 부정적 현실과 지향하고자 하는 이상형은 아무런 상호작용을 하지 않거나 못하고 있어서, 대립되는 담론이나 가치체계는 의미 없이 병렬적으로 나열되고 있음을 보았다. 이와 같은 구성의 파탄이 극점에 이르고 있는 것은 장편 『옥랑사』라고 할 수 있다. 『옥랑사』의 구성은 주인공 장선용과 옥랑의 연애담이 실존적인 차원으로 가두어져 있고, 다른 일부는 장선용이 한국근대사의 중요한 사건들을 모조리 경험하는 강사적(講史的) 서술로 채워진 사회적 차원의 이야기로 분리되어 있음을 논증하였다. 또한 실존적 개인으로서의 장선용은 옥랑이 죽어버림으로써 옥랑과의 사랑에도 실패하고, 역사적 존재로서의 장선용도 한국사의 중요한 사건들을 모조리 경험하지만 민중에 대한 불신과 제국주의에 대한 의구심을 떨쳐내지 못하고 한낱 테러집단의 우두머리가 됨으로써, 사회적 욕망의 성취에도 실패하고 있음을 알 수 있었다. 결국 『옥랑사』는 기본적으로 '욕망의 환유연쇄'라는 관점에서 이해되어야 하며, 작가의 허무주의적 세계 인식을 드러내고 있는 것임을 강사적 서술이라는 형식이 갖고 있는 의미를 통해 밝히고자 하였다.

이상의 논의에서 살펴본 것처럼, 채만식 소설의 근원적인 균열은 욕망의 어긋남과 허무의 심연을 깊이 보았음에도 당위론적 가치라는 '선험적 초월'의 구도를 끝내 포기하지 않았음에 기인한다. 즉 인간에게 존재론적 숙명으로 주어진 근원적 어긋남과 허무주의라는 심연과의 내면적 고투와 그 긴장을 끝까지 견뎌내지 못하였다는 것이다. 결과적으로 채만식 소설은 미리 주어진 이데올로기의 선험성이라는 유혹으로부터 자유롭지 못했다. 이처럼 채만식 소설이 욕망의 어긋남을 인정하면서도 그것을 현실을 해명하는 일반적인 원리로서 전면적으로 수용하지 않는 이유는 그것이 채만식 소설이 지향하고자 하는 윤리와 당위의 세계를 근본적으로 위협하는 요인이 되기 때문이었다. 여기에서 우리는 채만식 소설의 근원적인 원형과 내면적 원리를 도출해내었다. 그것은 '윤리'와 '욕망'의 갈등이었다. 그것은 당위적 가치체계와 존재론적 사실세계와의 대립 구도와도 일맥상통하는 것이었다. '윤리'와 '욕망'의 갈등이라는 테제는 채만식 소설의 전체적인 주제를 관통하는 일관된 원리이자 원형에 해당한다고 해도 과언이 아니다. 그리고 채만식 소설의 주제의식은 '욕망'의 어긋남을 견디기보다는 '윤리'적 체계로의 지향을 보여주고 있음을 확인할 수 있었다. 이를 통해 '윤리'와 '욕망' 사이에서 갈등하는 인간의 고뇌에 찬 모습은 바로 채만식의 자전적 초상에 다름 아니라는 점을 살펴볼 수 있었다.

결론적으로 채만식 소설의 구도는 하나의 외재적 초월의 양상을 띠고 있음을 우리는 확인할 수 있다. 문학이란 언제나 초월의 형식이다. 문학은 지금 있는 것의 바깥을 사유하는 것이다. 그러나 문제가 되는 것은 그것이 현실의 모순과 균열을 포용하고 견뎌내는 '내재적 초월'의 형식이냐, 아니면 선험적 명제로서 미리 주어진 관념의 이데아를 지향하는 '외재적 초월'의 형식이냐는 것이다. 여기에서 채만식 소설은 결정적인 한계를 드러내었다. 왜냐하면 채만식 소설의 일반적인 논리는 타락한 현실 속에서의 난처한 처지를 견디는 '소극적 수용력(negative capability)'을 보여주는 것이 아니라 제 안의 신념을 지키기 위해 현실의 균열과 모순을 제거하는 배제의 형식을 취하고 있다고 할 수 있기 때문이었다. 이는 「태평천하」나 『탁류』, 그리고 『옥랑사』를 일관되게 관통하고 있는 윤리의 핵심이었다. 채만식 소설의 이와 같은 구도는 비유하자면, '예토(穢土)'에서 '정토(淨土)'의 가능성을 보지 못하고 있는 형국이라 할 것이다.[86] 또한 그것은 일제 식민지 체제라는 시대적 상황에 의

86 왜곡으로 점철된 20세기 전반기 한국 근대사의 경험 속에서, 예토에서조차 정토의 가능성을 발견할 수 있었던 것은 한용운 정도의 정신적 힘을 통해서나 가능한 일이었다. 한용운의 정신적 추동력은 다음과 같은 불교적 세계관에 기반하고 있는 것이다. "내가

해 강제되었던 것임을 우리는 부인할 수 없다. 그래서 채만식의 문학적 한계는 우리 민족사의 한계이기도 하다. 이와 같은 것들을 종합적으로 고려할 때, 우리는 평생 불행만을 경험하고 복됨은 한번도 누리지 못한 채, 자신의 한계점과 싸웠던 이 작가의 고난에 찬 삶과 문학에 대해 이에 합당한 존중과 경의를 표하지 않을 수 없을 것이다. 본 논문은 채만식 소설을 일관되게 설명하기 위한 원리를 규명하면서 채만식 소설이 지니고 있는 내적 논리의 구성 방식과 미학적 특성들에 주목하였다. 그리고 그 구체적인 서술은 상당히 비판적인 양상을 띠고 있다 하겠다. 그러나 이러한 비판적 관점이 채만식 소설이 이루고 있는 뛰어난 미학적 성취와 사회사적 의미를 결코 넘어서지는 않는 것이다. 따라서 이후의 연구 과제는 본 논문에서 시도한 채만식 소설의 내적 논리의 규명과 거시적인 차원에서의 문학사적인 접근이 결합되는 형태를 띠어야 할 것이다.

듣건대 염불하는 최후 목적이 정토(淨土)에 왕생(往生)함에 있다고 한다. 생각건대 그것이 과연 그럴까. 아니, 어찌 그럴 리가 있으랴. 성불(成佛)하고 나서 정토에 왕생한다는 말은 들었지만 아직 부처님의 이름을 불러서 정토에 간다는 말은 듣지 못했으며, 예토(穢土)가 곧 정토라는 말은 들었지만 예토 그 밖에 따로 정토가 있다는 말은 듣지 못했다. 국토에 본디 예토 · 정토의 구분이 있는 것이 아니며, 다만 마음에 더럽고 청정한 차이가 있을 뿐이다."(한용운, 『朝鮮佛敎維新論』, 1910. 여기에서는 『한용운전집』 제2권, 신구문화사, 1973, 57쪽에서 인용) "마땅히 일체의 번뇌가 여래(如來, 깨달음)의 씨앗이 되나니, 비유하건대 깊은 바다에 내려가지 않으면 보배로운 구슬을 얻을 수 없음과 같아서, 번뇌의 큰 바다에 들어가지 않으면 일체의 보배로운 지혜를 얻을 수 없습니다."(「維摩經」, 『한용운전집』 제3권, 321쪽. 여기에서는 김흥규, 「님의 소재와 진정한 역사」, 『문학과 역사적 인간』, 창작과비평사, 1980, 27쪽의 해석을 재인용함)

제2부
채만식 문학의 내적 원리

제1장
채만식과 카프와의 관계

1. 문제 제기와 연구사 검토

채만식은 사회적 존재자로서 문학의 역할과 기능에 대해 깊은 관심을 가지고 올바른 역사의 방향성에 대해 끊임없이 모색하였다. 이러한 그의 문학적 실천은 풍자라는 방법론을 통해 가장 대표적으로 수행되었다. 주지하듯 사회적 풍자란 역사의 개조 가능성에 대한 강렬한 열망과 변혁의지를 표현한다. 한편 풍자의 양식은 집단과 공동체 내의 사회적 삶이 지닌 부정성에 초점을 맞춤으로써, 부정적 현실의 극복을 통해 가능한 새로운 세계상의 적극적 제시에는 다소 불리한 측면이 있다. 채만식의 문학이 지닌 강렬한 사회의식에 비해 그가 지향하는 세계상이나 가치체계가 다소 불분명하거나 모호해 보이는 것도 이와 같은 풍자의 양식적 특성과 관련이 있다. 그럼에도 그의 문학이 지향하는 궁극적 이념형이 구체적으로 어떤 모습인지 분명치 않고 추상적인 진술에 머물러 있다는 비판은 여전히 유효하다. 채만식의 이념적 지향성과 관련하여 우선적으로 검토되어야 하는 것은 채만식과 사회주의의 상관성, 혹은 그와 카프와의 관계이다. 채만식은 여러 작품을 통해 사회주의에 대해 심정적 동의를 넘어서는 긍정적 의미를 부여한 바 있으며, 이런 맥락에서 카프를 상대로 벌인 동반자작가 논쟁은 유심히 살펴볼 필요가 있다.

카프(KAPF)는 한국 근대문학사에서 문학의 정치화를 주장하고 나선 최초의 문학 집단이었다. 채만식의 사회적 관심이나 작가의 정치의식 등을 고려할 때 채만식이 카프에 참여하지 않고 소위 동반자 작가로 머물러 있으면서 때론 카프에 대항하여 날카로운 비판을 서슴지 않았다는 사실은 어떤 면에서 다소 의외라 할 수 있다. 필자는 채만식 문학의 근원적 동력을 '낭만적 세계 인식' 혹은 '확실성에 대한 욕망'으로 파악한 바 있다. 이러한 전제가 타당하다면 채만식은 카프에 참여했던 것이 자연스럽다. 정치 이데올로기만큼 선명하고 확실한 가치체계는 없기 때문이다. 그럼에도 불구하고 채만식은 카프의 입장에 동의하지 않았고 늘 비판적인 거리를 유지했었다. 본고는 이상의 문제의식을 토대로 다음과 같은 문제들에 논의의 초점을 맞추고자 한다. 즉 채만식이 적극적으로 옹호해 마지않았던 정치적 신념인 사회주의의 실체는 무엇인지, 확실한 가치체계로서 정치 이데올로기를 수용하지 않았던 이유는 무엇인지, 그리고 사회주의 이념의 문학적 실천이자 정치적 조직체인 카프를 바라보는 채만식의 입장은 과연 무엇이었는지를 해명하고자 한다. 그리고 그 구체적인 서술의 대상과 과정은 동반자작가 논쟁을 중심으로 이루어질 것이다. 이를 통해 본고는 궁극적으로 채만식 문학의 내적 원리의 일부를 밝혀보고자 한다. 그러면 본고의 논의와 관련하여 주요한 의견을 제출했던 송하춘과 하정일의 논의를 살펴보자.

송하춘은 채만식과 카프의 관계를 실제 작품에 대한 채만식의 발언을 중심으로 검토하였다.[1] 그는 「산동이」, 「앙탈」, 「사라지는 그림자」

등과 관련한 논쟁들을 정리하면서 채만식의 문학적 이념과 작가로서의 의도를 해명하고자 한다. 1930년대 전반의 채만식을 그는 "가장 프로문학 진영에 가까운 작품을 쓰는 작가"로 규정하면서, 문학의 사회적 역할이나 창작 방법론에 대한 인식의 공유에도 불구하고 채만식이 카프에 대해 늘 비판적 거리를 유지했다는 점에 주목한다. 그리고 채만식이 카프에 가담하지 않은 이유는 그들의 이데올로기에 반대해서가 아니라 카프가 '예술적 작품'으로 투쟁하지 못하기 때문이었다고 지적한다. "조직보다는 이념이, 이념보다는 작품이" 언제나 우선이었던 채만식은 예술적 형상화를 부차적인 것으로 보았던 카프 문학에 동의하지 않았다는 것이다. 송하춘은 카프와 다른 채만식 문학의 주요 이데올로기를 '인테리겐챠의 역사적 전망'로 파악한다. 즉 당시 프로문학이 노동자·농민의 가난을 문제삼는 상황에서 인테리의 가난을 주목한 것은, 카프에게는 이율배반이지만 "채만식 자신으로서는 하나의 커다란 발견"으로 볼 수 있다는 것이다. 사회주의자의 관점에서 인테리의 현실을 반성적으로 성찰함으로써, 궁극적으로는 채만식이 "이데올로기적으로 카프와 결별한 것이 아니라, 도리어 실현 가능성이 희박한 주의 주장이나 이론의 도그마를 뛰어넘어 프로문학의 원래적인 이념을 한 걸음 더 성실하게 이행한 셈"이라고 그는 평가한다. 그리고 바로 여기에 프로문학과 밀접한 채만식의 독특한 '현실주의 문학'이 자리한다고 결론짓는다. 송하춘의 글은 채만식과 카프의 관계를 논쟁의 중심에 있던 실제 작품을 통해 검토했다는 점에서 의의를 지니며, 카프와의 문학적 거리를 채만식의 예술적 의지에 기인한 것으로 해명한 것은 정당한

1 송하춘, 「소설가의 눈으로 본 채만식—작가의 육성」, 『백릉 채만식 선생 50주기 추모 심포지엄 자료집』, 민족문학작가회의, 2000, 102~119쪽. 이 글은 이후 「작가의 육성과 소설의 실제—카프와 채만식의 문학적 거리」라는 제목으로 개고되어 게재되었다.(『현대소설연구』 24집, 한국현대소설학회, 2004, 7~24쪽)

논리로 보인다. 문제적인 것은 채만식의 이데올로기를 인테리의 역사적 전망과 반성적 성찰로 본 것인데, 이를 채만식 고유의 이데올로기로 보기는 어려울 것 같다. 노동자, 농민이 아니라 인테리의 가난을 문제 삼았다는 것은 일단 소재주의로 볼 수 있어서, 그것을 채만식 특유의 '이데올로기'로 평가한다는 것은 설득력이 떨어진다. 그리고 만약 그것을 이데올로기로 볼 수 있다면 그것은 결국 카프진영에서 채만식을 공격했던 주된 논거인, '(소) 부르조아 이데올로기'라고 환원하여 말할 수 있을 것이다. 이데올로기란 결국 자신이 속해 있는 계급적 입장을 반영하고 이해관계를 관철시키는 것과 관련되기 때문이다.

하정일은 문학과 이념의 관계에 주목하여 채만식 문학에 나타난 사회주의의 문제를 살펴보았다.[2] 그는 채만식에게 두 번의 문학적 전환이 있었다고 보고, 이는 사회주의 이념과 깊이 관련되어 있다고 주장한다. 즉 1934년 즈음의 첫 번째 전환은 사회주의에 대한 자기성찰과 더불어 이루어지며, 두 번째 전환은 사회주의의 포기로부터 시작된다는 것이다. 그에 따르면, 1934년 이전의 채만식의 초기작들은 사회주의 이념을 아무런 여과 없이 직접적으로 표현하는 특징을 보여주며, 이 시기의 채만식은 스스로를 프로작가라고 여기고 있다는 점이 여러 작품을 통해 확인된다. 1934년 이후 채만식 문학에는 사회주의에 대한 적극적 지향이 사라지면서 이념을 '이용하면서 거부하고 거부하면서 이용하는' 이중적 관계를 보여준다. 다시 말해 성찰된 사회주의가 현실의 재구성과 재현의 준거로 작용하면서 이념은 문학과 현실을 중개하는 매개적 역할로 간접화된다. 이런 맥락에서 문학은 자기 성찰적 이념의 형식일 수 있다. 특히 『태평천하』에서 사회주의 문제는 결말부에야 등장

2 하정일, 「채만식 문학과 사회주의－식민지시대의 작품을 중심으로」, 『채만식 문학의 재인식』, 소명출판, 1999, 77~102쪽.

하는데, 여기에서의 "사회주의는 미리 주어진 사회주의가 아니라 식민지 자본주의에 대한 내적 비판으로부터 도출된 사회주의"라는 점을 하정일은 강조한다. 즉 작품의 사회주의는 "바깥에서 끌고 들어온 이념이 아니라 소설 내부의 논리에 따라 새로이 재구성된 이념"이라는 것이다. 그러나 1938년 이후 채만식 문학은 사회주의를 포기함으로써 심각한 이념적 혼란을 겪게 되고 결국 그것은 친일로까지 이어지게 된다. 「냉동어」에서 사회주의의 부정으로 나아가는 채만식의 명분이 '생활'이었다고 그는 지적하면서, 이는 문학에서 이념이 차지하는 위상이 얼마나 중요한지를 보여주는 역설적 사례라 언급한다. 채만식의 작품과 사회주의 이념의 관련상을 시기별로 나누어 고찰한 하정일의 글은 채만식 문학에서 이데올로기가 차지하는 위상을 본격적으로 검토했다는 데 의의를 갖는다. 그러나 채만식의 초기작이 사회주의 이념의 적극적 지향 때문에 미학적 파탄과 도식성을 드러냈다는 주장은 설득력이 떨어진다. 채만식 문학의 전체적인 구도 속에서 본다면 타당성이 없는 것은 아니지만, 카프를 위시한 프로문학 진영에서 채만식을 공격한 논리가 이데올로기의 불투명성이라는 점을 감안하다면 이는 적절한 지적으로 볼 수 없다. 또한 『태평천하』에서 결말부의 사회주의의 문제가 작품 내적 논리로부터 도출된 성찰된 사회주의라는 것은 동의하기 어려운 부분이다. 종학의 등장으로 제시되는 사회주의 이념은 서사의 인과적 전개와는 별 상관없는 갑작스럽고 인위적인 것이다. 그리고 이는 채만식 문학에서 사회주의 이념이 현실의 구체적 가능성을 지닌 실체이기보다는 추상적 이념형으로 기능하고 있다는 역설적인 증거라 할 수 있다. 이는 자기 성찰적 이념의 형식으로서 문학이라는 필자의 논리를 연역적으로 강조한 결과로 보인다. 이상의 견해들을 참고하여 이제 동반자작가 논쟁과 이와 관련한 채만식의 입장을 본격적으로 검토하기로 한다.

2. 프로문학에 관한 채만식의 기본적 태도

'동반자작가' 문제[3]가 최초로 논의된 것은 박영희의 「카프 작가와 그 수반자(隨伴者)의 문학적 활동」[4]을 통해서이다. 박영희는 이 글에서 동반자작가를 '수반자'라는 명칭으로 불렀다. 그는 "카프작가가 아니면서도 카프의 예술적 강령에 추종하려는 경향을 가진 작가를 나는 우선 카프의 수반자라고 이름하였다"고 밝혀놓고 있다. 박영희는 우수한 수반자의 예로 이효석과 유진오를 들면서도, 궁극적으로는 계급성의 문제를 중심으로 그들을 비판한다. 그리고 "프롤레타리아작가는 원칙상 조직적 기구를 도외시해서는 안 된다"라고 함으로써, 카프 조직에 가담하지 않은 작가는 진정한 프로작가로 인정받을 수 없다고 결론을 내린다. 권환은 러시아 하리코프 회의의 결과를 소개하면서 동반자작가 획득의 중요성을 언급하였으나, 동반자작가와의 연대의 필요성보다는 연대시 주의할 점에 더 많은 비중을 둔 것이었다.[5] 동반자작가 문제에 관한 이러한 카프의 기본적인 입장은 '당의 문학'이 강조되던 당시 프로문단의 분위기를 반영한 것이다. 이와 같은 동반자작가 문제가 본격적인 문단의 이슈로 떠오른 것은 이갑기의 글에서 촉발된 채만식과 카프의 논쟁을 통해서였다. 하지만 프로문학과 관련한 채만식의 입장은 단편 「산동이」 등을 두고 함일돈과 벌인 논쟁에서 이마 피력되고 있어서 주목할 필요가 있다. 채만식은 함일돈의 「창작계의 이삼(二三) 고찰」[6]에

---

3 김영민, 『한국근대문학비평사』(소명출판, 1999)의 제8장 「문예운동 연합전선과 동반자작가 논쟁」(315~344쪽)에 동반자작가 논쟁의 진행과정과 쟁점들이 일목요연하게 정리되어 있다. 이 글에 언급된 동반자작가 논쟁의 개요는 이 책의 내용에서 도움을 얻었다.

4 박영희, 「카프 작가와 그 수반자의 문학적 활동」, 『중외일보』, 1930.9.18.

5 권환, 「하리코프대회 성과에서 조선프로예술가가 얻은 교훈」, 『동아일보』, 1931.5.15.

대한 반론 격으로 「평론가에 대한 작자로서의 불복」[7]이라는 글을 발표한다. 그 불복의 이유를 채만식은 다음과 같이 설명한다.

> 함씨는 이렇게 말하였다. // "……채만식 씨의 「산동이」 등등 실로 부르조아 작품의 칠팔분(七八分)이 연애 혹은 남녀관계의 각종 문제를 취급한 작품이다."(방점－蔡) // 이 일절로써 「산동이」는 "연애 혹은 남녀관계를 취급한 부르조아 작품"이 되어가지고 함씨의 평의 도마 위에 올려놓였다. // 그러나 어찌해서 「산동이」가 부르조아 작품이라는 말은 한마디도 비쳐놓지 아니하였다.(이 억울한 영광을 입은 작품이 「산동이」나 「앙탈」 이외에 다른 작가의 것도 몇 편이 있을 줄 안다) // 여기에 위선 작자로서의 불복이 있다. // 무엇을 가지고 함씨는 「산동이」를 부르조아 작품이라고 보았는가?

인용에서 그가 문제 삼고 있는 것은 표면적으로는 논리적 오류에 대한 비판이다. 연애문제나 남녀관계를 다루었다고 부르조아 작품으로 평가하는 것은 논리적 모순이라는 것이다. 그리고 이러한 채만식의 주장은 정당한 것으로 보인다. 그러나 이후 이어지는 글의 전체적인 맥락을 고려한다면 채만식의 불만은 보다 근원적인 곳에 있는 것으로 판단된다. 즉 자신의 작품은 부르조아 작품이 아니라는 것이다. 그것은 결국 「산동이」가 계급의식을 담은 프로작품이라는 주장으로 귀결된다. 「산동이」에 대해서는 함일돈 외에 염상섭, 김기진도 평을 한 바 있는데, 특히 김기진은 산동이의 행적을 개인적 복수의 길로 폄하하면서 산동이라는 인물은 결국 개죽음을 하였다고 평가한다. 이에 대해 채만식

---

6 『동아일보』, 1931.1.30.

7 채만식, 「평론가에 대한 작자로서의 불복」, 『동아일보』, 1931.2.14, 15, 17, 20, 21. 여기에서는 『채만식 전집』 10, 창작과비평사, 1989, 20~27쪽에서 인용. 이하 채만식 작품 원문의 인용은 이 전집의 것임.

은 "세 분 중 김기진 씨만은 비교적 요령 있는 평을 하였었다. 그러나 그 역(亦) 불복이다"라면서 자신의 입장을 굽히지 않는다. 김기진의 평가와는 달리 여기에서 채만식은 산동이의 죽음이 갖는 '계급적 의의'를 강조한다. 그리고 김기진에게 "계급적 작품을 평한다는 계급적 양심이 있"느냐고 반문하기까지 한다.

「앙탈」에 대한 함일돈의 평가에 대해서도 채만식은 정면으로 반박한다. 함일돈은 이 작품이 "조선 구직청년의 곤경(고민이 아님－咸)을 테마로 하여 조선상(朝鮮相)에 터치하였다고 본다"고 하면서 부르조아 민족주의 문학으로 평가한다. 이에 대해 채만식은 "인텔리는 그 관념적 이상과 허옇게 퇴색된 후광을 부여잡고 앙탈을 하면서 그래도 필연의 세(勢)로 몰락이 된다"고 설명하면서 「앙탈」이 인텔리의 위선과 허위의식에 초점을 맞춘 작품임을 강조한다. 친구의 노동 권유에 주인공 S가 "앞에 올 호화로운 생활, 어디선지 모르나 기다리고 있을 미지의 애인을 버리고 더러운 노동이라니 될 말이냐……"라고 울부짖는 모습에서, 이와 같은 작가의 의도가 드러나고 있다고 채만식은 판단한 것으로 보인다. 그러면서 그는 다음과 같은 말로 이 글을 끝맺고 있다.

> 이와 마찬가지로 문예평론도 그 전문적 즉 계급적이어야 할 것이다. // 문예 자체가 엄연히 계급적으로 갈리어 있는 이상 평론가도 마땅히 그리하여야 할 것이다. // 평론가만을 '박쥐적 태도'를 허하기에는 시대는 너무도 모든 것의 색채가 선명하여졌다.

인용에서 채만식이 강조하고 있는 것은 다름 아닌 선명한 계급적 입장과 계급의식에 입각한 문예비평의 태도이다. 「사라지는 그림자」에 대한 "이 인원(仁源)이의 의식이야말로 곧 작자 자신의 의식일진대, 그렇다면 우리는 이 작품 급 작가가 프롤레타리아의 그것과는 너무나 거리가 멀다는 것을 단언한다"는 함일돈의 평가에 대해서도 "프롤레타리아 문예이론의 A B C도 알지 못하는 '박쥐'류의 평자의 아희적(兒戱的) 독단"이라고 몰아세운다.[8] 이 말은 최소한 자신은 작가로서 프로문예이론의 기본 소양은 갖췄다는 자신감의 표현으로 볼 수 있을 것이다. 채만식의 반박이 때로는 형식논리에 치우친 감이 없진 않지만 함일돈과의 논쟁에서 그를 지배하는 단호한 태도에는 '프로작가로서의 자의식'이 분명히 배어 있다. 이와 같은 태도는 "프롤레타리아 작품은 작자 개인의 '사사(私事)'에 그치는 것이 아니요 그것이 계급투쟁의 XX로 제공되는 것인지라"나 "우리는 계급적 X로부터 우리의 작품을 옹호함이 우리의 임무의 하나이다" 등의 카프의 공식적 언명을 무색케 하는 발언들[9]에서 비교적 선명하게 드러난다. 또한 '조선의 프로작품을 누가 읽느냐'는 독자층의 문제에 대해서도 "나는(나만이 아니겠지만) 늘 이 문제를 가지고 그야말로 벙어리 내종(內腫) 앓듯이 앓아온다"[10]라고 표현할 만큼 채만식은 프로문학의 문제를 자신의 것으로 체화하고 있었다. 채만식은 독서층과 관련한 프로문단의 부진을 다음과 같이 진단한다.

> 가령 한 잡지의 독자가 3천이라고 잡고 보자. // 2, 3천 명이 설혹 전부가 그 잡지에 실린 문예-프로작품을 읽는다 하더라도 그 독자는 누구들이냐? 지금 조선의 형편이 농민은 문제도 아니 되고 도시의 공장노동자 중에 약간의 독서층이 있을 따름이다. 그러니까 이 약간의 독서층에서 겨우 몇 사람이 위에 든 3천 명 중에 들게 되는 데 불과한 것이다. // 그리고 그 나머지는 그 작품과는 멀리 남이 되어 있는 중간층의 지식군(智識群)이다. 말하

---

8 채만식, 「문예평가 함일돈 군의 기극(奇劇)-그의 소인적 편견과 무지를 폭로함」(『비판』 제1권 8호, 1931.12), 『채만식전집』 10, 30~35쪽.

9 위의 책, 30~31쪽.

10 채만식, 「문단소어」(『중앙일보』, 1931.11.30), 『채만식전집』 10, 28~29쪽.

자면 조선의 프로작품은 다대수의 지식군의 소일거리가 되는 셈이다. 붓을 꺾어버리고 싶지 아니하냐?[11]

독서층의 빈곤이라는 문제는 작가인 채만식에게 절필을 고려하게 할 만큼 심각하고 참담한 것으로 인식되었다. 이어지는 글에서 채만식은 "조선의 프로문예단(壇)은 작가난 · 독자난에다가 평가난(評家難)을 합하여 삼대난(三大難)"에 처해 있다고 주장한다. 또한 조선의 구체적 현실에 맞지 않는 프로문예이론의 허구성에 대해 언급하면서 이론과 현실의 괴리를 지적하기도 한다. 이상의 논의에서, 1930년대 초반 채만식은 카프에 직접 가담하지는 않았지만 자신이 프로작가라는 자의식만큼은 여느 카프작가에게 결코 뒤지지 않았다는 사실을 우리는 확인할 수 있다. 이갑기의 글에서 시작된 채만식과 카프와의 본격적인 논쟁은 이상의 논의의 연속선상에서 살펴볼 필요가 있다.

3. 채만식과 카프의 논쟁 – 이갑기와의 논쟁을 중심으로

이갑기는 「문단촌침」[12]에서 채만식을 '방랑적 프로문사군'의 대표적 작가로 언급한다. 이갑기는 채만식이 아무리 질적으로 우수한 프로문예작품을 생산한다 하더라도 그의 작품이 아지 · 프로의 효과는 거둘 수 있겠지만 "일정한 계급적 기도 하에서 구체적으로 진전되는 조직적

---

11 채만식, 『채만식전집』 10, 29쪽.
12 이갑기, 「문단촌침」, 『비판』 제9호, 1932.1.

작품행동이 아니기 때문에 예술운동의 전체적 임무를 달성할 능력을 가지지 못하는 것"이라고 주장한다. 그리고 "예술운동의 근본적 임무는 XXXXX의 지도 아래서 움직이는 예술적 진영을 배경으로 대중과 항상 유기관계를 가진 조직적 활동과정에서만 수행되는 까닭"이라고 설명한다. 이갑기의 비판의 요지는 한마디로 채만식이 카프라는 조직에 소속되지 않은 작가라는 것이다. 자신을 '방랑적 프로문사군'으로 규정한 이갑기에게, 채만식은 「현인 군과 카프에」[13]라는 글을 통해 자신의 질문에 대한 공식적 답변을 요구한다. 총 9개의 항으로 이루어진 채만식의 질의서의 요체는 동반자작가와 방랑적 프로작가의 구별 여부와 이에 대한 정의 문제로 집약된다. 채만식의 공식적 질문에 이갑기는 다시 「방랑적 작가에게」[14]라는 글로 답변을 한다.

채만식의 첫 번째 질문에 대해 이갑기는, "프롤레타리아 '적' 작품과

---

13 채만식, 「현인 군과 카프에—약간의 준비적 질문」(『중앙일보』, 1932.1.31), 『채만식 전집』 10, 36~37쪽. 그 내용을 요약하면 다음과 같다. ① 프롤레타리아적 작품과 프롤레타리아 작품은 어떻게 다른가? ② '동반자'와 '방랑적 (프로)작가'의 구별과 양자의 '정치적 의미'의 차이. 동시에 양자에 대한 카프의 태도의 차이는 무엇인가? ③ 이갑기가 1931년 카프진영의 대표작으로 내세운 작품들이 "일정한 계급적 기도 하에서 구체적으로 진전시킨 조직적 작품행동"임이 틀림없는지와 그 물적 증거. 그리고 그 작품들로서 대중과 유기적 관계를 가지고 조직적 활동을 하여서 프로예술운동의 전체적 임무를 달성했다는 물적 증거를 보일 것. ④ 카프는 "XXXXX의 지도 아래서 움직이는 (프로)예술적 진영"임에 틀림이 없는가? ⑤ 이갑기와 그의 글 「문담촌침」(특히 '방랑적 프로문사군' 부분)에 대한 카프의 입장과 태도 ⑥ 독자층과 관련한 "헐떡거리는 조선 (프로)예술운동의 기형적 현상을 카프 작가가 항상 극복하여 의식적으로 그를 정당한 합리적 코스로 전환시킨" 물적 증거를 보일 것. ⑦ 프로문예의 독자층의 문제와 관련하여 채만식이 개탄하고 좌절되었다는 표현에 대한 구체적 설명. ⑧ 채만식이 카프의 일원이 될 수 있는지와 만일 된다 하면 이갑기가 취할 태도. ⑨ 이갑기는 채만식의 1931년도 작품 중 어느 것을 보았으며 그 어느 것에서 "동반자도 못되고 방랑적 (프로)작가"임을 발견했는가? 채만식은 이 중 1, 2, 7, 9는 오직 이갑기에, 4, 5는 카프에만, 나머지 3, 6, 8은 양편 모두에 향하는 것이라고 밝혀놓고 있다.

14 현인, 「방랑적 작가에게—약간의 준비적 질문에 답함」, 『중앙일보』, 1932.2.24~3.8. 여기에서는 임규찬 · 한기형 편, 『볼세비키화와 조직운동』(카프비평자료총서 제4권), 태학사, 1990, 531~543쪽에서 인용함.

일반적으로 쓰는, 즉 엄격한 의미에 있어서의 프로작품과 상이한 의미로 썼다"고 답한다. 그에 따르면 프롤레타리아문학을 규정하는 데 있어 근본적인 조건은 "작가의 계급의식 즉 프롤레타리아의식"이지 시대의 고금이나 계급의 좌우라는 제제에 국한되는 것이 아니다. 따라서 어떤 작품이 "프롤레타리아의 생활환경을 묘사하고 다시 그에 대하여 극히 비조직적인 약간의 동정적 비판을 가졌다 하더라도 그 작자가 프롤레타리아의식을 가지지 못하였다면 그것은 프롤레타리아작품이라고 부르지 못하는 것"이라고 주장한다. 여기에서 이갑기는 작가의 계급의식과 함께 조직적 작품행동을 강조하였음을 알 수 있다.

이갑기는 두 번째 질문에 대해, 동반자를 "계급적 XX하에서 이에 적극적으로서 합류하려는 의도를 가지고 수반적으로 나아가려고 하는 작가"로 규정한다. 반면 방랑적 작가는 "모든 사회적 행동에서 무정부적 자유를 구함으로써 동반자와 대척된 경향을 가지게" 된다고 설명한다. 이런 맥락에서 그는 채만식을 "민족주의적 저널리즘의 일우에서 그 룸펜적 소부르적 본질을 발휘하고" 있다고 비판한다. 한편 이갑기는 하리코프회의의 결과를 소개하면서 동반자작가 획득의 중요성을 언급하기도 한다. 즉 프로문학운동에는 "그 동맹자의 재교육과 전환의 임무"가 놓여 있다는 것이다. 따라서 채만식이 계속 카프의 '계급적 유도'를 거부하고 창작적 행동에 있어 룸펜적 자유를 구가하려 든다면 카프는 "계급적 견지에서 포화를 열게 될 것"이라고 경고한다. 결국 이갑기는 채만식의 동반자작가로서의 지위를 인정하지 않은 셈이라 하겠다.

세 번째 질문에 대해, 그는 채만식과 같은 "방랑적인 창작적 행동과 우리들의 진실한 계급적 예술가의 조직적 작품행동과는 그 사회적 영향과 계급적 의의에 있어서" 근본적인 차이를 지닌다고 답한다. 하지만 현재 카프가 당연히 가져야 할 노력대중과의 유기관계와 확호한 대중적 기초를 가지지는 못했다고 고백한다. 그러나 이러한 조건의 불균형에서 오는 일시적 불리는 당연히 타개될 '역사적 필연성'을 갖는다고 그는 주장한다. 여기에서 채만식의 질문이 프롤레타리아 문학의 현재를 구성하는 현실의 구체적 준거들을 묻는 것이었다면, 이갑기의 답변은 당위론적 미래의 추상적 가능성에 대한 발언임을 알 수 있다.

네 번째 질문에 대해서는 이론과 실천의 부단한 상호교섭을 역설하면서도, 이론의 현실적 실천이 불가능해진 현재의 정치 상황에 대한 채만식의 이해부족을 질타하는 것으로 끝맺는다. 다섯 번째 질문에 대하여, 그는 카프의 집회가 봉쇄된 이상 그 구체적인 답변을 하기에는 곤란하지만 "우리들의 계급적 시각"은 동일하다고 주장한다. 즉 자신의 견해는 곧 카프 전체의 공식적 입장으로 볼 수 있다는 것이다. 그러면서도 개인 대 조직의 문제로 논쟁을 이끌려는 채만식의 태도에 대해서는, "일개 개인적 논쟁"에 불과한 것이라고 폄하한다.

프로문학 독자의 비정상성과 관련해 카프의 실천력을 묻는, 여섯 번째 질문을 이갑기는 단어 사용의 미묘한 뉘앙스의 차이에서 오는 지엽적인 문제로 일축한다. 즉 '합리적 코스로 전환시키려고'라는 미래사의 표현을 '전환시킨'이라는 과거사로 잘못 인용했다고 채만식을 비난한다. 여기에서 논리적이기보다는 감정적인 차원으로 흐르고 있는 이갑기의 답변은 다소 궁색함이 없지 않다. 일곱 번째 질문에 대해, 이갑기는 "일정한 조직을 배척하고 이에서 유리한 개인적 활동을 가진다면" 결국 채만식은 "실천에 대한 객관적 능력을 가질 수 없다"며 논쟁의 전체적인 쟁점을 조직 대 개인의 문제로 귀결시키고 있다.

이갑기의 답변은 성실함도 없지 않으나 그 수사의 화려함과 다양한 문제제기에도 불구하고 그 내용은 다소 빈약해 보이는 것이 사실이다. 즉 모든 문제를 조직의 문제로 환원시키는 논리의 단순함도 그렇고 작가의 계급의식을 핵심적인 쟁점으로 상정하고 있는 상투성에서도 그렇다. 문학작품에 드러난 작가의 계급의식을 투명하게 밝히는 일이 어려운 일일 뿐더러 작품에서 인물의 의식을 작가의 그것이라 단정하기도 어려우며, 노동자, 농민 출신이 아닌 이상 예술가는 '의식으로서 프롤레타리아'일 수밖에 없는 한계를 갖기 때문이다. 이런 사정은 카프작가들에게도 동일하게 적용되며 자연발생적 계급의식의 선명성만을 따지고 든다면 최서해 정도만이 예외가 될 것이기 때문이다. 그리고 앞서 살핀 것처럼 당시 채만식의 프로작가로서의 자의식은 누구에게도 양보할 수 없을 만큼 뚜렷한 것이었다.

이와 같은 이갑기의 답변에 대해 채만식은 다시금 자신의 입장을 적극적으로 옹호한다.[15] 그는 현인으로 인해 카프의 무능을 더 깊이 알았을 따름이라며, 현인의 '어리석음(蒙)'을 '깨우치는(啓)' 입장에서 글을 시작한다고 밝힌다. 채만식의 첫 번째 반박은 '방랑작가'에 대한 규정이 잘못됐다는 것이다. 이갑기의 논리를 따르자면 방랑(룸펜) 작가는 "계급적 기도 하에서 조직적 작품행동은 아니하되, 그 작품의 객관적 가치가 프롤레타리아 작품임에 충분한 그러한 작가"로 정의될 수 있다. 조직적 작품행동을 강조하는 현인의 주장에 대해서는 "그러나 그러할 때가 와야만 그러하게 되는 것이지 아무리 급하다 하더라도 역사를 앞당겨 쓰지는 못한다"며 객관적 정세의 미성숙을 지적한다. 그가 말하는 객관적 정세란 일제의 검열과 탄압, 그리고 프롤레타리아 계급의 형성과 분화의 불충분함 등을 뜻하는 것으로 보인다. 또한 카프로 대표되는 '계급적 예술진영'이 완전히 형성되지 못하였다는 판단을 의미한다. 이후 이어지는 그의 주장은 다음과 같다.

그러니까 현인 군이 아무리 카우츠키를 싣고 나오건 하리코프 회의보고

---

15 채만식, 「현인 군의 몽(蒙)을 계(啓)함—방랑적 작가로부터 조직적 예술진영을 배경으로 한 평가에게」(『第一線』, 1932.7・8), 『채만식전집』 10, 38~49쪽.

> 서를 낭독하건 진정한 의미의 룸펜작가는 위에서 규정한 그러한 작정(作定)이어야만 할 것이다.(적어도 조선의 지금에 있어서는) 즉 작자 자신의 기술문제인 주관적 조건으로 보아서나 현 조선에 있어 아직 '계급적 예술진영'이 완전히 형성되지 못하였다는 그 문예운동의 객관적 정세로 보아서나 프롤레타리아 작품을 쓰기는 하되 그것이 계급적 진영을 배경으로 하지 못한 것이며, 따라서 조직적으로 진전되는 작품행동이 되지도 못하는 그러한 일인 혹은 일군의 프롤레타리아 작가가 필연적으로 존재하게 되는 것이며, 이것이 룸펜작가가 아니면 아니될 것이다.[16]

인용에서 분명하게 확인할 수 있듯 채만식은 계급적 예술진영으로서 카프의 대표성을 인정하지 않는다. 따라서 동반자 작가의 존재를 주장하는 현인의 논리는 "마치 장꾼은 하나도 없는데 장돌뱅이만 모여든 것과 같은 기현상"에 비유할 수 있다는 것이다. 지금까지 채만식의 논리를 정리하면 계급문학은 작가의 프로의식에 기초해야 하며 조직적 작품행동으로 실천되어야 할 당위성을 지닌다. 그러나 그는 카프의 대표성을 인정하지 않음으로써 현인이 앞세우는 조직의 논리를 한발 비켜간다. 그렇다면 결국 남는 문제는 작가로서 채만식이 진정한 계급의식을 지녔는지의 여부라 할 것이다. 이에 대해서는 앞서 이미 충분히 언급한 바 있다. 그는 「화물자동차」가 프롤레타리아 이데올로기를 보여주지 못했다는 현인의 평가에 대해 "계급적 양심이 눈을 뜨면 양심을 속인 것으로 계급적 양심의 가책을 받아 괴사(愧死)"하고 말것이라고 반박한다. 그러면서 현인이 "우리들의 계급적 진영"이라고 힘주어 말하는 카프 조직에 대한 자신의 생각을 밝힌다. 앞서 현인은 카프의 집회가 완전히 봉쇄되었기 때문에 조직적 작품행동을 할 수 없는 곤경에

---

16 위의 책, 40~41쪽.

처해 있다고 언급한 바 있다. 이에 대해 채만식은 "투쟁이 없이 자유가 얻어질 줄 믿는가"라고 반문하면서, 카프는 단 한번이라도 그러한 투쟁을 하여 본 적이 있어 보이지 않는다고 비판한다. 그는 "빈번한 회합, 활발한 토의에 의한 현실의 파악, 이데올로기의 통제－그리하여 제작된 바 작품을 통하여서의 대중과 유기적 관계를 맺는 조직적 활동"이 있은 뒤에야 '카프의 카프인 보람'을 얻을 수 있다며 카프의 무능을 비판한다. 그리고 그렇지 못한 현재 카프의 모습은 유령단체에 불과한 '작가 구락부' 외에 다른 것이 아니라고 단언한다. 이 글의 끝부분에서 채만식은 자신의 작품이 습작기에 있음을 자감(自甘)한다며, "이데올로기가 선명치 못한 것은 나의 표현기술이 부족한 데" 원인이 있다고 진단한다. 다시 말해 채만식은 자신이 프로작가임에는 분명하기에, 자신에게 부족한 것은 계급의식의 불충분함이 아니라 주관적인 기교의 문제라고 말하고 있는 것이다. 결국 채만식은 '방랑작가'라는 현인의 비판적 규정에 맞서 조직의 강조가 갖는 논리적 취약성을 지적함과 동시에, 자신의 프로작가로서의 자의식이나 사회주의의 세계관만큼은 결코 양보하지 않았다고 볼 수 있다. 그리고 채만식의 이와 같은 입장은 이갑기의 주장에 비해 논리적 설득력을 지닌다고 평가할 수 있다.

이갑기와 채만식의 논쟁에 신고송은 「동반자작가 문제－그의 정당한 이해를 위하여」[17]라는 글을 통해 개입한다. 그는 우선 이갑기의 논리적 오류와 이론적 미숙을 질타하지만, 그것은 어디까지나 채만식과의 논쟁에서 카프의 입장을 옹호하기 위한 전략적 선택이었다. 신고송은 이갑기가 채만식의 논리와 공격으로부터 조직을 방어할 만한 역량이 부족하다고 판단하였다. '방랑적 작가'라는 용어의 부정확성을 언급

17 『제일선』 제17호, 1932.9. 여기에서는 임규찬 · 한기형 편, 『볼세비키화와 조직운동』(카프비평자료총서 제4권), 태학사, 1990, 596~609쪽에서 인용함.

하면서 시작하는 신고송의 글은 일단 이갑기의 글에 비해 상대적으로 논리적이라는 인상을 준다.

> 그 작품행동에 있어 하등의 조직적인 기도와 배경이 없이 제작하는 작가(이데올로기에 있어서 프롤레타리아적이거나 아직도 훨씬 저열한 것이거나 그러한 것은 문제되지 않는 모양이다), 또는 항상 유동하는 작가(어디서 어디로 유동하는지 모른다)를 방랑적 작가라고 하는 모양이다. // 이러한 작가가 존재할 수 있는가? 존재한다면 이것을 방랑적 작가라는 이름을 붙이는 것이 정당한가? 절대로 이러한 작가는 존재할 수 없다.[18]

그에 따르면 "정당한 조직으로서 정당한 기도 앞에서 활동하는 프롤레타리아 작가"(카프 작가)와 대립하는 작가는 현 조선에, 민족부르조아지 내지 민족개량주의 작가, 소부르작가, 사회민주주의 작가, 그리고 '항상 프롤레타리아트에게 접근하려는 의욕을 가진' 동반자 작가 외에는 절대로 존재할 수 없다고 주장한다. 한마디로 자신의 계급적 입장을 떠난 작가란 있을 수 없다는 것이다. 따라서 인용에서 암시하고 있듯이 보다 중요한 것은, 현인의 주장처럼 작가의 조직적 배경이 아니라 그 이념적 스펙트럼의 계급적 분화이다. 또한 정체가 불분명한 작가일지라도 "결정적 시기가 오면 각기 그 정체를 밝은 곳에 내놓을 것을 정당히 이해해야" 한다며 '방랑적 작가'라는 명칭의 부적절함을 재차 지적한다. 신고송은 조직에 집착하는 현인의 주장이 논리적 자충수가 될 수 있음을 지적한 셈이다.[19] 이런 맥락에서 그는 현인이 주장하는 방랑적 작가는 '올바른 의미

---

18 위의 책, 596쪽.

19 현인은 앞서 「방랑적 작가에게」라는 글에서 채만식에 대해 "민족주의적 저널리즘의 일우(一隅)에서 그 룸펜적 소부르적 본질을 발휘"하고 있다고 비판하였다. 이에 대해 채만식은 자신은 "한 개의 민족주의적 저널리즘의 룸펜 소부르이었지 방랑적 프

에서' 동반자작가라고 할 수 있으며, "동반자 작가란 것은 조직적 기관에 참가하고 있는 사람만을 일컫는" 것은 아니라고 현인의 오류를 지적한다. 한편 신고송은 카프를 두고 '소일거리의 구락부'에 지나지 않는다는 채만식의 공격에 맞서 조직을 적극적으로 옹호하고 방어하고자 한다. 그는 "우리들의 조직에 대하여 즐겨 비방을 일삼는 자는 우리에게 가장 미워해야 할 적이 아니면 안 된다"며 채만식을 직접적으로 겨냥한다. 또한 계급의식이 아니라 형식적 기교가 부족하다는 채만식의 주장에 대해서도 "이데올로기의 박약성을 표현기술의 부족으로 호도하고자 한다"며 채만식의 논리를 정면에서 반박한다. 궁극적으로 신고송의 글은 카프가 조직의 볼세비키화를 선언한 이후에 프로문학의 헤게모니를 프로작가가 점유하고, 높은 예술적 수준을 통해 동반자작가에 대한 지도적 입장을 확보하기 위한 방법론적 투쟁의 일환으로 평가할 수 있다. 신고송의 논의에 이어 이갑기는 「동반자 작가의 제문제」[20]라는 글을 통해 채만식의 논리를 재차 반박하지만 논리적 일관성과 정교함을 확보하는 데에는 실패한 채로 결국 동반자작가 논쟁은 일단락된다.

4. 채만식의 현실주의와 추상적 이념형으로서 사회주의

카프가 중심이 되고 동반작가가 그에 화(和)하여 이데올로기 문학이 황금시대를 이루었던 그때.

로작가라는 당치도 아니할 말"이라며 현인의 논리를 자승자박(自繩自縛)으로 폄하한 바 있다.

20 『삼천리』, 1932.12, 615~621쪽.

그에 대립된 기성문단측—춘원(春園)·동인(東仁)·상섭(想涉)·인근(仁根) 등과 그편의 평론가들은 그러한 이데올로기 문학을 절대로 배격하고 그 가당치도 아니한 이상(이 아니라 공상)주의를 비추었다.

의식없는 노동자들이 눈 깜박할 사이에 훈련된 투사가 되어 스트라이크를 일으킨다.

도회에서 온 인텔리 지도자의 어필 한 번에 농민들이 조합을 만들어 가지고 소작쟁의를 일으키어 쟁의를 한다.

이것이 천편일률로 되어 나오는 당시 프롤레타리아 문학의 불가침할 내용이었었다.

—이데올로기를 강제 주입했고,

—인간성을 전연 무시하였고,

—현실을 극단으로 왜곡시켜 가지고, 거세된 문학인 선전 비라가 제작되었던 것이다.

그리하여 사실로 그러한 조건을 해가지고, 공박받기에 알맞은 과오를 범하였던 것이다.[21]

카프 해산 이후 발표된 위 글은, 앞선 논의의 연장선상에서 채만식이 카프에 가담하지 않은 보다 근본적인 이유를 말해주고 있다. 작가로서 채만식이 카프의 가장 큰 문제로 본 것은 그들이 표방한 계급문학이 현실을 전연 무시하였다는 점이다. 그가 보기에 카프문학은 이상주의를 넘어서 '공상주의'에 가까웠으며 현실과 인간의 실제적 모습을 충분히 고려하지 않은 이데올로기 문학에 불과했다는 것이다. 그는 「조선문단 근황」[22]이라는 글에서, '프롤레타리아 아이디얼리즘의 오류'를 지

21 채만식, 「文藝時感」 (2)(『동아일보』, 1936.2.13~17), 『채만식전집』 10, 71쪽.

22 『조선일보』, 1937.9.30, 10.1, 3, 5, 『채만식전집』 10, 111쪽.

적하면서 "리얼리즘의 길이 진요(眞拗)한 현실에서 출발해야 한다"는 점을 강조한 바 있다. 다시 말해 작가로서 채만식은 어디까지나 현실주의자이기를 고집했다는 것이다. 그가 보기에 작가는 결코 경험적 현실을 왜곡해서는 안 되고, 그가 평생토록 지키고자 했던 신념인 사회주의 이념 역시 그가 발딛고 있는 조선의 구체적 현실에 바탕하는 것이 아니면 안 된다고 생각했다. 한편으로 채만식은 자신의 작품이 주제의식 뿐만 아니라 이를 뒷받침할 수 있는 형식과 기교 역시 잘 갖추어져야 한다고 생각했다. 그래서 그는 "정당한 의미의 기교"[23]나 예술적 형상화의 문제를 숙고하는 것을 작가의 기본적 소양으로 여겼다. 다시 말해 형식에 대한 충분한 고려가 없거나 형상화의 미숙성을 드러냈던 카프문학에 대해 채만식은 한 사람의 예술가로서 동의할 수 없었던 것이다. 작가로서 현실주의자였던 채만식의 이러한 생각들은 충분히 이해할 수 있는 것이고 어떤 측면에서 정당한 것이기도 하다. 보다 문제적인 대목은 다음과 같은 국면들과 관련된다. 즉 작가의 입장을 떠나서 식민지시대를 살아가는 한 사람의 인간으로서 현실의 개조 가능성에 대해 어떤 시각을 가졌느냐하는 점이다. 이는 채만식에게 있어 분명한 하나의 분열의 지점을 내포한다.[24] 앞서 이갑기와의 논쟁에서 보았듯이, 채만식은 사회주의를 자신의 문학적 이념으로 표방했음에도

23 채만식, 「소설을 잘 씁시다」(『조광』, 1940.7), 『채만식전집』 10, 198쪽.

24 채만식의 이러한 의식의 분열상(分裂相)와 관련하여, 최현식의 다음과 같은 언급은 주목된다. "그 역시 여타의 프로문학가들과 마찬가지로 사회주의에 대한 신념을 세계관으로 환원하여 이해했다는 것이다. 그러나 세계관이 작가 고유의 계급의식뿐만 아니라 현실에 대한 태도의 문제 역시 전제하는 것이라면, 채만식의 세계관은 처음부터 프로작가들의 그것과는 상당히 다른 것이었다고 할 수 있다. …… 세계에 대한 니힐리즘적 태도는 물론이거니와 카프에 대한 부정의 논리에서 보듯이, 그는 현실의 '객관적 정세', 혹은 '사실'로서의 현실논리에 지나치게 압도되어 있었다. …… 그로부터 현실(세계)은 근본적으로 변화 불가능하며 무의미하다는 니힐리즘적 사유가 생겨나고 심화된다."(최현식, 「문학가의 이상과 생활인의 비애—채만식의 산문과 평론에 대하여」, 『채만식 문학의 재인식』, 소명출판, 1999, 208~209쪽)

끊임없이 식민지 현실이라는 '객관적 정세'를 강조했던 바 있다. 작가로서 현실에 대한 진지한 고려는 어디까지나 정당한 것이었지만, 자연인으로서 경험적 현실에 대한 채만식의 태도는 다른 맥락에서 접근할 필요가 있어 보인다. 즉 카프문학에 동의하지 않은 채만식이 생각했던, 궁극적 이념으로서 사회주의의 구체적 내용이 무엇이었는지 이 지점에서 우리는 묻지 않을 수 없다. 이러한 물음은 현실주의자로서 채만식의 궁극적인 면모와 관련되는 것이라 할 것이다.

식민지의 현실을 나날의 삶으로 경험해야 했던 채만식은 사회주의를 현실의 실천적 가능성보다는 지향해야 할 하나의 추상적 이념형으로 판단했을 가능성이 크다. 즉 실현될 수 있는 현실의 가능태가 아니라 도달해야 할 이상형에 대한 하나의 이데올로기적 준거로 작용했을 것이라는 점이다. 사회주의 이념의 구체상이 채만식 문학 전반에서 상세하게 해명되지 않는 것은 이 때문으로 볼 수 있을 것이다. 가령 『태평천하』의 결말에서 종학의 등장과 함께 제시되는 사회주의 이념이, 서사의 인과성과는 별 상관없는 급작스러운 것이라는 점은 이에 대한 실례의 하나이다. 채만식의 또다른 대표작인 『탁류』에서도 이런 사정은 확인할 수 있다. 다음은 『탁류』의 끝부분의 일부이다.

> "부자루 사는 건 몰라두 시방 가난한 사람네가 그닥지 가난하던 않을텐데 분배가 공평털 않어서 그렇다우." "분배? 분배가 공평털 않다구?……" 승재는 그 말의 촉감이 선뜻 그럴싸하니 감칠맛이 있어서 연신 고개를 갸웃갸웃 입으로 거푸 뇐다. 그러나 지금의 승재로는 책을 표제만 보는 것 같아 그놈이 가진 매력에 구미는 잔뜩 당겨도 읽지 않은 책인지라 그 표제에 알맞은 내용을 오붓이 한입에 삼키기 좋도록 알아내는 수는 없었다. 사전에서 떨어져 나온 몇 장의 책장처럼 두서도 없고 빈약한 계봉이의 '분배론'은 승재를 입맛이나 나게 했지 머리로 들어간 것은 없고 혼란만 했다. "선

생님이 있어야겠수, 하하하." 계봉이는 그 이상 깊이 들어가서 완전히 설명을 할 자신이 없어 이내 동곳을 빼고 만다.[25]

인용문은 사회적 부의 불공정한 분배에 대한 계봉이 나름의 소박한 이해를 보여주고 있다. 그러나 여기에서 확연하게 드러나고 있듯이 계봉이의 설명을 듣고 있는 승재나, 정작 설명을 하고 있는 계봉이 자신 모두 자신들의 인식에 대해서 확신을 갖고 있지 못하다.[26] 이처럼 『탁류』에서 유일하게 긍정적 인물로 묘사되는 승재나 계봉이의 현실 인식과 그 이념적 지향이 추상적이고 모호한 것은 이상의 맥락들 속에서 이해될 수 있을 것이다. 채만식에게 궁극적 이념형으로 기능했던 사회주의의 구체적 내용이 모호하다는 점은 채만식 문학의 치명적 약점으로 지적될 수 있는 허무주의적 경향과 직접적으로 연결된다. 즉 그의 문학에서 도래해야 할 미래의 구체상이 제시되어 있지 않기 때문에, 현실의 지배원리를 압도적인 것으로 간주했을 경우, 채만식의 현실주의는 현실의 추수와 이에 대한 체념적 수락으로 이어질 가능성이 다분하다는 것이다. 그것은 채만식 문학에서 허무주의의 길로 진입하는 단초가 된다고 할 수 있다. 일제 말기 채만식에게서 친일논리의 핵심은 불가항력적인 현실에 대한 체념과 수락인 바, 채만식의 현실주의는 결국 친일의 수락으로까지 나아간다고 볼 수 있을 것이다. 채만식의 친일문제는 그의 현실주의가 단지 작가로서 창작방법의 문제에만 국한되는 것이 아닌, 상당히 복잡한 맥락을 지닌 것임을 암시한다. 하지만 그의 문학에 내재한 친일의 논리는 보다 세부적이고 엄밀한 검토를 요하는 것이므로 차후의 과제로 남겨두기로 한다.

---

25 『탁류』, 『채만식전집』 2, 419~420쪽.

26 이 책, 146~147쪽 참고.

이상의 논의를 정리하면 다음과 같다. 채만식은 문학의 본령이 신변잡사의 나열이 아니라 사회적 존재자로서 역사의 합목적적 발전에의 기여에 있다고 믿었고 이는 그의 창작 활동 기간 동안 변하지 않는 신념이었다. 그런 의미에서 채만식은 카프를 비롯한 프로문학 작가들과 그 문학적 이상을 일정 부분 공유했다. 그리고 초기작들에서 충분히 예시되고 있는 것처럼 그는 프로작가로서 남다른 자의식을 지니고 있었던 것이 사실이다. 이러한 채만식의 문학적 경향성을 고려한다면 그는 카프에 참여했던 것이 자연스럽다. 채만식은 사회주의를 자신의 문학의 이념적 준거로 일관되게 고수했지만, 그러나 그 문학적 실천의 방법에 있어서는 프로문학에 동의하지 않았다. 즉 작가로서 그는 현실주의자이기를 바랐고 그러한 채만식의 입장은 "리얼리즘의 길이 진요한 현실에서 출발해야 한다"는 그의 문학적 명제에 집약되어 있다. 이처럼 프로문학의 편내용주의와 도식성에 맞서 '정당한 의미의 기교'를 강조한, 그는 어디까지나 어떤 주의자 이전에 한 사람의 작가였다. 작가로서 리얼리즘에의 요구는 필요한 것이고 분명 정당한 것이지만 식민지를 살아가는 한 개인으로서 채만식은 지나치게 현실의 논리에 압도되어 있는 경향을 보인다. 이는 현실주의자로서 채만식의 또다른 면모이다. 그리고 그것은 채만식의 궁극적 이념인 사회주의가 구체적 내용을 지닌 실체라기보다는 하나의 추상적 이념형으로서 그의 문학에서 기능하는 것과 관련된다고 볼 수 있다.

제2장 채만식 문학 연구의 반성

친일 문제와 관련하여

1. 채만식의 인식론적 분열과 친일문제

김윤식과 공저한 『한국문학사』에서 김현은 채만식을 '진보에의 신념'이라는 제목으로 다루면서, "그의 긍정적 정치학의 근본을 이루고 있는 것은 진보에의 짙은 신념과 분배의 공정성에 대한 공상적 확신"[27] 이라고 서술한 바 있다. 필자는 이 짧은 구절이 채만식의 삶과 문학을 설명하는 가장 적실한 표현 중의 하나라고 생각한다. 채만식은 역사의 진보에 기여하는 것이 문학의 본령이라고 믿었던 작가이고 사회주의를 자신의 평생의 문학적 신념으로 삼았던 사람이기 때문이다. 물론 그가 생각했던 사회주의 이념은 카프계열의 작가들이 견지했던 그것과

27 김윤식 · 김현, 『한국문학사』, 민음사, 1973, 188쪽. 저자들의 서언에 따르면 이 절은 김현이 집필한 것으로 되어 있다.

는 내용과 방법 모두에서 많이 다른 것이었다. 그는 사회주의가 식민지 조선에서 구현될 수 있는 정치 이념이라고 생각하지 않았으며, 계급문학의 경직성과 도식성에도 동의할 수 없었던 리얼리스트였다. 그런 의미에서 사회주의는 그에게 구체적인 실천의 지침이기보다는 추구해야 할 가치로서 하나의 추상적 이념형에 가까운 것이었다. 이와 같이 채만식은 냉정한 현실주의자이면서도 자신의 이념적 지향성을 끝까지 포기하지 않았던 이상주의자이기도 했다. 현실주의자로서의 그의 면모에 이와 같은 이상주의자로서의 낭만적 열정이 깃들어 있다는 점은 매우 아이러니컬하다. 채만식의 이러한 자기분열과 세계관의 균열은 대단히 문제적인 것이어서 채만식 문학 연구에 있어 해명되어야 할 핵심 사안의 하나로 판단된다.[28] 본고는 기본적으로 이러한 채만식 문학의 인식론적 분열상에 주목하고자 한다. 그리고 이에 대한 해명은 그의 친일문제를 푸는 중요한 실마리가 될 수 있다고 본다.

앞서 언급한 채만식의 문학적 이력을 고려할 때, 연구자들을 곤혹스럽게 하면서도 잘 이해되지 않는 부분은 그의 친일 전력이다. 그것은 채만식 연구자 개인으로서는 어떻게든 회피하고 싶은 문제이지만 그러나 대면하지 않을 수 없는 문제인 것이다. 친일 문제는 일종의 논리의 블랙홀과 같다. 그것은 논리적 분석과 판단의 영역이기 이전에 감정적 비난과 윤리적 단죄의 대상으로 취급된다. 그리고 그것은 여전히 영향력을 발휘하고 있는 현재 진행형의 관심사에 속하는 것이기도 하다. 친일 문제를 다룸에 있어 보다 중요한 것은, 어떤 작가를 친일과 항일의 어느 한쪽에 귀속시킬 것인가의 결정보다는 작가의 친일 문자행위를 어떻게 규정하고 평가해야 할 것인가의 문제로 모아져야 한다고 본다. 그것은 협력과 저항이라는 이분법적 도식이 너무나 단순함 때문은

28 이에 대해서는 이 책의 제2부 제1장, 「채만식과 카프와의 관계」 참고.

물론이고, 어느 한쪽으로의 작가의 귀속 결정은 그 반대쪽의 증거들에 의해서 언제든 반박될 수 있는 성격을 지니기 때문이다. 가령 친일행위가 비교적 명백해 보이는 채만식의 경우도, 최근의 한 연구 성과[29]는 저항의 관점에서 재평가되어야 한다는 주장을 제기하였다. 친일문제는 궁극적으로는 작가론으로 귀결되는 윤리적 판단의 문제이지만 그것이 과학적 분석과는 별개의 것이라는 점 역시 자명하다. 따라서 감정적 비난 이전에 친일 행위에 대한 논리적 분석과 함께 그 내적 논리의 규명은 필수불가결한 과제라 할 수 있다. 이와 같은 관점에서 한국문학에 대한 깊은 애정을 엿볼 수 있는 한 일본인 학자의 지적은 경청할 만한 구석이 분명히 있다.[30]

임종국 선생의 『친일문학론』에 따르면 친일문학이란, "주체적 조건을 상실한 맹목적 사대주의적인 일본 예찬과 추종을 내용으로 하는 문학"[31]으로 정의된다. 저자는 "나는 나를 그토록 천치로 만들어 준 그 무렵의 일체를 증오하지 않을 수 없다"[32]며 일본에 대한 뿌리 깊은 불신과 적대감을 숨기지 않는다. 『친일문학론』은 친일문학에 대한 최초의 역사적 정의라는 점에서 뚜렷한 선구적 의의를 지닌다. 그것이 친일이라는 문제틀을 민족국가의 관점에서 접근하고 있는 것은 정당하고 불가피한 것이었지만, 한편으로 『친일문학론』은 민족주의 담론이 친일

---

29 최유찬, 『문학의 모험－채만식의 항일투쟁과 문학적 실험』, 역락, 2006.

30 "그럼에도 불구하고 친일파 문제는 외적으로만 거론되었으며, 내적으로 추구되는 경우가 적었다. 모든 문제의 근원에 일본 및 일본인을 앉히는 것으로, 자신이 갖고 있는 문제를 빛나가게 만드는 역할을 하고 있다. 바로 이것이 일본에 의한 식민지 지배의 가장 뿌리깊은 영향일 것이다."(사에구사 도시카쓰, 「8 · 15 이후의 친일파 문제」, 『사에구사 교수의 한국문학 연구』, 베틀북, 2000, 509쪽)

31 임종국, 『친일문학론』, 평화출판사, 1966, 16쪽.

32 위의 책, 6쪽. 이어서 서술되고 있는 부분은 다음과 같다. "식민지교육 밑에서, 나는 그것이 당연한 줄만 알았을 뿐 한번 회의조차 해본 일이 없었다. 한국어를 제외한 모든 관념, 이것을 나는 해방 후에 얻었고 민족이라는 관념도 해방 후에 싹튼 생각이었다." 이와 같은 저자의 치욕의 고백은 후대인들에게는 자못 충격적이기까지 하다.

문제를 해석하는 유일한 기표로서 초월적 지위를 획득하는 결정적인 계기가 되었다. 그런 맥락에서 앞서 사에구사 교수가 제기하고 있는 문제는 민족이라는 외부의 도덕적 잣대가 아니라 '내면적 모랄'의 문제, 즉 친일 행위에 수반된 내면적 원리의 중요성을 강조한 것이라 볼 수 있다. 엄밀히 말해서 내면적 모랄의 문제는 타자와의 관계 속에서 상대적으로 결정되는 것이 아니다. 물론 이는 식민체제에 대한 정당한 비판마저 배제하지는 않는다. 최근 들어 친일의 내적 논리를 설명하려는 시도들이 두드러지고 있는 것은 그래서 상당히 고무적인 것으로 보인다. 이 글은 친일문학을 새롭게 정의하거나 채만식의 친일행위와 관련된 구체적 텍스트를 검토하는 것을 목적으로 하지 않는다. 다만 친일문제와 관련한 매우 첨예한 사례의 하나인 채만식의 경우를 엄밀히 살펴봄으로써, 친일문제의 논리적 해명과 내적 원리의 규명에 일조할 수 있기를 희망한다. 따라서 이 글은 앞으로 친일문제와 관련한 기존의 채만식론을 비판적으로 검토하는 메타비평의 성격을 띠게 될 것이다.

2. 채만식의 친일문자행위와 연구사

1) 친일과 항일의 이분법 – 김윤식의 경우

친일논의와 관련한 채만식론의 직접적인 출발점이 된 것은 「민족의 죄인」이라는 작품이다. 보다 구체적으로는 이 작품을 본격적으로 검토한 김윤식의 논의로부터 비롯되었다. 주지하듯 채만식은 해방공간에서 자신의 친일행적을 고백하는 참회록의 형식으로 이 작품을 썼다. 유사한 모티프를 담고 있는 것으로 이태준의 「해방전후」나 김남천의 『8 · 15』 등의 예를 볼 수 있지만, 자신의 친일행적을 직접적이고 본격적으로 문제삼고 있는 것은 채만식의 경우가 거의 유일하다고 할 수 있다. 하지만 김윤식은 「민족의 죄인」이란 작품을 '가장 저열한 자기변명類'에 속하는 것으로 평가하고 채만식의 친일행위의 직접적인 증거로 삼았다. 이후 그의 논의는 채만식의 친일문제를 논구하는 연구자들의 중요한 논리적 입각점이 되었다. 김윤식의 논지에 대해서는 대체로 동의할 수 있지만, 그의 글에서 채만식의 진의가 다소 왜곡되고 있는 부분이 있어 그곳을 인용하고자 한다.

> 아무리 정강이께서 도피하여 나왔다고 하더라도, 한번 살에 묻은 대일협력의 불결한 진흙은 나의 두 다리에 신겨진 불멸의 고무장화였다. 씻어도 깎아도 지워지지 않는 영원한 '죄의 표지'이었다. 창녀가 가정으로 돌아왔다고 그의 生理가 숫처녀로 환원되어지는 법은 절대로 없듯이.
>
> 또 정강이께서 미리 도피를 하여 나왔다고 배꼽이나 가슴패기까지 찼던 이보다 자랑스럴 것도 없는 것이었다. 가사 발목께서 도피를 하여나오고 말았다고 하더라도 대일협력이라는 불결한 진흙이 살에 가 묻었기는 일반인 것이었다. 그러므로 정강이까지 들어갔으나 발목까지만 들어갔으나 훨씬 가슴패기까지 들어갔으나 죄상의 양에 다소는 있을지언정 죄의 표지에 濃淡이 유난히 두드러질 것은 없는 것이었다.[33]

김윤식은 위 인용문을 언급하면서, "대수롭지 않은 듯 혹은 달관한 대인풍으로 죄의식을 드러낸다는 것은 자기변명 중에도 가장 저질의

---

33 채만식, 「민족의 죄인」, 『채만식전집』 8, 창작과비평사, 1989, 441~442쪽. 이하 작품 원문의 인용은 이 전집의 것임.

것으로 파악된다"[34]고 규정하였다. 그러나 여기서 전후의 문맥을 자세히 살펴보면, 채만식의 의도는 결코 스스로에게 면죄부를 주기 위한 합리화나 자기 변명이 아니라, 모랄의 문제에 있어 스스로 엄격성을 부여하고자 하는 의도에서 나온 말이라는 것을 어렵지 않게 알 수 있다. 다시 말해 이는 '오십보 백보'식의 죄의 일반화가 그 목적이 아니라, '도덕적 염결성에 대한 자기요청'이라는 내면적 동기가 보다 핵심적 사안을 이루고 있다는 점이다. 인용문의 바로 앞부분에서 채만식은 자신의 낙향의 이유를 "대일협력의 수렁으로부터의 도피행"(441쪽)이라고 설명하고 있는데, 인용문에서 반복되고 있는 "정강이께서 도피"하였다는 표현은 곧 그의 낙향을 의미하는 것이다. 여기에서 다음과 같은 사실이 강조될 필요가 있다. 즉 채만식에게 친일의 문제는 외부의 도덕적 비난이 문제가 아니라, 순결성의 확인을 통한 '자기 윤리의 재정립'이라는 보다 근원적인 문제의식과 관련된다는 점이다. 해방 이후의 채만식에게 그것은 작가로서 자신의 모든 운명이 걸렸다할 만큼 절박한 존재론적 문제였다. 이는 해방공간에서 채만식이 「민족의 죄인」 이후에야 비로소 '풍자정신의 회복'이라는 자기 본연의 목소리를 내기 시작했다는 점에서 확인할 수 있다. 위 인용문은 이후 연구자들이 '죄의 일반화'라는 관점에서 「민족의 죄인」이 저급한 자기변명에 빠지고 말았다는 논리를 전개하는 가장 핵심적 논거로 작용했기 때문에, 이에 대한 해석의 차이는 결코 사소한 문제로 볼 수 없다. 필자 역시 이 작품이 원론적인 수준에서 자기합리화의 심리적 기제가 작동하고 있다는 점은 부정하지 않는다. 그러나 그 심리적 기제의 근본적 동기에 대해서는 위와 같이 해석을 달리한다. 위 예문에 대한 김윤식의 독해가 단순한 실수인지 의도적인 것인지는 좀더 따져봐야 하겠지만, 결과적으로 이는 명백한

34 김윤식, 「민족의 죄인과 죄인의 민족」, 『수필문학』 46호, 1976.3, 184쪽.

오독이다. 여기에서 강조해두어야 할 사항은, 「민족의 죄인」이 결과적으로는 스스로에게 면죄부를 주었다고 하겠으나, 그 집필의 윤리적 동기는 외부에서가 아니라 내부로부터 기인하는 '자기원인적'인 것이라는 점이다. 그것은 채만식의 결벽적 성향이나 보다 거시적 관점에서 그의 낭만적 세계 인식과 관련된다. 사실은 그는 '민족 앞에서' 죄사함을 받고자 했던 것이 아니라 '스스로에게서' 죄사함을 받고자 원했던 것이다. 채만식 문학의 근원적 동력은 '확실성에 대한 욕망' 혹은 '낭만적 세계 인식'으로 표현되는 절대적 가치에의 지향성이다. 그것이 채만식에게 있어 도덕의 수준에서는 '윤리적 결벽성'으로 표현된다. 따라서 자기 윤리라는 측면에서, 친일이라는 '汚點'을 씻어내지 않고는 채만식은 작가로서 자신의 정체성을 재정립할 수 없었던 것이다. 풍자의 정신이란 타락한 현실 세계와 대비되는 자기 내면의 확실한 도덕적 준거가 마련되지 않으면 작동될 수 없는 문학적 형식이기 때문이다.

2) 친일의 내적 논리의 구성–류보선의 경우

다음으로 류보선이 「친일문학론의 역사철학적 맥락」과 「냉소와 숭고의 이상한 가역반응–채만식 문학에 있어서의 친일과 반성의 문제」[35]라는 글에서 논의했던 문제들을 검토하기로 한다. 류보선은 친일문학론과 관련한 주요 논의들을 정리한 후, 김우창의 글[36]에서 자신의 논리적 입각점을 마련한다. 구체적으로 그것은 "삶의 총체적 테두리로서의 식민주의가 눈에 늘 보이는 것이 아닐 수 가 있"다는 김우창의 언

35 이 두 글의 인용은 류보선, 『한국 근대문학의 정치적 (무)의식』, 소명출판, 2005에서 하기로 한다.

36 김우창, 「일제하의 작가의 상황」, 『궁핍한 시대의 시인』, 민음사, 1993.

급[37]이다. 류보선은 이런 논리에 따라, "식민지 지배자들이 옮겨오는 근대적인 제도나 전도된 역사철학적 필연성은…… 식민지 지식인들에게는 대단히 매혹적"(408~409쪽)이며 "식민지배라는 전체적인 맥락을 보지 못하게 하는 차단막 구실을 함은 물론이다"(408쪽)라고 적고 있다. 결론적으로 그는 "식민지하에서 제국주의적 억압에 대한 발견과 저항은 생리와도 같은 것이다라는 전제를 버려야 한다"[38]고 역설한다. 그의 논리에는 귀담아들을 만한 구석이 있으며, 식민지 시대에 대한 정당한 이해의 하나로 볼 수 있는 것도 사실이다. 그러나 그 논리적 타당성과는 별도로 그가 자신의 논거로 삼고 있는 김우창의 글이 사실은 잘못 이해

---

37 그 내용을 인용하면 다음과 같다. "현대 한국문학의 발생과 전개를 이야기할 때, 삶의 가장 큰 테두리가 되는 것은 식민지라는 상황이다. 우리는 이 테두리를, 일제하에 쓰인 문학을 평가하는 데 있어서 늘 기억해야 한다. 식민지적 상황에 언급하지 않는 평가는 거의 틀림없이 부정확하거나 잘못된 것이 될 것이다. …… 이렇게 말하는 것이 모든 문학이 반드시 정치성을 띠어야 한다는 말이 아니라, 식민지의 문학은 불가피하게 정치적이 될 수밖에 없다는 말이다. …… 그런데 일제시대의 문학에 있어서 또는 이 시대의 문학을 이야기함에 있어서 또는 이 시대의 문학을 이야기함에 있어서 식민지 지배라는 사실은 잊힐 수도 있는 것이기도 하다. …… 삶의 총체적인 테두리로서의 식민주의가 눈에 늘 보이는 것이 아닐 수가 있다면, 그것은 또 그렇게 안 보일 수 있는 원인이 있다고 말할 수는 있다. 식민 지배의 탄압과 착취는 외부적인 면에서는 비교적 쉽게 알아 볼 수 있는 것이지만, 식민지인의 삶의 모든 면에 작용하는 보다 미묘한 영향력으로서는 쉽게 보이지 않을 수 있는 것이다.…… 문화와 같은 보다 무형적인 분야에서. 식민주의는 지배문화의 점진적인 침투와 피지배문화의 내적인 붕괴와 부패라는 형태를 띤다. 그것은 외부적인 강압보다는 내적인 괴멸을 통하여 작용한다. 극단적인 경우, 피지배인이 스스로 그러한 점을 의식하기도 전에 식민주의는 그의 마음 깊이에 자리잡고, 정복된 문화에 대한 은밀한 경멸과 지배자들의 승리한 문화에 대한 은근한 부러움과 찬양의 심리를 조성해 놓는다. …… 다시 한번 말하여 전체에 이어지지 않는 부분적 현실은 비현실이 되고 만다. 식민주의 하의 사건들을 고찰할 때면, 우리는 식민지적 상황으로 하여 작용했을 왜곡 효과를 상기하여야 한다. …… 개인의식의 문제가 한국문학에서 주제가 되는 것은 당연하다. 그런데 여기서 주목해야 되는 것은 이것도 식민 지배라는 전체 상황의 테두리 속에서 보아져야 한다는 것이다."(위의 책, 13~15쪽, 강조 필자)

38 위의 책, 425쪽. 이런 견해의 대표적인 논자로서 백낙청은 다음과 같이 언급한다. "제국주의 · 식민주의에 대한 철저한 비판과 저항은 민족문학에 있어 하나의 기본적인 생리와도 같은 것이다."(백낙청, 「민족문학 개념의 정립을 위해」, 『현대문학을 보는 시각』, 솔, 1991, 28쪽. 류보선, 앞의 책, 408쪽에서 재인용)

되고 있다는 점을 지적해두고자 한다. 인용 원문에서 볼 수 있듯이 김우창의 논리의 핵심은, 류보선이 이해하고 있는 것처럼 식민지배의 총체적 테두리가 잘 안 보일 수도 있기 때문에 친일문학의 오류를 겸허하게 바라볼 필요가 있다는 신중론에 방점이 놓여 있기보다는, 잘 안보이기 때문에 그래서 이 시기의 작가와 문학을 살핌에 있어 보다 세밀한 관찰과 엄격한 통찰이 있어야 한다는 점을 강조하고 있는 것이다. 다시 말해 식민지배의 총체적 테두리가 '식민지 시기의 작가들에게' 잘 안 보인다는 것보다는 궁극적으로는, 그 시기의 작가와 문학을 바라보는 '동시대의 연구자들에게' 잘 안 보일 수 있으니 유념할 필요가 있다는 것이다. 이는 논리의 타당성을 떠나서 류보선의 자의적 해석으로 보지 않을 수 없다. 이후 서술되는 친일문학적 담론의 형성과정을 정리하면 다음과 같다.

1930년대 후반기의 친일문학적 담론은 대단히 형식논리적이지만, 대개 다음의 논리를 따라 구성된다. "우선 서구적 근대성을 부정하고 대신에 동양 중심 질서의 재편의 필요성과 그 체제의 획시기적 의미를 제시한다.(1단계) 그 다음은 진정한 동양 정신의 구현체로서 천황제와 일본 국가를 설정한다.(2단계) 그리고 마지막으로는 조선민족의 해소를 통한 일본국민성의 획득을 주장하는 단계이다.(3단계)"(위의 책, 411쪽, 괄호표시는 필자) 먼저 1930년대 후반기 한국문학사에 제기된 동양체제론 등에 대한 관심은, "눈앞의 식민지 현실을 외면한 채 세계사적 세계 중심부의 역사지리지에 초점을 맞춘 상태에서 도출된 환상체계"(414쪽)로 볼 수 있다. 그것은 "식민지 현실과 그곳에서 살아가는 민중들의 고통과 염원 등을 치밀하게 읽어 들이지 않은 상태에서 형성될 수 있었던"(414쪽) 거짓 체계인 것이다. 한편으로 이는 "이식을 통한 근대화에 대한 일종의 반성적 의미를 담도 있는 것도 사실이다."(415쪽) 하지만 이 시기 동양에 대한 관심은 곧바로 "일본 중심의 동양체제론, 혹은 일본 중심의 대동아 공영권으로 넘어간다. 동양의 여러 국가 중 오직 일본만이 그 중심이 될 수 있"(415쪽)다는 것이다. 그 근거는 "천황 중심의 일본 사회 체제가 동양의 정신을 가장 발전적으로 계승하고 있을 뿐만 아니라 일본이야말로 동양의 전통과 서양의 전통을 발전적으로 조화시킨 동양 유일의 국가"(415쪽)라는 것이다. 그러나 이러한 근거들은 자체로서 이율배반적이다. 대동아공영권으로 대표되는 근대 일본의 대외관의 특징은 "'낡은 모욕적 · 양이적인 서양관'의 극복과 '구태의연한 근린 아시아 국가들로부터 일본을 구별하려는 자의식'"[39]이라는 양극화된 의식이 강화된 결과이다. 결국 그것은 "스스로 대표할 수 없는 아시아를 대신해서 그들을 대표해야 한다는 도착된 자부심(식민지 지배의 '문화적 사명')"[40]으로 변질되고 말기 때문이다. 다시 말해 "우선 근대의 부정성을 넘어설 수 있는 영토로 동양체제를 설정하고 그 다음 동양체제의 중심으로 일본을 설정하기 위해서 근대성의 원리를 다시 기준으로 끌어들이는 전도된 역사지리지"(415~416쪽)에 의해 작동되었던 것이다. 그러나 1930년대 후반기 식민지 조선의 작가들은 이러한 전도된 역사지리지를 마치 자신의 것처럼 받아들이게 된다. 더 나아가 급기야는 '조선민족의 발전적 해소론'[41]에까지 치닫게 된다. 이러한 착시현상의 기저에는 무엇이 놓여있는 것인가. 류보선은 그 이유를 근대 이후 한국문학이 "구체적인 현실 속에서 잠재적인 가능성을 찾기보다는 상상 속의 모범적인 세계, 그러니까 서구의 보편적인 세계를 끊임없이 동경하는 자리에서 형성되고 전개"(419~420쪽)되었던 것에서 찾는다. 즉 근대 한국문학에는 "조선적인 것에 대한 경멸적 인식과 세계적인 것에 대한

39 강상중, 이경덕 · 임성모 역, 『오리엔탈리즘을 넘어서』, 이산, 1997, 87쪽.
40 위의 책, 89쪽.
41 가장 대표적인 것으로 김문집의 「조선민족의 발전적 해소론 서설」(『조광』, 1939.9)을 들 수 있을 것이다.

맹목적 동경 사이의 착종된 변증법"(422쪽)이 작용했던 것이다. 한마디로 "1930년대 후반기의 친일문학은 자기를 자학적으로 지워내고 그 자리에 모범적인 세계(보편세계)를 이식하고자 했던 한국 근대문학의 왜곡된 과정을 더욱 왜곡된 형태로 넘어서고자 한 과정에서 발생한 것"(423쪽)이라 볼 수 있다는 것이다. 더욱 중요한 문제는 "이러한 주장들이 당시 담론체계 전반을 지배할 뿐만 아니라 거의 당시의 공통감각으로 작용한다"(424쪽)는 점이다. 따라서 친일문학론의 논의에서 중요한 것은 작가들의 "비윤리성과 비겁이 아니다."(425쪽) 이러한 논리는 친일문학론의 핵심인 "우리 민족을 위해 일본 국민이 되어야 한다는 치명적인 역설을 설명할 수가 없다." 결론적으로 친일문학론을 당시의 역사적 맥락에 맞게 이해하기 위해서는, "식민지하에서 제국주의적 억압에 대한 발견과 저항은 생리와도 같은 것이다 라는 전제를 버려야 한다"(425쪽)고 류보선은 강조한다. 이는 분명 타당한 지적이며 경청할 만한 견해이다. 그러나 앞서 말했듯이, 그는 자신의 논리의 강화를 위해 김우창의 주장을 그 진의는 생략한 채 다소 편의적으로 인용하고 있다. 앞선 맥락에서 그는 1930년대 후반기 친일문학론을 "보이는 제국주의적 억압을 못 본 체한 것이 아니라 제국주의적 억압 대신에 또 다른 것을 본질적인 모순으로 설정한 데서 온 전도된 역사철학적 선택"(425쪽)이라 본다. 류보선은 자신이 논의의 출발점으로 삼았던 김우창의 글을 인용하면서, 결론적으로 친일문학론을 다음과 같이 평가한다. "한국의 근대사회 및 근대문학이 그 출발의 단계부터 안고 있던 모순과 갈등이 특정한 역사적 국면에서 그 자신의 개념과 실체를 갖는 하나의 문학적 현상으로 외화된 것",[42] "그러니까 한국 근대문학이 '내면으로부터의

42 김철, 「친일문학론 : 근대적 주체의 형성과 관련하여」, 『민족문학사연구』 8, 1995 하반기, 8쪽 ; 류보선, 앞의 책, 426쪽에서 재인용.

괴멸'[43]된 어떤 결과이다."[44] 여기에서 그가 주목하는 것은, "보편적 내러티브의 일방적인 이식에 대한 비판을 거쳐 제기된 동양에의 관심과 국민의 발견이 어떤 이유 때문에 조선 민족의 잠재적 가능성을 찾는 대신에 조선 민족 발전적 해소론"(426~427쪽)으로까지 치달았던가 하는 점이다. 그 이유를 그는 서구의 보편세계와 대비하여 "한국 이곳을 아무것도 존재하지 않는 척박한 터전으로 규정하는 민족허무주의가 깊숙이 개입되어 있는"(427쪽) 것으로 본다. 그리고 한국근대문학의 저변에 민족허무주의가 짙게 자리잡고 있는 것은 "민족국가의 경험이 없었던"(427쪽) 데서 기인하는 것으로 진단한다.

이상의 친일문학론에 대한 류보선의 견해에 우리는 몇 가지 의문을 제기할 수 있다. 먼저 1930년대 후반 식민지 지식인들의 심리적 기저에 근대성 혹은 보편성에 대한 열망이 내재되어 있으며, 개인 / 물질 / 서구 중심의 근대주의를 집단(국가) / 정신 / 일본 중심의 동양 체제론이 대체하고 있다는 설명은 그 타당성에도 불구하고 너무 단순한 일반화의 논리는 아닌가 하는 점이다. 그것은 이른바 '동양적 근대의 창출'이라는 명제로 집약된다. 다시 말해 서구적 보편성의 자리에 일본이라는 동양적 근대(혹은 천황제)를 얹어놓음으로써 결과적으로는 보편적 근대성의 논리로 다시금 수렴되는 것은 아닌가 하는 의문이다. 식민지 조선의 많은 문인들이 한국사회의 경험적 구체성을 무시하고 '그릇된 보편성'의 미망에 사로잡혔던 것은 분명한 사실이다. 또한 서구의 근대성에 대한 성찰과 비판으로서 동양적 근대라는 토픽은 당대 지식인들에게 매력적이었을 것이라는 점도 부인하기 어렵다. 그러나 당시 친일문학론에는 필연적으로 개입될 수밖에 없는 '민족'이라는 매개항의 설정이

43 김우창, 앞의 책, 14쪽.
44 류보선, 앞의 책, 426쪽.

없다. 이는 앞선 김우창의 언급처럼 모든 문학이 반드시 정치성을 띠어야 한다는 말이 아니라, 식민지의 문학은 불가피하게 정치적이 될 수밖에 없다는 말과도 일맥상통한다. 류보선은 이에 대해 20세기 전반기의 한국근대사에 '민족국가의 경험'이 부재한다는 점, 다시 말해 한국 근대문학의 심층에는 '민족허무주의'가 깊이 내재되어 있다는 점을 지적한다. 이는 어떤 면에서 분명 설득력 있는 해명이지만, 친일문학론을 포함해 한국근대문학과 관련한 담론은 궁극적으로는 민족주의 이데올로기와 불가분의 관계에 있다는 상투적인 설명과 크게 다르지 않다는 점에서 환원주의의 한계를 벗어나기 어렵다. 또한 민족이 '상상의 공동체(imagined community)'에 지나지 않는다는 최근의 견해들을 참조한다면, 민족국가 경험의 부재로 인한 민족허무주의가 근대 한국문학의 기저에 작동하고 있다는 설명은 설득력이 떨어진다. 근대 이전의 역사 단계에서 한반도에는, 근대 민족국가의 개념으로 설명할 수는 없지만 문화적 경험을 공유하는 수많은 역사적 공동체들이 분명 생멸(生滅)했었기 때문이다. 류보선의 견해는 1937년 이후 친일문학 담론의 형성과정을 단계적으로 제시했다는 데에 그 의의가 있다. 이어서 그는 채만식 문학의 친일 문제를 본격적으로 다루었는데, 이와 관련한 채만식의 태도를 가리켜 '순이론주의적인 편집증적 일관성(the paranoiac insistence on rationality)'[45]이라 이름 붙였다. 이를 구체적으로 살펴보기로 한다.

그는 먼저 "1930년대 채만식의 친일과 해방 후의 반성의 문제는 채만식 문학의 서사원리를 해명하는 하나의 거멀못"(431쪽)과 같다고 지적한다. 이제껏 채만식의 친일문자행위는 그의 문학에서 '주변적이고 예외적이며 일시적인' 것으로 상황 논리에 의한 불가피한 선택으로 규정되어 왔다. 다시 말해 그의 친일과 반성을 일시적인 방향감각의 상

45 류보선, 위의 책, 442쪽.

실로 다루면서, "그의 친일의 논리와 채만식 문학의 성과 간의 관계를 전혀 고려치 않는 상황이 반복"(431쪽)되고 있다는 것이다. 따라서 문제의 핵심은 채만식의 친일 문제를 그가 거둔 문학적 성과의 전모와의 상관성 속에서, 그리고 그의 문학의 내면적 서사원리와의 상관관계 속에서 그 논리 구조의 필연적 성격을 규명해내는 것이다. 최근 들어 친일 문제를 그의 '작가적 지향성'과 관련하여 다루고 있는 연구물들이 제출되고 있는 것은 그런 의미에서 매우 고무적인 일이다. 일차적으로 그의 친일이 문제적인 이유는, "대부분의 작가들이 존재에 잠재하는 여러 경향들을 개발한 것이 아니라 꿈이나 상상 속의 세계를 관념적으로 선취한 이데올로기에 맹목적으로 빠져 있을 때, 그리고 그 상상 속의 세계에 맞게 사회 전체를 재기획하겠다는 세계창조자적 열정에 빠져 있을 때, 그 이데올로기 너머의 무시무시하고 매혹적인 현존에 대한 응시를 통해 당시의 거대한 환상체계에 냉소와 비판을 행했던 채만식이 친일문학이라는 광기의 이성에 흠뻑 빠져들"(430쪽)었기 때문이다. 부연하자면 "모든 비현실적인 환상체계를 거부했던 채만식이 유독 동양체제론이라는 가장 강력한 광기의 이성에 현혹당했다는 것은 …… 이미 이전의 채만식의 문학에 이러한 비합리적인 세계에 매혹될 만한 요소가 잠복되어 있다는 것을 의미하기"(432쪽) 때문이다. 따라서 친일문제를 통해 "채만식을 광기의 이성에 빠져들게 한 인식론적 혹은 방법론적 원리를 규명하는 일은 곧 채만식 문학의 빛과 어둠, 가능성과 한계를 동시에 검증하는"(432쪽) 일이 된다. 그리고 친일에 대한 반성에 있어 보다 중요한 것은 친일행위의 인정과 사죄 여부보다는, "친일에 이르게 된 인식론적 원리를 얼마나 철저하게 부정하고 새로운 원리를 찾아 얼마나 치열한 모색을 행하느냐"(433쪽)의 문제이다.

채만식의 친일문학(론)은 채만식 문학 전반에서 보자면 "대단히 돌발적이고 이질적"(434쪽)이다. 류보선은 「나의 '꽃과 병정'」(『인문평론』,

1940.7)으로부터 시작된 "채만식의 친일문학론은 상투어들의 진열장이라 해도 과언이 아니"(438~439쪽)라고 지적한다. 일제 말기 씌어진 『아름다운 새벽』, 『여인전기』 등에서 제시되는 동양체제론 등의 이데올로기들이 "소설의 서사와 아무런 유기적 연관성을 지니지 못한 채 다만 몇몇 장면에서만 직설적으로 표현되고 있을"(439쪽) 뿐이라는 것이다. 채만식이 국민문학론으로 나아가기까지는, "사회주의를 포함한 서구 중심의 근대성의 원리가 과연 한계에 도달했는지 그래서 초극되어야 하는 것인지, 그리고 동양의 중심은 일본이어야 하는지 등"의 당시의 일반적인 모델과는 달리 "'사실의 시대' 혹은 '세기의 사실'을 인정하느냐 마느냐가 갈등의 핵심으로"(439~440쪽) 자리한다. 1930년대 후반기 채만식 문학의 핵심어에 해당하는 '사실의 시대'라는 용어는 "폴 발레리가 20세기는 실증성, 합리성 등으로 설명될 수 없는 예측 불가능한 사실들이 범람하는 시기로 규정한 것을 좇아 사용된 개념이다. 즉 '사실'이란 당시 작가들이 인지하고 있는 현실에 대한 법칙성에 따르자면 도저히 있을 수 없는 일이지만 이미 눈앞에 펼쳐지고 있는 어떤 상황, 그러니까 파시즘의 출현과 그것의 전지구화 과정을 의미한다."(441쪽) 이 '사실의 시대'를 둘러싼 채만식의 내적 갈등은 결국 당대의 "파시즘적인 현실을 용인하느냐 아니면 부정하느냐 사이의 갈등"(441쪽)이다. 채만식은 변화한 현실을 만나는 순간 현실을 준별하여 자기화하고 그것을 통해 다시 자기를 세계화하는 대신에 "자기 스스로를 '나를 지킬 것인가 시대를 수용할 것이냐'의 양자택일적인 상황"(442쪽) 앞으로 끌고 나간다. 변화를 수용하는 순간 나를 버려야 하고, 나를 지키려면 현실의 변화를 인정하지 말아야 한다. 이런 채만식의 태도를 가리켜, 류보선은 '순이론주의적인 편집증적 일관성(the paranoiac insistence on rationality)'(442쪽)이라 일컫는다. 채만식이 "과거의 어떤 순간을 계기로 해서 형성된 그때의 개념과 가치관을 절대화하는 순간, 주체 혹은 자아가 행위의 주체가 되는 것이

아니라 절대정신 그것이 행위의 주인이 되어 버린다"(443쪽)는 것이다. 여기에서 주체는 새로운 감각이나 경험내용에 대해 판단하고 자기화하여 자신을 확장시키는 것이 아니라 그것을 배제하여 스스로를 축소시키게 된다. 변화된 현실과의 간극을 견뎌내지 못할 경우 주체는, "지금의 나(혹은 절대화된 정신)를 버리고 그 자리에 지금, 이곳의 현실, 그러니까 예전의 나로서는 용인할 수 없었던 낯선 현실의 논리를 채워 넣게 된다. 즉 또 다른 절대화된 정신을 더욱 맹목적으로 숭배하는 방식으로 낯선 현실을 수용하게"(444쪽) 된다. 이는 필자가 앞서 서론에서 지적한 바 있는 채만식의 인식론적 분열상과 관계된다. 즉 채만식의 이상주의자로서의 면모는 낭만적 세계 인식 혹은 확실성에 대한 욕망에서 드러나지만, 동시에 채만식은 냉정한 현실주의자이기도 했다. 채만식의 문학은 현실주의와 이상주의 사이에서 격렬한 진자운동을 벌인다. 이는 그가 자신의 궁극적 이념형으로서 사회주의를 고수하면서도 식민지 현실에서 그것의 실천적 가능성에 대해서는 회의적이었던 것과도 관련된다. 그는 사회주의를 식민지 조선에서 실현될 수 있는 이념형이라고 생각하지 않았다. 그렇다면 확실한 가치체계의 하나로서 사회주의는 수용하지 않았으면서도 일제가 내세운 대동아공영권의 이념은 받아들였던 이유는 무엇인가. 사회주의 이념의 문학적 실현체인 카프문학의 도식성과 경직성에는 동의할 수 없었지만, '친일'이란 문학적 이념과는 무관한 그 자체로서의 하나의 이데올로기였기 때문인가. 혹은 그가 제국주의의 '皇道'의 이념을 사회주의와는 달리 실현가능한 이데올로기라 믿었던 때문인가. 이에 본격적으로 답하기 전에 우선, 채만식은 문학의 正道가 개인의 신변잡사의 묘사에 있지 않고 집단과 공동체의 역사의 진보에의 기여에 있다고 믿었던 작가였다는 점을 상기할 필요가 있다. 그가 개인의 자유와 욕망을 제도적으로 보장해주는 근대 자본주의 문명보다는 공동의 善을 추구하는 사회주의를 추상적으로나마 역사의 대안으로 생각했던 것도 이런 맥락과 관련이 깊다고 할 것이다. 류보선은 일제말기 채만식의 친일의 동기와 '사실'의 수용을 그의 확실성에 대한 욕망과 관련하여 '순이론주의적 편집증적 일관성'으로 설명하였으나, 필자는 이 문제를 이상주의자이면서도 현실주의자이길 고수했던 그의 모순된 욕망과 세계 인식을 통해 풀어보려고 한다. 그것은 다시 말해 작가 채만식에게 있어 낭만적 세계 인식과 경험적 구체성 사이의 거리와 긴장의 문제이다.

류보선은 진지하게 다시 묻는다. "채만식은 왜 1930년대를 새로운 질서의 형성기 혹은 새로운 세기로 받아들였으며, 이때 새로운 질서를 좀더 심층적으로 해부하여 자신의 진리를 고수하거나 아니면 지양시키는 대신에 왜 자기 스스로의 이념을 '묵은 책력'이라 규정했으며 또한 …… 그것을 수정한 '새로운 책력'을 장만하는 과정 없이 시대에 순응하는 문학행위를 할 수밖에 없었는가"(449쪽)라는 질문이다. 여기에서 류보선은 '순이론주의적인 편집증적 일관성'이라는 태도가 형성된 발생론적 기원을 탐색한다. "채만식의 고유한 역사지리지는 항시 채만식을 '나를 지키느냐 시대를 따르느냐'는 절박한 상황 속에 끌어다 놓았고 그 상황 속에서 채만식은 매번 자신이 믿었던 절대정신을 고수했었지만, 유독 동양체제론이나 일본국민성이라는 모랄 앞에서는 시대를 따르고 말았던"(449쪽) 이유가 바로 그것이다. 채만식은 의식의 선취라든가 역사 속에서 지식인의 선도적 역할이라든가 하는 주체의 능동성 혹은 이성의 기능을 믿지 않는다는 점에서, "기계적 유물론자이며 세대결정론자이며, 냉소주의자이고 허무주의자"(450쪽)이다. 한편으로 채만식은 "사회주의로 향해 가는 역사적 방향성을 설정하고 있고 그것을 역사의 발전이라고 믿으며 또한 그 과정에서 역사와 계급의식의 의미를 절대적으로 신뢰한다."(450쪽) 결론적으로 채만식은 "역사의 발전 가능성을 믿되 인간의식의 발전 가능성을 믿지 않는 독특한 인식론적인 원리 혹은 착종된 변증법"(450쪽)으로 세계를 파악한다는 것이다. "현존재의 주체성 혹은 능동성에 대한 불신과 역사에 대한 신뢰"(452쪽)라는 착종된 변증법은 채만식 문학의 핵심적인 원리이며 그 고유함의 원천이라 류보선은 규정한다. 그것은 채만식이 "사회주의에 큰 의미를 부여하면서도 경향문학에는 비판적 거리를 유지하는 동반자 작가가 된 것"(451쪽)과도 관련이 깊다. 류보선은 결국 채만식 문학의 규제적 원리에서 어떤 균열을 읽어내고 있는 셈이다. 이상의 류보선의 논의를 한마디로 정리하면, 채만식의 문학은 '레디메이드적 존재'라는 현재적 규정력에 속박되어 "자기활동성이 부재한 개인과 움직이는 역사 사이의 의미 있는 병존 형식"(454쪽)을 발견해내지 못했다는 것이다. 그러나 이상의 논의는 논리적 모순이 있다. 자기활동성이 부재한 주체들의 노력을 제외하고 자동적으로 따로 작동하는 객관세계의 역동성과 역사란 존재하지 않기 때문이다. 만약 그런 것이 존재한다면 그것은 인간의 '역사'가 아니라 자연의 리듬과 순환의 원리 혹은 '自然史'의 개념이어야 논리적으로 맞다.[46] 우리는 여러 현실적 규정력의 일부인 당대의 역사적 환경에 의해 수동적으로 결정되는 인간과 그 환경을 변화시키는 능동적 인간을 별개의 것으로 기계적으로 분리해낼 수 없다. 그것은 인간이 지닌 다양하고 복잡한 총체적 면모의 일부이다.[47] 그런 맥락에서 필자는 그것(개인과 역사의 균열)을 앞서 언급한 채만식의 인식론적 균열로 파악하고자 하는 것이다. 다시 말해 류보선이 언급하고 있는 정태적 개인의 주관성과 역사라는 객관세계의 역동성과의 대비는 보다 근본적인 의미에서는 낭

---

46 그런 맥락에서 채만식이 역사의 방향성을 상실했을 때, 장편 『옥랑사』에서 볼 수 있는 것처럼 自然史의 이념에 근거한 講史的 서술의 태도를 보인다는 것은 의미심장한 부분이 있다.

47 물론 이를 채만식 문학 자체의 모순 혹은 그로부터 기원한 '민족허무주의'에로의 단초라고 평가할 수도 있을 법하다. 필자 역시 낭만적 세계 인식에 바탕한 이상주의가 현실적 응전력을 잃고 그 에너지를 소진해버렸을 때, 그의 문학은 허무주의로의 급경사를 보인다고 본다.

만적 세계 인식과 현실주의적 세계 인식 사이의 간극과 괴리에서 발원하는 것이다. 왜냐하면 채만식 문학에서 낭만적 세계 인식에 바탕한 이상주의적 기획은 역사라는 객관세계의 매개를 통해 발현되고 있으며, 레디메이드적 존재라는 정태적 개인의 주관성은 기실 현존재를 감싸고 있는 다양한 환경과 현실적 규정력, 즉 현실주의적 세계 인식에 기반한 것이기 때문이다.

3) 친일의 내적 논리의 구성 – 김재용과 한수영의 경우

김재용은 「멸사봉공을 통한 근대 초극 – 채만식」[48]에서 채만식 문학의 자발적 친일논리를 구성하고 그 뜻을 규명하였다. "자발성을 띤 경우에만 친일문학이라고 할 수 있고 거기에는 항상 내적 논리가 있다"(95쪽)는 것이 그의 논리의 핵심적인 대목이다. 중일전쟁 이후 많은 문인들이 친일의 길에 들어서지만 1938년 말~1939년 초 채만식의 글 어디에도 이러한 흔적은 없다. 그러한 그가 1940년 중반 경 친일 경향의 글을 발표하기 시작하는데, 그 시작은 「나의 '꽃과 병정'」[49]이다. 이 글은 1937년 7월 시작된 중일전쟁의 3주년을 맞는 시점에서 씌어졌는데, "신남경정부라고 일컬어졌던 왕정위정부의 수립과 떼놓을 수 없다."(99쪽) 친일의 계기가 된 또 하나의 사건은 1938년 말의 무한삼진의 함락이었다. 채만식은 히노 아시헤이[火野葦平]의 『보리와 병정』[50]을 모델로 하여 이

---

48 김재용, 「채만식 – '멸사봉공'을 통한 근대 초극」, 『협력과 저항』, 소명출판, 2004, 95~116쪽.

49 『인문평론』, 1940.7.

50 "당시 조선총독부에서는 20년간 조선총독부 경무국 도서과에서 검열을 맡고 있던, 조선어를 귀신같이 한다는 평과 함께 악명이 높았던 총독부 경무국 소속의 통역관 니시무라 신타로[西村眞太郎]로 하여금 번역을 하게 하여 1939년 7월에 단행본으로

작품을 쓴 것으로 보인다.[51] 김재용은 "세계적 규모의 새로운 체제의 창출과 또한 새로운 인간관의 수립되고 있음을 파악하는 것은, 이 시기 채만식 문학의 전모를 헤아리는 데 결정적 중요성을 갖고 있다"(103~104쪽)고 본다. "근대 자유주의가 종언을 고하고 파시즘이 진군하는 이 상황과 동북아시아에 새로운 질서가 정착되는 과정이 맞물려" 있었기에, 이러한 흐름은 "세계사적 차원으로 해석될 소지를 내적으로 안고 있었다"(104쪽)는 것이다. 가령 1941년 『삼천리』에 발표된 「문학과 전체주의」에서 채만식은 "동북아의 새로운 질서가 세계사적인 문제임을 강조하고 있다."(104쪽) 즉 신체제의 등장과 함께 유럽의 자유주의와 자본주의는 종언을 고하고 이를 '전체주의'가 대신할 수밖에 없다는 논리이다. 한편으로 자본주의를 극복하기 위해 나왔던 사회주의 역시 프롤레타리아의 이익만을 대변하려 했기 때문에 근대문명의 문제점을 고스란히 떠안고 있는 셈이다. 이런 맥락에서 국가주도의 전체주의인 신체제는 국민 전체의 이익을 보장할 수 있으며, 이와 같은 파시즘의 논리에 채만식은 깊이 매료되었다. 채만식의 친일의 내적 논리인 '멸사봉공의 이데올로기'는 이로부터 발원한다. 즉 "서구의 자유주의가 개인의 이익을 앞세운 것이라면, 동북아시아의 전체주의는 국민 모두의 이익을 보장하는 것이라는 점에서 공적인 것이라는 논리"(106쪽)다. 또한 서구의 자본주의와 소련의 사회주의를 모두 근대의 산물로 보고 이를 넘어선

내놓았다. 이 책은 당시 친일 파시즘문학의 길을 걷기 시작하였던 문학인들에게는 새로운 전쟁문학의 모범으로 칭송을 받았다."(김재용, 앞의 책, 103쪽)

51 "히노 아시헤이는 젊었을 때 일본 프로문학에 심취하였다가 중일전쟁을 계기로 천황제 파시즘에 급속하게 기울어 일본 전향문학의 한 표본이 되었던 인물로 중일전쟁터인 소주전선에 나가 보고 겪은 것을 1938년에 발표한 것이 이 작품이다."(위의 책, 102쪽) 그를 통해 함께 살펴봐야 할 것은 당시 '사회주의자의 전향문제'인데, 이는 당대 지성의 지형도를 이해하는 데 매우 중요한 일의 하나다. 최근 발표된 소설 중 박소연의 「봄꿩, 제 울음에 죽다」(『실천문학』, 2008. 겨울)는 이 문제를 정면으로 다루고 있어 주목된다.

신체제에 경도되었을 때, 채만식에게는 백인과 황인의 구분이라는 "인종주의적 탈유럽주의"(106쪽)가 강하게 배어 있는 것이다. 「추모되는 지인태 대위의 자폭」(『춘추』, 1943.1), 「지인태 대위 유족 방문기」(『신시대』, 1943.1), 「위대한 아버지 감화(『매일신보』, 1943.1.18) 등이 '군국의 아버지'라는 지극히 가부장적 국가주의의 이데올로기를 표현하는 것이라면 『여인전기』는 '군국의 어머니'를 대표적으로 표상하고 있다. 김재용에 따르면 해방 후 「민족의 죄인」은 상당히 실망스럽다. 그러나 이를 비판하는 논리는 김윤식의 그것과는 사뭇 다르다. 다시 말해 "자신이 친일 파시즘에 경도되었던 내적 논리—15세기 이후 유럽에서 시작된 근대에 대한 반성에서 나온 인간 해방—에 대한 근본적인 비판이 빠져 있기 때문"(115쪽)이다. 그것은 "내적 요구의 소산이 아니라 원고를 팔아 생계를 유지해야 한다는 절박함의 소산으로 치부되고"(115쪽) 있기 때문이다. 즉 그것은 구체적 핍진성을 지닌 것이 아니라 일반적 통념의 추상적 수준에서의 자기비판이었다. 그러나 그것은 어디까지나 '협력에 대한 고독한 반성'으로부터 '냉전의 거부'로 나아가는 채만식 문학 고유의 사투의 과정이었다. 김재용의 친일문학론에 대한 고찰은 그것이 궁극적으로 작품론이 아니라 작가론이 될 수밖에 없다는 점을, 친일의 자발성이라는 내적 논리를 통해 밝히려 했다는 점에 큰 의의가 있다. 김재용은 이런 판단 하에 1937년 중일전쟁 이후의 텍스트만을 대상으로 삼았으며, 외적 강요에 의한 친일은 배제하려 했다는 점을 밝혀놓았다. 김재용의 이와 같은 논의에 필자는 원칙적으로 동의한다.

한수영은 중편 「냉동어」를 중심으로 채만식의 친일 문제를 살펴보았다.[52] 그는 김재용의 논의에 원론적으로 대체로 동의하면서도 채만

52 한수영, 「주체의 분열과 욕망—「냉동어」와 친일의 구조」, 『친일문학의 재인식』, 소명출판, 2005, 52~76쪽. 이하 이 글의 인용은 같은 책에서 쪽수만을 밝힌다. 그는 이 글에서 친일의 범주와 함의를 "1940년 이후에 등장한 '신체제'의 적극적인 수용과 그

식의 논리구조 안에서의 직접적인 전환의 계기는 '신남경정부의 수립' 보다는 '신체제'쪽에 더 무게 중심을 두어야 한다고 주장한다. 그는 채만식의 친일의 遠因이 식민지 자본주의체제에 대한 그의 부정의식과 비판의식 내부에 잠재되어 있었던 것은 아닌가를 확인하고자 한다. 한수영은 "채만식의 친일은 사유의 '내용'의 연속성이 아니라 사유의 '구조'의 동일성에 의한 것이라는 점"(55쪽)이라고 잠정적으로 결론짓는다. 보다 구체적으로 그것은 "어떻게 '마르크스주의'가 '신체제'로 대체될 수 있었었던가, 그 과정에서의 '주체'와 '구조'의 관계는 어떤 것이었나"(55쪽)라는 문제의식으로 집약된다. 그리고 채만식의 정신 '구조'를 분석하려는 궁극적인 이유는 그의 사유구조에 뿌리내리고 있는 "모종의 '비역사성'과 '추상성'의 계기"(55쪽)를 밝히기 위해서라고 한수영은 언급한다. 그에 따르면 「냉동어」는 "채만식 소설의 전개과정에서 하나의 '단초'에 해당한다. 이 때의 '단초'란 말 그대로 '하나의 끝인 동시에 새로운 시작'을 뜻한다."(56쪽) 즉 「냉동어」는 1938년 이후 계속된 자기풍자와 허무주의가 최종적으로 완성되는 작품이자 신체제로의 적극적인 경사를 예감케 한다는 것이 그의 판단이다. 「냉동어」는 "일종의 '자가분석'의 보고서로서 작가는 "분열된 주체를 숨김없이 드러내놓고 그 균열의 지점들을 독자들에게 확인시킨다."(56쪽) 그 이전까지의 작품들에서 채만식은 작가 스스로 인정하지 않는다고 한수영은 지적한다. 소설 속 주인공의 갈등은 "'주체의 분열'로 인해서가 아니라, 오히려 확고한 '자기 동일성'에 근거한 '주체'가 '타자'인 '세상'과 겪는 불화"(56쪽) 때문이었다. 따라서 채만식 문학의 니힐리즘을 '주체의 부재'로 해석한 것[53]은 부분적 타당성만을 지닌다. 채만식 문학의 위기를 심화시킨 것

에 연관되는 일련의 행위와 사유에 한정해서 사용한다"(52쪽)고 밝혀놓고 있다. 냉동어는 『인문평론』 1940년 4월호~5월호에 연재되었다.

53 김재용, 문학과사상연구회 편, 「세계질서의 위력과 주체 부재의 저항」, 『채만식 문학

은 정작 '주체의 부재'가 아니라 '주체의 분열'이다. 그런 맥락에서 「냉동어」가 "단지 '주체의 분열'만 보이는 것이 아니라, 그보다 더 강렬한 '통합된 주체'로의 복귀 욕망이 노정되고 있다"(57쪽)는 사실은 각별한 의미를 지닌다. 다시 말해 이 주체의 욕망은 주체를 주체이도록 만들어주는 사상 혹은 진리와 밀접한 관련을 지닌 것이고, 그것은 바로 마르크스주의였다. 그러나 "이때의 마르크스주의는 그 사상자체의 내용과 체계 때문에 의미 있는 것이 아니라 자본주의의 타락과 부정성, 그리고 그 악마성을 확인케 해주기 때문에 의미 있는 것이 된다."(58쪽) 한수영에 따르면 채만식에게 있어 사상이 문제되는 것은 "그가 '마크크스주의를 포기한 것이 아니라, 오히려 형이상학의 차원으로 격상된 이 절대진리를 결코 포기하지 않았다는 점 때문"(58쪽)이다. 이는 앞서 류보선이 '순이론주의적 편집증적 일관성'이라 명명한 것과 상통하는 채만식 문학의 고유성의 일부이다. 그러면서도 그의 소설 속 현실의 마르크스주의자가 부정적 인물로 형상화되어 있는 것은 매우 문제적이다. "마르크스주의자를 통한 마르크스주의의 역사적 실현을 그릴 수 없었다는 것은, 그의 소설에서 '주체'와 '사상'이 맺는 관계방식을 해명하는 데 매우 중요한 열쇠"(59쪽)가 되기 때문이다. 1938년 이후 채만식 소설에서 "'주체 분열'의 원인은 이처럼 '신념(사상)'과 '사실'의 괴리에서 비롯되고 있다."(62쪽) 그리고 "채만식 문학에서 '주체'는 "자본주의적 현실의 부정을 통해 확인된다. 이때의 주체는 바로 그 배후인 마르크스주의에 의해 그 존재가 입증되는 주체"(62쪽)이다. 그러나 부정하면 할수록 점점 더 현실에서의 외연을 확장해 나갈 뿐인 자본주의적 현실 앞에서 주체에게 남은 선택의 가능성은 두 가지밖에 없다. "자본주의적 현실의 부정을 통해 확인받아 온 그 주체를 포기하고 사실을 수용하든

의 재인식』, 소명출판 , 1999.

가, 그렇지 않으면 사실을 부정하고 계속 부정의 주체로 남을 것인가. 그러나 문제는 부정의 주체로 남아 있기로 하는 한, 그 주체는 현실 공간 안에서 존재할 수가 없다"(62쪽)는 점이다. "주체이기를 소망하는 순간 더 이상 주체일 수 없다는 것. 이 지독한 딜레마가 1930년대 후반 채만식을 괴롭힌 딜레마의 주된 내용"(62쪽)이었다. 채만식에게 마르크스주의는 오직 부정의 주체하고만 접속하며 그 주체는 자본주의를 부정하는 한에서만 주체로서 자리잡는다. 자본주의 외의 대안적 세계를 말하는 순간 그 주체는 사라지고 만다. "그 대안적 세계와 가능성을 현실 가운데서 구하는 순간, 소설(문학)은 작가 스스로 그토록 비판하고 혐오해 마지않는 관념"(63쪽)으로 화하기 때문이다. 여기에서 '자기 동일성'의 문제나 대안적 세계로서 마르크스주의의 가능성 등은, 필자가 채만식 소설의 근원적 동력으로 설정했던 확실성에 대한 욕망 혹은 낭만적 세계 인식이라는 문제틀에 비견될 수 있다. 따라서 이 대목에서 언급된 채만식 문학에 있어 마르크스주의의 성격[54]은 필자가 '추상적 이념형으로서의 사회주의'라는 내용으로 다룬 것과 크게 다르지 않다. 결국 한수영이 언급하고 있는 바, 주체의 분열 양상은 이 글 서두의 채만식의 인식론적 분열상과 일맥상통하는 것이라 하겠다. 그것은 곧 이상주의와 현실주의 사이의 첨예한 긴장과 갈등의 양상이다. 이를 한수영은 다음과 같이 정리하고 있다. "신념(즉 마르크스주의)을 포기하는 순간

54 한수영은 이에 대해 다음과 같이 상술하고 있다. "부정성에 제한되어 있던 그의 세계관은 동시에 그로 하여금 자본주의를 역사적 구성체로 파악하지 못하게 만들고, 나아가 마르크스주의를 역사발전과정에서 현실과 상호작용하는 역동적인 이념으로 이해하지 못하게 만든 중요한 이유가 되기도 한다. 따라서 그가 마르크스주의를 견지하면서도, 그 대안적 세계(혹은 사회주의)의 구체적 가능성(추상적 가능성이 아니라)을 역사적 현실 안에서 구하려는 시도를 조금도 하지 않았다는 것, 그리고 이념과 현실의 복잡한 상관 관계를 역사적으로 성찰하려고 노력하지 않았다는 것은, 리얼리즘에 대한 미학적 이해의 성숙 여부보다는 마르크스주의에 대한 그의 관념적 집착과 더 깊은 연관이 있다."(한수영, 앞의 책, 63쪽)

주체는 사라지고, 신념을 계속 유지하는 동안 주체는 하나의 관념이 되고 마는 이 딜레마가 채만식 소설의 주체 분열의 내용이며, 그것은 그가 설정한 사상과 주체의 사회 · 역사적 상상력에서부터 비롯되고 있었던 것이다."(65~66쪽) 「냉동어」의 주인공 '대영'은 '스미꼬'와의 만남을 통해 주체의 분열을 극복하고 그것을 대체할 새로운 가치체계를 발견하게 된다. 그것은 다름아닌 '신체제'였다. "마르크스주의를 절대진리로 근원에 두었던 부정의 주체는 이제 신체제라는 대체진리를 배후로 하여 긍정의 주체로 거듭났다."(75쪽) 그러나 채만식에게 있어 마르크스주의라는 형이상학은 "자본주의에 동의하지 않고 그 체제 안에서 이루어지는 모든 것을 부정하는 동안은 진리로서의 순기능을 지니지만, 그 부정적 현실이 거부할 수 없는 긍정의 세계로 확대되는 사실의 세기 앞에서는 더할 나위 없이 무력한 것이었다."(75쪽) 따라서 마르크스주의와 신체제의 등가교환의 구조는 "이미 그의 정신구조 안에서 배태되어 있었던"(75쪽) 것이다.

한수영의 견해는 필자의 기본적인 입장과 크게 다르지 않다는 점에서 이에 원론적으로 동의하면서 몇 가지 사항을 덧붙여두고자 한다. 먼저 그는 '부정의 주체'를 식민지 자본주의 체제와 연결시키고 있다. 전적으로 타당한 지적이지만 여기에 민족문제라는 식민지배기의 '恒數'를 고려하지 않고 있다. 식민지배기의 문학은 필연적으로 정치적인 성격을 띨 수밖에 없으며, 이는 무엇보다 민족주의를 이 시기 담론에서 배제할 수 없음을 뜻하는 것이다. 한수영은 부정의 주체를 식민지 자본주의가 아니라 보편적 자본주의의 일반성 속에 해소시키고 있는 것은 아닌지 의문이 든다. 두 번째로 전자와도 연관되는 것인데 채만식 문학에서 자기 동일성의 확인을 이념 혹은 자본주의라는 이념체계에 그대로 직결시키고 있는 것은 아닌가 하는 의문이다. 필자의 견해로는 그것은 이념형들 중 하나의 현상태로서 채만식 문학의 보다 근원적인 문제틀에서 설명되어야 하지 않을까 하는 생각이다. 이러한 관점들에 천착하게 될 때, 채만식 문학에서 사회주의가 현실적 실천력을 지닌 것이 아니라 추상적 이념형에 가까웠다는 사실을 보다 구체적으로 논증할 수 있으리라고 본다.

4) 주관적 신념과 민족주의 담론의 오류 – 최유찬의 경우

최유찬의 글은 한 작가의 특정 문학행위에 대한 단행본 연구서[55]라는 점에서 그 방대함을 자랑한다. 그리고 기존의 친일논의를 일거에 뒤집는, 채만식이 식민지기 최고의 항일작가라는 평가를 제공하고 있다는 점에서 대단히 문제적이다. 그리고 그 문제성만큼이나 꼼꼼히 따져볼 구석이 적지 않다. 그러나 어찌 된 일인지 꽤 시간이 흘렀음에도 현대문학 연구자중 그 누구도, 그리고 마땅히 논의에 참여할 의무가 있는 채만식 연구자 중 어느 누구도 이에 대한 문제제기를 하지 않고 있는 실정이다. 채만식 문학에 대한 저자의 각별한 애정과 진정성은 분명 높이 살만한 것이다. 그러나 엄밀히 말해 최유찬의 이 책은 논리적 비약이 적잖은 것으로 보인다. 연구자에게 해석의 자유는 얼마든지 허용될 수 있는 것이다. 그러나 이와 함께 연구자는 그 해석해 대해 분명히 공적인 책임을 져야 하며 엄밀한 논증에 의해서 자신의 가설을 객관적으로 입증해야 할 의무가 있는 것이다. 이런 면에서 저자는 다소 무책임해 보인다. 이 저작의 대부분의 내용이 논증될 수 있는 해석의 영역이 아니라 논증될 수 없는 주관적 신념의 문제와 결부되어 있는 것으로 보이기 때문이다. 그리고 연구자에게 기본적으로 요구되는 사실

---

55 최유찬, 『문학의 모험 – 채만식의 항일투쟁과 문학적 실험』, 역락, 2006.

관계의 확인 과정에서도 왜곡이 있어 마땅히 이에 대한 이의제기를 하고자 한다.

먼저 이 책의 기본적인 구도는 채만식 소설을 알레고리로 봐야한다는 입장에 입각해 있다. 가장 먼저 알레고리는 궁극적으로 논증될 수 없다는 점을 말하지 않을 수 없다. 또한 그의 해석이 맞다 하더라도, 즉 채만식이 그의 주장대로 항일작가로 올라선다 하더라도 그것으로 채만식의 미학적 성취가 제고되는 것은 전혀 아니다. 다음으로 최유찬이 주된 논거로 들고 있는 김홍기의 저서가 지니고 있는 학문적 파급력의 문제이다. 실증에 입각한 저자의 소박한 견해가 귀담아들을 만한 구석이 없는 것은 아니지만, 최유찬의 언급처럼 채만식 연구서에서 유일한 의미를 지닐 정도로 탁견을 제시하고 있는 것은 아니다. 다음으로 독자의 해석의 문제를 들 수 있다. 그의 주장처럼 채만식 소설이 알레고리적 수법으로 창작되었다는 것이 사실이더라도 독자가 그 낌새를 눈치채지 못하면 그것은 실패이다. 문학은 작가의 창작행위가 아니라 독자의 독서행위에 의해 비로소 완성된다. 채만식이 알레고리를 숨겨 놓았더라도, 고급독자인 필자도 이해하기가 쉽지 않은데 과연 당대 혹은 현재의 독자들이 그런 알레고리의 구조를 파악할 수 있을까. 그러면 그 주관적 오류의 구체적 실례들을 이 저서에서 몇 가지만 들어보기로 한다.

먼저 대표적인 것으로 『탁류』의 해석 문제를 보기로 하자. 최유찬에 의하면 『탁류』는 작품 전체가 알레고리적 구조로 파악할 수 있다. 그 주된 근거는 인물들의 이름에 의한 알레고리이다.[56] '박제호'는 박제가 된 호랑이－중국이며, '고태수'는 태수(太守)가 전통적으로 공동체의 首長을 의미하는 것이기에 조선의 태수, 즉 고종황제를 뜻하며, '장형

56 위의 책, 176~178쪽.

보'는 杖刑의 뜻이 곤장 100대를 상징하는 것이기 때문에 곤장 100대를 맞을 놈, 즉 일제라는 것이다. 그리고 주인공 '초봉'은 굴곡 많은 근대사라는 기구한 운명의 조선을 암시한다는 것이다. 따라서 장형보가 초봉의 칼에 찔려 죽는 소설의 결말은 잔혹한 일제에 대한 조선의 응징을 뜻하게 된다는 것이다. 여기까지가 소설 『탁류』의 알레고리에 대한 최유찬의 주요 해석이다. 물론 이렇게도 볼 수 있을 것이다. 그것은 연구자의 해석의 자유에 맡길 문제이다. 그러나 이러한 접근법과 문제틀은 논증 가능한 것인가. 그것은 명백하게도 논증 불가능한 것이다. 작가가 이렇게 심오한 뜻을 작중 인물들에게 숨겨놓았는지는 작가만이 알 터인데 이를 확인할 길은 없고, 그렇다손 치더라도 그것은 하나의 해석일 뿐인지 객관적으로 논증 가능한 것이 아니다. 최유찬은 이러한 방법론을 통해서 채만식 소설을 일관되게 관류하고 있는 알레고리의 구조들을 세세하게 찾아내었다. 그리고 그 기저의 심층적인 방법론으로서 『周易』의 '感通(고요하게 움직이지 않다가 느껴서 온 세상의 이치(까닭)를 통한다[感通, 寂然不動感而遂通天下之故], 『周易』, 「繫辭傳」 上, 제10장)'을 제시하고 있는데, 이것 역시 그것의 존재여부와는 별개로 객관적으로 논증 가능한 것이 아니다.[57] 저자는 이것을 화이트헤드의 '느낌이론'과의 접합을 통해 '직관의 영역'으로 다루고 있다.

필자 역시 채만식의 친일 행적을 문제삼아 그를 민족의 반역자로 몰

---

57 위의 책, 106~107쪽. 저자는 자신의 텍스트 읽기의 방법론에 대해 다음과 같이 서술하고 있다. "그 진리의 효과가 채만식문학상의 중단과 문학관의 폐쇄, 정전에서의 축출이라는 현실적 효력을 낳는 것이므로 그에 이의를 제기하려면 이의를 제기하려는 쪽에서 먼저 그 방법과 증거를 제시해야 한다. 그러나 아쉽게도 필자에게는 통상적인 의미의 '방법'이랄 게 없다. 다만 여러 학자, 평론가들의 연구에서와는 다르게 텍스트를 파악하게 하는 색다른 느낌이 있을 뿐이다. 이때 사용하는 '느낌'이란 말은 인체의 특정 감각 기관을 이용해 대상을 접촉할 때 생기는 일차적 감각을 가리키는 것이 아니라 화이트헤드의 느낌이론에 나오는 인식에 선행하는 것으로서의 '느낌'이나 주역의 '감통'의 개념에 유사한 것이다."(106~107쪽)

아붙이는 태도는 옳지 않다고 본다. 최소한 그의 친일은 미당과는 다른 차원에서 논의하는 것이 합당하다고 본다. 가령 최유찬도 지적하고 있듯이, 2002년 9월 10일 「참여자치 전북시민연대」 명의로 나온 '채만식 100주년 기념행사를 규탄하다'는 목소리들이나 이를 근거로 채만식문학상의 제정이 좌초되는 등의 상황은 결코 합리적인 해결법이 아니라고 필자 역시 생각한다. 그러나 문제는 최유찬의 경우처럼 친일문제의 해결이 "채만식은 친일 작가인가? / 혹시 항일작가는 아닌가?"(15쪽)라는 이분법벅 도식으로는 결코 해결될 수 없다는 점이다. 그러한 이분법은 정의의 신념에 의해 조직되지만 그 결과는 영원히 민족주의 담론에서 벗어날 수 없는 운명을 갖기 때문이다. 결국 신념에 찬 목소리는 해석의 오류를 낳는다. 신념의 눈으로 보면 사실도 달리 보일 수 있는 가능성이 얼마든지 있기 때문이다. 다음 예는 「문학과 전체주의」와 「시대를 배경하는 문학」에 대한 최유찬의 주장이다. 문제가 되는 대목을 인용한다.

① 개인주의와 자유주의의 그 담에 올 기미가 있는 공산주의를 내외로 쳐물리치고 황도 일본의 본연한 국체를 萬全하며 빛내기 위한 소화유신의 방향이었던 것이다. 문학이 신체제에 참여해야 할 것은 물론이다. 그러나 문학 그 중에서도 소설문학은 많이 자유주의적인 분위기에서 자란 만큼 작가에게는 저도 모를 그러한 낡은 이데올로기가 육체의 구석구석에 아직도 완전히 청소되지 않은 채 남아 있는 것이 없달 수는 없을 것이다. 그러므로 우선 자유주의적인 이데올로기의 잔재의 완전한 숙청이 더 끽긴한 순서일 것이다. 며칠 전부터서야 나는 밤에 전등을 끄고 잠을 자기로 했다. 불을 켜고 자던 것이 永年의 습관이어서 별안간 캄캄해노니 가뜩이나 불면증이 있는 터라 갑갑하기만 하고 곧잘 잠은 오지 않았다. 그러면서도 나는 20와트 一燈을 여섯 시간만 덜 켜면 1년에 얼마치나 전력이 덜 소비되는가 하는

생각을 하면서 잠을 청하곤 한다. 이를테면 나는 이러한 법식으로 일상생활에 있어서 신체제를 살을 가지고 배워가는 참이다. 이것의 절차가 없이는 작품이 되어 나오지를 않는다고 믿기 때문이다. 나는 앞으로 이 노력을 꾸준히 계속할 생각이다.[58]

② 이 국민복 청년의 맨 마지막 한마디, "이론으로야 그렇다 할 수가 있겠지만 아직은 실제가 어디 그런가?" 하던 말은 그것이 즉 신체제의 이데올로기가 아직은 전반적으로 그것이 행동화 · 사회화를 하지 못한, 그래서 '사람이자 이데올로기'에까지 국민의 실제생활에 속속들이 완전한 삼투가 되지 않았다는 사실을 솔직하게 표명하는 일단이알 것이었었다. 그러나 이것은 無理도 또는 비관할 재료도 아니요 부득이한 초기적인 사상에 불과한 것임은 물론이다. 아무튼 그리하여 우리는 "이론은 그렇지만 실제는 아직……", 이 말이 없어지는 날이, 더 극단으로 말을 하자면 '신체제'란 말이 없어지는 날이 우리 국민 가운데 신질서 · 신체제가 하나의 육체로서 충분히 생활화가 되는 날일 것이다.[59]

③ 더 나아가서 채만식은 친일의 논설 그 자체 속에 이미 그 논설의 논리를 부정하는 내용을 포함시키고 있다. 구체적인 사례를 들면 「문학과 전체주의」라는 글 말미에는 '자유주의적인 이데올로기의 잔재의 완전한 숙청'을 행하고 전체주의적으로 행동하기 위해서 자신이 잠을 잘 때 전등을 끄기로 했다는 이야기가 나온다. 그것이 '신체제를 살을 가지고 배워가는' 길이며, '이것의 철저가 없이는 작품이 되어 나오지를 않는다고 믿기 때문'이

58 채만식, 「문학과 전체주의」, 『삼천리』, 1941.1. 여기에서의 인용은 『채만식전집』 10(창작과비평사, 1989), 232쪽.

59 채만식, 「시대를 배경하는 문학」, 『매일신보』, 1941.1.5, 10, 13~15. 여기에서의 인용은 위의 책, 239~240쪽.

라는 것이다. 그리고 앞으로도 이 노력을 꾸준히 계속할 생각이란 구호성 발언이 나온다. 논설의 사족처럼 끄트머리에 토끼꼬리인양 달랑 붙어 있는 이 이야기는 논설 전체를 아이러니의 대상으로 만들어버린다. 신체제하에서 전체주의의 현실적 의의를 엄숙하게 말한 뒤 끝에 기껏 자신의 잠버릇 이야기를 하는 것은 사람을 한껏 들뜨게 만들었다가 찬물을 끼얹어버리는 행위와 같은 것이다. 더욱이 어둠 속에서는 잠을 잘 못 자는 자신이 전등을 끔으로써 불면증을 겪는다는 이야기는 빛과 어둠의 알레고리를 이용하여 당대 현실이 암흑의 세계임을 암시하는 의미가 있다. 이와 같이 논설문 속에다가 거기에서 제시된 논리를 뒤엎는 이야기를 삽입해놓은 사례는 「시대를 배경하는 문학」에서도 찾아볼 수 있다. 채만식은 문학이 시대에 순응해야 한다는 논리를 펴면서 바로 그 논리에 따라 시대가 완전히 신체제를 구현하기 전에는 문학에 신체제를 반영할 수 없다는 논리를 펼 뿐만 아니라, 조선 민족과 일본 민족은 근본적으로 하나가 되기 힘들다는 구체적 사례를 제시해놓고 있다. 곧 노동에 지쳐서 의자에 앉자마자 잠이든 조선인 노동자의 기울어진 어깨로 휙휙 밀쳐버리는 일본인 열차 승객을 형상화하여 보여주고 있는 것이다. 그리고 내선일체가 '이론으로야 그렇지만 실제가 어디 그렇느냐'는 일본인 승객의 논리에 따라 "신체제라는 말이 없어지는 날이 우리 국민 가운데 신질서 · 신체제가 하나의 육체로서 충실히 생활화"된다는 역설을 펴는 것이다. 곧 '신체제'라는 말은 쓸데없다는 이야기이다.[60]

③에서 언급하고 있는 예문 ①은 신체제의 역사적 당위성을 말하고 작가 역시 이에 적극 부응해야 함을 역설하고 있다. 이 글은 무엇보다 식민지 규율권력이 어떻게 식민지의 개별 주체들의 신체를 점유하고

60 최유찬, 앞의 책, 268~269쪽.

조직하는가를 잘 보여준다. 이는 마치 통금이나 두발단속 등으로 상징되는 1960~1970년대 군사정권의 권위주의적 지배를 연상시키는 것이다. 이 글은 최유찬의 주장처럼 결코 '아이러니'로 읽힐 수 없다. 문자 그대로 식민지인들의 일상을 규제하는 권력의 미시물리학을 여기에서 읽어내는 것이 온당하다. 그리고 채만식의 전기적 사실을 고려할 때, 불면증 역시 사실관계에 속하는 것으로 보아야 한다. 채만식이 심한 불면증에 시달렸으며 이의 치유를 위해 잠들기 전 줄곧 포도주를 음용했다는 사실은 널리 알려진 바이다. 우리는 이에 대한 그의 직접적인 기록을[61] 찾아볼 수 있다. 이를 두고 일제치하의 밤과 낮의 알레고리라는 설명은 지나친 아전인수격의 해석이다. 작가에 의해 방점으로 처리된 '신체제를 살을 두고 배워가는' 과정이란 결국 신체제 이데올로기의 육화(肉化)를 뜻하는 것이다. 최유찬이 말하는 '감통'의 원리가 여기에서는 적용되지 않는 듯하다. ②의 해석 역시 정당한 것으로 볼 수 없다. 이 글의 전후 맥락을 살필 때, 조선인 노동자와 국민복 차림의 일본인 사이의 일화는 ①의 논리와 일맥상통하는 것으로 신체제 이데올로기의 공허한 외침이 아니라 철저한 육체적 각인을 강조하고 있는 것이지, 신체제가 쓸모없다는 식의 발언이 결코 아닌 것이다. 이상의 예는 필자의 주관적 신념이 얼마나 해석의 정당성과 논리적 체계를 훼손하는지를 보여주는 실례라 할 것이다. 그 외에 사실관계의 왜곡을 보이는 것도 적지 않은데, 가장 대표적으로 김재용의 저서 『협력과 저항』에 대한 인용이 그렇다. 이 저서에서 김재용은 채만식 문학의 친일 파시즘화의

---

61 채만식, 「포도주」, 『매일신보』, 1939.7.23. 이 글의 첫머리는 다음과 같이 시작된다. "며칠씩 밤을 밝혀가면서 일을 하고, 그러면서도 낮으로나마 수면을 충분히 갖지를 못해 늘 피로해서 있고, 또 그렇지 않더라도 밤에 잠을 이루자면 두세 시간씩 뻐대고, 그러한데다가 지나간 봄에는 근 40일간 불여의한 일로 건강이 가뜩이나 더 쇠약했었고…… 이러한 여러 가지의 나의 생리상 형편을 잘 아는 친구 하나가 포도주를 먹어 보라고 권(勸)을 하는 것이었다."

'계기'를 1940년 중반 경, 왕정위의 신남경정부수립으로 보고 있다. 그리고 친일의 내적 논리로서 '멸사봉공'의 이데올로기를 들고 있다. 이 책에서 채만식의 친일을 다룬 장의 제목이 「채만식—멸사봉공을 통한 근대 초극」으로 되어 있는 것에서 이를 분명히 알 수 있다. 그리고 해방 후 「민족의 죄인」의 논리가 실망스러운 것은, "친일 파시즘에로 경도되었던 내적 논리—15세기 이후 유럽에서 시작된 근대에 대한 근본적인 반성에서 나온 인간 해방—에 대한 근본적 비판이 빠져 있기 때문이다"(김재용, 115쪽)라고 분명히 밝히고 있다. 그러나 최유찬은 김재용의 논리를 상당히 왜곡하고 있다. 최유찬의 글을 보자. "이 내적 논리가 타당하지 않다는 것은 이미 한수영에 의해 지적되었다. 신남경정부의 수립이란 하나의 단순한 외적 사건을 친일작가가 되는 원인으로 삼는 논리, 논거가 부실한 문제점이 지적된 것이다. 그러나 이 내적 논리는 채만식이 자발적 협력을 한 친일작가임을 입증하는 반석 같은 진리가 되지 않으면 안 될 운명에 놓였다"(최유찬, 97쪽) 이런 논리의 왜곡은 나머지 서술 부분에 그대로 이어진다. "5장은 채만식이 해방된 조국에서 '고독한 반성'을 했지만 김재용의 기대에 크게 미치지 못하는 것이었음을 '분석'하고 있다. 채만식은 김재용의 기대와는 달리 무한삼진을 언급하지도 않고 신남경정부를 아는 체도 하지 않은 것이다."(최유찬, 99쪽) 그것은 당연한 결과였다. 왜냐하면 김재용은 앞서 「민족의 죄인」을 비판하면서 그 이유를 분명히 밝혀 놓았기 때문이다. 그것은 신남경정부의 수립과 같은 친일의 '계기'는 분명 아니었던 것이다. 궁극적으로 최유찬의 논리의 가장 큰 문제점은 채만식을 항일작가로 다시 일으켜 세우면서 결국 그것은 다시금 민족주의 담론에 갇혀버린다는 점일 것이다.

제3장
결론

이제까지의 논의를 정리하기로 하자. 채만식의 친일행위는 그것이 상당 부분 상황의 논리에 좌우된 것이라 하더라도 명백하다. 보다 중요한 것은 '친일이냐 / 항일이냐'를 이분법적으로 나누는 것이 아니라, 친일의 내적 논리를 규명하는 것이다. 그리고 친일문자행위를 어떻게 평가할 것인가에 대한 사회적 · 문학적 합의를 도출해내는 일이라 할 것이다. 따라서 그것은 지나간 과거의 기억이 아니라 현재를 구성하는 역사적 행위라고 볼 수 있겠다. 우리는 지금까지 채만식의 친일문자행위와 관련된 다양하고 이질적인 시각의 글들을 검토하였다. 끝으로 필자의 의견을 덧붙이고자 한다. 필자의 궁극적인 문제의식은 이것이었다. 즉 채만식 문학의 근원적 동력을 낭만적 세계 인식 혹은 확실성에 대한 욕망이라 볼 때, 확실한 가치체계의 하나로서 사회주의나 카프에는 거리를 두었으나 친일의 논리에는 굴복하고 말았는가 하는 것이다. 먼저 사회주의 이념의 문학적 실천이랄 수 있는 카프에 동의하기에는 채만식은 무엇보다 작가였다. 그 말은 카프의 도식성과 관념성에 저항감을 가졌다는 말이 된다. 그리고 그는 무엇보다 현실을 관찰하는 리얼리스트였다. 이념이 아무리 매력적이더라도 조선의 구체적 현실에 접목될 수 없는 것이라면 그는 단호히 거부했다. 그렇다면 더 악마적인 속성을 지닌 친일에는 왜 굴복하고 말았는가. 우선 친일 이데올로기는 카프와는 달리 본격적으로 문학의 형식에 직결되는 것이 아니었다. 친일문학보다 친일문자행위라는 말이 보다 엄밀한 의미에서 정확한 개념인 이유도 이와 같다. 다음으로 채만식 문학의 근원적 동력인 확실성에 대한 욕구로서, 그는 사회주의의 현실적 실현가능성에 대해서는 회의했지만, 대동아공영으로 상징되는 세기의 사실은 엄연하고 부정할 수 없는 것으로 받아들였던 것으로 보인다. 이처럼 채만식의 문학은 현실주의와 낭만적 세계 인식 사이에서 격렬한 욕망의 진자운동을 벌인다. 그리고 그의 현실주의가 사실에 대한 '체념적 수락'을 의미하게 될 때, 그의 문학은 허무주의로의 급경사를 보이는 패턴을 지닌다. 그리고 이 허무주의는 그의 문학에서 친일의 단초로 작용했다. 그리고 김재용도 지적하고 있듯이, 무엇보다 작가로서 채만식은 私的인 것이 아니라 史的인 것에 문학의 '本流'가 있다고 믿었던 작가였다. 자본주의로 상징되는 개인주의와 자유주의는 채만식 스스로 늘 지양해야 할 이념이라고 생각했다. 따라서 '皇道的으로 한데 맺어진 一心국가'라는 전체주의의 명제는 새로운 문명사적 전환의 의의를 갖는다고 그는 생각했던 것 같다. 이에 대한 논증은 이미 많은 논자들의 언급이 있었으므로 따로 하지는 않는다. 그리고 해방 후 「민족의 죄인」을 통한 반성의 문제는 외부의 동기보다는 '자기 순결성의 확인'이라는 무의식적이고 내적인 동기에 의해 보다 인도되고 있었음이 지적되어야 할 것이다.

1. 기본 자료

이주형 외 편, 『채만식전집』 1~10, 창작과비평사, 1989.
기타 신문과 잡지.

2. 평론 및 논문

강봉기, 「채만식 연구」, 서울대 석사논문, 1978.
강헌국, 「채만식 소설의 서사구조」, 고려대 석사논문, 1986.
______, 「목적론적 서사담론」, 『한국근대문학연구』 6집, 한국근대문학회, 2002.
고 헌, 「채만식 문학의 배경에 대한 연구」, 『군산대 논문집』, 1982.
곽종원, 「풍자와 자조－채만식론」, 『한국단편문학대계』 3, 삼성출판사, 1975.
권 환, 「하리코프대회 성과에서 조선프로예술가가 얻은 교훈」, 『동아일보』, 1931.5.15.
권혁준, 「채만식 문학 연구」, 성균관대 박사논문, 2001.
김경수, 「채만식 문학의 리얼리즘적 성격」, 고려대 석사논문, 1988.
______, 「식민지 수탈경제와 여성의 물화과정－채만식의 '탁류'의 재해석」, 『작가세계』, 2000.겨울.
김남천, 「세태풍속묘사 · 기타」, 『비판』, 1938.6.
______, 「산문문학의 일 년간－소화 14년도 문단의 동태와 성과」, 『인문평론』, 1939.12.
______, 「채만식저 '탁류'의 매력」, 『조선일보』, 1940.1.15.
김남천 · 채만식 · 이원조 외, 「창작합평회」, 『신문학』, 1946.6.
김만수, 「탁류 속의 인간 기념물－채만식의 '탁류'를 찾아서」, 『민족문학사연구』, 민족문학사학회, 1998.
김문집, 「조선민족의 발전적 해소론 서설」, 『조광』, 1939.9.

김우창, 「일제하의 작가의 상황」, 『궁핍한 시대의 시인』, 민음사, 1993.
김성수, 「이야기의 전통과 채만식 소설의 짜임새」, 한국정신문화연구원 석사논문, 1984.
김숙현, 「채만식 희곡 연구」, 경남대 박사논문, 1990.
김양선, 「여성주의 시각에서 본 친일문화－친일문학의 내적 논리와 여성(성)의 전유 양상－이광수와 채만식의 친일소설을 중심으로」, 『실천문학』, 2002.가을.
김연숙, 「채만식 문학의 근대체험과 주체구성 양상 연구」, 경희대 박사논문, 2002.
김영민, 「채만식의 새 작품 '염마'론」, 『현대문학』, 1987.
______, 문학과사상연구회 편, 「한국소설의 문체와 근대성의 발현－채만식 문장의 소설사적 위치」, 『채만식 문학의 재인식』, 소명출판, 1999.
김윤식, 「풍자의 방법과 리얼리즘」, 『현대문학』, 1968.10.
______, 「민족의 죄인과 죄인의 민족－채만식의 경우」, 『수필문학』 46호, 1976.3.
______, 「서사양식과 극양식－채만식의 경우」, 『한국학보』 16집, 1979.
김인환, 「희극적 소설의 구조 원리」, 고려대 박사논문, 1981.
______, 「정념과 거리－나도향 · 주요섭 · 채만식의 소설」, 『다른 미래를 위하여』, 문학과지성사, 2003.
김재용, 문학과사상연구회 편, 「세계질서의 위력과 주체 부재의 저항」, 『채만식 문학의 재인식』, 소명출판, 1999.
______, 「채만식－'멸사봉공'을 통한 근대 초극」, 『협력과 저항』, 소명출판, 2004.
김 철, 「친일문학론 : 근대적 주체의 형성과 관련하여」, 『민족문학사연구』 8호, 1999.
김충실, 「채만식의 소설연구」, 고려대 박사논문, 1994.
김치수, 「채만식의 유고－소년은 자란다」, 『한국소설의 공간』, 열화당, 1976.
김현철, 「판소리 '심청가'의 패로디 연구」, 『한국극예술연구』, 한국극예술학회, 2000.
김홍기, 「채만식소설연구」, 연세대 박사논문, 1990.
김홍규, 「님의 소재와 진정한 역사」, 『문학과 역사적 인간』, 창작과비평사, 1980.
김 현, 「식민지시대의 문학－염상섭과 채만식」, 『문학과지성』, 1971.가을.
______, 「채만식 혹은 진보에의 신념」, 『문학과지성』, 1973.여름.
나병철, 「1930년대 후반기 도시소설 연구」, 연세대 박사논문, 1990.
류보선, 「친일문학론의 역사철학적 맥락」, 『한국 근대문학의 정치적 (무)의식』, 소명출판, 2005.10.
______, 「냉소와 숭고의 이상한 가역반응－채만식 문학에 있어서의 친일과 반성의 문제」, 『한국 근대문학의 정치적 (무)의식』, 소명출판, 2005.

류종렬, 「채만식의 소설 '여자의 일생' 연구」, 『국어국문학지』, 문창어문학회, 1986.
_____, 「채만식의 역사소설 '옥랑사' 연구」, 『국어국문학지』, 문창어문학회, 1988.
민현기, 「채만식 연구—풍자소설을 중심으로」, 서울대 석사논문, 1977.
박계주, 「채만식의 신소설」, 『여원』, 1963.
박소연, 「봄꿩, 제 울음에 죽다」, 『실천문학』, 2008. 겨울.
박영희, 「카프 작가와 그 수반자의 문학적 활동」, 『중외일보』, 1930.9.18.
박천화, 「채만식 비평사 연구」, 중앙대 석사논문, 1986.
방민호, 「채만식 문학에 나타난 식민지적 현실대응 양상」, 서울대 박사논문, 2000.
배봉기, 「채만식소설에 나타난 판소리의 서술양식에 대한 고찰」, 연세대 석사논문, 1985.
_____, 「채만식 문학 인물의 특성과 형상화에 대한 연구」, 연세대 박사논문, 1992.
백낙청, 「민족문학 개념의 정립을 위해」, 『현대문학을 보는 시각』, 솔, 1991.
백　철, 「신춘지 창작개평」, 『조광』, 1937.2.
_____, 「채만식의 '탁류'를 읽고」, 『매일신보』, 1939.12.28.
_____, 「채만식 형의 문학적 모습」, 『자유문학』, 1956.8.
사에구사 도시카쓰, 「8 · 15 이후의 친일파 문제」, 『사에구사 교수의 한국문학 연구』, 베틀북, 2000.
서연호, 「현실인식과 대응방법—채만식의 희곡을 중심으로」, 『한국극예술연구』 2집, 1992.
서종택, 「세속화와 자기풍자」, 『한국 근대소설의 구조』, 시문학사, 1982.
송지헌, 「여성주의 관점에서 본 채만식 소설」, 『한국언어문학』 37집, 한국언어문학회, 1996.
송하춘, 「채만식연구」, 고려대 석사논문, 1974.
_____, 「1930년대 소설에 나타난 무산운동의 추이」, 『석영홍 대표 교수 화갑기념논총』, 원광대, 1990.
_____, 채만식 문학제 기획위원회 편, 「소설가의 눈으로 본 채만식」, 『백릉 채만식 선생 50주기 추모 심포지엄 자료집』, 민족문학작가회의, 2000.
송현호, 「채만식의 탈식민적 경향에 대한 고찰」, 『관악어문연구』 17집, 1992.
신고송, 「동반자작가 문제—그의 정당한 이해를 위하여」, 『제일선』 제17호, 1932.9.
안회남, 「채만식 논변」, 『조선일보』, 1933.6.28~6.29.
양문규, 문학과사상연구회 편, 「1930년대 후반 채만식 소설의 리얼리즘 문제」, 『채만식 문학의 재인식』, 소명출판, 1999.

우명미, 「채만식론」, 서울대 석사논문, 1977.
우한용, 「채만식 소설의 담론특성에 관한 연구」, 서울대 박사논문, 1991.
유준기, 「채만식 소설에 나타난 풍자 및 해학성 연구」, 고려대 석사논문, 1972.
유화수, 「채만식 소설 연구－서사 전통과의 연계 양상을 중심으로」, 전북대 박사논문, 1996.
유화웅, 고려대국문학회 편, 「채만식론」, 『국문학』 7호, 1963.
윤석달, 「'삼대'와 '태평천하'의 비교연구」, 고려대 석사논문, 1981.
______, 「한국현대가족사소설의 서사형식과 인물유형 연구」, 고려대 박사논문, 1991.
윤영옥, 「연구 현황과 과제」, 『채만식 문학연구』, 한국문화사, 1997.
______, 「채만식 소설의 상호텍스트성과 패러디」, 『한국언어문학』 48집, 한국언어문학회, 2002.
______, 「채만식 풍자소설의 서사기법 연구」, 전북대 박사논문, 1999.
이갑기, 「문단촌침」, 『비판』, 1932.1.
이광수, 「小說選後言」, 『조선문단』, 1924.12.
이남호, 「닫힌 현실과 풍자기법; '태평천하'론」, 『현대소설』 8호, 1991.9.
이도연, 「라캉 정신분석과 문학연구」, 『우리어문연구』 16집, 우리어문학회, 2001.
______, 「이태준 단편 연구」, 『어문논집』 45호, 민족어문학회, 2002.
______, 「낭만적 정신의 현실적 구조－신채호의 '꿈하늘'론」, 『민족문화연구』 37호, 고려대 민족문화연구원, 2002.
______, 「몸의 소설학 혹은 욕망의 계급적 분포도－이기영의 '고향'론」, 『한국문학평론』 21호, 한국문학평론가협회, 2002.
이도연 편, 『정자나무 있는 삽화 : 범우비평판한국문학 47－1』, 범우사, 2008.
이래수, 「채만식 연구」, 동국대 석사논문, 1973.
______, 「채만식 문학의 전개양상」, 『국어국문학』 78호, 1978.12.
______, 「채만식소설 연구」, 동국대 박사논문, 1985.
이무영, 「哭 채만식형」, 『국도신문』, 1950.6.23.
______, 「결백했던 채만식」, 『경향신문』, 1956.3.23.
______, 「채만식의 인간과 문학」, 『서울신문』, 1956.4.6~4.7.
이상갑, 「채만식연구－'소년' 모티프를 중심으로」, 서울대 석사논문, 1987.
이은숙, 「문학작품 속에서의 도시경관－채만식의 '탁류'를 중심으로」, 『사회과학연구』, 상명대 사회과학연구소, 1993.

이주형, 「채만식연구」, 서울대 석사논문, 1973.
______, 「채만식소설에 나타난 일제 하 인텔리의 운명과 저항－'레디메이드인생'에서 '냉동어'까지」, 『국어교육연구』 9집, 경북대 국어교육연구회, 1977.
______, 「1930년대 한국장편소설연구」, 서울대 박사논문, 1984.
______, 전광용 외, 「채만식 문학과 부정의 논리」, 『한국현대소설사연구』, 민음사, 1984.
이철우, 「채만식 문학의 서사담론적 특성 연구 : 단편소설과 희곡을 중심으로」, 한성대 석사논문, 1994.
이현식, 「채만식은 학문적으로 어떻게 인식되어 왔는가」, 『채만식 문학의 재인식』, 소명출판, 1999.
이　훈, 「채만식소설연구」, 서울대 석사논문, 1981.
임명진, 「'탁류'에 나타난 채만식의 역사의식」, 『비평문학』 3집, 1989.
______, 「채만식 소설의 판소리 수용에 관한 연구」, 『한국언어문학』 37집, 1996.
______, 「채만식의 '근대'인식과 '친일'의 문제」, 『국어국문학』 129집, 국어국문학회, 2001.
임종국, 「채만식론」, 『친일문학론』, 평화출판사, 1966.
임　화, 「세태소설론」, 『동아일보』, 1938.4.1~4.6.
______, 「중견작가 十三人論」, 『문학의 논리』, 학예사, 1940.
장성수, 「채만식 소설연구」, 고려대 석사논문, 1980.
______, 「진보에의 신념과 미래의 전망」, 『한국근대작가연구』, 삼지원, 1986.
장양수, 「채만식 풍자소설에 나타난 역사의식」, 부산대 석사논문, 1978.
______, 「채만식의 민족주의문학 연구」, 동아대 박사논문, 1988.
장영창, 「채만식의 인간과 사상과 그 문학」, 『한국문학』, 1974.6.
______, 「작가 채만식선생을 회고한다」, 『신여원』, 1972.6~12.
전양수, 「채만식 소설의 개작에 대한 연구」, 한국정신문화연구원 석사논문, 1993.
정래동, 「지방색이 농후한 채만식 단편집」, 『동아일보』, 1939.11.29.
정인택, 「채만식 단편집」, 『문장』, 1939.10.
정한숙, 「붕괴와 생성의 미학」, 『민족문화연구』 6호, 1972.
______, 「상황과 예술의 일체성」, 『문학사상』 15호, 1973.12.
정현기, 「'삼대' · '탁류' · '태평천하'의 소설세계에 나타난 인물연구」, 연세대 박사논문, 1982.
정호웅, 「채만식의 허무주의와 역사담당 주체의 문제－해방공간을 대상으로」, 『외국문학』 18호, 1989.

______, 「해방공간의 자기비판소설 연구」, 서울대 박사논문, 1993.
정홍섭, 「채만식 문학의 풍자 양식 연구」, 서울대 박사논문, 2003.
조남현, 「채만식 소설의 주요 모티프」, 『한국현대소설연구』, 민음사, 1987.
조동일, 「채만식의 '탁류'—소설수법의 새로운 양상과 그 효과」, 『문학연구방법』, 지식산업사, 1980.
______, 「서사시의 전통과 근대소설」, 『관악어문연구』, 1991.
조창환, 「채만식의 해방 전후 소설연구」, 전주우석대 박사논문, 1994.
조헌용, 「채만식의 탁류와 최치원의 전설도 사라지고」, 『말』 145호, 1998.
채계열, 「나의 아버지 채만식」, 『문학사상』, 1973.8.
채고영, 「채만식 인상기」, 『동광』, 1932.7.
천이두, 「현실과 소설」, 『창작과비평』, 1966.가을.
______, 「프로메테우스의 언어들」, 『문학사상』 15호, 1973.12.
최원식, 「채만식의 고전소설 패러디에 대하여」, 『민족문학의 논리』, 창작과비평사, 1982.
______, 「채만식의 역사소설에 대하여」, 『민족문학의 논리』, 창작과비평사, 1982.
최유찬, 『문학의 모험—채만식의 항일투쟁과 문학적 실험』, 역락, 2006.
최재서, 「빈곤과 문학」, 『문학과 지성』, 인문사, 1938.6.
______, 「풍자문학론」, 『최재서평론집』, 청운출판사, 1961.
최하림, 「채만식과 그의 30년대」, 『현대문학』, 1973.10.
최현식, 「문학가의 이상과 생활인의 비애—채만식의 산문과 평론에 대하여」, 『채만식 문학의 재인식』, 소명출판, 1999.
하정일, 「채만식 문학과 사회주의—식민지 시대의 작품을 중심으로」, 『채만식 문학의 재인식』, 소명출판, 1999.
한수영, 「주체의 분열과 욕망—「냉동어」와 친일의 구조」, 『친일문학의 재인식』, 소명출판, 2005.
한지현, 「리얼리즘 관점에서 본 '탁류' 연구」, 연세대 박사논문, 1987.
______, 「채만식의 '인형의 집을 나와서'에 나타난 여성문제 인식」, 『민족문학사연구』 9집, 창작과비평사, 1996.
한형구, 「채만식의 세계관과 창작방법 연구」, 서울대 석사논문, 1987.
______, 김윤식 · 정호웅 편, 「채만식 문학의 깊이와 높이」, 『한국문학의 리얼리즘과 모더니즘』, 민음사, 1989.

한혜경, 「채만식 소설의 언술구조 연구」, 이화여대 박사논문, 1993.
현　인, 「방랑적 작가에게—약간의 준비적 질문에 답함」, 『중앙일보』, 1932.2.24~3.8.
______, 「문단촌침」, 『비판』, 1932.1.
홍기삼, 「풍자와 간접화법」, 『문학사상』 15호, 1973.12.
홍이섭, 「채만식의 '탁류'」, 『창작과 비평』, 1973.3.
황국명, 「채만식의 '탁류'연구」, 부산대 석사논문, 1984.
______, 「채만식 소설의 현실주의적 전략 연구」, 부산대 박사논문, 1990.

3. 단행본

강상중, 이경덕 · 임성모 역, 『오리엔탈리즘을 넘어서』, 이산, 1997.
국어문학회 편, 『채만식 문학 연구』, 한국문화사, 1997.
김방한, 『소쉬르 : 현대 언어학의 원류』, 민음사, 1998.
김병민, 『조선현대문학사』, 연변대학출판사, 1994.
김상선, 『채만식연구』, 약업신문사, 1989.
김상환, 『해체론 시대의 철학』, 문학과지성사, 1996.
______, 『예술가를 위한 형이상학』, 민음사, 2001.
김영민, 『한국근대소설사』, 솔, 1997.
______, 『한국근대문학비평사』, 소명출판, 1999.
______, 『한국현대문학비평사』, 소명출판, 2000.
김우종, 『한국현대소설사』, 성문각, 1978.
김우창, 『궁핍한 시대의 시인』, 민음사, 1977.
______, 『시인의 보석』, 민음사, 1993.
______, 『이성적 사회를 향하여』, 민음사, 1993.
김윤식, 『한국근대문예비평사연구』, 일지사, 1976.
______, 『한국현대문학사』, 일지사, 1976.
______, 『한국근대문학사상사』, 한길사, 1984.
김윤식 편, 『채만식』, 문학과지성사, 1984.
________, 『염상섭』, 문학과지성사, 1977.
김윤식 · 김현, 『한국문학사』, 민음사, 1973.

김윤식 · 정호웅, 『한국소설사』, 예하, 1993.
김인환, 『문학과 문학사상』, 열화당, 1978.
_____, 『문학교육론』, 평민사, 1979.
_____, 『한국문학이론의 연구』, 을유문화사, 1986.
_____, 『상상력과 원근법』, 문학과지성사, 1993.
_____, 『비평의 원리』, 나남, 1994.
_____, 『언어학과 문학』, 고려대 출판부, 1999.
_____, 『기억의 계단』, 민음사, 2001.
_____, 『다른 미래를 위하여』, 문학과지성사, 2003.
김준오, 『시론』 제4판, 삼지원, 1994.
김재용, 『협력과 저항』, 소명출판, 2004.
김재용 편, 『카프비평의 이해』, 풀빛, 1990.
김재용 외, 『한국근대민족문학사』, 한길사, 1993.
김천혜, 『소설 구조의 이론』, 문학과지성사, 1990.
김태준, 박희병 교주, 『증보조선소설사』, 한길사, 1990.
문학과사상연구회 편, 『채만식 문학의 재인식』, 소명출판, 1999.
방민호, 『채만식과 조선적 근대문학의 구상』, 소명출판, 2001.
백 철, 『신문학사조사』, 민중서관, 1963.
서준섭, 『한국모더니즘문학연구』, 일지사, 1988.
송하춘, 『1920년대 한국소설연구』, 고려대 민족문화연구소, 1985.
_____, 『발견으로서의 소설기법』, 현대문학사, 1993.
_____, 『채만식』, 건국대 출판부, 1994.
_____, 『탐구로서의 소설독법』, 고려대 출판부, 1996.
신상성 편, 『김남천 연구』 1~2, 경운출판사, 1990.
심재기 외, 『의미론서설』, 집문당, 1984.
오 현, 『백릉 채만식 생애와 문학』, 신아출판사, 2000.
이무석 편저, 『정신분석의 이해』, 전남대 출판부, 1995.
이상섭, 문학비평용어사전, 민음사, 1976.
이재선, 『현대한국소설사』, 민음사, 1991.
_____, 『한국현대소설사』, 민음사, 2000.
임규찬 · 한기형 편, 『볼세비키화와 조직운동』(카프비평자료총서 제4권), 태학사, 1990.

임무출, 『채만식어휘사전』, 토담, 1997.
임종국, 『친일문학론』, 평화출판사, 1963.
임 화, 임규찬 · 한진일 편, 『신문학사』, 한길사, 1993.
정한숙, 『현대한국문학사』, 고려대 출판부, 1982.
조동일, 『한국소설의 이론』, 지식산업사, 1977.
______, 『한국문학사상사시론』, 지식산업사, 1978.
______, 『한국문학통사』 5, 지식산업사, 1989.
조연현, 『한국현대문학사』, 성문각, 1969.
채만식문학제기획위원회 편, 『백릉 채만식선생 50주기 추모 심포지엄자료집』, 민족문학작가회의, 2000.
최원식, 『민족문학의 논리』, 창작과비평사, 1982.
최재서, 『최재서평론집』, 청운출판사, 1961.
하일지, 『소설의 거리에 관한 하나의 이론』, 민음사 , 1991.
한국철학사상연구회 편, 『철학대사전』, 동녘, 1997.
한국칸트학회 편, 『칸트와 미학』, 민음사, 1997.
한용환, 『소설학사전』, 고려원, 1992.
황국명, 『채만식 소설연구』, 태학사, 1998.
레온 트로츠키, 김정겸 역, 『문학과 혁명』, 과학과사상, 1990.
아이자크 도이처, 신홍범 역, 『트로츠키—한 혁명가의 생애와 사상』, 두레, 1985.

4. 외국 서적

Adorno, Theodor W., 홍승용 역, 『미학이론』, 문학과지성사, 1984.
Adorno, Theodor W. & Horkheimer, Max, 김유동 외 역, 『계몽의 변증법』, 문학과지성사, 2001.
Austin, J. l, 『오스틴 : 話行論』, 서울대 출판부, 1987.
Bal, Mieke, 한용환 · 강덕화 역, 『서사란 무엇인가』, 문예출판사, 1999.
Benjamin, Walter, *Illuminations,* edited and with an introduction by Hannah Arendt; tlanslated by Harry Zohn. New York : Schocken Books,1968.
________, 반성완 역, 『발터벤야민의 문예이론』, 민음사, 1983.

_______, 박설호 편역, 『베를린의 유년시절』, 솔, 1992..

Bottomore, Tom, 임석진 편역, 『마르크스사상 사전』, 청아출판사, 1988.

Deleuze, Gilles, 김종호 역, 『대담(1972~1990)』, 솔, 1993.

_______, 서동욱 역, 『칸트의 비판철학』, 민음사, 1995.

_______, 서동욱 · 이충민 역, 『프루스트와 기호들』, 민음사, 1997.

_______, 이정우 역, 『의미의 논리』, 한길사, 1999.

_______, 김상환 역, 『차이와 반복』, 민음사, 2004.

Deleuze, Gilles & Guattari, Felix, 『철학이란 무엇인가』, 현대미학사, 1998.

_______, 최명관 역, 『앙띠 오이디푸스』, 민음사, 2000.

_______, 김재인 역, 『천개의 고원』, 새물결, 2001.

Engels, Friedrihi, 김대웅 역, 『가족 사유재산 국가의 기원』, 아침, 1994.

Evans, Dylan, 김종주 외 역, 『라캉 정신분석 사전』, 인간사랑, 1998.

Foucault, Michel, 이정우 역, 『담론의 질서』, 서강대 출판부,

_______, 이광래 역, 『말과 사물』, 민음사, 1990.

Freud, Sigmund, *The Basic Writings of Sigmund Freud,* Translated by A A Brill. New York : The Modern library, 1938.

_____________, 『프로이트전집』 1~20, 열린책들, 2003.

Habermas, Jürgen, 『현대성의 철학적 담론』, 문예출판사, 1994.

______________, 강영계 역, 『인식과 관심』, 고려원, 1983.

Hegel, G. W. F, 임석진 역, 『정신현상학』 I · II, 지식산업사, 1993

_____________, 김종호 역, 『역사철학강의』, 삼성출판사, 1976.

Hjelmslev, Louis, *Prolegomena to a Theory of Language,* 김용숙 · 김혜련 역, 『랑가쥬이론 서설』, 동문선, 2000.

Kant, I, 이석윤 역, 『판단력비판』, 박영사, 2001.

______, 이한구 편역, 『칸트의 역사철학』, 서광사, 1992..

Lacan, Jacques, *Ecrits : A Selection*, translated by A. Sheridan. New York : Norton, 1977.

Laplanche, J. & Pontalis, J-B, *The Language of Psycho-analysis*, With An Introduction by Daniel Lagache; translated by Donald Nicholson-Smith. London : The Hogarth Press, 1983.

Lemaire, Anica, 이미선 역, 『자크 라캉』, 문예출판사, 1994.

Lukacs, Georg, *Solzhenitsyn,* translated by William David Graf. The MIT Press, 1971.
__________, 반성완 역, 『소설의 이론』, 심설당, 1998.
__________, 이영욱 역, 『역사소설론』, 거름, 1987.
__________, 박정호 역, 『역사와 계급의식』, 거름, 1997.
__________, 김경식 · 오길영 편역, 『맑스로 가는 길』, 솔, 1994.
Marcuse, Herbert, 김인환 역, 『에로스와 문명』, 나남, 1989.
Marx, Karl, 김수행 역, 『자본론』 I · II, 비봉출판사, 1997.
Payne, Michael, 장경렬 외 역, 『읽기이론/이론읽기』, 한신문화사, 1999.
Prigogine, Ilya, 이철수 역, 『있음에서 됨으로』, 민음사, 1988.
Saussure, Ferdinand, 최승언 역, 『일반언어학 강의』, 민음사, 1990.
Searle, J. R. 이건원 역, 『言話行爲』, 한신문화사, 1987.
Sechehaye, M. A, *Journal D'une Schizophrène,* 류종렬 역, 『르네의 일기』, 마실가, 2003.
Stanzel, F. K., 김정신 역, 『소설의 이론』, 문학과비평사, 1988.
__________, 안삼환 역, 『소설형식의 기본유형』, 탐구당, 1982.
Stephen, C. Levinson, 이익환 · 권경원 역, 『화용론』, 한신문화사, 1992.
Toolan, Michael J, 김병 욱 · 오연희 역, 『서사론』, 형설출판사, 1995.
Uspensky, Boris, 김경수 역, 『소설구성의 시학』, 현대소설사, 1992.
龍樹菩薩, 김성철 역주, 『中論』, 경서원, 1996.
淺田彰, 이정우 역, 『구조주의와 포스트구조주의』, 새길, 1995.
_____, 문아영 역, 『도주론』, 민음사, 1999.